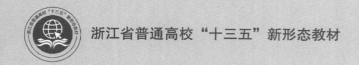浙江省普通高校"十三五"新形态教材

西方经济学学习指南
微观篇

主　编　朱一鸿　金祥荣
副主编　黄　晖　陈钧浩　程永毅
　　　　于　冰　周方晓

A Study Guide to
Western Economics

ZHEJIANG UNIVERSITY PRESS
浙江大学出版社
·杭州·

图书在版编目(CIP)数据

西方经济学学习指南：微观篇 / 朱一鸿，金祥荣主编 . — 杭州：浙江大学出版社，2023.11

ISBN 978-7-308-23843-4

Ⅰ . ①西… Ⅱ . ①朱… ②金… Ⅲ . ①西方经济学—高等学校—教材 Ⅳ . ①F0-08

中国国家版本馆 CIP 数据核字(2023)第 218926 号

西方经济学学习指南——微观篇
XIFANG JINGJIXUE XUEXI ZHINAN——WEIGUAN PIAN

朱一鸿　金祥荣　主　编
黄　晖　陈钧浩　程永毅　于　冰　周方晓　副主编

策划编辑	吴伟伟
责任编辑	陈思佳(chensijia_ruc@163.com)
文字编辑	谢艳琴
责任校对	陈逸行
封面设计	周　灵
出版发行	浙江大学出版社
	(杭州市天目山路 148 号　邮政编码　310007)
	(网址:http://www.zjupress.com)
排　　版	杭州林智广告有限公司
印　　刷	杭州高腾印务有限公司
开　　本	787mm×1092mm　1/16
印　　张	22.25
字　　数	412 千
版 印 次	2023 年 11 月第 1 版　2023 年 11 月第 1 次印刷
书　　号	ISBN 978-7-308-23843-4
定　　价	78.00 元

前　言

西方经济学是社会科学中发展最快、最成熟的一门学科,其中的微观部分(微观经济学)又是经济学乃至管理学中最重要的基础课程和核心课程。

微观经济学侧重于研究市场经济中的资源配置问题,其知识容量丰富,逻辑体系严密,研究方法和概念理论众多,数学应用程度高。同时,微观经济学又是一门非常注重理论联系实际的学科,学生在学习过程中不仅要掌握经典理论,更需要培养熟练运用相关原理分析经济现象和社会问题的能力。这些对于本科生尤其是初学者而言,在把握上会有一定的难度。

我们编写这本学习指南的目的有两个:一是通过对纷繁复杂的微观经济学原理和众多知识点的全面、系统梳理,加深学生对微观经济学理论体系的系统理解和掌握,形成系统思维。二是通过本书每一章中的拓展阅读文献、例题和习题,让学生学练结合,及时巩固所学知识,引导学生学以致用,形成深度思考和批判思维。

本书共分十二章,每一章均由八个部分组成,包括知识导图、学习要求、内容精要、考查重点与难点、拓展阅读、例题详解、单元习题、参考答案。书后附有重要术语中英文对照表,以便读者查阅。本书基本涵盖了国内主流初级微观经济学的各个知识点,又参考与借鉴了国内外众多的中级微观经济学教材及财经类硕士研究生入学考试专业课命题情况,在一定程度上考虑了中级微观经济学层次的学习要求,兼顾了基础和进阶两个层次的学习需要。

借获得2020年浙江省普通高校"十三五"新形态教材建设项目立项之机,顺应教育信息化和线上线下融合式学习加速发展的趋势,我们将宁波大学商学院微观经济学课程教学团队开设的省级线上一流本科课程——西方经济学原理(微观篇)与本书有机结合,读者通过扫描本书中的二维码、关注微信公众号等方式可获得微课视频、拓展阅读文献等在线学习资源,也可进入智慧树网(www.zhihuishu.com)搜索课程"西方经济学原理(微观篇)",获取更多学习资源,深度参与线上学习和讨论,开展更有效率的个性化学习。

本书由宁波大学商学院微观经济学课程教学团队编写,由朱一鸿、金祥荣担任主编,黄晖、陈钧浩、程永毅、于冰、周方晓担任副主编。其中,第一、二、三、四、十二章由朱一鸿负责编写,第五章由于冰负责编写,第六、七章由陈钧浩负责编写,第八、九章由程永毅负责编写,第十、十一章由黄晖负责编写,周方晓负责全书英文术语和计算题的二次校对审核,金祥荣负责全书框架设计、主编统稿及审定。

本书的编写得到了浙江省高等教育学会、宁波大学教务处、宁波大学商学院以及各位编者家人的大力支持,在此向他们表示由衷的感谢。本书在编写过程中引用了部分国内外学者的研究成果,所引用的文献均已在书中注明来源,也向这些学者致以最诚挚的谢意。同时也感谢浙江大学出版社的编辑团队为本书的顺利出版所做的大量工作。

由于水平有限,本书难免存在一些缺点、错误,恳请各位读者给予批评指正,帮助我们不断改进和完善。

宁波大学商学院微观经济学课程教学团队

2023年6月于宁波大学

目 录

第一章 ··

导 论

★ 知识导图

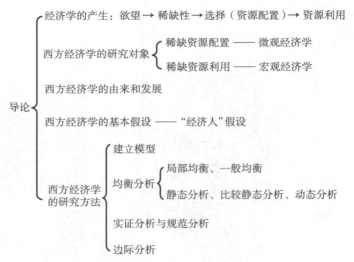

导论
- 经济学的产生：欲望 → 稀缺性 → 选择（资源配置）→ 资源利用
- 西方经济学的研究对象
  - 稀缺资源配置 —— 微观经济学
  - 稀缺资源利用 —— 宏观经济学
- 西方经济学的由来和发展
- 西方经济学的基本假设 —— "经济人"假设
- 西方经济学的研究方法
  - 建立模型
  - 均衡分析
    - 局部均衡、一般均衡
    - 静态分析、比较静态分析、动态分析
  - 实证分析与规范分析
  - 边际分析

★ 学习要求

通过本章的学习,学生应当:

1. 掌握经济学的研究对象与定义,能够理解稀缺性、选择等概念,掌握经济学研究的基本问题,以及经济学理论的基本分类,并能够理解微观经济学和宏观经济学的区别与联系。

2. 掌握西方经济学的由来与发展,了解西方经济理论发展进程中重要的里程碑事件、人物及其主要贡献。

3. 掌握经济学的基本假设、基本研究方法,能正确理解"经济人"假设、经济模型、均衡分析、边际分析,区分一般均衡与局部均衡、静态分析与比较静态分析,以及动态分析、实证分析和规范分析。

4. 掌握微观经济学的理论框架和主要内容。

★ 内容精要(扫描二维码,观看相关知识点微课视频)

本章主要介绍经济学的研究对象、定义、现代经济学的创立与发展、基本假设、基本研究方法等内容,以使读者对微观经济学的整体框架有一个总体的认识。

1. 资源的稀缺性是经济学研究的起点。用于满足人类欲望的物品可以分为自由物品和经济物品,阳光、空气之类的自由物品虽然重要,且一般被认为是取之不尽、用之不竭的,但是这类物品无法满足人类的所有欲望。能够满足人类欲望的经济物品却由于自然资源、生产能力等条件的制约而存在相对不足的情况。人类的无穷欲望与经济物品的相对不足间的矛盾，就构成了经济学意义上的稀缺性。

2. 面对稀缺性，人们首先要考虑如何实现稀缺资源的有效配置。这里就存在关于选择的问题，具体包括以下三个问题：第一，总量为既定的生产资源用来生产哪些产品，即生产什么和生产多少；第二，采用什么样的生产方式，即如何生产；第三，生产出来的产品怎样在社会成员之间进行分配，即为谁生产。在此基础上，人们进一步研究了稀缺资源的充分利用问题，即一个社会既定的生产资源总量是否被充分利用以及如何实现充分利用的问题。资源配置和资源利用问题就构成了经济学研究的两个对象，其中，对资源配置问题的研究被归为微观经济学，对资源利用问题的研究被归为宏观经济学。在教科书中，关于经济学的定义，具体说法虽不尽一致，但一般会将其概括为研究人类社会中稀缺资源的配置和利用问题，以达到既定目标的一门社会科学。

3. 微观经济学采用个量分析法，以市场价格为中心，以主体利益为目标，研究家庭和企业的经济行为怎样通过市场竞争达到资源的最优配置。宏观经济学采用总量分析法，以国民收入为中心，以社会福利为目标，研究要素市场、产品市场、货币市场、公共财政、国际收支的协调发展，研究怎样通过政府调控实现资源的充分利用。微观经济学和宏观经济学既有区别又有联系。从微观或宏观角度分析同一问题，所得到的结论可能会不同。微观经济学以资源的充分利用为前提，研究资源的最优配置；而宏观经济学则以资源的最优配置为前提，研究资源的充分利用。目前的发展趋势是宏观经济学以微观经济学为基础，两者相互渗透。

4. 生产可能性曲线，也称为生产可能性边界或产品转换曲线，表示在既定的资源与技术条件下所能够生产的两种产品最大数量的各种组合点的轨迹。生产可能性曲线以内的点表示既定资源没有充分利用，还存在闲置资源。生产可能性曲线以外的点表示在现有资源和技术条件下无法实现这一组合，要想达到该点就需要增加资源投入或者提高技术水平。生产可能性曲线上所有的点都表示现有资源被充分利用，不同的点代表资源充分利用条件下的不同资源配置方式（见图1.1）。

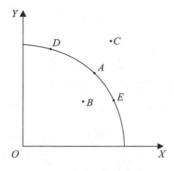

图1.1　生产可能性曲线

5. 西方经济学随着近代资本主义的产生而产生,大体经历了重商主义、古典经济学、新古典经济学、当代西方经济学四个大的发展阶段。1776年,英国的亚当·斯密出版了《国民财富的性质和原因的研究》一书,标志着古典经济学体系的初步形成,他也因此被尊称为"经济学之父"。19世纪70年代至20世纪初期,以奥地利的门格尔、英国的杰文斯、法国的瓦尔拉斯等为代表的一批经济学家将边际分析法运用到经济学分析中,从而开启了经济学发展史上的边际革命时代。1890年,英国的马歇尔出版了《经济学原理》,该书把以往的各种经济理论综合起来,完成了继穆勒之后的又一个折中调和体系,即西方经济思想史上的第二次综合,成为新古典经济学完成的标志,从而为当代西方微观经济学发展奠定了基础。进入20世纪,资本主义基本矛盾趋于激化,最终导致1929—1933年资本主义经济出现大萧条,这次大萧条给整个资本主义经济带来了沉重的打击,也引发了西方经济学发展史上的第一次理论危机。在这一背景下,西方经济学家开始深刻反思自己的经济理论。英国的凯恩斯于1936年出版了《就业、利息和货币通论》,书中摒弃了资本主义经济具有自动恢复均衡机制的传统观念,指出只有国家对经济生活进行干预,实行以刺激需求为核心的需求管理,才能实现总供给和总需求的平衡,以及充分就业,并据此推出了一系列国家调节资本主义经济的政策主张。《就业、利息和货币通论》是现代宏观经济学产生的标志,凯恩斯也因此被称为"宏观经济学之父"。20世纪70年代初期,由于第四次中东战争引发能源危机,资本主义世界出现了经济停滞和通货膨胀同时存在的情况,即滞胀。凯恩斯学派的宏观经济理论和政策无法解释与解决滞胀问题,从而引发了西方经济学发展史上的第二次理论危机。各个学派在对凯恩斯主义提出严厉批评和责难的同时,也提出了自己的观点和政策主张,这些观点和政策主张虽各有不同,但是都有一个共同的思想基础,那就是新自由主义,提倡自由放任的市场经济,反对国家过多地干预。进入21世纪,特别是在2007年美国次贷危机引发的全球金融危机后,世界陷入自1929—1933年大萧条以来最严重的经济危机之中,以新自由主义为基础的西方经济理论和政策受到广泛质疑,西方经济学又一次遭遇信任危机。西方经济主流学派开始反思并力图寻找新的出路,非主流经济学派异常活跃,经济学多元化、交叉化和跨学科化的发展趋势越来越明显。

6. 西方经济理论的建立是以一定的假设条件作为前提的。在众多假设条件中,有一个最为基本的假设条件,即合乎理性的人的假设,也称为"经济人"假设。"经济人"被视为经济生活中一般的人的抽象,其本性被假设为自利的。"经济人"在一切经济活动中的行为都是合乎所谓的理性的,即都是以自利为动机,力图以最小的经济代价去追逐和获得自身的最大经济利益。

7. 经济学分析现实问题最常用的技术方法是建立模型。模型是构成经济理论的重要组成部分,是描述和分析所研究的经济现象之间依存关系的理论结构,语言文字、几何图形、数学函数都可以成为经济模型的表达方式。经济现象往往用各种变量来表示,如果确定某一个或几个变量之后,另一变量都有确定的值与之对应,则称前者为自变量,后者为因变量。西方经济学模型中所使用的经济变量可区分为外生变量与内生变量。内生变量是指在模型中要解释的变量,或者说是在所分析的系统内决定的变量。外生变量是指由模型以外的系统解释的变量,或者是由其他模型解释的变量,因此在此模型中被视为既定的常数。西方经济学模型中所使用的经济变量还可以区分为存量与流量,存量是指从时点上进行测度的经济指标或变量,流量是指从时段上进行测度的经济指标或变量。与变量相反的是常数,它们是不变的量,可以单独存在,也可以与变量相连。与变量相连的常数叫作该变量的系数。参数是指已知的或可知的可变常数。有时会将常数、参数统称为参数。

8. 均衡分析是经济学中常用的分析方法。从均衡的空间维度来看,可分为局部均衡和一般均衡。局部均衡是指经济主体或局部市场的均衡,一般均衡是指整个经济系统的均衡。在一定条件下,以局部均衡为基础可以形成一般均衡。实现一般均衡时必定实现了局部均衡,但实现局部均衡时未必实现了一般均衡。局部均衡分析假定其他条件不变,分析经济中单个经济主体和市场需求、供给与均衡问题。一般均衡分析把经济中不同的部分看作一个有机的整体,从各个部分的相互联系中研究某个部分是怎样形成均衡的。从均衡的分析方法来看,可以分为静态分析、比较静态分析和动态分析。静态分析研究某个时点上经济现象的均衡状态以及有关的经济变量达到均衡状态所需要具备的条件。比较静态分析研究两个不同的时点均衡状态的变动。动态分析则研究从某个时点的均衡状态到另一时点的均衡状态的变化过程。静态分析和比较静态分析都将注意力集中在均衡位置上,而动态分析则研究非均衡状态及其变动,实际上更多的是研究在时间推移过程中依然有效的经济关系。微观经济学较多地采用静态分析和比较静态分析,而宏观经济学则较多地采用比较静态分析和动态分析。

9. 实证分析研究"是什么"的问题,也就是对经济变量之间本来存在着的内在联系进行客观研究,研究时以不预设价值判断为前提。规范分析是研究"应该是什么"的问题,在研究时要以一定的价值判断为前提,因此是具有预设立场的。采用实证分析法进行研究的称为实证经济学,采用规范分析法进行研究的称为规范经济学。

10. 边际分析法是研究一种经济变量的数量变动会对其他经济变量产生多大程度影响的方法,它研究的是经济现象或经济变量在既定状态下的变化。具体而言,就是分析自变量每增加一单位或增加最后一单位的量值会如何影响和决定因变量的量值。

11. 微观经济学的研究对象是个体经济单位。个体经济单位是指单个消费者、单个生产者、单个市场等。在一个忽略政府的封闭经济中,可以把经济社会分成家庭、企业两个经济主体,产品、要素两个基本市场,实物、货币两个流程,从而构成一个非常简单的微观经济循环模型(见图1.2)。第一,家庭部门既是消费者,又是土地、劳动力、资本、企业家才能等生产要素的所有者。作为消费者,追求的是效用最大化;作为生产要素所有者,追求的是收入最大化。因此,家庭部门的最终经济行为目标是实现在收入约束下的效用最大化。第二,企业部门既是生产者,又是生产要素需求者。作为生产者,追求的是收益最大化;作为生产要素需求者,追求的是成本最小化。因此,企业部门经济行为的最终目标是实现在成本约束下的利润最大化。第三,产品市场一方面面向作为消费者的家庭部门,反映了产品市场的需求方面;另一方面面向作为生产者的企业部门,反映了产品市场的供给方面。家庭部门对产品的需求和企业部门对产品的供给共同决定产品市场的价格与数量。第四,要素市场一方面面向作为生产者的企业部门,反映了要素市场的需求方面;另一方面面向作为要素所有者的家庭部门,反映了要素市场的供给方面。企业部门对要素的需求和家庭部门对要素的供给共同决定要素市场的价格与数量。第五,实物流程。一方面,家庭部门以要素所有者的身份向要素市场提供各种生产要素;另一方面,企业部门从要素市场购买这些要素,生产产品向市场销售,这些产品又被家庭部门以消费者的身份在产品市场中购买。这是一个循环的实物流程。第六,货币流程。一方面,家庭部门以要素收入作为消费支出,向产品市场购买产品;另一方面,企业部门向产品市场销售产品,将家庭部门的消费支出变成自己的销售收入,随后,企业部门又将销售收入作为成本支出,向要素市场购买生产要素。这是一个循环的货币流程。

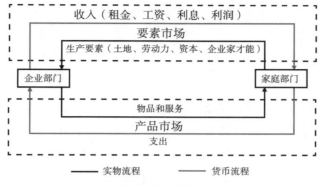

图1.2 微观经济循环模型

12. 微观经济学的分析框架和基本部分包括:第一,市场供求原理(包括需求、供给、弹性等);第二,家庭部门经济行为,主要是指消费者选择理论;第三,企业部门经济行为(包括生产理论、成本理论、基于利润最大化目标的企业决策等);第四,市场理论(包括完全竞争市场、完全垄断市场、垄断竞争市场和寡头垄断市场理论,以及生产要素市场理论);第五,一般均衡理论与福利经济学(包括效率、帕累托最优等);第六,市场失灵与微观经济政策(包括垄断论、外部性、公共物品、信息不充分等)。

★ **考查重点、难点**

本章重点概述了经济学的性质与方法,并涉及了微观经济分析的若干概念及分析体系。本章的重点有:第一,经济学所要回答并解决的主要问题;第二,稀缺性及相关概念;第三,西方经济学的由来与发展;第四,经济分析的基本假设;第五,经济学的主要研究方法;第六,微观经济学的主要研究对象、分析框架及基本内容。

在这些知识结构中,理解稀缺性的重要性,掌握经济分析的基本假设,以及正确理解和区分经济学的主要研究方法,是本章考查的难点。

★ **拓展阅读(若想了解更多文献和素材,可关注微信公众号"鸿观经济")**

【趣味小品】 利用自私

美国的一位心理学家在露天游泳池中做了一个有趣的实验,故意安排不同的人溺水，然后观察有多少人会去营救他们。然而这一实验的结果耐人寻味。在长达一年的实验中，当白发苍苍的老人"溺水"时，累计有20人进行了营救；当孩子"溺水"时，累计有32人进行了营救；而当妙龄女子"溺水"时，营救人员的数量上升到50人。

心理学家称，这个实验可以证明人性中有自私的倾向。虽然同样是救人，但他们在跳下水的那一刻，我知道他们心里在想些什么。

人是自私的动物，这并不是一件可耻的事。重要的是我们应该如何认识和利用"自私"，而不是逆"性"而为。

一座城市的郊区有一座水库，每年夏天都会吸引一大批游泳爱好者前去游泳。而水库是城市自来水厂的重要取水源，为了保持水源的清洁卫生，自来水厂在库区竖立了许多写着"禁止游泳"之类文字的牌子，但效果并不理想，人们照游不误。

后来，自来水厂更换了所有的禁止类的标语，公告牌上写着这样一段话："你家用的水来自这里，为了你和家人的健康，请保持清洁卫生。"自此之后，库区中的游泳者就鲜见了。

人性之私是我们无法回避的问题。我们要做的就是营造"我为人人，人人为我"的氛围。我们知道这个世界需要无私奉献，但事实上，生活中的许多事都因为只强调"无私"而达不到良好的效果。

【来源】陆勇强.利用自私.教师博览,2008(8):43.

【评析】本文用两个生动、鲜活的案例说明了经济学的基本假设——"经济人"假设。

【经典案例】 古代吏制中的"经济人"假设

众所周知，现代经济学这一学科的前提基础是"经济人"假设。我们在对中国古代吏治制度(以下简称吏制)进行经济分析时，可以发现，其对于官吏的管理、监督方面的制度安排其实正是一系列基于"经济人"这一假设前提，试图有效发挥制度的激励与制约作用的不断尝试。

首先，从官员的俸禄制度来看。自传说中的三皇五帝时期到现在，官吏都是以提供对公共事务的管理性劳动来获取报酬的，现在大家耳熟能详的一句话"食君之禄，替君分忧"也就是这个意思。

那么俸禄制度的产生是偶然还是必然的呢？其实，无论是从吏治制度的历史发展过程来看，还是从官吏们都是"经济人"这一经济学假设来推导，我们都可以知道俸禄制度的产生是有其必然性的。历史告诉我们，道德和说教也许能造就几个清廉官吏，但合理的俸禄制度才是广泛而有效地激励官吏廉洁自律且勤勉公事的最佳方法。究其原因，就是因为官吏们都是"经济人"。从意识到这个问题的存在，到进而完善吏治制度，也是有一个发展过程的。历史上曾经多次出现因官吏缺少足够俸禄而导致大规模贪污腐化，以及失职、渎职的前例。

历朝历代的统治者出于巩固其统治的需要，对官吏的贪污腐化多采取严刑峻法，但往往收效甚微。这就是因为不完善的俸禄制度忽视了官吏的"经济人"本质，单靠事后的严厉惩罚根本无法有效地制约官吏，刑罚对于扼制官吏的贪污腐败行为而言只是治标之举。对于官吏"经济人"本质的认识，并在吏治制度的完善中体现出来的是在清朝。清朝在入关之初将官吏的俸禄定得非常低。不仅如此，朝廷还要求官员们将地方存留的公费也一律上缴上级部门，并以各种名义向下级摊派，以至各级行政机构连办公费都没有。于是各级官吏和衙门都纷纷开辟财源，一方面截留本该上缴的赋税收入，另一方面就千方百计地向百姓搜刮。这些钱固然有一部分用于官府的开支，但多数成了官员们的额外收入。雍正皇帝继位后，决心破除积弊，整饬吏治。他令各省在限期内补足国库的亏空，对查实贪污的官员从严惩处，追回赃款，抄没家产。与此同时，雍正正视现实，设立"养廉银"，官员按级别从中提取"养廉银"，作为生活补贴和必要的办公开支，解决了官吏俸禄过低和地方政府开支没有保障的问题。"养廉银"的数量一般大大超过原来的俸禄，官员们完全可以过上体面的生活，也不必再为办公费无处开支发愁了。雍正在位期间，全国的吏治有了明显改善，虽说贪污并没有就此绝迹，但的确明显减少了。之所以能取得如此成绩，是因为正视了官吏的"经济人"本质，在既有严厉的打击措施的同时，又切实解决了官吏们的实际困难，使大多数人能够合法地获得较高的收入。由此可见，只有惩贪与养廉并举，才能使吏治大为改善。

其次，从官吏的监察制度来看。既然官吏们都是"经济人"，那么就不能仅仅依靠自律来管理。人的欲壑难填，再丰厚的俸禄也不能杜绝一些官吏无尽的贪念。因此，引入监察制度，利用官吏的"经济人"本质来互纠互察便成为治吏良方。秦始皇厘定官制、创立御史监察制度，汉朝采用多元化中央监察体制，隋唐的谏官、御史分立，明清的都察院制度，历代统治者为了有效激励监察官吏,采用了"秩卑""权重""赏厚"等多种手段。"秩卑"使惜身保己的念头轻,"权重"则容易发挥监察实效,而"赏厚"能够让监察官吏忠于职守并使其求效之心急切。

最后,在历代的官吏考核制度中,我们同样可以看到基于官吏们"经济人"假设的种种制度安排。例如,在汉朝的逐级考核制度中,对成绩优异者多有升官、赐金、提俸等奖赏,而对考核不及格者的惩戒则有罚俸、免官等。

"前事不忘,今之良鉴也。"在对古代吏治制度的研究中,我们既能看到古人的智慧,也能看到经济学思想的无所不在。尽管岁月如梭,但人的利己本性从未改变,这应该也是"经济人"这一假设历经千秋而不衰的原因吧。

【来源】孙大利,来君.古代吏制中的"经济人"假设.经济学消息报,2002-03-08.

【评析】本文通过对古代吏治制度的分析研究,反映了经济学原理在社会治理中的运用,也体现了经济学经世济民的广阔应用场景。

【经典案例】 感恩节向"看不见的手"致意

大多数美国人认为感恩节是与朋友和家人团聚,并用盛大宴会庆祝的时间,但它的起源实际上是移居美国的清教徒对他们新土地上的好收成充满喜悦,因而留出这一天来表示感谢。

对于清教徒来说,事情并不总是那么好。他们从英国(通过荷兰)来到新世界是为了逃避宗教迫害。1620年,他们在普利茅斯登岸并在普利茅斯湾建立了殖民地之后的第一个冬天是艰难的,天气恶劣,而作物收成又不好。有一半的清教徒死亡或回到了英国。

那些留下来的人忍受着饥饿的折磨。尽管他们有虔诚的宗教信仰,但这些殖民者们也互相偷窃。在经过三个极其艰辛的冬天和普遍饥饿之后,1623年春天,布拉福特总督和其他人开始思考他们如何能尽可能多地种地,并获得比以前好的收成,他们不能再这样在贫困中衰落下去。布拉福特在他的自传中这样叙述。

清教徒从英国带来的传统之一是集体农业。殖民者们共享他们劳动的成果,并配给收成。

人们发现,拿走财产并把它交给共同体的思想引起了许多混乱和不满,而且抑制了许多有自己利益的人就业。

年轻人和有能力的人不愿意无报酬地为其他男人及其妻子辛勤工作。

因此,在三个冬天的勉强糊口之后,在1623年春天播种时,布拉福特制定了一个新政策。他给了每个家庭一块土地,允许每一家为自己种地,而且在这方面只能信任他们自己。

对殖民者来说,结果是让人惊奇的,并且奇迹不断涌现。妇女自愿带着孩子到地里劳作,而那些以前宣称因有病或体弱而不能工作的人也积极地在自己的土地上耕作……

但这并不是奇迹。由于不了解这些,东欧人在350多年以后才以极其艰难的方式知道了布拉福特和清教徒所发现的道理。由于剥夺了财产权,缺乏工作、生产和储蓄的经济激励,人们就会以可以预见的方式行事……

不久之后,殖民者们拥有的食物超出了他们自己的需求,并开始用自己多余的粮食交换其他商品,如皮毛。

【来源】曼昆.经济学原理(上册)(第三版).梁小民,译.北京:机械工业出版社,2003.

【评析】亚当·斯密在《国民财富的性质和原因的研究》一书中这样描述:"每个人都力图用他的资本来使其生产的产品能得到最大的价值。一般来说,他并不企图增进公共福利,也不知道他所增进的公共福利是多少。他所追求的仅仅是他个人的安乐,以及他个人的利益。在这样做时,有一只'看不见的手'引导他去追求一种目标,而这种目标绝不是他所追求的东西。在追逐他自己的利益的同时,经常会提高社会利益,并且其效果要比他真正想提高社会利益时所得到的效果大。"这就是著名的"看不见的手"理论,被誉为"经济学皇冠上的宝石",主要强调由市场自发进行调节。

本案例提示大家进行深入思考,我们能有今天的生活不仅应该感谢自己勤劳的双手,还应该感谢生活中的相关经济制度。在生产过程中,人同样是理性的,不同制度设计下人们的生产积极性是不同的,本案例指出由市场发挥主导作用也许是最有效率的一种选择。试思考和对比我国土地制度改革与此案例的相似之处和不同之处,相信大家会受益匪浅。

★ **例题详解**

例1 判断题:资源的稀缺性是指世界上的资源最终将由于生产更多的物品和服务而消耗殆尽。( )

【提示】应正确理解资源的稀缺性这一概念。资源的稀缺性是指人们所拥有的资源相对于人们对资源的需要而言总是相对不足的。

【解答】错

例2 判断题:"在充分就业以前,财政赤字伴随着货币流通量有所扩大的条件下,这时虽能够增加就业,但也会出现一定程度的通货膨胀",这是一个实证经济学命题。( )

【提示】应正确区分实证经济学表述和规范经济学表述。实证经济学阐述客观事物是怎样的,实证命题有正确与错误、科学与不科学的区分,检验的标准是能否由客观事实来证明。规范经济学命题则涉及应该怎样行动的问题。

【解答】对

例3 选择题:经济物品是指( )。

　　A. 有用的物品

　　B. 稀缺的物品

　　C. 要用钱购买的物品

　　D. 有用且稀缺的物品

【提示】考查经济物品的概念。经济物品是需要通过劳动或付出其他代价才能取得的资源,它必须符合两个要求:一是必须有用;二是必须稀缺。两者缺一不可。

【解答】D

例4 选择题:以下被称为"经济学之父"的是( )。

　　A. 亚当·斯密

　　B. 瓦尔拉斯

　　C. 马歇尔

　　D. 凯恩斯

【提示】考查经济学的产生和发展历史,以及有杰出成就的经济学家。

【解答】A

例5 选择题:在理论的形成中假设( )。

　　A. 是非常重要的,离开了一定的假设条件,分析与结论都是毫无意义的

　　B. 假设条件往往都不现实,因此很难得出正确的结论

C. 理论是客观规律的反映,因此不应该有假设

D. 假设往往都是错误的,所以没必要假设

【提示】考查在经济学研究中假设的意义和作用。

【解答】A

▶▶ 单元习题 ▶ ···

一、名词解释

1. 稀缺性

2. 自由物品与经济物品

3. 生产可能性曲线

4. "经济人"假设

5. 经济模型

6. 内生变量与外生变量

7. 局部均衡分析与一般均衡分析

8. 静态分析、比较静态分析与动态分析

9. 实证分析与规范分析

10. 边际分析

二、判断题

1. 流量是指在一定时期内发生的变量数值,它说明在某段时期内某个变量变化了多少,比如企业产品的库存。　　　　　　　　　　　　　　　　　　　　（　　　）

2. 若一国的生产处于生产可能性曲线以内的一点,则表示该国可利用的资源减少以及技术水平降低。　　　　　　　　　　　　　　　　　　　　　　　　（　　　）

3. 资源的稀缺性是指某种资源的绝对数量很少,例如在沙漠地区,水就非常稀缺。　　　　　　　　　　　　　　　　　　　　　　　　　　　　　　　　（　　　）

4. 理性行为并不要求经济主体完全利己。　　　　　　　　　　　　　（　　　）

5. 微观经济学的核心理论是价格理论,宏观经济学的核心理论是国民收入决定理论。　　　　　　　　　　　　　　　　　　　　　　　　　　　　　　　　（　　　）

三、选择题

1. 人们在进行决策时,必须作出某种选择,这是因为(　　　)。

A.选择会导致短缺

B.人们在决策时面临的资源是有限的

C.人是自私的,所作出的选择会实现自身利益的最大化

D.个人对市场的影响是微不足道的

2.微观经济学的中心理论是(　　　)。

A.资源配置　　　　　　　　B.价格理论

C.国民收入决定理论　　　　D.资源利用

3.下面哪一个命题不是实证经济学命题?(　　　)

A.近年来我国人均收入得到了大幅提高

B.央行近期将准备金率提高到7%

C.对某种消费品征收销售税会引起该商品的销售价格提高

D.政府宏观经济政策的作用之一在于熨平经济波动

4.生产可能性曲线说明的基本原理是(　　　)。

A.一国资源总能被充分利用

B.假定所有经济资源都能得到有效利用,则只有减少某一物品的生产才能
增加另一物品的生产

C.改进技术会引起生产可能性曲线向内移动

D.经济能力增长唯一取决于劳动力数量

5.美国政府对农产品实行支持价格并给予农场主财政补贴的最直接影响是
(　　　)。

A.生产什么　　　　　　　　B.如何生产

C.生产可能性曲线的位置　　D.为谁生产

四、简答题

1.试述生产可能性曲线的概念在经济分析中的重要性。

2.简述现代西方经济学产生和发展的演进历程。

五、论述题

1.试述微观经济学与宏观经济学之间的相互关系。

2.为什么说资源配置是经济学研究的核心问题?

参考答案

一、名词解释

1. 稀缺性:是指相对于人类无限的需要而言,经济资源总是不足的。

2. 自由物品与经济物品:自由物品是指人们不需要付出任何代价就可以自由取用的物品,如阳光、空气等,其数量被认为是无限的,取之不尽、用之不竭,能够满足人们的需要。经济物品不像自由物品那样可以不付出任何代价就能够无偿地自由取用,人们要得到它们必须付出一定的代价,因为其数量是有限的。

3. 生产可能性曲线:表示一国在既定的资源与技术条件下所能够生产出来的最大数量的产品的组合。

4. "经济人"假设:也称合乎理性的人的假设,"经济人"被视为经济生活中一般的人的抽象,其本性被假设是自利的。"经济人"在一切经济活动中的行为都是合乎所谓的理性的,即都是以自利为动机,力图以最小的经济代价去追逐和获得自身的最大经济利益。

5. 经济模型:是构成经济理论的重要组成部分,是描述和分析所研究的经济现象之间依存关系的理论结构,语言文字、几何图形、数学函数等都可以成为经济模型的表达方式。

6. 内生变量与外生变量:内生变量是指在一个经济模型中需要加以说明的变量。外生变量是指那些可以影响内生变量,但它们本身是由经济模型以外的因素决定的变量。

7. 局部均衡分析与一般均衡分析:局部均衡分析假定其他条件不变,分析经济中单个经济主体与市场需求、供给和均衡问题。一般均衡分析把经济中不同的部分看作一个有机的整体,从各个部分的相互联系中研究某个部分是怎样形成均衡的。

8. 静态分析、比较静态分析与动态分析:静态分析研究某个时点上的均衡状态,主要指什么是均衡状态以及达到均衡状态所需要的条件,而不管形成均衡状态的过程和达到均衡状态所需要的时间。比较静态分析研究两个不同时点上的均衡状态的变动,主要通过对不同均衡状态的比较来发现导致均衡状态存在差异的因素,而不管从一种均衡状态到另一种均衡状态的变化过程和所需要的时间。动态分析研究从某个时点的均衡状态到另一时点的均衡状态的变化过程,主要探讨在一定条件下某个经济变量的变化和调整过程,重视时间因素对动态变化过程的影响。

9. 实证分析与规范分析:实证分析研究"是什么"的问题,也就是对经济变量之间本来存在着的内在联系进行客观研究,研究时以不预设价值判断为前提。规范分析研究"应该是什么"的问题,在研究时要以一定的价值判断为前提,因此是具有预设立场的。

10. 边际分析:是指分析自变量每增加一单位或增加最后一单位的量值会如何影响和决定因变量的量值。

二、判断题

1. 错
【提示】考查流量与存量的概念,并能识别相应的具体实例。同时应掌握内生变量与外生变量、实证经济学命题与规范经济学命题等类似概念的区别。

2. 错
【提示】考查生产可能性曲线的概念及其简单的经济分析。应理解生产可能性曲线的静态经济含义,并能根据该曲线进行简单的比较静态分析。

3. 错
【提示】考查资源稀缺性的概念。明确资源的稀缺性只在相对于人类的无限需要时进行讨论才有意义。

4. 对
【提示】考查"经济人"假设和"合乎理性"的假设。同时理解经济分析假定个人行为的基本动力是追逐个人利益的合理性(虽然理性行为并不要求经济主体完全利己)。

5. 对
【提示】考查微观经济学和宏观经济学的主要研究内容。

三、选择题

1. B
【提示】考查经济学产生的根源是稀缺性。

2. B

【提示】考查市场是配置资源的主要手段,价格是市场最重要的信号。

3. D

【提示】考查实证经济学与规范经济学的区别。同时应掌握存量与流量、内生变量与外生变量等类似概念的区别。

4. B

【提示】考查生产可能性曲线的经济含义。

5. D

【提示】考查经济学研究的基本问题,并能应用于具体实例。

四、简答题

1.【提示】考查生产可能性边界的经济含义。掌握生产可能性边界与稀缺性、选择、经济学研究的基本问题、效率等内容的关系。

【解答】

(1)生产可能性边界是稀缺性的具体化。生产可能性边界是可以实现的产量与不可实现的产量的分界线,它的存在说明了稀缺性的存在。

(2)生产可能性边界表明了选择的含义。生产可能性边界上的每一个点都是资源配置的某种组合,选择在哪一点进行生产表明了对该点资源组合的偏好。

(3)生产可能性边界有助于理解经济学研究的三个基本问题。在生产可能性边界上的某一点进行生产就是解决生产什么的问题;从资源使用的效率角度出发,考虑如何选择生产可能性边界上的某一点进行生产就是解决如何生产的问题;如果给定人群的不同偏好,则选择生产可能性边界上的哪一点进行生产也暗含了为谁生产的问题。

(4)生产可能性边界与效率的关系。生产可能性边界上的任何一点都表明资源得到了充分利用,是有效率的;生产可能性边界内的任何一点都表明资源没有得到充分利用,是无效率的。

2.【提示】考查现代西方经济学的产生和发展演进历程中的重要事件、学派、人物及其影响。

【解答】

(1)1776年,英国经济学家亚当·斯密出版《国民财富的性质和原因的研究》,以他为代表的古典经济学派建立了以自由放任为中心的经济学体系。亚当·斯密因此被尊称为"经济学之父"。

（2）19世纪70年代，三位经济学家——奥地利的门格尔、英国的杰文斯、法国的瓦尔拉斯提出了边际效用价值论以及新的分析方法——边际分析法，这是经济学研究方法的一次重大变革，被后人称为边际革命，其标志着新古典经济学的开始。

（3）1890年，英国经济学家阿尔弗雷德·马歇尔出版了《经济学原理》，这本书综合了当时的各种经济理论，建立了现代微观经济学体系。

（4）1936年，英国经济学家凯恩斯出版了《就业、利息和货币通论》一书，把产量和就业水平联系起来，从总需求的角度分析国民收入的决定，并用有效需求不足来解释失业存在的原因。在政策上提出放弃自由放任，主张政府干预经济，后世称之为"凯恩斯革命"，凯恩斯也因此被称为"宏观经济学之父"。此后，以萨缪尔森为代表的美国经济学家把凯恩斯主义的宏观经济学与新古典经济学的微观经济学结合在一起，形成了新古典综合学派，对各国的经济理论和政策都产生了重大影响。

（5）20世纪70年代初期，西方国家普遍出现滞胀问题，凯恩斯学派的宏观经济理论和政策无法解释与解决滞胀问题，因此引发了凯恩斯主义的危机，自由放任思潮复兴，现代货币主义学派、供给学派和新古典主义宏观经济学等众多经济学派纷纷兴起。它们的观点和政策主张各有不同，但都有一个共同的思想基础——新自由主义，主张全盘私有化，倡导经济自由主义，认为市场机制可以有效实现资源配置，提倡自由放任的市场经济，反对政府过多地干预，这些理论和政策主张成为后来英国政府、美国政府等制定经济政策的理论依据。

（6）20世纪70年代末期开始，在应对新自由主义学派，尤其是其中的新古典主义宏观经济学对凯恩斯主义批评的过程中，新凯恩斯主义学派应运而生，在宏观经济学领域形成了与新古典主义宏观经济学并驾齐驱的局面。两大学派同属主流经济学，采用的分析方法是相同的，并且都主张将宏观经济学建立在以理性与自利为基础的微观经济学基础之上，也都坚持理性预期理论。两者的区别是，新古典主义宏观经济学从市场出清出发，得出市场机制稳定和政策无效的结论，而新凯恩斯主义则从工资与物价的刚性出发，认为市场不能出清，因此经济政策是有效的。

（7）进入21世纪，特别是在2007年美国次贷危机引发全球金融危机后，世界陷入自1929—1933年大萧条以来最严重的经济危机之中，以新自由主义为基础的西方经济理论和政策遭到更大质疑，西方经济学也遭遇了前所未有的信任危机。西方经济学主流学派或者传统经济学开始进行反思并力图寻找新的出路，旷日持久的自由放任与国家干预两大思潮的斗争已经渐行渐远，取而代之的是这两大传统的主流经济学派的整合和融合。与此同时,非主流学派经济学异常活跃,新兴经济学科崛起,经济多元化、交叉化和跨学科化趋势越来越明显,推动着经济学的持续发展。

五、论述题

1.【提示】考查微观经济学与宏观经济学在概念、理论依据、基本假设、研究方法、研究对象、研究中心、研究目标等方面的联系和区别,并能给出简单评论。

【答案提要】

微观经济学和宏观经济学既有区别又有联系。

(1)在概念上,微观经济学采用个量分析法,以市场价格为中心,以主体利益为目标,研究家庭和企业的经济行为,以及怎样通过市场竞争达到资源的最优配置。宏观经济学采用总量分析法,以国民收入为中心,以社会福利为目标,研究要素市场、产品市场、货币市场、公共财政、国际收支的协调发展,以及怎样通过政府调控达到资源的充分利用。

(2)具体地,两者在理论依据、基本假设、研究方法、研究对象、研究中心、研究目标等方面也有区别和联系,具体如表1.1所示。

表1.1　微观经济学与宏观经济学比较

项目	微观经济学	宏观经济学
理论依据	新古典主义经济学	新凯恩斯主义经济学
基本假设	资源稀缺,充分就业	需求不足,存在失业
研究方法	个量分析法	总量分析法
研究对象	单个经济单位	整个经济
研究中心	市场价格	国民收入
研究目标	个体利益最大	社会福利最大

(3)需要强调两点内容:第一,微观经济学或与宏观经济学分析同一问题所得到的结论可能不同。例如,从微观上看,若一个企业降低工资,则可以降低成本,增加利润;但从宏观上看,若所有企业都降低工资,那么有效需求将不足,最后会导致所有企业利润下降。第二,微观经济学以资源充分利用为前提,研究资源的最优配置;而宏观经济学则以资源最优配置为前提,研究资源的充分利用。例如,市场机制具有某种局限性,不能解决垄断、公平等重大问题,必须在政府的调控下才能真正做到资源的最优配置,而政府调控也只有以市场机制为基础,调动一切积极因素,才能真

正做到资源的充分利用。因此,目前的发展趋势是宏观经济学以微观经济学为基础,两者相互渗透。

2.【提示】考查资源配置的概念及重要意义,理解资源配置成为经济学研究的核心问题的原因。

【答案提要】

(1)说明资源配置的概念以及经济学的定义。

(2)资源配置问题不仅是社会经济活动所面临的基本问题,同时也是经济学研究的核心问题,即人类应该如何合理地配置稀缺的资源以更好地满足自身的需要。

(3)一方面,人类的欲望及由此派生的需要具有无限性和多样性两个重要的特点,可以围绕这两个特点适当地展开论述;另一方面,人类所拥有的资源本身也具有两个重要特点,即稀缺性和用途的可选择性,也可围绕这两点适当地展开论述。

第二章 ···

需求、供给与市场均衡

★ 知识导图

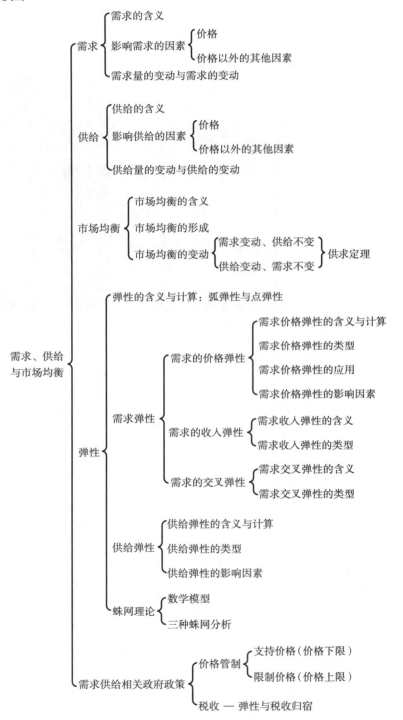

★ **学习要求**

通过本章的学习,学生应当:

1.掌握需求的定义、需求曲线、需求规律及其特例、影响需求的因素、需求函数、需求量的变动与需求的变动,能够根据单个需求曲线推导出市场需求曲线。

2.掌握供给的定义、供给曲线、供给规律及其特例、影响供给的因素、供给函数、供给量的变动与供给的变动,能够根据单个供给曲线推导出市场供给曲线。

3.掌握均衡的含义,能够借助供求曲线分析说明市场均衡的形成,以及需求和供给变动对均衡价格与均衡数量的影响。

4.掌握各类弹性的概念、计算,弧弹性和点弹性,各类弹性系数的大小所反映的问题及其应用,需求价格弹性和供给价格弹性的影响因素。

5.掌握蛛网理论的基本假定、模型构建、分析过程,能够运用蛛网理论分析简单的现实经济问题。

6.能够运用供求理论和弹性理论解释、分析简单的现实经济现象与政府行为。

★ **内容精要**(扫描二维码,观看相关知识点微课视频)

在微观经济学中,任何商品的价格都是由商品的需求和供给这两方面的因素共同决定的。作为微观经济学的起点,本章主要介绍与需求、供给相关的基本概念和原理。

1.一种商品的需求是指消费者在一定时期内的各种可能的价格水平下愿意而且能够购买的该商品的数量。影响商品需求数量的主要因素有:该商品的价格,消费者的收入水平、偏好、预期,相关商品的价格等。需求函数是用来表示一种商品的需求数量和影响该需求数量的各种因素之间的相互关系的。表明需求数量与价格之间相关关系的形式除了需求函数,还有需求表和需求曲线。向右下方倾斜(负斜率)的需求曲线表明了需求规律:在其他条件不变的情况下,商品的价格和需求量之间通常呈反方向变动的关系。对于该结论来说,吉芬商品和凡勃伦效应是两种例外,在商品为吉芬商品或存在凡勃伦效应的特殊情况下,商品的价格和需求量之间会呈同方向变动的关系。

2.一种商品的供给是指生产者在一定时期内的各种可能的价格水平下愿意而且能够提供出售的该商品的数量。影响商品供给数量的主要因素有:该商品的价格,生产的成本、技术水平,相关商品的价格和生产者对未来的预期等。供给函数是用来表示一种商品的供给数量和影响该供给数量的各种因素之间的相互关系的。表明供给数量与价格之间相关关系的形式除了供给函数,还有供给表和供给曲线。向右上方倾斜(正斜率)的供给曲线表明了供给规律:在其他条件不变时,商品的价格和供给量之间通常呈同方向变动的关系。

3. 需求量的变动是指在其他条件不变时,由某商品的价格变动所引起的该商品的需求数量的变动,表现为同一条需求曲线上不同位置点的移动。需求的变动是指在某商品价格不变的条件下,由于其他因素变动所引起的该商品的需求数量的变动,表现为整条需求曲线的移动。供给量的变动是指在其他条件不变时,由某种商品的价格变动所引起的该商品供给数量的变动,表现为同一条供给曲线上不同位置点的移动。供给的变动是指在某商品价格不变的条件下,由于其他因素变动所引起的该商品的供给数量的变动,表现为整条供给曲线的移动。

4. 均衡最一般的含义是指经济系统中的某一特定经济单位、经济变量或者市场等在一系列经济力量的相互制约下所达到的一种力量相当、相对静止、暂时稳定的状态。在西方经济学中,一种商品的均衡价格是指该商品的市场需求量和市场供给量相等时的价格。在均衡价格水平下的相等的供求数量被称为均衡数量。

5. 商品市场均衡的基本假设:第一,均衡分析假定市场处于完全竞争的状态,买者和卖者能够迅速地对价格的变化做出反应,在买者之间和卖者之间存在相互竞争的条件下,可以形成均衡的价格和交易量。第二,均衡分析假定,买者和卖者完全掌握市场的信息,他们能够准确和有效地对价格的变化做出反应,从而使市场可以形成均衡的价格和交易量。第三,均衡分析假定市场价格具有充分的灵活性,它对供给和需求的变化能够立即做出反应,从而使价格趋于均衡水平。但在现实世界中,由于上述假定不能充分实现,市场一般处于非均衡状态。

6. 在商品市场处于非均衡状态的条件下,商品的价格和交易量不是由这种商品的需求曲线与供给曲线的交点决定的,而是由"短边规则"决定的。根据"短边规则",如果存在超额供给,那么需求的一方是短边;如果存在超额需求,那么供给的一方是短边。

7. 市场价格变化遵循这样一条基本规律:当供不应求时,价格将上升,价格上升会导致供给量增加、需求量减少,进而使供求最终趋于平衡;而当供大于求时,价格将会下降,价格下降又会导致供给量下降、需求量上升,最终供求将趋于平衡。市场价格的这种自动调节称为市场出清,亦称价格机制或市场机制。价格向均衡价格回归的动力源于企业和消费者的自利行为。

8. 供求定理指出:在其他条件不变的情况下,需求变动会引起均衡价格和均衡数量的同方向变动;而供给变动则会引起均衡价格的反方向变动和均衡数量的同方向变动。需要说明的是,如果需求和供给同时发生变动,那么商品的均衡价格和均衡数量中有一个的变化会难以确定,这要结合需求和供给变化的具体情况来分析。

9. 弹性用来表示因变量对自变量变动的敏感程度,是因变量变动的百分比与自变量变动的百分比之比。弹性是两个相对量之比,与反映两个变量变动的绝对量之比的斜率存在根本的区别,但两者又存在一定的联系。

10. 弹性有点弹性和弧弹性之分。前者指函数曲线在某一点的弹性,它是自变量的一个无穷小的相对变动所引发的因变量的相对变动情况;而后者则是指函数曲线某一段弧的弹性,它是自变量的一个较大的相对变动所引发的因变量的相对变动情况。

11. 需求的价格弹性表示在一定时期内一种商品的需求量变动对该商品价格变动的反应程度,其公式为:需求的价格弹性系数 $= \left| \dfrac{需求量变动率}{价格变动率} \right|$。价格是影响需求量最重要的因素,因此需求的价格弹性也是所有需求弹性中最受关注的,通常所讲的需求弹性一般指的是需求的价格弹性。

12. 需求的价格弧弹性表示某需求曲线上两点之间的需求量的变动对于价格变动的反应程度,其公式为 $e_d = \left| \dfrac{\Delta Q}{\Delta P} \cdot \dfrac{P}{Q} \right|$,一般地,为了避免不同的计算结果,通常取弧的两个端点的价格平均值 $\dfrac{P_1 + P_2}{2}$ 和需求量平均值 $\dfrac{Q_1 + Q_2}{2}$ 来计算,将其分别代入公式中的 P 和 Q,则需求的价格弧弹性的计算公式又可以写为 $e_d = \left| \dfrac{\Delta Q}{\Delta P} \cdot \dfrac{\dfrac{P_1 + P_2}{2}}{\dfrac{Q_1 + Q_2}{2}} \right|$,该计算方法也被称为需求的价格弧弹性的中点法。需求的价格点弹性表示需求曲线上某一点的需求量变动对于价格变动的反应程度,其公式为 $e_d = \lim\limits_{\Delta P \to 0} \left| \dfrac{\Delta Q}{\Delta P} \cdot \dfrac{P}{Q} \right|$ $= \left| \dfrac{\mathrm{d}Q}{\mathrm{d}P} \cdot \dfrac{P}{Q} \right|$。

13. 需求的价格弹性按照弹性系数的大小可以分为五种情况:完全无弹性、缺乏弹性、单位弹性、富有弹性、完全弹性。其中,完全无弹性、完全弹性和单位弹性是三种极端情况,较为罕见。绝大多数商品的需求价格弹性通常是缺乏弹性或者富有弹性的,生活必需品一般缺乏弹性,而奢侈品则一般富有弹性。

14. 需求的价格弹性与提供该商品的厂商的销售收入有着密切的联系。对于需求价格弹性 $e_d > 1$ 的富有弹性的商品,降低价格会增加厂商的销售收入,而提高价格则会减少厂商的销售收入,即商品的价格与厂商的销售收入呈反方向变动的关系。对于需求价格弹性 $e_d < 1$ 的缺乏弹性的商品则正好相反,降低价格会使厂商的销售收入减少,而只有提高价格才会使厂商的销售收入增加,即商品的价格与销售收入呈同方向变动的关系。因此,不同需求价格弹性下的厂商的定价策略有所不同。

15. 影响需求的价格弹性的主要因素有:商品对于消费者的重要程度、商品的可替代程度、用于购买商品的消费支出在总支出中所占的比重、消费频率、消费者调整时间的长短、商品价格的高低等。

16. 线性需求曲线上任何一点的弹性都可以通过由该点出发向价格轴和数量轴引垂线的几何图形法来求得。线性需求曲线上的点的位置越高,相应的点弹性系数值就越大;反之,点的位置越低,则相应的点弹性系数值就越小。对该结论来说,水平的和垂直的需求曲线是两种例外。

17. 需求的收入弹性表示在一定时期内某种商品的需求量变动对消费者收入变动的反应程度。需求的收入弧弹性公式为 $e_M = \dfrac{\Delta Q}{\Delta M} \cdot \dfrac{M}{Q}$,而其相应的点弹性公式为 $e_M = \dfrac{\mathrm{d}Q}{\mathrm{d}M} \cdot \dfrac{M}{Q}$。根据需求的收入弹性系数值,可以将商品分为:第一,$e_M = 0$ 的特殊品,其需求量与收入水平无关。第二,$e_M < 0$ 的低档品,其需求量随收入水平的提高而减少。第三,$e_M > 0$ 的正常品,其需求量随收入水平的提高而增加,这其中又可进一步细分为 $0 < e_M < 1$ 的必需品和 $e_M > 1$ 的奢侈品。当消费者的收入水平上升时,尽管消费者对必需品和奢侈品的需求量都会有所增加,但对必需品需求量的增加而言是缺乏弹性的,而对奢侈品需求量的增加而言则是富有弹性的。

18. 需求的交叉弹性表示在一定时期内一种商品需求量的变动对另一种商品价格变动的敏感程度。其弧弹性公式为 $e_c = \dfrac{\Delta Q_y}{\Delta P_x} \cdot \dfrac{P_x}{Q_y}$,而其相应的点弹性公式为 $e_c =$

$\dfrac{\mathrm{d}Q_y}{\mathrm{d}P_x} \cdot \dfrac{P_x}{Q_y}$。若两种商品之间存在着替代关系,则一种商品的价格与其替代品的需求量之间呈同方向变动的关系,相应的需求交叉弹性系数为正值,并且需求交叉弹性系数值越大,两种商品之间的可替代程度就越高。若两种商品之间存在着互补关系,则一种商品的价格与其互补品的需求量之间呈反方向变动的关系,相应的需求交叉弹性系数为负值,并且需求交叉弹性系数的绝对值越大,两种商品之间的互补性就越强。若两种商品之间不存在相关关系,则意味着其中任何一种商品的需求量都不会对另一种商品的价格变动做出反应,相应的需求交叉弹性系数为零。

19. 供给的价格弹性表示在一定时期内一种商品供给量的变动对该商品价格变动的敏感程度。供给的价格弧弹性公式为 $e_s = \dfrac{\Delta Q}{\Delta P} \cdot \dfrac{P}{Q}$;供给的价格弧弹性的中点法

公式为 $e_d = \dfrac{\Delta Q}{\Delta P} \cdot \dfrac{\dfrac{P_1 + P_2}{2}}{\dfrac{Q_1 + Q_2}{2}}$;供给的价格点弹性公式为 $e_s = \dfrac{\mathrm{d}Q}{\mathrm{d}P} \cdot \dfrac{P}{Q}$。根据弹性系数的

大小,供给的价格弹性可以分为五类:完全无弹性、缺乏弹性、单位弹性、富有弹性及完全弹性。价格是影响供给量最重要的因素,因此供给的价格弹性也是所有供给弹性中最受关注的,通常所讲的供给弹性一般指的是供给的价格弹性。

20. 线性供给曲线上任意一点的点弹性都可以通过由该点出发向数量轴引垂线并结合该供给曲线与数量轴交点的几何图形方法来求得。若线性供给曲线与数量轴的交点位于坐标原点的右侧,则该供给曲线上所有点的弹性都是小于1的。若线性供给曲线的延长线与数量轴相交,即交点位于坐标原点的左侧,则该供给曲线上所有点的弹性都是大于1的。若交点恰好就是坐标原点,则该供给曲线上所有点的弹性均为1。

21. 影响供给的价格弹性的因素归结起来就是增加供给的难度:若增加供给的难度大,则价格上升后供给量较难大幅增加,供给量增加少,价格弹性就小;反之,若增加供给的难度小,则价格上升后供给量增加较易,供给量增加得越多,价格弹性就越大。影响供给增加难度的主要有以下因素:第一,产量变动后成本增量。如果产量增加只引起边际成本的轻微提高,那么供给就较容易增加,供给的价格弹性就可能比较大;反之,如果需要较大的成本投入才能增加产量,则供给的价格弹性就会较小。第二,产品的生产周期。对于短周期产品,厂商在较短时间内就能生产出来,调整产量比较容易,供给的价格弹性相应就比较大;相反,对于长周期产品,厂商在短时间内较难增加供给,供给的价格弹性就相应较小。第三,生产者所使用的生产技

术类型。在技术密集型、资本密集型行业,增加供给相对较难,供给的价格弹性就相对较小;而在劳动密集型行业,增加供给相对容易,供给的价格弹性就相对较大。第四,现有产能利用程度。如果有过剩的产能,那么越增加供给量,供给的价格弹性就越大。第五,给生产者调整的时间。时间越长,增加供给越容易,供给的价格弹性就越大。第六,生产所需的规模。一种产品生产所需的工厂规模越大,产品的供给弹性就越小;相反,一种产品生产所需的工厂规模越小,产品的供给价格弹性就越大。

22. 蜘网理论研究商品的产量和价格在偏离均衡状态以后的长期动态波动过程及其结果。蜘网理论主要研究生产周期长、产量稳定的产品,最典型的就是长周期的农产品。它的基本假设包括:第一,从开始生产到生产出产品需要一定的时间,而且在这段时间内生产规模无法改变;第二,商品的本期产量取决于前一期的价格,生产者对价格的反应是滞后的;第三,商品本期的需求量取决于本期的价格,价格是能及时影响需求量的。

23. 根据需求弹性和供给弹性相对大小的不同,蜘网理论有三种情况:收敛型蜘网、发散型蜘网和封闭型蜘网。第一,收敛型蜘网。供给弹性小于需求弹性,即相对于价格轴的需求曲线斜率的绝对值大于供给曲线的斜率。当市场由于受到干扰偏离原有的均衡状态以后,实际价格和实际产量会围绕均衡水平上下波动,但波动的幅度会越来越小,最后回到原来的均衡点,蜘网呈收敛状。第二,发散型蜘网。供给弹性大于需求弹性,即相对于价格轴的需求曲线斜率的绝对值小于供给曲线的斜率。当市场由于受到外力的干扰偏离原有的均衡状态以后,实际价格和实际产量上下波动的幅度会越来越大,也会偏离均衡点越来越远,蜘网呈发散状。第三,封闭型蜘网。供给弹性等于需求弹性,即相对于价格轴的需求曲线斜率的绝对值等于供给曲线的斜率。当市场由于受到外力的干扰偏离原有的均衡状态以后,实际产量和实际价格始终按同一幅度围绕均衡点上下波动,既不进一步偏离均衡点,也不逐渐地趋向均衡点,从而形成一张蜘丝首尾相连的封闭型蜘网。

24. 支持价格也称为价格下限或最低限价,它是政府所规定的某种产品高于均衡价格的最低价格。政府为了扶植某些行业(如农业)的发展,往往实行支持价格。在实行这一政策时,政府通常会收购市场上过剩的产品。

25. 限制价格也称为价格上限或最高限价,它是政府所规定的某种产品低于均衡价格的最高价格。政府为了抑制某些产品的价格上涨和控制通货膨胀,或者为了限制某些垄断性较强行业厂商的定价权,往往实行限制价格。限制价格下的供不应求会导致市场上消费者排队抢购、政府被迫实施配给制度,并可能导致黑市交易盛行。在这种情况下,政府往往不得不采取补贴的方法来鼓励企业增加供给,但此举往往会导致财政负担加重,以及不公平问题的出现。

26. 政府向买卖双方中的任何一方的征税行为往往会导致税负被转嫁给另一方。税收负担在买者和卖者之间最终如何分摊,取决于商品的供给弹性和需求弹性。在正常情况下,税收负担往往更多地落在缺乏弹性的一方。

★ 考查重点、难点

本章主要考查与供求曲线有关的基础知识。作为微观经济学分析的起点,本章内容是学生理解整个微观经济学分析的基础。本章的重点在于以下知识点:第一,需求的定义及表示方式,需求规律及其例外,影响需求的因素,需求量的变动与需求的变动。第二,供给的定义及表示方式,供给规律及其例外,影响供给的因素,供给量的变动与供给的变动。第三,均衡的定义,均衡价格与均衡数量的定义,市场均衡模型的求解及其隐含的假设条件,市场机制运行的基本规律及其背后的源动力,需求与供给变动对均衡价格和均衡数量的影响,供求定理,运用供求曲线解释简单的现实经济现象。第四,弹性的一般定义;需求的价格弹性(包括弧弹性、点弹性)的定义、类型、计算、几何意义,同一条线性需求曲线上需求的价格弹性的变化与政策含义,需求的价格弹性对厂商销售收入的影响,影响需求的价格弹性的因素;需求的收入弹性的定义,正常品、劣等品、必需品(刚性正常品)、奢侈品(弹性正常品)的区别与界定;需求的交叉弹性的定义,互补品、替代品的区别与界定;供给的价格弹性(包括弧弹性、点弹性)的定义、计算、几何意义,影响供给的价格弹性的因素。第五,蛛网模型的研究对象及基本假定、蛛网模型的数学模型和图解法、运用蛛网模型分析简单的现实经济现象。第六,政府两种常见的价格管制手段(支持价格与限制价格)的含义、目的及可能产生的后果,政府税收的归宿及其影响因素。

本章考查的难点有:正确区分需求(供给)的变动与需求量(供给量)的变动及其对商品的均衡价格和均衡数量的影响;理解需求规律的例外;正确区分供求曲线的斜率与弹性的概念;正确计算各类弹性(包括弧弹性和点弹性);运用供求曲线解释简单的现实经济现象;蛛网模型的数学模型和图解法,依据蛛网模型分析简单的现实经济现象;税收归宿的影响因素。

★ **拓展阅读**（若想了解更多文献和素材，可关注微信公众号"鸿观经济"）

【经典案例】　奢侈品需求的惊人弹性

　　1990 年，作为力图削减美国财政赤字的一揽子计划的一部分，美国国会同意对价格昂贵的奢侈品征收 10% 的奢侈品税。这样的产品很多，如豪华游艇、私人飞机、高级轿车、珠宝首饰和皮革。由于这项增税是针对有钱人的，所以没有遭到多少抗议和反对。当然这项措施能否获得预期的成功，并为政府带来额外的收入，完全取决于奢侈品的需求弹性。如果奢侈品需求的价格弹性很高，那么奢侈品税虽然只会导致奢侈品的价格轻微上升，但其会带来奢侈品需求的大幅度下降。这就是说，购买奢侈品的人会大幅度减少，政府实际上没有多少征税机会，国库收入也就不会增加。事实证明，奢侈品的需求弹性确实很大。到了次年，也就是 1991 年初，由于有钱人为了逃避税收转而前往邻国巴哈马等地购买游艇，所以美国东海岸度假胜地南佛罗里达地区的游艇销量迅速下降 90%。此外，包括德国奔驰和日本凌志在内的高级轿车的销量也出现急剧下降的趋势。再加上 1991 年开始出现的经济衰退，导致有钱人的投资收入下降，对于奢侈品的销售而言无异于雪上加霜，奢侈品的需求曲线向左移动，总体销量继续下跌。这一新增税项带来的收入远远小于当初的预期数额，1991 年有钱人为购置奢侈品总共上缴了 3000 万美元的税额，只有预期平均值的 1/10。如果算上实施这一税项的成本，这 3000 万美元就可能有点入不敷出了。于是美国政府在 1993 年便撤销了这一税项。

　　【评析】本文针对弹性与税收归宿问题，结合美国的实例，说明了对需求富有弹性的奢侈品征税的效果并不理想。

【趣味小品】　票贩子为什么屡禁不止

　　春节前夕，坐火车回家的人可能都有切身体会，火车票总是那么紧张，要提前排队购买，如果实在买不到，就要从票贩子手中高价购买。每年的这个时候，各地公安部门都会出动警力进行打击，但票贩子们依旧屡禁不止。其原因实际上并不是公安部门打击不力，而是限制价格的做法违背了市场经济规律。

均衡价格由市场供求决定。如果铁路部门确定的火车票价低于均衡价格,那么坐火车的需求量就会大于供给量,这时存在价格上升的压力。随着价格的上升,需求量(想坐火车回家的人)减少,供给量不变,价格就会上升到供求相等的均衡水平。反之,如果铁路部门确定的价格高于均衡价格,那么需求量会小于供给量,然后价格会下降,直至供求相等。当价格达到均衡时,想坐火车回家的人数与铁路部门能够提供的火车票的数量恰好相等,这就实现了经济学家所说的资源配置最优化。

但是,如果受到外力的干预,价格就无法起到这种调节作用。比如,假定坐火车的均衡价格应该是60元,但物价部门规定的限制价格是30元。由于价格低于均衡价格,并且不能上升,那么必然存在超额需求或供给短缺。当火车票为30元时许多人买不到回家的票反映的正是这种情况。

在这种情况下,解决供小于求的方法有三种:配给(由铁路部门决定给谁)、排队(按先来后到的原则)和黑市。票贩子和买票人之间的交易就是黑市交易。票贩子既可以拉帮结伙装作乘客排队买票,也可以与铁路有关人员勾结把紧缺的车票弄到,然后在供给不增加的情况下以黑市的均衡价格(比如100元)卖给真正需要火车票的人。只要存在限制价格,票贩子倒票就是有利可图的,无论怎样严打都只会是"野火烧不尽,春风吹又生"。钻价格政策的空子是票贩子的理性行为。

显然,票贩子的存在既损害了消费者的利益,又损害了生产者(铁路部门)的利益。一方面购票者不得不付出高价,另一方面这种高价又不归铁路部门所有。在我们的例子中,限制价格为30元,而买票却付出了100元,其间的差额70元就到了票贩子及其同伙(例如提火车票的人)手中。虽然有关部门制定限制价格的意图是维护消费者的利益,但实际上是损害了消费者的利益。这种事与愿违的结果就在于违背了市场经济的基本规律,人为地破坏了价格自发调节供求的作用。

【评析】本文结合限制价格原理,说明了票贩子存在的合理性和必然性,提醒政府部门要结合经济学原理来分析和解决问题。

【学者论坛】 一本念歪了的经

——铁路春运涨价真的符合市场规律吗?

铁路部门2001年春运期间的提价行为引起了人们的广泛讨论,而铁路部门则宣称此举纯属按市场规律办事。铁路部门的提价行为是否真的符合市场规律?

铁路部门声称的市场规律就是经济学中最简单的供求规律,也即当产品供不应求时价格上涨,而供过于求时则下跌。在这里我们暂时不谈后者在运输淡季供大于求时铁路票价不下降是否符合规律,我们只分析春运期间票价上涨的情况。在理解供求规律时有两点特别值得注意:一是当规律发生作用时,产品品质应不变。也就是说,无论价格变动如何导致供求变动,产品品质本身不应有任何变化,这是供求规律的题中应有之义,唯有如此,才符合供求规律或市场规律的要求。二是如果供求规律想要较好地发挥作用,那么相应的需求价格弹性应较高。也就是说,只有需求价格弹性较高时,价格上涨才能有效地减少需求量,如果需求弹性极低,那么涨价对需求减少的作用会十分有限,这时,供求规律的作用也将难以发挥。

铁路部门提供给旅客的产品——运输服务是存在品质差异的,这种品质差异可用旅客实际得到的舒适程度和服务来表示。我们假定火车的一节硬座车厢额定乘员为100人,铁路部门要按照额定人数配置相应人员,向旅客提供茶水、卫生、治安等应有的服务,这些能够保证旅客得到正常的舒适程度和标准服务。在此状态下,铁路部门向旅客提供的就是正常品质的产品。但假如车厢内旅客大大超过额定人数,如200人挤在一节车厢内,旅客这时会感到非常难受。同时拥挤也使旅客无法享受应有的服务,那么在该种状态下,铁路部门实际上向旅客提供了劣质品。

春运期间,铁路人流高度集中,铁路部门在边际成本接近零的情况下,出售了远大于车厢额定人数的车票,造成乘车环境极度恶化,车厢内拥挤、脏乱、空气污浊,乘车的旅客苦不堪言,同时本应得到的各种服务也未享受到,这些使旅客实际得到的是劣质品。由此,我们可以说铁路部门的涨价行为不符合供求规律或市场规律。在春运期间,一方面火车票价是按正常品质产品的价格上浮一定比例后出售,另一方面又向旅客提供劣质品,使得涨价前后提供了两种完全不同品质的产品,其行为不符合供求规律的题中应有之义——产品同质,对此如何能说其行为纯属市场行为呢?如果铁路部门要想让其涨价行为符合市场规律,一定要在涨价后提供给消费者与涨价前同样品质的产品。

铁路部门的涨价还有一个说法,叫利用价格杠杆"削峰平谷",这点让人们更加难以理解。春运期间由于放假时间短而集中,加之盼望同亲人团聚,使得人们思家心切、归心似箭,造成短期内旅客对铁路客运的需求价格弹性极低,需求量变动对价格变动的反应很不敏感,价格上涨引起的需求量下降非常少,价格杠杆几乎难以通过供求规律发挥作用。如此怎能说按市场规律办事呢?事实也证明如此,票价上涨的幅度远大于客流下降的幅度。春运期间利用供求规律"削峰平谷"不具备需求价格弹性较高这个条件,市场规律作用无从发挥。倒是票价的上涨对客流的"削峰平谷"作用远不及对铁路部门收益的"削峰平谷"作用来得大。

【来源】熊毅.一本念歪了的经——铁路春运涨价真的符合市场规律吗?.经济学消息报,2001-03-30.

【评析】本案例从铁路春运涨价现象入手,结合供求理论、弹性理论等知识,对铁路春运涨价的合理性提出质疑。

【经典案例】 电力短缺不仅仅是"管制失效"

按教科书上的定义:电力是平均成本随着规模的扩大而不断下降的行业,具有自然垄断性质。垄断企业有控制产量、提高价格的意图,因而需要管制。从这个意义上讲,电力短缺既有管制的问题(进入与价格管制等),也有垄断自身的因素,譬如是否存在垄断者(如电厂)故意控制电量的行为或是因成本制约而难有作为的情况。

当前的电力短缺应该从价格管制、政策的协调性以及垄断者自身情况三个方面来寻找原因。

第一,电力价格机制呆滞。价格不仅影响供需增量,而且能够决定有限资源的分配。短缺的产生不是因为商品供应不足,而是因为商品相对人们的欲望来说永远是不足的。供应不足是相对于有效需求来讲的,如果需求变化而价格不变,那么供需自然失衡。虽然天气、降雨等偶然和客观因素促成了电力需求的增加,如果价格实时调整,那么其一方面可以刺激供应,另一方面又可以抑制需求,维持电力供需平衡应该不成问题。而现实的情况是,供电企业对一般工业企业只实行峰谷电价(峰段为平段的1.6倍,谷段为平段的0.4倍),过去曾执行过的、调节季节负荷差异的丰枯电价由于各省公司自身的原因目前已渐渐放弃,从需求侧来讲电价调整季节差的功能开始弱化。更为重要的是,上网电厂一般没有执行峰谷和丰枯电价,因为电厂既没有增加供应的动力,也没有调节电力的动机。电价不随需求的季节波动而调整,自然会带来夏天高峰负荷时期的供不应求和春天低谷时期的供过于求。

显然,"短缺"是价格过低的结果。这里所说的价格过低不是指电力商品的平均价格,而是指相对高峰负荷时期的电力需求而言的价格。同理,低谷时期出现供大于求是因为电力价格过高。从我国的消费结构和收入水平来讲,虽然电力的价格水平偏高,但价格结构是可以调整的。适时控制高峰和峰谷电价的比例不仅可以降低电价的总体水平,还可以缓解电力供需矛盾。

对价格的不尊重不仅会导致供需失衡,而且其所造成的社会利益损失也是相当大的。我们知道,在所有的竞争准则中只有一种没有租值消散的方式,那就是价高者得。

第二,供需政策不协调且缺乏弹性。电力企业一直是国家管制的重点行业。自1997年开始,由于经济调整,全国出现了大范围电力供大于求的局面。如果用人均年用电水平不足1000千瓦时来衡量,当时的电力只是短期的结构性过剩。我国的整体用电水平与发达国家相比,还有相当大的差距。面对这样一种情况,一些地方政府纷纷出台电价优惠政策,例如对高耗能企业实行降价优惠,这一政策的实行使一些准备转产和淘汰的行业重新焕发了生机,用电量持续增长。

第三,企业能力及成本制约。电网企业追求综合利益最大化的一个最佳途径就是开拓电力市场,争取最大的售电量增长,增供扩销方针就是这一思想的实现方式。解决问题的办法从总体上来说是要加快电力制度改革,具体的做法就是加大竞争并且放松管制。

加大竞争就是加快厂网分开后竞价上网、政企分开和电网企业主辅分开、输配分开的步伐。而放松管制有以下几个方面的含义:一是完善电力市场准入机制。把审批制改为备案制,让更多的投资者,包括民营资本和国际资本,进入电力建设领域。二是放松电价管制。国家核定电力企业,包括电厂企业的年度电价水平,电力企业可根据区域内的电源构成、负荷结构和季节变化自行调整丰枯、峰谷分时电价幅度以及电价结构,使电价有条件地反映市场供需状况。三是要建立满足尖峰负荷的应急机制,电网要保证一定的备用容量,对于这部分机组,国家应考虑特殊的补偿政策,让企业有能力并且能够积极地解决特殊时期、特殊季节新增的用电负荷。

【来源】舒旭辉. 电力短缺不仅仅是"管制失效". 经济学消息报,2003-12-26.

【评析】在市场经济条件下,政府为了实现一定的社会目标,有时也会对价格进行管制。价格管制无非是制定限制价格或支持价格。限制价格是指政府为了稳定人们的生活而规定的某些生活必需品的最高售价。这一价格往往低于市场出清的价格(或均衡价格)。

随着我国经济的快速增长,能源紧张的态势也逐渐显现出来。从价格理论来看,若一种商品出现供不应求的情况,则在供求关系的驱使下,该商品的价格会上升,最终使供求达到均衡,但我国的电力价格尚未对一些用电大企业实施相应的高价,企业的产品成本并未反映出电力的真正成本,因此造成对电力的过多使用,使电力在总体使用上产生短缺,虽然国家在宏观经济上要考虑物价的总体水平不能因过快的上涨而使能源类产品不能根据市场的供求来调节,但局部的、分时的电力价格变动仍然是解决电力短缺的一个办法。

★ 例题详解

例1 判断题:在需求的交叉弹性系数为0.7的两种商品之间存在着互补关系。( )

【提示】本题考查需求的交叉弹性系数与商品分类之间的关系。若两种商品之间存在着替代关系,则一种商品的价格与它的替代品的需求量之间呈同方向变动的关系,相应地,需求的交叉弹性系数为正值。若两种商品之间存在着互补关系,则一种商品的价格与它的互补品的需求量之间呈反方向变动的关系,相应地,需求的交叉弹性系数为负值。

【解答】错

例2 判断题:商品价格的下降导致需求曲线的位置发生移动,使该商品的需求量上升。( )

【提示】本题考查需求的变动与需求量的变动的区别。需求的变动是指在某商品价格不变的条件下,由其他因素变动所引起的该商品的需求数量的变动。需求量的变动是指在其他条件不变时,由某商品的价格变动所引起的该商品的需求数量的变动。

【解答】错

例3 简答题:根据需求弹性理论,作图解释"谷贱伤农"这句俗语的含义。

【提示】本题考查运用弹性理论分析简单经济现象的能力。

【解答】

(1)谷贱伤农是指在丰收的年份,农民的收入反而会减少这样一种现象。

(2)造成这种现象的根本原因在于农产品往往是缺乏需求价格弹性的商品。在图2.1中,农产品的需求曲线 D 是缺乏弹性的。农产品的丰收使供给曲线由 S_1 的位置向右平移至 S_2 的位置,在缺乏弹性的需求曲线的作用下,农产品的均衡价格由 P_1 下降到 P_2。农产品均衡价格的下降幅度大于农产品均衡数量的增加幅度,导致农民总收入减少,反映在图2.1中就是由矩形 $OP_1E_1Q_1$ 变为矩形 $OP_2E_2Q_2$。

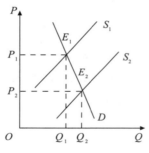

图2.1 谷贱伤农

(3)类似地,在粮食歉收年份,由于需求曲线缺乏弹性,农产品均衡数量减少的幅度将小于由歉收所引起的均衡价格上升的幅度,最后使农民的总收入增加。

(4)基于以上的经济事实与经验,某些西方国家的一些援助农场主的计划就是通过减少农产品的种植面积来减少农产品的供给和支持农产品的价格,从而保证农场主的总收入。

例4 计算题:某纺织公司估计市场对该公司某产品的需求与居民收入之间的关系可用函数 $Q = 100 + 0.2M$ 表示,在这里,Q 为需求量,M 为每一位居民的收入。

(1)求收入水平分别为2000元和3000元时的需求量。

(2)求收入水平在2000元和3000元时的点收入弹性。

(3)求收入范围在2000~3000元的弧收入弹性。

(4)若该产品是公司的唯一产品,试问:如果国民经济处于迅速发展时期,该公司的生产能不能快于国民收入的增长速度? 为什么?

【提示】本题考查需求的点收入弹性、弧收入弹性的计算，并要求结合实际进行简单的经济分析。

【解答】

(1)由题设可知，对该产品的需求与居民收入之间的函数关系为$Q=100+0.2M$，故令$M=2000$，得$Q=100+0.2×2000=500$；令$M=3000$，得$Q=100+0.2×3000=700$。

(2)由(1)可知，当$M=2000$时，$Q=500$；当$M=3000$时，$Q=700$。又根据函数可知$\dfrac{\mathrm{d}Q}{\mathrm{d}M}=0.2$，故$M=2000$时的点收入弹性$e_M=\dfrac{\mathrm{d}Q}{\mathrm{d}M}\cdot\dfrac{M}{Q}=0.2\times\dfrac{2000}{500}=0.8$；而$M=3000$时的点收入弹性$e_M=\dfrac{\mathrm{d}Q}{\mathrm{d}M}\cdot\dfrac{M}{Q}=0.2\times\dfrac{3000}{700}=\dfrac{6}{7}$。

(3)由(1)可知，当收入水平由2000元变为3000元时，$\Delta Q=700-500=200$，故此范围内的弧收入弹性为$e_M=\dfrac{\Delta Q}{\Delta M}\cdot\dfrac{M}{Q}=\dfrac{\Delta Q}{\Delta M}\cdot\dfrac{(M+M')/2}{(Q+Q')/2}=\dfrac{200}{1000}\times\dfrac{2000+3000}{500+700}=\dfrac{5}{6}$。

(4)不能。由需求的收入弹性公式$e_M=\dfrac{\Delta Q/Q}{\Delta M/M}$，可知$\dfrac{\Delta Q}{Q}=e_M\cdot\dfrac{\Delta M}{M}$，公司生产该产品的增长率取决于国民收入增长速度和居民对该产品的需求收入弹性，而需求收入弹性$e_M=\dfrac{\Delta Q}{\Delta M}\cdot\dfrac{M}{Q}=0.2\times\dfrac{M}{100+0.2M}=\dfrac{0.2}{\dfrac{100}{M}+0.2}<1$（因为$M>0$，所以只有当$M\to\infty$时，$e_M\to1$，但这不现实），故该公司生产不能快于甚至等于国民收入的增长速度，尽管随着国民收入的增长，该产品生产的增长速度与国民收入增长速度之间的差距会逐渐缩小，其用式子可以表示为$\dfrac{\mathrm{d}e_M}{\mathrm{d}M}=\dfrac{0.2\times(100+0.2M)-0.2M\times0.2}{(100+0.2M)^2}=\dfrac{20}{(100+0.2M)^2}>0$。

例5 简答题：运用供求曲线说明以下事件会怎样影响个人电脑的价格和销售量。

(1)居民平均收入水平上升。

(2)个人电脑生产技术改善。

(3)上述两个事件同时发生。

【提示】本题考查运用供求曲线分析实际经济问题的能力。关键在于理解影响供求曲线变动的因素及其作用机理。

【解答】

假定初始的个人电脑市场在E_0点达到均衡，均衡价格为P_0，均衡销售量为Q_0，如

图2.2(a)所示。

(1)若居民平均收入水平上升,则个人电脑作为正常品,对它的需求也将相应增加。如图2.2(a)所示,需求曲线D_0将向右平移至D_1。这样,在新的均衡点E_1处有新的均衡价格$P_1 > P_0$,新的均衡销售量$Q_1 > Q_0$,即在居民平均收入水平上升的情况下,个人电脑的市场价格将上升,市场销售量也将上升。

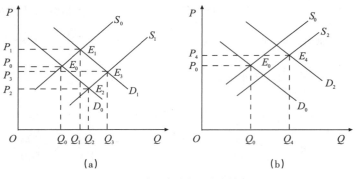

图2.2　个人电脑市场均衡的变动

(2)若个人电脑生产技术改善,则个人电脑的生产成本降低,如图2.2(a)所示,供给曲线由S_0将向右平移至S_1。在新的均衡点E_2处会有$P_2 < P_0$和$Q_2 < Q_0$,即在个人电脑生产技术改善的情况下,个人电脑的市场价格将下降,市场销售量将上升。

(3)在这两个事件的共同作用下,个人电脑的市场销售量将增加,但个人电脑的价格变化却难以断定。在图2.2(a)中,$P_3 < P_0$,价格下降了;但在图2.2(b)中,$P_4 > P_0$,价格反而上升了。两种趋势对价格的最终影响取决于需求和供给增长的程度。若需求增长程度大于供给的增长程度,则价格上升;反之,则下降。

例6　论述题:试述蛛网理论。

【提示】本题考查蛛网模型的完整表述,要求切实掌握蛛网模型。

【解答】

(1)蛛网模型考察的是生产周期较长的商品。蛛网模型的基本假定是:第一,从开始生产到生产出产品需要一定的时间,而且在这段时间内生产规模无法改变;第二,商品的本期产量Q_t^s取决于前一期的价格P_{t-1},即供给函数为$Q_t^s = f(P_{t-1})$;第三,商品本期的需求量Q_t^d取决于本期的价格P_t,即需求函数为$Q_t^d = f(P_t)$。根据以上假设条件,蛛网模型可以用以下三个联立的方程式来表示:

$$Q_t^d = \alpha - \beta \cdot P_t \qquad (2.1)$$

$$Q_t^s = -\delta + \gamma \cdot P_{t-1} \qquad (2.2)$$

$$Q_t^d = Q_t^s \qquad (2.3)$$

在上述三个方程式中,α、β、δ 和 γ 均为常数,且均大于零。可见,蛛网模型是一个动态模型。

(2)联立并求解上述三个方程式。

将前面的式(2.1)和式(2.2)代入式(2.3),可得:

$$\alpha - \beta \cdot P_t = -\delta + \gamma \cdot P_{t-1} \tag{2.4}$$

由此可得第 t 期的产品价格为:

$$
\begin{aligned}
P_t &= \left(-\frac{\gamma}{\beta}\right)P_{t-1} + \frac{\alpha+\delta}{\beta} = \left(-\frac{\gamma}{\beta}\right)\left[\left(-\frac{\gamma}{\beta}\right)P_{t-2} + \frac{\alpha+\delta}{\beta}\right] + \frac{\alpha+\delta}{\beta} \\
&= \left(-\frac{\gamma}{\beta}\right)^2 P_{t-2} + \frac{\alpha+\delta}{\beta}\left(1 - \frac{\gamma}{\beta}\right) = \cdots \\
&= \left(-\frac{\gamma}{\beta}\right)^t P_0 + \frac{\alpha+\delta}{\beta}\left[1 + \left(-\frac{\gamma}{\beta}\right) + \left(-\frac{\gamma}{\beta}\right)^2 + \cdots + \left(-\frac{\gamma}{\beta}\right)^{t-1}\right] \\
&= \left(-\frac{\gamma}{\beta}\right)^t P_0 + \frac{\alpha+\delta}{\beta} \cdot \frac{\left(-\frac{\gamma}{\beta}\right)^t - 1}{\left(-\frac{\gamma}{\beta}\right) - 1} \\
&= \left(-\frac{\gamma}{\beta}\right)^t P_0 + \frac{\alpha+\delta}{\beta+\gamma}\left[1 - \left(-\frac{\gamma}{\beta}\right)^t\right]
\end{aligned}
\tag{2.5}
$$

又因为在市场均衡时,均衡价格 $P_e = P_t = P_{t-1}$,所以,由式(2.4)可知均衡价格为:

$$P_e = \frac{\alpha+\delta}{\beta+\gamma} \tag{2.6}$$

将式(2.6)代入式(2.5),可得:

$$P_t = \left(-\frac{\gamma}{\beta}\right)^t P_0 + P_e \cdot \left[1 - \left(-\frac{\gamma}{\beta}\right)^t\right] = \left(P_0 - P_e\right)\left(-\frac{\gamma}{\beta}\right)^t + P_e \tag{2.7}$$

(3)通过分析式(2.7)可以得到三种情况。第一种情况,当 $t \to \infty$ 时,若 $\frac{\gamma}{\beta} < 1$,则 $P_t \to P_e$。这说明随着时间 t 的增加,如果 $\gamma < \beta$,则实际价格 P_t 将以越来越小的幅度围绕均衡价格 P_e 上下波动,最后逼近均衡价格。第二种情况,当 $t \to \infty$ 时,若 $\frac{\gamma}{\beta} > 1$,则 $P_t \to \infty$。这说明随着时间 t 的增加,如果 $\gamma > \beta$,则实际价格 P_t 将以越来越大的幅度围绕均衡价格 P_e 上下波动,最后无穷大地偏离均衡价格。第三种情况,当 $t \to \infty$

时,若 $\dfrac{\gamma}{\beta} = 1$,则 P_t 为常数。这说明随着时间 t 的增加,如果 $\gamma = \beta$,则实际价格 P_t 将以相同的幅度围绕均衡价格 P_e 上下波动,既不进一步偏离,也不逐渐逼近均衡价格。

(4)西方经济学家认为,蛛网模型解释了某些生产周期较长的商品的产量和价格的波动情况,是一个有意义的动态分析模型。但目前这个模型还是一个简单的、有缺陷的模型。它假定生产者在每一期只能按照本期的市场价格来出售由预期价格(即上一期价格)所决定的产量,这种实际价格和预期价格的不一致造成了产量与价格的波动。整体来说,这种解释是不全面的。因为生产者会根据自己的经验逐步修正自己的预期价格,使预期价格接近实际价格,从而使实际产量接近市场的实际需求量。

▶▶ **单元习题** ▶ ∙∙

一、名词解释

1. 需求

2. 需求规律

3. 供给

4. 均衡价格

5. 供求定理

6. 需求的价格弹性

7. 需求的收入弹性

8. 需求的交叉弹性

9. 供给的价格弹性

10. 支持价格

11. 限制价格

12. 税收归宿

二、判断题

1. 当商品的需求价格弹性小于1时,降低售价会使总收益增加。　　　(　　)

2. 政府给定的价格使得商品的需求量大于供给量,则该价格为支持价格。

(　　)

3. 在线性蛛网模型中,收敛型摆动的条件是供给曲线的斜率大于需求曲线的斜率(本题中提到的斜率指的是其绝对值)。   (   )

4.政府利用配给的方法控制价格,实际上是政府通过移动供给曲线和需求曲线来抑制价格上升。   (   )

5.需求就是指消费者在一定时期内的各种可能的价格水平上愿意购买的该商品的数量。   (   )

6.需求的价格弹性可以用需求曲线的斜率单独表示。   (   )

三、选择题

1.下列选项中除哪一项以外都是影响商品的供给数量的因素?(   )

    A.生产者对未来的预期

    B.商品自身的价格

    C.消费者偏好

    D.生产的技术水平

2.消费者预期某商品未来价格要上升,则对该商品的当前需求会(   )。

    A.减少   B.增加

    C.不变   D.以上三者都有可能

3.在需求和供给同时增加的情况下,均衡价格和均衡数量的变化为(   )。

    A.都上升   B.均衡价格上升,均衡数量变动不确定

    C.都不确定   D.均衡数量上升,均衡价格变动不确定

4.当两种商品中一种商品的价格发生变化时,这两种商品的需求量都同时增加或减少,则这两种商品的需求的交叉弹性系数为(   )。

    A.正   B.负   C.0   D.1

5.下列哪一种弹性是度量沿着需求曲线的移动而不是需求曲线本身的移动?(   )

        A.需求的价格弹性   B.需求的收入弹性

        C.需求的交叉弹性   D.需求的预期价格弹性

6.向右下方倾斜但斜率不同的两条线性需求曲线相交于一点,这两条需求曲线在该点的价格弹性大小为(   )。

        A.斜率绝对值小的需求曲线的价格弹性大

        B.斜率绝对值大的需求曲线的价格弹性大

        C.这两条需求曲线在该点的价格弹性相等

        D.以上三者都有可能

四、简答题

1. 给出影响需求的价格弹性的因素。

2. 给出需求的交叉弹性系数与商品分类之间的关系。

3. 解释在丰收年份农场主收入下降的原因。

4. 有斜率为正的需求曲线吗？请说明理由。

5. 作图说明下列几种情况对某种蘑菇的市场均衡价格和均衡销售量的影响。(1)卫生组织发布一份报告,称这种蘑菇会致癌;(2)另一种蘑菇的价格上涨了;(3)消费者收入增加了;(4)培育蘑菇的工人工资增加了。

五、计算题

1. 假定某商品的需求价格为 $P = 100 - 5Q$,供给价格为 $P = 40 + 10Q$,求该商品的均衡价格和均衡产量。

2. A公司和B公司是机床行业的两个竞争者,这两家公司的主要产品的反需求曲线分别如下所示。

公司A: $P_A = 1000 - 5Q$

公司B: $P_B = 1600 - 4Q$

这两家公司现在的销售量分别为100单位A产品和250单位B产品。

(1)求A产品和B产品当前的价格弹性。

(2)假定B产品降价后,使 Q_B 增加到300单位,同时导致A的销售量 Q_A 下降到75单位,试问A公司的产品A的需求交叉弹性是多少?

(3)假定B公司的目标是谋求销售收入最大化,你认为它降价在经济上是否合理?

3. 假设某市场有以下需求与供给曲线: $Q^D = 300 - P, Q^S = 2P$。现在政府对该市场征收流通税,导致需求曲线变为 $Q_T^D = 300 - (P + T)$。

(1)求征税后的成交数量、消费者价格与厂商价格。

(2)求税收收入函数。

(3)求厂商和消费者各自承担的税收负担。

六、论述题

试用图解法论述蛛网理论。

参考答案

一、名词解释

1. 需求：一种商品的需求是指消费者在一定时期内的各种可能的价格水平上愿意而且能够购买的该商品的数量。

2. 需求规律：某一特定时期内，在其他条件不变的情况下，一种商品的需求量与其价格之间存在着反向变动的关系，即若商品价格提高，则需求量减少；反之，若商品价格降低，则需求量增加。

3. 供给：一种商品的供给是指生产者在一定时期内的各种可能的价格下愿意而且能够提供的该商品的数量。

4. 均衡价格：在西方经济学中，一种商品的均衡价格是指该商品的市场需求量和市场供给量相等时的价格。

5. 供求定理：在其他条件不变的情况下，需求变动会引起均衡价格和均衡数量的同方向变动；而供给变动则分别引起均衡价格的反方向变动和均衡数量的同方向变动。

6. 需求的价格弹性：表示在一定时期内一种商品的需求量变动对该商品的价格变动的反应程度。

7. 需求的收入弹性：表示在一定时期内消费者对某种商品的需求量变动对消费者收入变动的反应程度。

8. 需求的交叉弹性：表示在一定时期内一种商品的需求量变动对它的相关商品的价格变动的反应程度。

9. 供给的价格弹性：表示在一定时期内一种商品的供给量变动对该商品的价格变动的反应程度。

10. 支持价格：也称为价格下限或最低限价，它是政府所规定的某种产品高于市场均衡价格的最低价格。

11. 限制价格：也称为价格上限或最高限价，它是政府所规定的某种产品低于市场均衡价格的最高价格。

12. 税收归宿：是指税收负担在买卖双方之间分配的最终结果。

二、判断题

1. 错

【提示】考查在其他条件不变的情况下,不同弹性的商品价格变化对企业销售收入的影响。

2. 错

【提示】考查支持价格的概念及其经济效应。应同时掌握最高限价(限制价格)的概念及其经济效应。

3. 对

【提示】考查蛛网模型的图解法。应掌握蛛网模型三种情况的图形特征及其经济含义。

4. 错

【提示】考查配给的概念及其对市场均衡的影响。应具备有关微观价格管制政策的作图分析能力,并理解其经济含义。

5. 错

【提示】考查需求的概念。同时应掌握以类似的(A且B)形式定义的概念。

6. 错

【提示】考查需求的价格弹性与需求曲线斜率之间的关系,应正确区分这两个密切相关却又各不相同的概念,同时应注意斜率的数值与斜率的绝对值之间的关系。

三、选择题

1. C

【提示】考查影响商品的供给数量的因素。同时应掌握影响商品的需求数量的因素,不要混淆。

2. B

【提示】考查消费者预期对商品的当前需求数量的影响机理。同时应理解商品供给和需求的诸多影响因素对商品供求的影响机理。

3. D

【提示】考查需求和供给变动对均衡的影响,建议结合图形理解。

4. B

【提示】考查替代品与互补品的概念以及商品的需求交叉弹性系数与商品分类之间的关系,同时应掌握类似的(比如商品的收入价格弹性系数与商品分类之间的)关系。

5. A

【提示】考查需求的价格弹性、需求的收入弹性、需求的交叉弹性的概念,商品需求数量的诸多影响因素对需求数量的影响机理,以及需求的变动与需求量的变动的区别。应能够运用类似的知识点进行简单的分析。

6. A

【提示】考查线性需求曲线上的需求价格点弹性的计算。应正确区分需求的价格弹性与需求曲线斜率的概念,同时应注意斜率的数值与斜率的绝对值之间的关系。

四、简答题

1.【提示】考查需求的价格弹性的影响因素,应熟记并理解影响机理。

【解答】影响需求的价格弹性的因素有很多,主要有以下几个。

(1)商品的可替代性。一般来说,一种商品的可替代品越多,相近程度越高,则该商品的需求的价格弹性往往就越大;反之,则该商品的需求的价格弹性就越小。

(2)商品用途的广泛性。一般来说,一种商品的用途越是广泛,它的需求的价格弹性就可能越大;反之,用途越是狭窄,则它的需求的价格弹性就可能越小。

(3)商品对消费者生活的重要程度。一般来说,生活必需品的需求的价格弹性较小,非必需品的需求的价格弹性较大。

(4)商品的消费支出在消费者预算总支出中所占的比重。消费者在某商品上的消费支出在预算总支出中所占的比重越大,该商品的需求的价格弹性可能越大;反之,则越小。

(5)消费者调节需求量的时间。一般来说,所考察的调节时间越长,则需求的价格弹性就可能越大。需要指出,一种商品需求的价格弹性的大小是各种影响因素综合作用的结果。在分析一种商品的需求的价格弹性的大小时,要根据具体情况进行全面的综合分析。

2.【提示】考查关于"以某种标准划分商品"的基础知识,应熟记并理解它们之间的对应关系,同时掌握类似"需求的收入弹性系数与商品分类之间的关系"这样的知识点。

【解答】需求的交叉弹性系数的符号与所考察的两种商品之间的相互关系有关。

(1)若两种商品之间存在着替代关系,则一种商品的价格与它的替代品的需求量之间呈同方向变动的关系,相应的需求的交叉弹性系数为正值。

(2)若两种商品之间存在着互补关系,则一种商品的价格与它的互补品的需求量之间呈反方向变动的关系,相应的需求的交叉弹性系数为负值。

(3)若两种商品之间不存在相关关系,则意味着其中任意一种商品的需求量都不会对另一种商品的价格变动做出反应,相应的需求的交叉弹性系数为零。

3.【提示】该题也可以换种说法,即用商品的需求价格弹性理论说明"谷贱伤农"的道理,或者作图说明商品需求的价格弹性与生产该商品的厂商的总收益之间的关系等。

【解答】可参考本章例3的解答,根据需求弹性理论,作图解释"谷贱伤农"这句话的含义。

4.【提示】考查需求规律及其例外。对收入效应和替代效应相关知识的学习将有助于解答该题。

【解答】

(1)有。吉芬商品和具有凡勃伦效应的商品的需求曲线具有正的斜率。

(2)对于正常品而言,替代效应和收入效应均为负,故其总效应也为负。也就是说会出现以下情况:价格上涨,需求量下跌;价格降低,需求量上升。对于劣等品而言,收入效应为正,替代效应为负,如果替代效应强于收入效应,那么价格变化对需求的总效应为负。此时会出现以下情况:价格上涨,需求量下跌;价格降低,需求量上升。这就是通常所讲的需求规律,也即需求曲线向右下方倾斜,具有负的斜率。

(3)但对于劣等品而言,也存在收入效应强于替代效应的可能。在这种情况下,价格变化对需求量的总效应为正,即存在以下情况:价格上升,需求量随之上升;价格下降,需求量也会随之下降。具有这种特性的商品叫作吉芬商品。

5.【提示】考查运用供求曲线进行简单的经济分析的能力,以及作图说明问题的能力。

【解答】假定该种蘑菇初始的市场均衡价格为 P_0,均衡销售量为 Q_0,如图2.3所示。

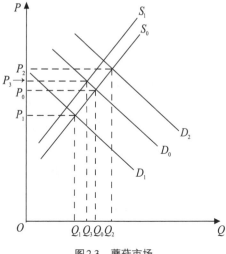

图2.3　蘑菇市场

在(1)的情况下,卫生组织发布的该蘑菇会致癌的报告会使人们产生对该种蘑菇的恐惧心理,从而在任一价格水平下大大减少对它的需求量。需求曲线由D_0左移到D_1曲线的位置,均衡价格下降到P_1,均衡销售量下降到Q_1。

在(2)另一种蘑菇的价格上涨和(3)消费者收入增加的情况下,均会导致需求曲线向右平移。作为替代品,另一种蘑菇的价格上涨以后,人们对该种蘑菇的需求量将上升,消费者收入的增加也将导致人们在任一价格水平下增加对该种蘑菇的需求量。于是,需求曲线D_0右移至D_2,均衡价格上升到P_2,均衡销售量上升到Q_2。

在(4)培育蘑菇的工人工资增加的情况下,会导致生产该种蘑菇的成本上升,在其他条件不变的情况下该种蘑菇的供给曲线S_0向左平移到S_1,相应地,均衡价格上升到P_3,均衡销售量下降到Q_3。

五、计算题

1.【提示】考查市场均衡模型的计算。

【解答】

联立方程组 $\begin{cases} P = 100 - 5Q \\ P = 40 + 10Q \end{cases}$,解得 $\begin{cases} P = 80 \\ Q = 4 \end{cases}$,

即均衡价格$P = 80$,均衡数量$Q = 4$。

2.【提示】考查需求的价格弧弹性、点弹性的计算以及商品需求的价格弹性与厂商销售收入之间的关系,同时应掌握需求(供给)的价格弹性的几何意义并会作图说明。

【解答】

（1）由题设可知，$Q_A = 100$，$Q_B = 250$，则 $P_A = 1000 - 5Q_A = 1000 - 5 \times 100 = 500$，$P_B = 1600 - 4Q_B = 1600 - 4 \times 250 = 600$，于是 A 的价格弹性为 $e_{dA} = -\dfrac{dQ_A}{dP_A} \cdot \dfrac{P_A}{Q_A} = \dfrac{1}{5} \times \dfrac{500}{100} = 1$，B 的价格弹性为 $e_{dB} = -\dfrac{dQ_B}{dP_B} \cdot \dfrac{P_B}{Q_B} = \dfrac{1}{4} \times \dfrac{600}{250} = \dfrac{3}{5}$。

（2）由题设可知，$Q'_B = 300$，$Q'_A = 75$，于是，$P'_B = 1600 - 4Q'_B = 1600 - 4 \times 300 = 400$，$\Delta Q_A = Q'_A - Q_A = 75 - 100 = -25$，$\Delta P_B = P'_B - P_B = 400 - 600 = -200$。于是，A 公司的产品 A 对 B 公司的产品 B 的需求交叉弹性 $e_{AB} = \dfrac{\Delta Q_A}{\Delta P_B} \cdot \dfrac{(P_B + P'_B)/2}{(Q_A + Q'_A)/2} = \dfrac{-25}{-200} \times \dfrac{(600 + 400)/2}{(100 + 75)/2} = \dfrac{5}{7}$，即需求的交叉弹性为 $\dfrac{5}{7}$。

（3）由（1）可知，B 公司生产的产品 B 在价格 $P = 600$ 时的需求价格弹性为 3/5，即需求缺乏弹性，在这种情况下降低价格将减少销售收入。这是因为降价前 B 公司的销售收入为 $TR = P_B \cdot Q_B = 600 \times 250 = 150000$，而降价后 B 公司的销售收入为 $TR' = P'_B \cdot Q'_B = 400 \times 300 = 120000$，$TR' < TR$。B 公司降低产品价格将使其销售收入相应减少，故降价对 B 公司而言在经济上是不合理的。

3.【提示】考查需求变动对均衡的影响以及税收归宿。

【解答】

（1）由 $Q^D_T = 300 - (P^S_T + T)$，$Q^S_T = 2P^S_T$，$Q^S_T = Q^D_T$ 可得：

$$P^S_T = 100 - \frac{T}{3}, \quad P^D_T = P^S_T + T = 100 + \frac{2T}{3}, \quad Q^e_T = 200 - \frac{2T}{3}$$

（2）税收收入为 $T_I = T \times Q^e_T = T \times (200 - \dfrac{2T}{3})$。

（3）由征税前的市场需求曲线和供给曲线可得征税前的均衡价格为 $P^e = 100$，厂商承担的税收负担为：

$$T^S_I = (P^e - P^S_T) \times Q^e_T = \left[100 - \left(100 - \frac{T}{3}\right)\right] \times \left(200 - \frac{2T}{3}\right) = \frac{200T}{3} - \frac{2T^2}{9}$$

消费者承担的税收负担为：

$$T^D_I = (P^D_T - P^e) \times Q^e_T = \left(100 + \frac{2T}{3} - 100\right) \times \left(200 - \frac{2T}{3}\right) = \frac{400T}{3} - \frac{4T^2}{9}$$

六、论述题

【提示】蛛网模型的两种分析方法是本章的重点之一,要求全面而准确地掌握蛛网模型本身,并能利用其进行简单的经济分析。

【答案提要】

蛛网模型考察的是生产周期较长的商品。蛛网模型的基本假定是:第一,从开始生产到生产出产品需要一定的时间,而且在这段时间内生产规模无法改变;第二,商品的本期产量取决于前一期的价格,生产者对价格的反应是滞后的;第三,商品本期的需求量取决于本期的价格。需要指出的是,生产者对价格的反应滞后是引起蛛网波动的原因,不同的供求弹性组合会导致不同的蛛网类型。

(1)第一种情况,供给弹性小于需求弹性,即相对于价格轴的需求曲线斜率的绝对值大于供给曲线斜率的绝对值。当市场由于受到干扰偏离原有的均衡状态以后,实际价格和实际产量会围绕均衡水平上下波动,但波动的幅度会越来越小,最后回到原来的均衡点,其被称为收敛型蛛网,如图2.4(a)所示。结合图形分时期简要说明波动的过程。

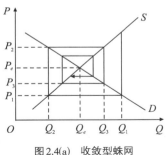

图2.4(a) 收敛型蛛网

(2)第二种情况,供给弹性大于需求弹性,即相对于价格轴的需求曲线斜率的绝对值小于供给曲线斜率的绝对值。当市场由于受到外力的干扰偏离原有的均衡状态以后,实际价格和实际产量上下波动的幅度会越来越大,也就是说会偏离均衡点越来越远,其被称为发散型蛛网,如图2.4(b)所示。结合图形分时期简要说明波动的过程。

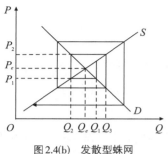

图 2.4(b)　发散型蛛网

（3）第三种情况，供给弹性等于需求弹性，即供给曲线斜率的绝对值等于需求曲线斜率的绝对值。当市场由于受到外力的干扰偏离原有的均衡状态以后，实际产量和实际价格始终按同一幅度围绕均衡点上下波动，既不进一步偏离均衡点，也不逐步地趋向均衡点，其被称为封闭型蛛网，如图 2.4(c)所示。结合图形分时期简要说明波动的过程。

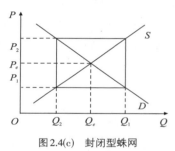

图 2.4(c)　封闭型蛛网

（4）对蛛网模型的评论。西方经济学家认为，蛛网模型解释了某些生产周期较长的商品的产量和价格的波动情况，是一个有意义的动态分析模型。但这个模型也是一个简单的、有缺陷的模型。它假定在每一期，生产者只能按照本期的市场价格来出售由预期价格（即上一期价格）所决定的产量，这种实际价格和预期价格的不一致造成了产量与价格的波动。整体来说，这种解释是不全面的。因为生产者会根据自己的经验逐步修正自己的预期价格，使预期价格接近实际价格，从而使实际产量接近市场的实际需求量。

第三章 ··

消费者选择

★ 知识导图

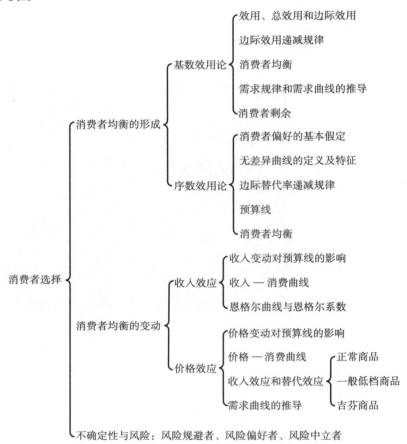

★ 学习要求

通过本章的学习,学生应当:

1.掌握效用、基数效用和序数效用的基本概念,消费者选择行为的目标与约束条件,总效用和边际效用的含义,边际效用递减规律,消费者均衡条件,需求规律和需求曲线的推导,消费者剩余。

2.掌握消费者行为公理,无差异曲线及其特征,商品的边际替代率及其递减规律,预算线,消费者均衡及其条件。

3.掌握收入—消费曲线和价格—消费曲线,恩格尔曲线和恩格尔系数,收入效应、替代效应和价格效应,用替代效应和收入效应区分不同类型的商品,并推导出相应的需求曲线。

4.了解不确定性或是风险情况下的消费者选择,知道风险的含义和测度方法,掌握如何在有风险的情况下刻画消费者的效用状况,以及回避风险的方法。

★ 内容精要（扫描二维码，观看相关知识点微课视频）

本章主要分析需求背后的消费者行为，从而推导出需求曲线，并解释说明需求规律。

1. 效用的概念：效用是指商品满足人的欲望的能力，或者说，效用是指消费者在消费商品时所感受到的满足程度。一种商品对消费者是否具有效用取决于消费者是否有消费这种商品的欲望以及这种商品是否具有满足消费者欲望的能力。效用是消费者对商品满足自己欲望能力的一种主观评价。西方经济学家先后提出了基数效用和序数效用两种方法来度量与分析效用。基数效用是指以基数（如1，2，3，……）为计量单位来衡量消费者的满足程度。序数效用是指根据消费者的偏好程度对效用进行排序（如第一，第二，第三，……）。不管是基于哪种观点，都是研究消费者如何在一定的收入条件下实现效用最大化的问题。

2. 基数效用论用边际效用分析方法分析消费者行为，基数效用论者将效用区分为总效用和边际效用。总效用是指某一消费者在特定时期内消费一定数量的某种商品所得到的效用总量。在正常情况下，消费某商品的数量越多，其总效用也就越大。边际效用是指在某特定时期内消费者增加最后一单位商品的消费所增加（或减少）的效用。基数效用论提出了关于边际效用递减的假定，即假定在其他条件不变的情况下，消费者从连续消费某一特定商品中所得到的满足程度将随着这种商品消费量的增加而递减。在此基础上可以推导出需求规律和需求曲线。

3. 消费者均衡是指在一定的收入和价格条件下，消费者把自己的收入用于各种物品与服务的消费，使总效用达到最大化的状态。根据基数效用论，消费者实现效用最大化的均衡条件是：如果消费者的货币收入水平是固定的，且市场上各种商品的价格是已知的，那么消费者应该使自己所购买的各种商品的边际效用与价格之比相等，或者说，消费者应该使自己花费在各种商品购买上的最后一单位货币所带来的边际效用相等。

4. 消费者剩余是指消费者为消费某种商品而愿意付出的与他购买该商品实际付出的之间的差额。边际效用递减所导致的负斜率消费者需求曲线是产生消费者剩余的主要原因，用几何图形来表示的话，消费者剩余就是消费者需求曲线以下、市场价格线之上的面积，如图3.1中的阴影部分面积所示。

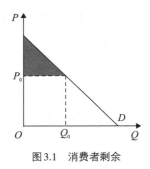

图3.1　消费者剩余

消费者剩余也可以用数学公式来表示：令反需求函数为$P = f(Q)$，价格为P_0时的消费者的需求量为Q_0，则消费者剩余为：

$$CS = \int_0^{Q_0} f(Q)\,dQ - P_0 Q_0$$

在上式中，CS为消费者剩余的英文简写，式子右边的第一项（即积分项）表示消费者愿意支付的总数量，第二项表示消费者实际支付的总数量。

5. 序数效用论用无差异曲线分析方法来考察消费者行为，序数效用论者提出了关于消费者偏好的三个基本假定，也称消费者行为公理：第一，完全性或顺序性。消费者总是有能力将多种商品的组合按照其偏好大小进行顺序排列和比较。第二，传递性。假如某消费者面临A、B和C三个商品组合，消费者在商品组合A和B之间更偏好A，在B和C之间更偏好B，则该消费者在A和C之间就更偏好A。第三，非饱和性。在非饱和状态时，消费者的消费数量越多，所获得的满足越大。

6. 在序数效用理论中，通常用无差异曲线来分析消费者偏好。无差异曲线指在某特定的时期内能给消费者带来同等满足程度（总效用）的两种商品不同数量组合的点的轨迹，也称为等效用线。无差异曲线的函数表达式为$U = U(X,Y) = c$，其中，X和Y为两种商品的数量，U为消费者消费两种商品得到的总效用，c是一个常数。无差异曲线有如下特征：第一，无差异曲线通常是负斜率曲线。第二，无差异曲线有无数条，

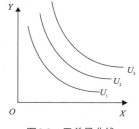

图3.2　无差异曲线

离原点越远的无差异曲线代表的效用水平越高。第三，任意两条无差异曲线互不相交。第四，无差异曲线凸向原点，如图3.2所示。

7. 无差异曲线之所以凸向原点，是由于商品的边际替代率递减。商品的边际替代率是指消费者在维持自己的效用水平不变的情况下，为多得到一单位的某种商品

而愿意放弃的另一种商品的数量,即 $\mathrm{MRS}_{XY} = -\dfrac{\mathrm{d}Y}{\mathrm{d}X} = \dfrac{\mathrm{MU}_X}{\mathrm{MU}_Y}$。边际替代率的几何意义是,无差异曲线上任意一点的边际替代率都是该点切线斜率的负值。边际替代率递减规律是指在维持效用水平不变的前提下,随着一种商品消费数量的连续增加,消费者为得到每一单位的这种商品所需要放弃的另一种商品的消费数量是递减的。之所以会普遍发生商品的边际替代率递减的现象,是因为随着一种商品消费数量的逐步增加,其边际效用会逐渐减少,与此同时,随着另一种商品消费数量的逐步减少,其边际效用会逐渐增加,因此,消费者为了多获得一单位的某种商品而愿意放弃的另一种商品的数量就会越来越少。从几何意义上讲,因为商品的边际替代率就是无差异曲线斜率的负值,所以边际替代率递减规律决定了无差异曲线斜率的负值是递减的,即无差异曲线是凸向原点的。

8. 无差异曲线的特例。除了一般正常情况的凸向原点的无差异曲线,还有几种特例。完全互补品的无差异曲线是直角相交曲线,说明两种商品无法相互替代($\mathrm{MRS}_{XY} = 0$),如左脚的皮鞋和右脚的皮鞋是完全互补的。完全替代品的无差异曲线是一条负斜率的直线,例如在某消费者看来,瓶装啤酒和听装啤酒之间是无差异的,两者总是可以以1:1的比例相互替代。此外,如果考虑到现实经济中可能存在零效用和负效用的情况,那么还可能存在平行横轴(X商品为零效用商品)、垂直横轴(Y商品为零效用商品)、正斜率(两种商品中有一种为负效用商品)三种情况的无差异曲线特例,如图3.3所示。

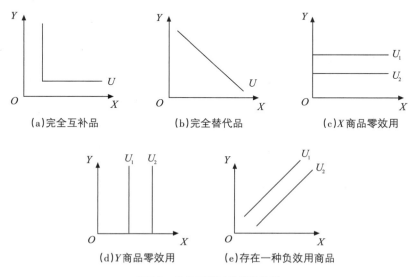

图3.3　几种无差异曲线的特例

9. 消费者在购买商品时,必然会受到自己的收入水平的限制,这种限制可以用预算线来表示。预算线又称预算约束线、消费可能线、等支出线,是指在消费者的货币收入和商品价格既定的条件下,消费者用全部收入所能购买到的两种商品不同数量组合点的轨迹。

以 M 表示消费者的既定收入,以 P_X 和 P_Y 分别表示 X 商品与 Y 商品的价格,以 X 和 Y 分别表示商品 X 与商品 Y 的数量,那么,相应的预算等式为:

$$P_X \cdot X + P_Y \cdot Y = M$$

该等式还可以改写成 $Y = \dfrac{M}{P_Y} - \dfrac{P_X}{P_Y} \cdot X$,此方程告诉我们,预算线的斜率为两种商品价格之比的负值。

10. 预算线的变动主要可以归纳为四种情况:第一,商品价格不变,消费者的收入发生变化。相应的预算线的斜率不变,而位置发生平移。收入增加时预算线向右平移,收入减少时预算线向左平移,如图3.4(a)所示。第二,消费者的收入不变,两种商品的价格同方向、同比例地发生变化。相应的预算线的斜率不变,而位置发生平移。价格同比例上升时,相当于收入下降,预算线会向左平移;价格同比例下降时,相当于收入上升,预算线会向右平移,仍如图3.4(a)所示。第三,收入不变,两种商品价格发生不同比例变化。这种情况可以简化为两种商品价格一种变化而另一种不变,预算线会围绕价格不变商品坐标轴截距点发生旋转。如果是 X 商品价格发生变动,则预算线围绕纵轴的截距点旋转:X 商品涨价时,预算线顺时针旋转;X 商品降价时,预算线逆时针旋转,如图3.4(b)所示。若是 Y 商品价格发生变动,则预算线围绕横轴的截距点旋转,如图3.4(c)所示。第四,若商品价格和消费者收入发生同方向、同比例的变化,则预算线保持不变。

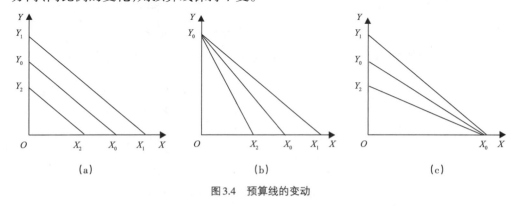

图3.4　预算线的变动

11. 将反映消费者偏好的无差异曲线和反映消费能力的预算线相结合就可以分析消费者在一定的收入约束条件下实现效用最大化的均衡点。这一均衡点必定是落在无差异曲线和预算线相切的切点上,此时无差异曲线和预算线两者的斜率是相等的,也就是说,两种商品的价格之比等于两种商品的边际效用之比,即 $\mathrm{MRS}_{XY} = \dfrac{\mathrm{MU}_X}{\mathrm{MU}_Y} = \dfrac{P_X}{P_Y}$,并且两种商品的消费支出之和要等于消费者的收入,即 $P_X \cdot X + P_Y \cdot Y = M$,其数学函数表达式与基数效用论推出的结果一致。

12. 收入效应与收入—消费曲线。收入的变动导致消费者均衡点移动,由此引起的商品需求量的变动称为收入效应,不同收入水平下消费者均衡点的连线称为收入—消费曲线。在其他条件不变的情况下,正常商品的收入效应为正,这意味着若收入增加,则对该商品的需求也会增加,即收入与其所引发的需求之间呈同方向变动的关系;而低档商品(亦称劣质品)的收入效应为负,这意味着收入增加,对该商品的需求反而会减少,即收入与其所引发的需求之间呈反方向变动的关系。

13. 恩格尔曲线,也称收入—需求曲线,是由收入—消费曲线转化而来的,能够反映收入变动对某种商品均衡消费量(也就是需求量)影响情况的曲线。低档商品的恩格尔曲线为负斜率。正常商品的恩格尔曲线为正斜率,其中又可分为两类:恩格尔曲线较为陡峭且需求收入弹性为缺乏弹性的是生活必需品;恩格尔曲线较为平缓且需求收入弹性为富有弹性的是奢侈品。

14. 恩格尔定律指出,在一个家庭或一个国家中,食物支出在收入中所占的比例随着收入的增加而减少。恩格尔系数由恩格尔定律演化而来,恩格尔系数=食品支出/家庭消费支出,恩格尔系数越大,代表收入越低、越贫困。恩格尔系数越小,代表收入越高、越富裕。

15. 价格—消费曲线与需求曲线。价格—消费曲线是指在消费者货币收入不变的条件下,由于消费者所购买的两种商品的相对价格发生变化而引起的均衡消费量组合点变化的轨迹。由价格—消费曲线转化而来的,能够反映某一种商品价格变动对其均衡消费量(也就是需求量)影响情况的曲线称为价格—需求曲线,简称需求曲线。因此,需求曲线上与每个价格水平相对应的商品需求量都是可以给消费者带来最大效用的均衡数量。

16. 一种商品价格的变化会引起该商品需求量的变化,这一变化可以被分解为替代效应和收入效应。替代效应是指由一种商品的价格变动所引起的两种商品相对价格的变动,这一相对价格变动会导致消费者更倾向于多购买价格相对较低的商品,并少购买价格相对较高的商品,从而引起的商品需求量的变动。这里的收入效应是把商品的价格变动理解为相当于是消费者实际收入水平的反向变动,进而由实际收入水平的变动所引起的商品需求量的变动。替代效应所引起的商品需求量的变动与商品价格变动是反向的,即价格下降,替代效应带来的需求量是增加的。收入效应所引起的商品需求量的变动与商品价格变动的方向存在不确定性:对于正常商品而言,两者是反向的,即价格下降的收入效应带来的需求量是增加的;对于低档商品而言,两者是同向的,即价格下降的收入效应带来的需求量是减少的。

17. 将替代效应和收入效应相结合,可以帮助我们进一步区分不同类型的商品。第一,正常商品。价格下降的替代效应使其需求量上升,收入效应也使其需求量上升,两种效应累加,需求量必然会上升。第二,一般低档商品。价格下降的替代效应使其需求量上升,而收入效应则使其需求量下降,但替代效应超过收入效应,两种效应相抵之后需求量还是会上升。第三,吉芬商品。价格下降的替代效应使其需求量上升,作为低档商品,收入效应同样使其需求量下降,但吉芬商品的特殊性在于其收入效应作用很大,超过了替代效应,两种效应相抵之后需求量不增反降,这也是吉芬商品的需求曲线呈现出向右上方倾斜的特殊形状的原因。三类商品的收入效应和替代效应比较如表3.1所示。

表3.1　正常商品、一般低档商品和吉芬商品的收入效应与替代效应比较

商品类别	收入效应IE	替代效应SE	|SE|与|IE|比较	价格效应
正常商品	+	+		+
一般低档商品	−	+	|SE| > |IE|	+
吉芬商品	−	+	|SE| < |IE|	−

注:表中所分析的都是商品价格下降的情况。

18. 风险状态是指那些每种可能发生的结果均有一个可知的发生概率的事件。不确定性是指经济行为者在事先不能准确地知道自己的某种决策的结果。不确定性是由于人们缺乏信息,或者(并且)缺乏处理信息的能力而产生的。

19. 消费者的期望效用就是消费者在不确定性条件下可能得到的各种结果的效用的加权平均数,不确定性情况下的期望效用可以写为如下形式:$E[U(W_1,W_2)] = pU(W_1) + (1-p)U(W_2)$,式中的 W_1 和 W_2 分别表示第一种与第二种情况发生时消费者所能拥有的货币财富,p 和 $1-p$ 分别表示发生第一种与第二种情况的概率。而消费者的货币期望值是不同结果下消费者所拥有的货币财富量的加权平均数,即 $pW_1 + (1-p)W_2$。

20. 对不确定性条件下消费者面临风险的行为的分析可以通过对消费者在面临一张具有风险的彩票时的行为的分析来进行。假设甲的货币效用函数为 $\sqrt{M}$,现有

一张彩票,中奖625元的概率为1/5,中奖100元的概率为4/5,如果甲欲购买此彩票,那么他最多愿意支付多少金额?

我们可先求出此彩票的货币期望值为:

$$E(M) = 100 \times 4/5 + 625 \times 1/5 = 205$$

然后可以求出效用期望值为:

$$E(U) = 4/5 \times \sqrt{100} + 1/5 \times \sqrt{625} = 13$$

由于甲购买一张彩票所获得的效用期望值为13,因此,他最高也只愿支付13单位效用的货币,也就是169元来购买此彩票。

如图3.5所示,货币金额为100元及625元的效用点分别为B与A点,连接AB,假设货币期望值(205元)在AB线上所对应的点为E点,则此E点表示的是甲对此彩票的效用期望。相关分析说明如下:因为$AC = 15$,$BF : BC = 1 : 5$,而$\triangle BEF$和$\triangle BAC$相似,即有$EF : AC = BF : BC$,所以$EF : 15 = 1 : 5$,从而可以得到$EF = 3$。由此可知$GE = GF + EF = 10 + 3 = 13$,故此彩票的效用期望值为13。

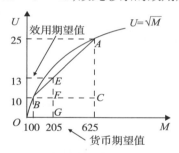

图3.5 货币期望值与效用期望值的关系

此外,还可得出如下结论:第一,若消费者对货币的边际效用递减,则其彩票的效用期望值必小于彩票的货币期望值的效用。第二,若消费者对货币的边际效用递增,则其彩票的效用期望值必大于彩票的货币期望值的效用。第三,若消费者对货币的边际效用是固定的,则其彩票的效用期望值等于彩票的货币期望值的效用。

21. 一般而言,第一,若消费者对货币的边际效用呈递减态势,则此消费者必为风险规避者,对他们来说$U\left[pW_1 + (1-p)W_2\right] > pU(W_1) + (1-p)U(W_2)$。第二,若对货币的边际效用呈递增态势,则此消费者必为风险偏好者,对他们来说$U\left[pW_1 + (1-p)W_2\right] < pU(W_1) + (1-p)U(W_2)$。第三,如果消费者对货币的边际效用处于固定状态,则此消费者为风险中立者,对他们来说$U\left[pW_1 + (1-p)W_2\right] = pU(W_1) + (1-p)U(W_2)$。上述三种情况的效用函数走势如图 3.6(a)、图 3.6(b)、图 3.6(c)所示。

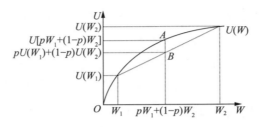

图 3.6(a)　风险规避者的效用函数

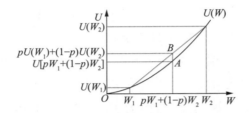

图 3.6(b)　风险偏好者的效用函数

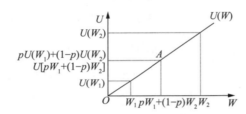

图 3.6(c)　风险中立者的效用函数

★ 考查重点、难点

本章主要考查如何利用效用理论来分析消费者行为,从而揭示需求曲线和需求规律背后的逻辑。本章的重点在于以下知识点:第一,效用、基数效用和序数效用的基本概念,总效用和边际效用的定义。第二,基数效用论下的边际效用递减规律,消费者均衡条件及由此得到的需求曲线,消费者剩余。第三,序数效用论下的无差异曲线及其特征,边际替代率及其递减规律,消费者的预算约束,消费者均衡及其条件。第四,收入—消费曲线和价格—消费曲线,替代效应和收入效应的含义与运用,不同商品的替代效应和收入效应。

其中,基数效用论下消费者均衡的条件,无差异曲线的含义和特征,边际替代率及其递减规律,序数效用论下消费者均衡的条件,收入—消费曲线和价格—消费曲线的推导,替代效应和收入效应及在区分不同类型商品上的应用,以及在不确定性情况下的消费者行为,是本章考查的难点。

★ **拓展阅读**（若想了解更多文献和素材，可关注微信公众号"鸿观经济"）

【趣味小品】 最好吃的东西

兔子和猫争论，世界上什么东西最好吃。兔子说："世界上萝卜最好吃，萝卜又甜又脆又解渴，我一想起萝卜就流口水。"猫不同意，说："世界上最好吃的东西是老鼠。老鼠的肉非常嫩，嚼起来又酥又松，味道美极了！"兔子和猫争论不休、相持不下，跑去请猴子评理。猴子听了以后，不由得大笑起来："瞧你们这两个傻瓜，连这点儿常识都不懂！世界上最好吃的东西是什么？肯定是桃子呀！桃子不但美味可口，而且长得漂亮。我每天做梦都梦见吃桃子。"兔子和猫听了，全都直摇头。那么，世界上到底什么东西最好吃呢？

【评析】这个故事说明了效用完全是个人的心理感觉，不同的偏好决定了人们对同一种商品效用大小的不同评价。

【经典案例】 钻石和水的价值悖论

亚当·斯密在《国富论》(1776)第一卷第四章中提出了著名的价值悖论："没有什么东西比水更有用，但它几乎不能购买任何东西……相反，一块钻石虽然只有很小的使用价值，但是通过交换可以得到大量的其他商品。"

令人遗憾的是，斯密没有准备回答这个悖论，他仅仅创造了一个奇特的二分法，水有使用价值，而钻石有交换价值。但是，斯密以前的教授海彻森和其他学院的老师在几年之前就已经解决了这个悖论。商品的价值或价格首先由消费者的主观需求决定，然后再由商品的相对稀缺性或丰富程度决定。简而言之，由需求和供给决定。数量较多的商品的价格较低；较稀缺的商品的价格较高。

让人吃惊的是，亚当·斯密在他出版经典的《国富论》之前的一场讲演中就解决了水和钻石的悖论。钻石和水的价格的不同在于它们的稀缺性不同。斯密注意到这样一种情况，一个迷失在阿拉伯沙漠里的富裕商人会以很高的价格来评价水的价值。如果工业能成倍地生产出大量的钻石，那么钻石的价格将大幅度下跌。19世纪70年代，三位经济学家门格尔、杰文斯和瓦尔拉斯的研究表明价格(交换价值)由它们的边际效用来决定,而不是由它们的全部效用(使用价值)决定。因为水资源是丰富的,增加一单位水所得到的边际效用很小,所以水的价格很便宜;而钻石是稀缺的,获得一单位钻石的边际效用很高,因而钻石的价格是昂贵的。

【评析】通过水和钻石的比较,说明商品价格是由其边际效用决定的。

【学者论坛】《十不足》、恩格尔定律拓展与需求层次论

一、应当重新认识散曲《十不足》

朱载堉(1536—1611年)是明太祖朱元璋的九世孙,是与徐霞客、李时珍齐名的一代科学和文学巨匠。他是世界上第一个发现十二平均律的人,而且最早精确计算出了北京的地理位置,被西方学者赞誉为"东方百科全书式的人物"。他创作的散曲《山坡羊·十不足》(简称《十不足》)是一篇用轻松笔调来写大主题的佳作。其内容如下:

"逐日奔忙只为饥,才得有食又思衣。置下绫罗身上穿,抬头又嫌房屋低。盖下高楼并大厦,床前却少美貌妻。娇妻美妾都娶下,又虑门前无马骑。将钱买下高头马,马前马后少跟随。家人招下数十个,有钱没势被人欺。一铨铨到知县位,又说官小势位卑。一攀攀到阁老位,每日思想到登基。一日南面坐天下,又想神仙来下棋。洞宾与他把棋下,又问哪是上天梯。上天梯子未做下,阎王发牌鬼来催。若非此人大限到,上到天梯还嫌低!"

以往士人认为《十不足》采用步步递进、环环相扣的手法,把世人无止境地追求富贵、功名的心理如剥茧抽丝般层层剥开,唱出了人性的贪婪,因此把《十不足》与《红楼梦》开卷的《好了歌》《好了歌解注》并列为既通俗、诙谐,又讽刺、深刻的优秀醒世词,该曲旨在劝告人们不要贪心,应当知足常乐。

但是正如人们评价《红楼梦》有"都云作者痴,谁解其中味"之语,对于《十不足》,我们仅认为其劝人不要贪心,是否表明已解"其中味"了?答案是未必。

"横看成岭侧成峰,远近高低各不同。"我们认为,以往关于朱载堉所作散曲《十不足》的认识是不够的!应当从多角度重新认识《十不足》这一明朝佳作。吴承明曾经指出:明中叶以来,中国市场经济开始萌芽,或者也可以说中

国的现代化开始萌芽；在这一背景下，王阳明的"心学"兴起，其被认为"有提高人的思维、破除陈规的作用"；其后又有泰州学派与东林党人的反传统思潮，及"以经世致用为号召的启蒙思潮"。朱载堉这一"百科全书式"的人物正是生活在这样一个经济发展、思想活跃的时代。

二、关于恩格尔定律拓展的思考

我们先谈《十不足》前两句对我们拓展恩格尔定律的启迪。

"民以食为天"，食是人类生存的第一需要。西班牙著名作家塞万提斯亦有"世界上最好的调味汁就是饥饿，而穷人从来不缺饿，所以吃东西总是那么香"之名句。在多数家庭的消费支出中，食品必然占有最高的比例。19世纪中叶德国统计学家恩格尔对当时比利时三个阶层家庭的消费结构做了统计调查，结果如表3.2所示。

表3.2　19世纪中叶比利时三个阶层家庭的消费结构

家庭阶层	食粮费占比/%	衣着费占比/%	住宅费占比/%	燃料费占比/%	文教卫生娱乐等杂项费用占比/%
一般劳动者家庭	62	16	12	5	5
中等阶层家庭	55	18	12	5	10
高等阶层家庭	50	18	12	5	15

从表3.2可以看出，一般劳动者家庭食粮费支出的比率是最高的。随着家庭收入的增加，食粮费支出比率渐次减少，衣着费的支出比率先上升后持平，住宅费、燃料费的支出比率保持不变，文教卫生娱乐等杂项费用的支出比率随家庭收入增加而出现了明显增长。1868年，德国统计学家修瓦彭研究了柏林市民的所得额与住房支出的关系，推翻了恩格尔的关于住房支出比例相对不变的结论。但是恩格尔关于收入水平变化与食物支出比率变化之间存在函数关系的推定得到了广泛的认同。人们据此得出一个消费结构变化规律：一个家庭的收入越少，家庭总支出中用来购买食物的支出所占的比例就越大，而随着家庭收入的增加，家庭总支出中用来购买食物的支出所占的比例会下降。推而广之，一个国家越穷，每个国民的平均收入（或平均支出）中用于购买食物的支出所占的比例就越大，随着国家的富裕程度不断提高，这个比例呈现出下降的趋势。这一定律被称为恩格尔定律，反映这一定律的系数被称为恩格尔系数，其公式为：恩格尔系数＝食品支出总额/家庭或个人消费支出总额×100%。

在经济分析中常用恩格尔系数来衡量一个国家或地区的人民生活水平的状况。根据联合国粮食及农业组织提出的标准，恩格尔系数在60%以上的为贫困，50%~60%的为温饱，40%~50%的为小康，30%~40%的为富裕，低于30%的为最富裕。

我们认为，恩格尔定律仍有较大的拓展空间。可以推论：随着收入的增加，消费结构中食物支出比例（恩格尔系数）下降时，其他方面的支出占总支出的比例会相应上升。我们进一步要问的是：消费结构其他方面的变化又有什么样的规律？《十不足》中描述道："才得有食又思衣"。也就是说，人民一旦填饱肚子，就要考虑穿衣问题。结合上述恩格尔关于比利时不同家庭消费结构的统计表中的第三列数据，可以假设：当恩格尔系数由60%移向50%，人们由仅能糊口走向温饱时，此时的消费重心开始向"穿"的方向移动，衣着支出占总支出的比例会有较大幅度的上升。《十不足》中接着讲道："置下绫罗身上穿，抬头又嫌房屋低"。据此可以假设：当恩格尔系数由50%移向40%，人们由温饱走向小康时，消费重心开始向"住"和"用"的方向移动，住房及日用必需品等支出占总支出的比例会有较大幅度的上升。我们还可以继续推论：当恩格尔系数由40%移向30%，人们由小康奔向富裕时，消费重心开始向文体娱乐的方向移动，文教卫生娱乐等杂项费用的支出占总支出的比例会有较大幅度的上升。当恩格尔系数由30%开始下移，人们由富裕迈向最富裕时，消费重心会向社会公益事业的方向移动，慈善活动捐赠及社会公益费用等支出占总支出的比例会有较大幅度的上升。

当然，上述关于恩格尔定律拓展的思考，只是受《十不足》前两句的启发而作出的理论猜想，其还有待统计调查的证明。如果能得到证明，则可以将其命名为"扩展型恩格尔定律"（恩格尔定律+消费结构其他方面的变化规律），以向著名统计学家恩格尔致敬。当然，其亦可以命名为"恩格尔—陈定律"。

不过，正如恩格尔定律反映的是一种在熨平短期波动中求得的长期趋势那样，我们关于"扩展型恩格尔定律"的猜想也是在研究一种需要熨平短期波动的长期趋势，并且进行比较时还要考虑剔除那些不可比的因素，如商品比价不同、居民生活习惯的差异，以及由社会经济制度不同所产生的特殊因素等。

三、关于需求层次理论的比较

人的基本需求是人为了维护和改变生存状态而产生的获取支配要求，而人们的消费是为了满足需求,是受需求制约的,消费结构变化理论与需求层次理论有着天然的联系。"扩展型恩格尔定律"可以成为连接恩格尔定律与现有需求层次理论的纽带,由此形成新的与统计学更加契合的需求层次定律。这样的新需求层次定律应当会被广泛地应用于市场分析与经济理论研究。

新需求层次定律的形成既有待关于"扩展型恩格尔定律"的猜想得到证明,又需要对现有的消费结构变化理论及需求层次理论做进一步的比较与推敲。

现有的消费结构变化理论中较有影响力的除恩格尔定律外,还有日本心理学教授宇野政雄的消费结构三阶段理论(分别是以衣食为中心、以安全舒适为中心、以生存意义为中心)。需求层次理论中影响较大者仍是美国著名心理学家马斯洛提出的需求层次理论。

各民族的社会生活都有流变性,各个时代的人的价值观有着多样性,因而亿万人的需求也是广泛的、复杂多变的。于是就有国王美慕躺在野地晒太阳的流浪汉,而流浪汉则美慕国王有吃不完的大饼;于是生活在春秋时期的管仲有"衣食足则知荣辱"之言,后来又有孔圣人一面说"食不厌精,脍不厌细",一面又说"君子谋道不谋食,君子忧道不忧贫";于是就有皇帝哭着喊着要出家当和尚,而又有和尚被士人讥笑为"色中饿鬼";于是也有了温莎公爵为辛普森夫人宁愿舍弃王位,而被无数少女美慕、嫉妒的戴安娜王妃却产生了宫外恋情。各类商品满足人们需求的功能也在不断变化。以服装的功能来说,从人类最早的赖以御寒(生理的需求)到借以遮羞(以受人尊重),再到满足审美、追逐时尚、吸引异性、彰显个性等。可以说,人们的需求千差万别、千变万化,但是其中仍然有规律可循。人们的需求既受到客观环境的制约,又受到个人主观能动性的影响,这是人之所以为人的一个基本属性。正如恩格尔能够从众多家庭复杂的消费结构中总结出恩格尔定律那样,马斯洛也认为从人们纷繁复杂的需求中仍然可以发现大致的发展规律,因而提出了他的需求层次理论。

马斯洛主张将人的基本需求划分为五个层次,其排序为:生理需求、安全需求、交往需求(社交的需求)、尊重需求(自尊的需求)、自我价值实现需求(成就的需求)。他认为,五种需求像阶梯一样从低到高,按层次逐级提升,但这种次序不是完全固定的,可以变化,也有种种例外情况。人们在多种需求未获满足前,首先要满足最迫切的需求,只有该需求得到满足后,后面的需求才会显示出其激励作用。马斯洛所揭示的五个层次的需求又可以大致归为两大类:前两个层次可以归于人的本能需求,它们是人类一切行为的基础,反映出人的自然属性;后三个层次可以归于人的精神需求,它们反映出人的社会属性。马斯洛的五个需求层次之间存在着相互关联、依次递进的关系。在特定时刻和特定环境中,一个人、一个群体对实现某一需求的迫切程度也会发生明显变化,并且还会在个别方面的需求占主导地位时可以自觉或不自觉地抑制其他方面的需求。贫困人群专注于第一、二层次的需求,而随着条件的改善,人们则会在第一、二层次的需求基本满足的基础上把注意力更多地投入第三、四、五层次的需求。有人借此认为,知识可以极大地拓展人们的需求,因而在知识分子这一阶层中,五种需求都较为明显,其中对第四、五层次的需求更为强烈。但这也不是绝对的,中国历史上不乏读书人因贪生而当汉奸者,民间亦流传着"仗义每多屠狗辈,负心皆是读书人"等语句。

春秋时期管仲的"衣食足则知荣辱"之言可谓是古代中国人朴素的需求层次论。它浅显地阐述了生理需求是精神需求的基础,只有生理需求得到满足后才能继续追求精神层面的道德升华这一原理。但是它也有明显的缺陷。后来太史公司马迁把管仲这句话中的"则"改为"而",即改为"衣食足而知荣辱"。一字之差,含义却截然不同。用逻辑学的语言来说,就是管仲认为"衣食足"是"知荣辱"的充要条件,"衣食足"必然"知荣辱";司马迁则认为"衣食足"是"知荣辱"的必要条件,而不是充分条件,即"知荣辱"必须"衣食足",但"衣食足"未必"知荣辱"。可以推论司马迁的观点为:生理需求是精神需求的基础,但生理需求得到满足后不一定必然导致道德升华,其中还须有精神文明建设。

司马迁之后,中国古代士人有"修身""齐家""治国""平天下"的奋斗层次论。它与需求层次论接近,但不是一回事。

至明朝,朱载堉的《十不足》可谓是古代中国人的需求层次论。它依然坚持生理需求是精神需求的基础,只有生理需求得到满足后才能继续追求精神需求这一原理,并确认了各需求层次之间存在相互关联、依次递进的关系。相对更早时期的中国的需求层次论来说,它已有了较大的发展。首先,它从"衣食""荣辱"两个层次发展为"食""衣""住""娶妻""出行""雇人""做官""当阁老""登基""仙友""上天"等十一个层次,前四个层次可以归于人的本能需求,而后七个层次可以归于人的精神需求。其次,它把"食"放在"衣"前,更符合底层人群的消费实际,也为后来的恩格尔定律所证实。它的前五个层次的需求对"扩展型恩格尔定律"有启发意义。再次,它的后七个层次的精神需求相比管仲的"荣辱"来说要具体得多，且更有可比性，但也"俗气"得多。这也反映了当时富贵人群的精神世界，所以朱载堉在《十不足》中的用语越到后面讽刺意味越浓。与马斯洛的需求层次论相比，现代化萌芽时期的中国人的需求层次论的历史局限性较明显，特别是在精神需求方面。生活在封建时期的人们的社会化程度远不如现代，可选择的空间十分狭窄，又受传统的"修齐治平"奋斗层次论影响，高层次人群如要继续进取，似乎只有"做官—登基—成仙"的"华山一条路"了。于是，普通人读书就是为了通过科举做官，所有想积极进取的人都必须过科举这个"独木桥"。然后就有了《儒林外史》等书中所揭示的种种怪现象。当然，也不乏认为这条"华山路"太狭窄且充满血腥味，因不想掺和其中而选择去当隐士的人。

有学者认为，需求本质的诠释乃是一道难解的千年课题。需求层次理论已经超越了心理学范畴，它让经济学、社会学、管理学、伦理学和人类学研究拥有了更加宽阔的视野。我们认为，需求层次理论不会止步不前，还要继续发展。而这种发展有必要加强对人类历史上相关思想的研究，《十不足》中所包含的思想也应当包括在内。

【来源】陈争平.《十不足》、恩格尔定律拓展与需求层次论.经济学家茶座,2012(3):73–77.

【评析】文章从经济学的视角解读了朱载堉的《十不足》，分析了古代中国人的需求层次论，并借此对恩格尔定律的拓展进行了一些思考。

【经典案例】 保姆赚"小费"的故事

记得在初学经济学时，总觉得消费支出中的价格效应，包括替代效应和收入效应不太好理解。最近听说了一个保姆的故事，这个故事很好地体现了其中的经济学原理，让我又一次体会到经济学原来就在生活之中。本文先讲述这个故事，然后再进行简要分析，以和更多的人分享，也可作为一个教学案例。

一位朋友虽事业蒸蒸日上，但为他那特别爱哭的小孩伤透了脑筋。为此两口子想了不少办法，但收效甚微，经过一段时间的摸索，最后总算找到了的偏方：这个小孩特别爱吃一种小颗粒糖，也爱玩欢乐球，所以每当小宝贝快要哭时，破一两个欢乐球或吃几粒糖，小孩很快就会安静下来，若多些球或糖，小孩甚至还会高兴得手舞足蹈。要让宝贝不哭，每周至少得破费50多元（大致是54元），包括购买100多个（大致为105个）价格为0.25元的欢乐球和约280粒价格为0.1元的糖。

有一天，他们从保姆市场雇了一个保姆专门来照顾小孩，基本要求是不能让宝贝哭，当然每周用于买球和糖的预算仍然是54元左右。在主人的帮助下，保姆很快学会了买球和糖来对付小孩哭泣的招数。然而，一个多月后，欢乐球降价了，由原来的0.25元降至0.15元。此时，保姆很高兴，因为现在虽然买280粒糖仍需28元，但买105个球不需要26元了，购买相同数量的球只需16元，每周就可省出10元。保姆没有把省出的钱交还主人，而是进了自己的腰包，算是赚点"小费"。就这样，降价后保姆每次花约44元买球和糖，并赚10元"小费"，对于这样的情况，主人全然不知。日复一日，循环往复，但保姆总琢磨着，既然球降价了，为什么不多买点球，而少买点糖。经过不断尝试，她觉得花上约44元买145个球和220粒糖的效果最好，不仅能制止小孩哭泣，有时还会看到小孩的笑脸。

一次周末，保姆利用每周给的一天假到哥哥家串门，并扬扬得意地把在主人家的故事一五一十地讲给哥哥听。哥哥听后，觉得挺有意思，夸妹妹有心计，但仔细一想，认为妹妹的心计还不够，因为让小孩高兴当然好，但这并不是妹妹的本职工作，她完全可以在不让小孩哭泣的前提下，更好地组合球与糖，省出更多的钱，赚更多的"小费"。经此点拨，妹妹觉得言之有理。回去之后，又经过不断尝试，最后她每次只要买140个球和210粒糖，花费42元就能保证小孩不哭，并且每次可赚约12元"小费"，比哥哥点拨前多赚约2元。

转眼间已是春节临近，保姆打算回家过年，在这期间只能由主人自己去买东西和照顾小孩。她知道，若主人去买东西，则其赚"小费"之事将暴露无遗。为此，她以退为进，开始将每次能省出的12元全部用于购买球和糖。至于购买的数量，经过尝试，最后觉得每周买180个球和270粒糖能让小孩最高兴。见此情景，主人当然非常高兴，夸保姆有能耐，而保姆却坦然告之，把球降价之事告诉主人，还得了个"诚实"的美名。

这虽然只是一个保姆赚"小费"的故事，但揭示了消费中包括替代效应和收入效应的价格效应原理。在此不妨假设小孩不哭为低的无差异曲线1，小孩高兴为较高的无差异曲线2，而小孩最高兴为无差异曲线3。起初在球和糖的价格分别为0.25元与0.1元的条件下，总预算约为54元就达到了无差异曲线1，球和糖的均衡数量分别为105个与280粒。当球的价格降至0.15元后，理性的保姆经过调整商品组合，不仅赚了10元"小费"，还使小孩的效用提高到无差异曲线2。之后在哥哥的指点下，她又调整了商品组合，所赚的12元"小费"就是补偿预算线下形成的成本差额，而球的均衡数量由降价前的105个增至140个，这增加的35个就是替代效应。最后，由于害怕暴露目标，保姆放弃所能得到的"小费"，达到了最高的无差异曲线3的效用水平，球的均衡数量达到了180个，比降价前增加75个，这就是欢乐球降价带来的全部效应，其中收入效应为40个。

【来源】曲辰．保姆赚"小费"的故事．经济学消息报，2001-12-28(4)．

【评析】通过一个保姆利用两种商品价格变化来赚取"小费"的例子，揭示了消费中的收入效应、替代效应和价格效应原理。

【学以致用】 劳动的供给曲线为什么会向后弯曲？

无差异曲线分析法同样可用于分析一个人如何在工作和闲暇间配置时间。如果人们放弃闲暇，将时间用于工作，就能获得收入；反之，如果将时间用于闲暇，工作时间将减少，则收入随之减少。

假设劳动者的收入均为劳动所得，不存在非劳动收入，并且某劳动者一天除去必要的休息后只有16小时的自由支配时间。如果将这16小时全部用于闲暇，则收入为零；如果将这16小时全部用于工作，每小时工资为10元，那么他一天可获得160元的收入；当然，也可工作8小时，那么在获得8小时闲暇的同时可获得80元的收入；等等。所有这些组合形成了该劳动者的预算线，如图3.7中的AB线所示。图3.7中的U_1、U_2、U_3是三种效用水平下该劳动者对收入和闲暇两种"物品"的无差异曲线，实际上，在一个坐标系中，类似的无差异曲线有无数条，离原点越远的无差异曲线代表的效用越大。

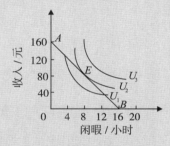

图3.7 劳动供给的均衡

把收入和闲暇的预算线与无差异曲线置于同一个坐标系中,则预算线必然与其中一条无差异曲线相切,如图 3.7 所示,假设预算线 AB 与无差异曲线 U_2 相切,在切点 E 上,实现了该劳动者均衡的闲暇时间和劳动供给。

此时,如果工资率(单位时间的工资水平)上升,则同样的劳动供给所能获得的收入上升,收入和闲暇的预算线会以 B 点为圆心顺时针旋转,由此导致的均衡点的变动会出现两种可能的结果。

第一,如图 3.8(a)所示,劳动者原有的工资率较低,预算线 A_1B 较为平缓,收入—闲暇均衡点为 E_1。随着工资率的提高,预算线变为 A_2B,收入—闲暇均衡点移至 E_2。从 E_1 至 E_2 的变动包含了两个过程:E_1 至 E_2' 对应的劳动供给量的变动(即闲暇的变动量)为收入效应,即由于工资率的提高使劳动者的处境更好,让他愿意且能够享受更多的闲暇,换句话说,收入效应使劳动供给量减少;E_2' 至 E_2 对应的劳动供给量的变动(即闲暇的变动量)为替代效应,工资率的提高使享受闲暇的代价提高,因此劳动者会更倾向于用收入(即劳动)替代闲暇,换句话说,替代效应使劳动的供给量增加。当工资率较低时,工资率提高所带来的收入效应小于替代效应,即闲暇的增加量小于减少量,两者相抵,闲暇时间会减少,而劳动供给会增加。如图 3.8(b)所示,图中的横轴为劳动的供给量 L,纵轴为工资率 W,在工资率较低时,随着工资率的提高(由 W_1 提高至 W_2),劳动的供给量增加了 L_1L_2。

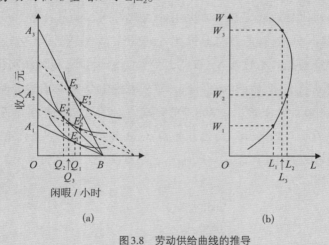

图3.8 劳动供给曲线的推导

第二,如图 3.8(a)所示,在上述情况下,工资率的进一步提高使预算线变为 A_3B,收入—闲暇均衡点移至 E_3。从 E_2 至 E_3 的变动同样包含了两个过程:E_2 至 E_3' 对应的劳动供给量的变动(即闲暇的变动量)为收入效应;E_3' 至 E_3 对应的劳动供给量的变动(即闲暇的变动量)为替代效应。当工资率较高时,工资率提高所带来的收入效应大于替代效应,即闲暇的增加量大于减少量,两者相抵,劳动供给会减少。如图3.8(b)所示,在W_2的基础上工资率进一步提高至W_3,则劳动的供给量减少了L_2L_3。

不同工资率下的收入效应和替代效应所起到的作用不同,导致劳动供给曲线出现向后弯曲的状况。

【评析】运用无差异曲线分析方法,结合收入效应、替代效应、价格效应原理,得出劳动供给曲线向后弯曲的结论。

★ 例题详解

例1 判断题:在边际替代率递增时,均衡点表示消费者只购买其中的一种商品。   (   )

【提示】在边际替代率递增时,均衡点在边角点。因此只要边际替代率是递增的,均衡点肯定在预算线的某一端点上,这意味着消费者只购买其中的一种商品。

【解答】对

例2 选择题:无差异曲线为斜率不变的直线时,表示相结合的两种商品是(   )。

    A.可以替代的   B.完全替代的   C.互补的   D.互不相关的

【提示】本题主要考查不同性质的产品的无差异曲线的情况。

【解答】B

例3 计算题:消费者消费X、Y两种商品,效用函数为$U(X,Y)=X^2Y^3$,收入$M=100$元。

(1)求对商品X的需求函数。

(2)设商品Y的价格$P_Y=3$,商品X的价格P_X从2降为1,求替代效应和收入效应。

【提示】本题主要考查消费者均衡的条件,即收入效应和替代效应。

【解答】

(1)设商品X、Y的价格分别为P_X、P_Y,根据消费者最优选择条件$\dfrac{\text{MU}_X}{\text{MU}_Y}=\dfrac{P_X}{P_Y}$,得:

$$\frac{2XY^3}{3X^2Y^3}=\frac{P_X}{P_Y}$$

整理得$2P_YY=3P_XX$,

再结合约束条件 $M = P_X X + P_Y Y = 100$,可求得商品 X 的需求函数为:

$$X = \frac{40}{P_X}$$

(2)当 $P_Y = 3, P_X = 2$ 时,根据上面求得的需求函数可以得到商品 X 的最优消费量为 $X = \frac{40}{P_X} = \frac{40}{2} = 20$。

将数据代入预算约束中便得到商品 Y 的最优消费量为:

$$Y = \frac{100 - P_X X}{P_Y} = \frac{100 - 2 \times 20}{3} = 20$$

当商品 X 的价格 P_X 从 2 降为 1 时,根据上面求得的需求函数,可以得到商品 X 的新最优消费量为 $X^* = \frac{40}{1} = 40$。

因此,总的价格效应为:$40 - 20 = 20$,此时替代效应的计算如下所示。

为保持原有的效用水平($U = 20^5$),消费者在新的价格水平($P_X=1, P_Y=3$)下的支出最小化问题为:

$$\min (X + 3Y)$$

$$\text{s.t. } U = X^2 Y^3 = 20^5$$

求解可得 $X = 20\sqrt[5]{8}, Y = 10\sqrt[5]{8}$,

所以,商品 X 价格下降的替代效应为 $20\sqrt[5]{8} - 20$,收入效应为 $40 - 20\sqrt[5]{8}$。

例4 简答题:钻石虽用处极小但价格昂贵,而生命中必不可少的水却非常便宜,为什么必不可少的水的价格不及钻石的万分之一?

【提示】从总效用和边际效用的含义出发来解释。

【解答】水对人类的重要性的确远大于钻石,虽然人们从水的消费中所得到的总效用大于钻石,但是水的价格并不是由水的总效用的大小来决定的,而是由最后一单位水的边际效用决定的。由于水资源是相对充足的,人们从最后一单位水中所得到的边际效用很小,因此人们对其只愿意付非常低的价格。相反,钻石是很稀缺的,因此它的边际效用很高,相应地,其价格也会比较昂贵。

例5 论述题:试论述基数效用论与序数效用论的区别和联系。

【提示】从假定、分析方法、均衡条件表达等方面说明区别,从理论基础、推导结果等方面说明联系。

【答案提要】

基数效用论与序数效用论的区别:

第一,假定不同。基数效用论假设消费者消费商品所获得的效用可以度量,即可以用基数表示;每个消费者都可以准确地说出自己从商品的消费中所获得的效用值是多少,并且边际效用具有递减规律。序数效用论则认为,消费者所获得的效用只可以进行排序,即只可以用序数表示,且效用的特点表现在无差异曲线中。

第二,使用的分析工具不同。基数效用论以边际效用以及在预算约束下求效用的最大值作为工具。而序数效用论则以无差异曲线的边际替代率递减规律以及预算线为工具。

第三,均衡条件的表示方式不同。基数效用论可表示为 $MU_i/P_i = \lambda$, $i = 1,2,3,\cdots,n$。序数效用论则可以表示为 $MRS_{XY} = P_X/P_Y$。

基数效用论与序数效用论的联系:

第一,为了论证"看不见的手"的作用,它们都从市场的需求一方着手,通过推导需求曲线,说明需求曲线上的任意一点都表示消费者能获得效用最大化。

第二,它们都是一种消费者行为理论,都把消费者的行为看作是在既定约束下追求最大效用的过程。

第三,它们都以边际效用价值论为基础,认为商品的价值或价格是由商品带给消费者的边际效用的大小来决定的。

第四,它们推导出的需求曲线的走势相同,都符合需求规律。

▶▶ 单元习题 ▶ ···

一、名词解释

1. 效用

2. 边际效用递减规律

3. 消费者剩余

4. 吉芬商品

5. 消费者均衡

6. 预算线

7. 无差异曲线

8. 商品的边际替代率

9. 替代效应和收入效应

10. 消费者的期望效用

二、判断题

1.如果你有一辆需要四个轮子才能开动的车子,而目前只有三个轮子,那么当你有第四个轮子时,这第四个轮子的边际效用似乎超过了第三个轮子的边际效用,这违反了边际效用递减规律。　　　　　　　　　　　　　　　　　　　　（　　　）

2.假定货币的边际效用也递减,那么只要将高工资者的收入转移给低工资者就可以增加全社会的总效用。　　　　　　　　　　　　　　　　　　（　　　）

3.恩格尔定律指出,在一个家庭或一个国家中,食物支出会随着收入的增加而减少。　　　　　　　　　　　　　　　　　　　　　　　　　　　（　　　）

三、选择题

1.如果某商品的边际效用等于0,那么（　　　）。

　　A.该商品的总效用也等于0　　　B.该商品不是消费者想去消费的物品

　　C.该商品的总效用已经最大　　　D.该商品没有效用

2.某消费者将其所有的预算都花在两种商品X和Y上,其均衡条件是两种消费的（　　　）。

　　A.边际效用相等　　　　　　　　B.价格相等

　　C.每一元的边际效用相等　　　　D.边际效用比等于价格比

3.假定消费者的收入为50元,商品X的价格为5元,商品Y的价格为4元。消费者计划购买6单位的X和5单位的Y商品,商品X、Y的边际效用分别为60和30。如果要得到最大效用,则他应该（　　　）。

　　A.增加X的购买量并减少Y的购买量

　　B.增加Y的购买量并减少X的购买量

　　C.同时减少X和Y的购买量

　　D.同时增加X、Y的购买量

4.一个消费者愿意为第一杯啤酒支付11元,为第二杯支付7元,为第三杯支付4元,为第四杯支付2元,为第五杯支付1元。如果啤酒价格为2元,那么消费者剩余是（　　　）元。

　　A.24　　　　　　　B.22　　　　　　　C.20　　　　　　　D.15

5.无差异曲线的形状取决于（　　　）。

　　A.消费者偏好　　　　　　　　　B.消费者收入

　　C.所购买商品的价格　　　　　　D.所购买商品的价格以及收入

6.假定X、Y的价格P_X、P_Y已定,当$MRS_{XY} > P_X/P_Y$时,消费者为达到最大满足,

他将( )。

    A.增加X,减少Y B.减少X,增加Y

    C.同时增加X、Y D.同时减少X、Y

7.在图3.9中,( )。

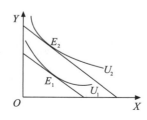

图3.9 收入效应与商品分类

    A.X是正常品,Y是低档品   B.Y是正常品,X是低档品

    C.X、Y都是正常品   D.X、Y都是低档品

8.对低档品而言,价格上升时,( )。

    A.替代效应使消费减少   B.收入效应使消费减少

    C.收入效应鼓励消费更多   D.需求增加

9.需求曲线斜率为正的充要条件是( )。

    A.低档商品   B.替代效应超过收入效应

    C.收入效应超过替代效应   D.低档商品且收入效应超过替代效应

10.如果赌博的预期效用大于赌博预期值的效用,则该消费者是( )。

    A.风险爱好者   B.风险规避者   C.风险中立者   D.无法确定

四、计算题

1.考察以下效用函数的边际替代率与边际效用。

(1)$U = 3X + Y$。

(2)$U = X^{0.5}Y^{0.5}$。

(3)$U = (X^2 + Y^2)^{0.5}$。

2.某消费者具有效用函数$U(X,Y) = X^{0.5}Y^{0.5}$,X和Y的单位价格均为4元,该消费者的收入为144元。试问:

(1)为使消费者的效用最大化,消费者对X和Y的需求应该各为多少单位?

(2)消费者的总效用是多少? 每单位货币的边际效用是多少?

(3)若X的单位价格上升为9元,则对两种商品的需求有何变化? 此时总效用为多少?

(4)X的单位价格上升为9元后,若要维持当初的效用水平,则消费者的收入最少应该达到多少?

(5)求X的价格上升为9元时所带来的替代效应和收入效应。

3.某消费者的效用函数$U(x_1,x_2)=\sqrt{x_1 x_2}$,商品$x_1$和$x_2$的价格为$p_1$与$p_2$,收入为$y$。

(1)假设商品x_1和x_2的价格为$p_1=1$与$p_2=2$,该消费者的收入为$y=100$,求该消费者对两种商品的需求量。

(2)若商品x_1的价格升至2,即此时$p_1'=p_2=2$,且该消费者的收入不变,求此价格变化对商品x_1产生的替代效应和收入效应。

五、简答题

1.为什么劣质商品需求的价格弹性可能为负的、零或正的?

2.假设某君的收入、商品价格和消费品的效用函数为已知,请给出效用最大化所需的条件。假如他只消费两种商品,那么他是否会总是同时买进这两种商品?为什么?

3.为什么消费者的需求曲线向右下方倾斜?利用基数效用论加以说明。

六、论述题

我国许多大城市水源不足,自来水供应紧张。请根据边际效用递减规律,设计一种方案供政府来缓解或消除这个问题,并回答这种措施对以下几个方面产生的影响。

(1)对消费者剩余有何影响?

(2)对生产资源的配置有何有利或不利的影响?

(3)对于城市居民的收入分配有何影响?是否有补救的办法?

参考答案

一、名词解释

1. 效用:消费者消费或拥有一定数量的某种商品时所获得的满足程度。一种商品给消费者所带来的效用不同于该商品的使用价值,它是消费者对所消费商品给予的主观评价,不同的消费者在相同的时间、地点消费相同数量的商品组合可以获得不同的效用,即使同一消费者在不同的时期、地点消费同样数量的商品组合也会获得不同的满足程度。效用有总效用和边际效用之分。边际效用量的大小在消费者的消费决策中具有重要作用。

2. 边际效用递减规律:参见内容精要第2点。

3. 消费者剩余:参见内容精要第4点。

4. 吉芬商品:是一种特殊的劣等品。作为劣等品,吉芬商品的替代效应与价格呈反方向变动的关系,而收入效应则与价格呈同方向变动的关系。吉芬商品的特殊性就在于它的收入效应作用很大,以至于超过了替代效应的作用,从而使总效应与价格发生同方向的变动。这也就是吉芬商品的需求曲线呈现出向右上方倾斜的特殊形状的原因。对于这种违反需求规律的商品,经济学家利用收入效应和替代效应给予解释。对于收入相当低的消费者来说,一种在生活中占较大份额的商品价格提高所产生的收入下降的效应是非常大的。这时,消费者用没有降价的商品替代涨价商品的效应远远小于收入减少而造成的对未涨价商品减少需求的效应,从而不得不用尽管涨价但仍比较便宜的商品来代替未涨价商品,结果使得涨价商品的需求量增加,即吉芬商品在价格上升时的替代效应和收入效应符号相反,并且后者的绝对值大于前者。在现实经济中,吉芬商品是少见的,因而被看成是违反需求规律的特例。

5. 消费者均衡:参见内容精要第3点。

6. 预算线:参见内容精要第9点。

7. 无差异曲线:参见内容精要第6点。

8. 商品的边际替代率:参见内容精要第7点。

9. 替代效应和收入效应:参见内容精要第16点。

10. 消费者的期望效用:参见内容精要第19点。

二、判断题

1. 错

【提示】边际效用是指物品的消费量每增加(或减少)一个单位所引起的总效用的变化量。这里的单位是指一个完整的商品单位,这种完整的商品单位是边际效用递减规律具备有效性的前提。对于本题,必须是有四个轮子的车才能成为一单位。因此,不能说第四个轮子的边际效用超过第三个轮子。

2. 对

【提示】如果货币的边际效用递减,由于低工资者货币的边际效用大于高工资者货币的边际效用,所以把相同部分的收入从高工资者手里转移到低工资者手里,对于全社会来说,损失的总效用小于增加的总效用,最后全社会的总效用是增加的。

3. 错

【提示】考查恩格尔定律的概念。同时应掌握类似的需要理解绝对值与相对值的区别的相关理论的概念。

三、选择题

1. C

【提示】本题主要考查边际效用与总效用的关系,具体分析参见内容精要第2点。

2. CD

【提示】本题考查消费者实现效用最大化的均衡条件,具体分析参见内容精要第3点。

3. A

【提示】本题考查消费者实现效用最大化的均衡条件,该条件可以用公式表示为 $\frac{MU_1}{P_1} = \frac{MU_2}{P_2} = \cdots = \frac{MU_n}{P_n} = \lambda$(这里的 λ 为不变的货币的边际效用)。同时还必须掌握边际效用递减规律。

4. D

【提示】本题考查消费者剩余的计算,消费者剩余的含义参见内容精要第4点,本题的计算式为 $(11 - 2) + (7 - 2) + (4 - 2) + (2 - 2) + (1 - 2) = 15$。

5. A

【提示】本题主要考查无差异曲线的含义,具体分析参见内容精要第6点。

6. A

【提示】本题在第3题的基础上,要求进一步掌握商品的边际替代率 MRS = $-\dfrac{dY}{dX} = \dfrac{MU_X}{MU_Y}$。

7. B

【提示】本题考查正常商品、低档品、吉芬商品的内涵,解题的关键在于掌握不同类别商品的收入—消费线的特征。具体分析参见内容精要第12、16和17点。

8. AC

【提示】本题主要考查低档品的含义,以及不同类别商品的替代效应和收入效应的掌握,具体分析参见内容精要第13、16和17点。

9. D

【提示】本题主要考查如何从价格—消费线推导出需求曲线,推导过程的熟练掌握是本题解题的关键。

10. A

【提示】本题考查不同风险态度者的分类和定义,具体分析参见内容精要第19、20、21点。

四、计算题

1.【提示】根据效用函数计算效用和边际替代率。

【解答】考察效用函数的边际替代率与边际效用 $U_{XX}U_Y^2 - 2U_{XY}U_XU_Y + U_{YY}U_X^2 < 0$

(1) $U = 3X + Y$

　　$MRS = 3$

　　$U_X = 3,\ U_Y = 1,\ U_{XX} = 0,\ U_{XY} = 0,\ U_{YY} = 0$

　　边际效用不变,边际替代率为3。

(2) $U = X^{0.5}Y^{0.5}$

　　$U_X = 0.5(X^{-0.5}Y^{0.5})$

　　$U_Y = 0.5(X^{0.5}Y^{-0.5})$

　　$U_{XX} = -0.25(X^{-1.5}Y^{0.5})$

　　$U_{YY} = -0.25(X^{0.5}Y^{-1.5})$

$$U_{XY} = 0.25(X^{-0.5}Y^{-1.5})$$

即有 $U_{XX}U_X^2 - U_{XY}U_XU_Y + U_{YY}U_Y^2 < 0$，

故此函数为严格拟凹函数，边际替代率与边际效用均递减。

（3） $U = (X^2 + Y^2)^{0.5}$

$$U_X = X(X^2 + Y^2)^{-0.5}$$

$$U_Y = Y(X^2 + Y^2)^{-0.5}$$

$$U_{XX} = (X^2 + Y^2)^{0.5} + X^2/(X^2 + Y^2)^{-0.5}$$

$$U_{YY} = (X^2 + Y^2)^{0.5} + Y^2/(X^2 + Y^2)^{-0.5}$$

$$U_{XY} = -0.125(X^{-1.5} + Y^{-0.5})$$

故其边际效用递增，该函数为非严格拟凹函数。

2.【提示】根据效用最大化条件计算。

【解答】

（1）根据题意，最优化问题为：

$$\max U(X,Y)=X^{0.5}Y^{0.5}$$

$$\text{s.t. } 4X + 4Y = 144$$

构造拉格朗日函数：

$$L = X^{0.5}Y^{0.5} + \lambda(144 - 4X - 4Y)$$

效用最大化的一阶条件为：

$$\frac{\partial L}{\partial X} = 0.5X^{-0.5}Y^{0.5} - 4\lambda = 0$$

$$\frac{\partial L}{\partial Y} = 0.5X^{0.5}Y^{-0.5} - 4\lambda = 0$$

$$\frac{\partial L}{\partial Y} = 144 - 4X - 4Y = 0$$

联立上述三式解得 $X = Y = 18$，即为使效用最大化，消费者对 X 和 Y 的需求都为18个单位。

（2）总效用为：

$$U = X^{0.5}Y^{0.5} = 18^{0.5}18^{0.5} = 18$$

每单位货币的边际效用是：

$$A = \frac{MU_X}{P_X} = \frac{MU_Y}{P_Y} = \frac{1}{8}$$

（3）若 X 的单位价格上升为9元，则预算方程变为9X+4Y=144，

此时拉格朗日函数为:

$$L' = X^{0.5}Y^{0.5} + \lambda_1(144 - 9X - 4Y)$$

效用最大化的一阶条件为:

$$\frac{\partial L'}{\partial X} = 0.5X^{-0.5}Y^{0.5} - 9\lambda_1 = 0$$

$$\frac{\partial L'}{\partial Y} = 0.5X^{0.5}Y^{-0.5} - 4\lambda_1 = 0$$

$$\frac{\partial L'}{\partial \lambda_1} = 144 - 9X - 4Y = 0$$

联立上述三式解得 $X=8$, $Y=18$, 故总效用 $U=X^{0.5}Y^{0.5} = 8^{0.5} \times 18^{0.5}=12$。

(4)消费者的最优化问题为:

$$\min(9X + 4Y)$$

$$\text{s.t. } X^{0.5}Y^{0.5} = 18$$

现在 $P_X = 9$, 根据 $\dfrac{MU_X}{P_X} = \dfrac{MU_Y}{P_Y}$, 则有 $\dfrac{0.5X^{-0.5}Y^{-0.5}}{9} = \dfrac{\frac{1}{2}X^{0.5}Y^{-0.5}}{4}$, 即 $\dfrac{Y}{9} = \dfrac{X}{4}$,

解方程组 $\begin{cases} \dfrac{Y}{9} = \dfrac{X}{4} \\ X^{0.5}Y^{0.5} = 18 \end{cases}$, 得 $\begin{cases} X = 12 \\ Y = 27 \end{cases}$

将 $X = 12$, $Y = 27$ 代入预算方程, 可得 $M = 9 \times 12 + 4 \times 27 = 216$(元)。

(5)由(4)可知, 若要维持效用水平不变, 则消费者的收入最少应为216元, 即有:

$$\begin{cases} U = X^{0.5}Y^{0.5} = 18 \\ I' = 9X + 4Y = 216 \end{cases}, \text{解得} \begin{cases} X = 12 \\ Y = 27 \end{cases}$$

则替代效应为 $12 - 18 = -6$,

由(1)和(3)可知, 总效应为 $8 - 18 = -10$,

相应的收入效应为 $-10 - (-6) = -4$。

3.【提示】根据效用最大化条件计算。

【解答】

(1)消费者的效用最大化问题为:

$$\max \sqrt{x_1 x_2}$$

$$\text{s.t. } p_1 x_1 + p_2 x_2 = y$$

构造拉格朗日函数:

$$L = \sqrt{x_1 x_2} + \lambda(y - p_1 x_1 - p_2 x_2)$$

一阶条件为：

$$\frac{\partial L}{\partial x_1} = 0.5x_1^{-0.5}x_2^{0.5} - \lambda p_1 = 0$$

$$\frac{\partial L}{\partial x_2} = 0.5x_1^{0.5}x_2^{-0.5} - \lambda p_2 = 0$$

$$\frac{\partial L}{\partial \lambda} = y - p_1 x_1 - p_2 x_2 = 0$$

联立上述三式解得消费者对两种商品的需求函数分别为：

$$x_1 = \frac{y}{2p_1}, x_2 = \frac{y}{2p_2}$$

当 $p_1 = 1, p_2 = 2, y = 100$ 时，消费者对商品 x_1 的消费量为：

$$x_1 = \frac{y}{2p_1} = \frac{100}{2 \times 1} = 50$$

对商品2的消费量为：

$$x_2 = \frac{y}{2p_2} = \frac{100}{2 \times 2} = 25$$

此时消费者效用为：

$$u(x_1, x_2) = \sqrt{x_1 x_2} = \sqrt{25 \times 50} = 25\sqrt{2}$$

（2）当商品 x_1 的价格为 $p_1' = 2$ 时，有：

$$x_1' = \frac{y}{2p_1'} = \frac{100}{2 \times 2} = 25$$

由此可知，价格变化对 x_1 产生的总效应为：

$$x_1' - x_1 = -25$$

为保持原有的效用水平（$u = 25\sqrt{2}$）不变，消费者在新的价格水平（即 $p_1' = p_2 = 2$）下的支出最小化问题为：

$$\min(2x_1^c + 2x_2)$$

$$\text{s.t. } u = \sqrt{x_1^c x_2} = 25\sqrt{2}$$

求解可得 $x_1^c = 25\sqrt{2}, x_2 = 25\sqrt{2}$，

所以，x_1 价格上升的替代效应为 $x_1^c - x_1 = 25\sqrt{2} - 50 = 25(\sqrt{2} - 2)$，

收入效应为 $x_1' - x_1^c = 25 - 25\sqrt{2} = 25(1 - \sqrt{2})$，

此题中的替代效应和收入效应分析如下。要使得购买力保持不变，则收入水平应调整为：

$$y' = 2x_1 + 2x_2 = 2 \times 50 + 50 = 150$$

在该收入水平下,消费者对商品 x_1 的消费量为 $x_1^c = \dfrac{y'}{2p'} = \dfrac{150}{2 \times 2} = 37.5$,

因此,替代效应为 $x_1^c - x_1 = 37.5 - 50 = -12.5$,

收入效应为 $x_1' - x_1^c = 25 - 37.5 = -12.5$。

五、简答题

1.【提示】劣质商品的替代效应、收入效应对需求量的影响。

【解答】劣质商品的价格下降时,替代效应倾向于增加这种商品的需求量,而收入效应则倾向于减少这种商品的需求量,两种相反的力量同时发生作用。

若替代效应大于收入效应,则随着价格的下降,商品的需求量增加。这时,需求价格弹性是负的。

若替代效应等于收入效应,则随着价格的下降,商品的需求量不发生变化。这时,需求价格弹性为零。

若替代效应小于收入效应,则随着价格的下降,商品的需求量减少。这时,需求价格弹性为正,这样的劣质商品就是吉芬商品。

2.【提示】消费者均衡的条件。

【解答】设效用函数为 $U = f(x, y)$,收入为 M,价格为 P_x、P_y。

而 $\mathrm{MU}_x = \dfrac{\partial U}{\partial x} = \dfrac{\partial f(x,y)}{\partial x}$,$\mathrm{MU}_y = \dfrac{\partial U}{\partial y} = \dfrac{\partial f(x,y)}{\partial y}$,

效用最大化的条件为:

$$\frac{\mathrm{MU}_x}{P_x} = \frac{\mathrm{MU}_y}{P_y}$$

即

$$\frac{\partial f(x,y)}{\partial x} \cdot \frac{1}{P_x} = \frac{\partial f(x,y)}{\partial y} \cdot \frac{1}{P_y}$$

约束条件为:

$$P_x \cdot x + P_y \cdot y = M$$

在一般情况下,P_x 和 P_y、MU_x 和 MU_y 都不可能为零,因此,假如他只消费两种商品,那么他就会同时买进这两种商品。但在角点解的情况下,并不必然同时买进这两种商品。

3.【提示】利用基数效用的可度量性和边际效用递减规律加以说明。

【解答】基数效用论假设消费者消费一定数量的商品组合所获得的效用是可以

度量的,并且在其他条件不变的情况下,增加一单位商品消费所增加的效用是递减的,即边际效用服从递减规律。据此,追求效用最大化的消费者在选择消费商品时,都会以货币的边际效用为标准,衡量增加商品消费的边际效用,以便获得最大的满足。

假定消费者的货币边际效用为 λ,而消费商品的边际效用为 MU,如果消费者消费的商品价格为 p,那么,在既定的收入约束条件下,若 $MU > p\lambda$,那么消费者会选择消费商品而不是货币;相反,若 $MU < p\lambda$,则消费者选择消费货币。因此,消费者效用最大化的条件是:

$$\frac{MU}{p} = \lambda$$

上式表明,为了获得最大效用,消费者在购买任意一种商品时,每单位货币购买该商品所带来的边际效用都相同,恰好等于一单位货币的边际效用。同时也意味着,如果商品的价格发生变动(比如提高)那么消费者选择的该商品的消费数量也会随之变动。商品的边际效用随着商品的不断减少而递增,因此,对于不变的货币的边际效用,随着商品价格的提高,商品数量减少,以使用于购买商品的每单位货币的边际效用与持有货币时相同。这说明,价格与消费者的需求量之间呈反方向变动的关系,即消费者的需求曲线向右下方倾斜。

六、论述题

【答案提要】

可用提高自来水的使用价格来缓解或消除这个问题。自来水的价格提高有两个方面的影响:一方面,用户会减少(或节约)用水;另一方面,可扩大自来水的生产或供给。这样,自来水供应紧张的局面也许会得到缓解或消除。

(1)采取该措施会使消费者剩余减少。

(2)对生产资源配置的有利影响是节约了生活用水,可使之用于人们更需要的用途上,从而使水资源得到更合理、更有效的使用。但这样做也许会造成其他资源的浪费。例如,工厂里本来用水来冷却物体,但现在要改用电来冷却,增加了对电和有关装置的需求。如果自来水价格提高过度,则必然会带来更多其他资源的消耗。这是不利的一面。

(3)如果城市居民收入不变,那么自来水价格提高无疑是降低了居民的实际收入。补救的方法可以是给居民增加货币工资或对其他产品予以价格补贴。

第四章 ·······································

生产理论

★ 知识导图

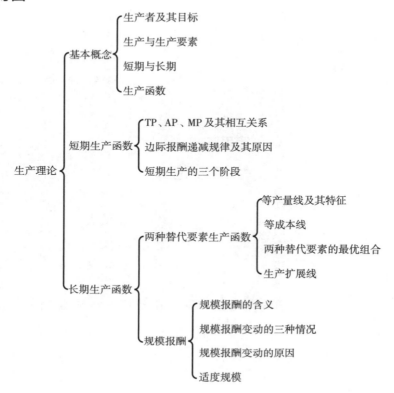

生产理论
- 基本概念
  - 生产者及其目标
  - 生产与生产要素
  - 短期与长期
  - 生产函数
- 短期生产函数
  - TP、AP、MP及其相互关系
  - 边际报酬递减规律及其原因
  - 短期生产的三个阶段
- 长期生产函数
  - 两种替代要素生产函数
    - 等产量线及其特征
    - 等成本线
    - 两种替代要素的最优组合
    - 生产扩展线
  - 规模报酬
    - 规模报酬的含义
    - 规模报酬变动的三种情况
    - 规模报酬变动的原因
    - 适度规模

★ 学习要求

通过本章的学习,学生应当:

1. 掌握生产者的目标。

2. 掌握生产的含义,生产要素的类型与含义,生产函数的定义和表达式,以及两种典型的生产函数(短期和长期)的含义。

3. 掌握一种可变生产要素的短期生产函数的含义和表达式,总产量、平均产量、边际产量的含义和相互之间的关系,边际报酬递减规律,短期生产的三阶段理论。

4. 掌握两种相互替代的生产要素的长期生产函数的含义和表达式,等产量线及其特征,边际技术替代率及其递减规律,等成本线,两种相互替代的生产要素的最优投入组合条件及推导,生产扩展线的含义。

5. 掌握规模报酬的含义,规模报酬变动的三种情况,规模报酬变动的原因。

★ 内容精要(扫描二维码,观看相关知识点微课视频)

1. 西方经济学中的生产者,也称为厂商,是指市场经济中为赚取利润而从事生产的一个经济单位,其既可以是一个个体生产者,也可以是一家规模巨大的公司。根据"经济人"假设,西方经济学通常假定生产者的经营目标是利润最大化。

2. 生产是把投入变为产出的过程,产出的是产品,投入的是生产要素。西方经济学中研究的生产要素通常分为劳动、土地、资本和企业家才能四大类。劳动是指劳动者在生产过程中以体力和脑力的形式提供的服务。土地泛指一切的自然资源。资本是指生产过程中投入的人造物品和货币资金等。企业家才能是指建立、组织和经营企业的企业家所表现出来的发现市场机会并组织各种投入的能力。

3. 生产函数是描述在一定时期内,在生产技术水平不变的条件下,生产要素投入量与产品的最大产量之间数量关系的函数式,一般记为 $Q = f(L, N, K, E)$,其中,L 代表劳动的投入,N 代表土地的投入,K 代表资本的投入,E 代表企业家才能的投入,Q 代表一定数量的要素投入组合在一定的技术条件下所能生产出来的产品的最大产量。在经济学分析中,为了简化分析,通常假设生产中只使用两种投入要素,即劳动 L 和资本 K,而产品只有一种,则生产函数记为 $Q = f(L, K)$。

4. 里昂惕夫生产函数(固定比例生产函数)$Q = A \min\left(\dfrac{L}{a}, \dfrac{K}{b}\right)$,式中的 A 代表生产技术水平,而 $a : b$ 则给出了生产过程中劳动和资本投入量之间的比例。整个函数表示产量 Q 取决于 $\dfrac{L}{a}$ 和 $\dfrac{K}{b}$ 两个比值中较小的一个,即使其中一个比例数值比较大也不会提高产量 Q。这说明两种要素之间不存在任何替代关系,必须按照 $a : b$ 的固定比例投入。当一种生产要素不能变动时,另一种生产要素的数量再多也不能增加产量。

5. 柯布-道格拉斯生产函数(可变比例生产函数)$Q = AL^{\alpha}K^{\beta}$,式中的 A、α 和 β 都是正的参数,A 代表生产技术水平,α 和 β 的取值均在 0 到 1 之间,分别表示产出关于劳动和资本的弹性值,也就是劳动和资本在生产过程中的相对重要性,α 为劳动所得在总产量中所占的份额,β 为资本所得在总产量中所占的份额。根据 α 和 β 之和的大小还可以判断规模报酬的情况。

6. 生产函数可分为短期生产函数和长期生产函数。短期是指生产者来不及调整全部生产要素的数量,至少有一种生产要素的数量固定不变的时间周期。长期是指生产者可以调整全部生产要素数量的时间周期。在只考虑劳动和资本两种生产要素的情况下,在短期,我们通常假定劳动是可变的,资本是固定的;而在长期的情况下,两种要素都是可变的。

7. 一种可变生产要素的短期生产函数 $Q = f(L, \bar{K})$，其中，资本投入量是固定的，用 $\bar{K}$ 表示，而劳动投入量是可变的，用 L 表示。劳动的总产量是指与一定的可变要素劳动的投入量相对应的最大产量，它定义的公式为 $\mathrm{TP}_L = f(L, \bar{K})$。劳动的平均产量是总产量与所使用的可变要素劳动的投入量之比，它定义的公式为 $\mathrm{AP}_L = \dfrac{\mathrm{TP}_L}{L}$。劳动的边际产量是增加一单位可变要素劳动的投入量所增加的产量，它定义的公式为 $\mathrm{MP}_L = \dfrac{\mathrm{dTP}_L}{\mathrm{d}L}$。

8. 总产量、平均产量和边际产量之间的关系。如图 4.1 所示，在图中，横轴表示可变要素劳动的投入量 L，纵轴表示产量 Q，相应的总产量、平均产量和边际产量分别由 TP_L 曲线、AP_L 曲线与 MP_L 曲线表示。

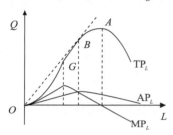

图 4.1 总产量、平均产量和边际产量曲线

三个产量之间存在如下关系。

（1）总产量曲线在最高点 A，也就是总产量最大时，对应的边际产量为零。

（2）平均产量曲线的最高点也是平均产量曲线与边际产量曲线相交的交点。在这一点的左边，边际产量大于平均产量；在这一点的右边，边际产量小于平均产量。同时，这一点还对应了从原点出发的射线与总产量曲线相切的切点 B。

（3）边际产量曲线的最高点对应总产量曲线上的拐点 G。在 G 点的左侧，总产量以递增的速度增加，总产量曲线凸向横轴；在 G 点的右侧，直到 A 点，总产量以递减的速度增加，总产量曲线凹向原点。

在这三个产量的变动中，总产量和平均产量的变化都要考虑变动前的存量因素，唯有边际产量仅考虑增量因素，而不考虑变动前的存量因素，由此可见，边际产量的变化影响着总产量和平均产量的变动。

9. 边际产量曲线的变动反映了边际报酬递减规律：在生产技术水平和其他生产要素保持不变的条件下，如果仅增加某一种生产要素投入，那么因投入增加而增加的产量迟早会出现递减的趋势。"迟早"二字说明边际产量递减不是一开始就出现的，而是在可变要素投入增加到一定程度之后才会出现的。究其原因,是因为在短期生产中,可变要素和固定要素的投入之间存在一个最佳的数量组合比例。在可变要素投入量增加的最初阶段,相对于固定要素来说,可变要素投入过少,因此,随着可变要素投入量的增加,其边际产量递增。当可变要素与固定要素的配合比例恰当时,边际产量达到最大。此时如果再继续增加可变要素投入量,那么会出现由于其他要素的数量是固定的,可变要素的数量就会相对过多,于是边际产量就必然会递减的情况。值得说明的是,边际报酬递减规律是以生产技术给定不变为前提的,如果存在技术进步,则一般会使边际报酬递减的现象延后出现,但不会使边际报酬递减规律失效。

10. 根据短期生产的总产量曲线、平均产量曲线和边际产量曲线之间的关系。可将短期生产划分为三个阶段,如图4.2所示,劳动投入量由 O 到 L_1 为第一阶段,由 L_1 到 L_2 为第二阶段, L_2 右侧的部分为第三阶段。

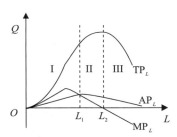

图4.2　短期生产的三个阶段

在第一阶段,产量曲线的特征为:劳动的边际产量始终大于劳动的平均产量,使得劳动的总产量和平均产量始终是上升的。这说明,新增加的一单位劳动所获得的产量比现有劳动的平均产量水平要高,不变要素资本投入量相对过多,生产者增加可变要素的投入量是有利的。在这种情况下,生产者应该雇用这一单位的劳动。因此,任何理性的生产者都不会将生产停留在这一阶段,而是会连续增加可变要素劳动的投入量。

在第三阶段,产量曲线的特征为:劳动的边际产量降为负值,导致劳动的总产量和平均产量都呈下降趋势。这说明在这一阶段,可变要素劳动的投入量相对过多,新增劳动非但没有带来正的新增产量,反而带来负面作用,生产者减少可变要素劳动的投入量才是有利的。因此,这时即使劳动要素是免费供给的,理性的生产者也会减少劳动投入量。

由此可见,任何理性的生产者既不会将生产停留在第一阶段,也不会将生产扩张到第三阶段,所以第二阶段是一种可变要素投入的合理区间。至于在这一区间内,生产者所应选择的最佳投入数量究竟是哪一点,这一问题需要结合生产者的具体生产目标来确定,在利润最大化的目标假定下,有待于后续进一步结合成本、收益和利润进行分析。

11. 两种生产要素可以相互替代的长期生产函数有一个简单的理解方法,我们把生产者理解为一个特殊的消费者,这个特殊的消费者会将一定量的成本投入用于两种生产要素的购买,以此来获取最大化的产量。这样,消费者行为分析中的序数效用论的分析思路和分析方法就可以用于这一长期生产函数的分析。等产量线类似于无差异曲线,等成本线类似于预算线,两种生产要素的最优组合类似于序数效用论下的消费者均衡。

12. 等产量线是在技术水平不变的条件下,生产同一产量的两种生产要素投入量的所有不同组合的轨迹。以常数 Q_0 表示既定的产量水平,则与等产量线相对应的生产函数为 $Q = f(L, K) = Q_0$。与无差异曲线一样,等产量线具有如下特征:第一,等产量线通常向右下方倾斜,斜率为负。第二,等产量线有无数条,距离原点越远的等产量线所代表的产量越大。第三,任意两条等产量线互不相交。第四,等产量线凸向原点。

13. 实际生产中,等产量线不一定总是负斜率,而可能出现向右上方倾斜的情况,如图4.3所示,我们象征性地画出了三条等产量曲线 Q_1、Q_2、Q_3。就其中任何一条等产量曲线而言,并非曲线上的每一点的斜率都是负值,如 D 点,其斜率为正,说明同样是生产 Q_3 产量产品,D 点投入的劳动和资本均比 C' 多,说明此时为了生产 Q_3 产量增加劳动投入量非但不能替代资本,反而需要更多的资本投入,作为理性的生产者,肯定不会选择 D 点。图中 A、B、C 各点的等产量线的斜率为无穷大,A'、B'、C' 各点的等产量线的斜率为零,均为斜率由负转正的转折点,串联这些点的两条线称为脊线,生产者会在两条脊线围成的区域内投入生产要素进行生产,此区域被称为生产区域,在生产区域以外的区域,生产者一般是不会投入要素的。

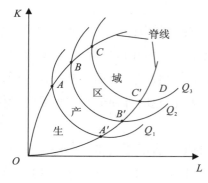

图4.3 生产区域

14. 等产量线之所以凸向原点，是由于生产要素的边际技术替代率递减。边际技术替代率是指在产出水平保持不变的条件下，增加一单位一种生产要素的投入量可以替代的另一种生产要素的投入量，它反映了一种要素对另一种要素的边际替代能力。劳动 L 对资本 K 的边际技术替代率定义的公式为 $\mathrm{MRTS}_{LK} = -\dfrac{\Delta K}{\Delta L}$。当 $\Delta L \to 0$ 时，相应的边际技术替代率定义的公式为 $\mathrm{MRTS}_{LK} = \lim\limits_{\Delta L \to 0}\left(-\dfrac{\Delta K}{\Delta L}\right) = -\dfrac{\mathrm{d}K}{\mathrm{d}L}$。显然，等产量线上某一点的边际技术替代率就是等产量线在该点的斜率的绝对值。由于等产量线上的任意一点的总产量都相同，所以从一点调整到另一点（通过两种要素的相互替代来实现）时，因一种要素投入减少所减少的总产量会被另一种要素投入增加所增加的总产量弥补，即 $\Delta L \cdot \mathrm{MP}_L + \Delta K \cdot \mathrm{MP}_K = 0$，由此可推出 $\mathrm{MRTS}_{LK} = -\dfrac{\Delta K}{\Delta L} = \dfrac{\mathrm{MP}_L}{\mathrm{MP}_K}$，即边际技术替代率为两种要素的边际产量之比。边际技术替代率递减规律：在保持产量不变的前提下，当一种生产要素的投入量不断增加时，每增加一单位该种要素所能替代的另一种要素的数量是递减的。边际技术替代率递减在几何图形上表现为，随着等产量线向右延伸，曲线的倾斜度变得越来越平缓，因而等产量线是凸向原点的。

15. 等成本线是指在生产要素价格既定的条件下，用一定量的成本投入所能购买到的两种要素最大数量的各种可能性组合点的轨迹。其函数表达式为 $C = wL + rK$。其中，w 为劳动的价格，L 为劳动投入量，r 为资本的价格，K 为资本投入量。等成本线的斜率为 $-\dfrac{w}{r}$。

16. 生产要素的最优组合有两种情况：第一，成本既定条件下的产量最大化。如图4.4所示的三条等产量线中，Q_3 虽然产量更大，但所需成本超过既定成本，因此无法实现，而 Q_1 虽然在既定成本下可以实现，但产量较 Q_2 小，所以生产者一定选择 Q_2 上的 E 点作为最优投入组合。第二，产量既定条件下的成本最小化。如图4.5所示的三条等成本线，C_1 虽然成本更低，但不足以生产出既定产量，而 C_3 虽然可以产出既定产量，但成本较 C_2 高，所以生产者一定选择 C_2 上的 E 点作为最优投入组合。综上所述，无论哪一种情况，最优组合点都是在等成本线与等产量线相切的切点上。该切点表明，等产量线在该点的斜率绝对值等于等成本线的斜率绝对值，可用公式表示为 $\dfrac{\mathrm{MP}_L}{\mathrm{MP}_K} = \dfrac{w}{r}$ 或者 $\dfrac{\mathrm{MP}_L}{w} = \dfrac{\mathrm{MP}_K}{r}$。

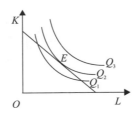 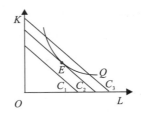

图4.4　成本既定条件下的产量最大化　　　图4.5　产量既定条件下的成本最小化

17. 生产扩展线是表示在生产要素价格和其他条件不变的情况下,随着成本或者产量增加,生产者所有的生产要素最优组合点的轨迹。它给出了生产者利润最大化的扩展路径,如图4.6所示。

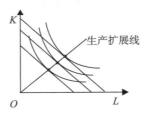

图4.6　生产扩展线

18. 规模报酬分析涉及的是在技术水平和生产要素价格不变的条件下,企业的生产规模变化与所引起的产量变化之间的关系。在生产理论中,通常以全部生产要素都以相同的比例发生变化来定义企业生产规模的变化。而全部生产要素的同比例调整只有在长期内才能实现,因此,企业的规模报酬分析属于长期生产函数问题。规模报酬变动可以分为规模报酬递增、规模报酬不变和规模报酬递减三种情况。规模报酬递增即产量增加的比例大于各种生产要素增加的比例。规模报酬不变即产量增加的比例等于各种生产要素增加的比例。规模报酬递减即产量增加的比例小于各种生产要素增加的比例。

19. 我们可以借助柯布–道格拉斯生产函数来定义规模报酬变动的三种情况。根据柯布–道格拉斯生产函数 $Q = AL^\alpha K^\beta$,让两种要素都增加 λ 倍,可推出:$A(\lambda L)^\alpha (\lambda K)^\beta = \lambda^{(\alpha+\beta)} AL^\alpha K^\beta = \lambda^{(\alpha+\beta)}Q$。若 $\alpha + \beta > 1$,则 $f(\lambda L, \lambda K) > \lambda f(L, K)$,规模报酬递增;若 $\alpha + \beta = 1$,则 $f(\lambda L, \lambda K) = \lambda f(L, K)$,规模报酬不变;若 $\alpha + \beta < 1$,则 $f(\lambda L, \lambda K) < \lambda f(L, K)$,规模报酬递减。规模报酬递增会使企业生产存在规模经济,规模报酬递减则会使企业生产存在规模不经济。

20. 导致规模报酬变动的原因可以分为内因和外因。内因是指企业生产规模扩大以后由于自身内部原因所引起的报酬的变动。外因是指企业生产规模扩大带动整个行业生产规模扩大所导致的其中个别企业报酬的变动。因此,无论是单个企业还是整个行业,规模都不是越大越好,要注意适度规模。

★ 考查重点、难点

本章主要考查与消费者相对应的微观经济领域的另一个经济主体——生产者的生产行为及与生产函数有关的生产理论基础知识。本章考查的重点在于以下知识点:第一,生产的含义;生产要素的类型与含义;生产函数的定义和表达式,以及短期和长期的含义与区别。第二,短期生产函数及其涉及的概念和规律,如总产量、平均产量、边际产量的含义和相互之间的关系;边际报酬递减规律以及短期生产的三阶段理论。第三,两种替代要素生产函数及其涉及的概念和规律,如等产量线、边际技术替代率及其递减规律、等成本线,最优生产要素投入组合及其条件和依据。第四,规模报酬的含义,规模报酬变动的三种情况,规模报酬变动的原因。其中,生产函数的计算、短期和长期的区别、三条产量曲线之间的关系、生产三阶段理论、厂商最优的生产要素投入组合条件的推导及其计算是本章考查的难点。

★ 拓展阅读(若想了解更多文献和素材,可关注微信公众号"鸿观经济")

【趣味小品】 地主家的儿子和边际报酬递减规律

地主家的儿子发财前两年出国攻读经济学去了。这让那些曾经饱受发财拳脚之苦的长工们颇为自如、舒畅地过了两年。这一年春天,西装革履的发财学成归来,在西洋文化氛围中被熏陶两年的发财收敛了手脚,在一群心惊肉跳的长工中间穿行而过,笑容可掬地回到内堂去了。

长工们不免慌了神,以前还只是直接地拳打脚踢,现下是看不出葫芦里卖的什么药,更加让人提心吊胆、忐忑不安。发财也并不言语,让账房先生把这些年的所有账本全抱到他房里,安安静静地钻研了几天账本。又过了几天,地主老财和儿子发财召集长工们在院子里开会。

地主老财颤巍巍地站在条案边,微笑着看着所有长工说:"以前大家在我家里种地,每年只能得到糊口之资,大家心里有不满,这我也知道。发财这几天向我传递了新思想,说原来的做法有悖于他在西洋接受的教育。我听他说的也有道理,所以自此往后,家里的一应大小事务都听发财的安排,我可以到庙里安心念经去了。"

地主老财说完，儿子发财整理了一下西装，缓缓用手指天发誓说："从今往后，你们能在田地里打出来多少粮食，我就给你们多少粮食，我绝不多贪多占。上有苍茫之青天，下有绿水之波澜，皆可为证！"长工们面面相觑，自古以来都是地里不管打出来多少粮食都归地主所有，地主再分给长工们口粮，难道今天就改朝换代了？

长工们正要仔细询问时，发财继续说："咱们种粮食不要再像以前一样一窝蜂上了，现在听我的安排，从东到西那五亩((1 亩等于 666.67 平方米)地况完全相同，第一亩地里分配一人耕种收割，第二亩地里安排两人耕种收割，以此类推，第五亩地里分配五人耕种收割，一共是 15 人种五亩地。到秋天时，不论你们每个人的劳动生产出多少粮食，都归你们所有。"

散会后，长工们都一脸疑惑地去耕种了。转眼收获的季节到了，一个人种一亩地的长工欢脱得好像兔子，他今年种出了 500 斤(1 斤等于 0.5 千克)粮食，心里盘算着，如果发财说话算数的话，今年能拿回家里 500 斤粮食，老婆孩子可以过个好年了。

发财安排账房清查粮食数量，每亩地的粮食收成分别是：第一亩 500 斤；第二亩 900 斤，平均每人种出 450 斤；第三亩 1200 斤，平均每人种出 400 斤；第四亩 1400 斤，平均每人种出 350 斤；第五亩 1500 斤，平均每人种出 300 斤，如表 4.1 所示。换句话说，15 人总共种出 5500 斤粮食，平均每人种出 367 斤粮食。

表4.1　每亩地的粮食收成情况

	第一亩	第二亩	第三亩	第四亩	第五亩
总产量/斤	500	900	1200	1400	1500
人均产量/斤	500	450	400	350	300
边际产量/斤	500	400	300	200	100

发财接过账房先生的账本，眯着眼睛笑了一下说："今年每个长工种出粮食 100 斤，每人分 100 斤粮食。"话一说完，长工们立即傻眼了，尤其是一个人种一亩地的长工更加不解："我种了 500 斤粮食，为何说我只种了 100 斤粮食呢？这不是剥削吗？你若是觉得 500 斤太多的话，留下给你家的租子，分给我 300 斤也行啊，为何是 100 斤呢，这理说不通啊！"

发财耐心听完长工的抱怨后，接着解释说："大家看啊，第四亩地中的四个人生产了1400斤粮食,如果在第五亩地中也是四个人耕种,那么也会生产1400斤粮食,但是我担心长工们没有工作就会得不到收入,所以在第五亩地中多雇用了一个人,而新增加的这位长工只让粮食亩产从1400斤增加到1500斤,也就是说,第五位长工带来的产量是100斤粮食,所以他贡献多少我就给他多少,没有一点毛病。"

长工们继续不解,第一位长工大声说:"就算这样,他是100斤,那我也不该是100斤啊,我种了500斤粮食呢!"

发财继续和缓而言:"你认为你比他的种田技术高明吗?你认为你和他不同吗?其实你没有任何不同,你们技术相同,体力相同,干活的天数相同,付出的劳动相同,唯一的不同是你种的是一亩地,而他种的是1/5亩地。如果将你们两人调换一下,难道你也可以种出来500斤粮食吗?不会的,你肯定也是种出来100斤粮食,多出来的那400斤粮食不是你的功劳,是土地的功劳。既然你和他完全相同,那我为何要给你500斤粮食呢?"

长工们有些听不明白,但是也实在找不出什么理由反驳发财,兀自心里闷着一头驴一般。发财继续说:"在我一亩地雇用到五个人的时候,第五个人带来的产出增加就是100斤粮食,这就是他为粮食总量做出的贡献,而你们和第五个人毫无不同,你们若是那第五个人,也只能让粮食增加100斤,所以,我也给你们每人100斤粮食,这完全没有克扣你们任何人的劳动和血汗,我可是摸着良心说这话的!"

这时,长工王二说道:"如果每亩地只用一个人种,岂不是每个人都可以得到500斤粮食了?少几个人种地不就行了吗?"

发财一听,心里暗暗说道:"五个人种五亩地,产出的是2500斤粮食,你们全拿走后,我一斤都得不到。15个人种五亩地,产出是5500斤粮食,你们得到你们的1500斤粮食,我还可以得到4000斤粮食,我才不会傻到只用五个人来种地。明年我还计划着每亩地上都让五个长工干活呢!那时候就能种出7500斤粮食,而我可以得到5000斤粮食呢!"

但是发财并没有说出心里的话,他看着王二慢慢说道:"如果我只用五个人来种地,那剩余的10个人就连干活的机会都没有了,这样只会连一斤粮食也种不出来,那他们岂不是要饿死?我怎么能看着他们饿死呢?我不是那种冷血的人,难道你们会为了自己多吃粮食而看着他们饿死吗?"

这话说得王二红了脸,一时竟不知如何作答。15个长工你看我,我看你,都没了主意,都觉得发财占了他们的便宜,却也说不出什么道理来。地主老财虽然没文化,可至少每年还能让长工们勉强果腹,可这有文化的发财回来,竟然杀人不见血地拿走了长工们一年的血汗,长工们纷纷有了学习经济学武装头脑的念头。

【来源】本故事来源于微信公众号"经济学江湖事"。

【提示】本文用一个小故事诠释了经济学中的边际报酬递减规律。西方经济学中是按照要素的边际产出支付要素报酬,但在本文中,所有劳动的产出和报酬是由最后一单位劳动决定的,而不是由第一单位劳动或者平均产量来决定。

【学者论坛】 把握数字时代趋势,创新宏观治理模式

习近平总书记在经济社会领域专家座谈会上明确指出,进入新发展阶段,"我们要辩证认识和把握国内外大势""深刻认识我国社会主要矛盾发展变化带来的新特征新要求""增强机遇意识和风险意识,准确识变、科学应变、主动求变"。[①]我们要敏锐地看到,当今世界已进入数字时代,数据成为全球经济中最活跃的要素,成为大国竞争的前沿阵地。人类的生产生活方式正在发生革命性变化,经济运行模式和宏观治理模式也必将随之改变。"十四五"时期要顺应数字时代新要求,加快宏观经济治理体制的改革与创新。

每个时代的经济发展都由最活跃要素主导

最活跃要素是特定发展方式中生产率提高最快、对经济增长边际贡献最大的要素,是社会资源配置围绕的中心,以及决定国家竞争力的关键。谁能把握和管理好最活跃要素,谁就能更好地推动经济社会发展和人类进步。

农业时代最活跃的要素是土地。经济发展主要体现在土地扩张和农业产出的增加上,农业经济活动紧紧围绕土地要素展开。宏观经济治理的核心是粮食增产和稳定。例如,通过创新灌溉、育种等技术以增产,利用常平仓等制度解决粮食青黄不接和丰歉调节等问题。管好土地就管住了农业社会的根基。

工业时代最活跃的要素是资本。经济发展主要体现在资本积累和大规模标准化生产上,工业经济活动紧紧围绕资本要素展开。宏观经济治理的核心是推动资本跨部门、跨时空的优化配置,以及实现社会化大生产下的供求

---

① 习近平在经济社会领域专家座谈会上的讲话. 人民日报,2020-08-05(2).

平衡。例如,用财税和货币政策管理总需求,用产业政策引导资本投入,用现代金融管理信用体系和支持技术创新等。管好资本就管住了工业社会的动力。

数字时代最活跃的要素是数据。经济数字化不仅会向上拓展新业态,也会向下改造传统产业,数据已成为贯穿整个经济系统最活跃的要素,并在加快重构经济运行模式。因此,只有管好数据,才能赢得未来。而当前的宏观经济治理方式诞生于工业时代,服务于工业经济模式,因此必须做出适应性变革。

数字时代经济运行变革带来的新挑战

数字经济的快速发展呈现出众多不同于工业经济运行的变革性特征,使传统的宏观经济管理框架面临前所未有的挑战。

一是规模报酬递增特性。一般要素会折旧且规模报酬递减,即越用越少,而数据要素不会折旧,且具有规模报酬递增和边际成本为零的特性,即越用越多、越用越好。例如,人工智能就是使用的人越多,数据越丰富,智能化水平就越高。以规模报酬递减为前提的主流经济框架在数据时代将被颠覆。

二是时空边界限制被突破。数据实时联通、高速传输,全时全域互联互通,时空边界被打破。例如,平台经济打破传统企业边界,突破地理限制,实现24小时全球交易和线上线下联动。而传统宏观经济治理主要基于物理边界展开,对数字空间和平行世界等跨域管理手段不足。

三是所有权在交易中的主导性减弱。以往交易一般以所有权转移为前提,而数字时代的商品和服务的所有权在交易中的主导性减弱。例如,共享经济正在快速发展,共享汽车、共享住房等越来越普遍。宏观经济治理中对产权的界定与保护、对权益和收益的确定都变得日益复杂。

四是供给与需求深度融合互动。工业时代的供给多为标准化、规模化产品,供给决定了消费的可及性。数据时代,对于消费者的个性化需求,企业能够及时响应,并且消费者可以深度参与生产过程,使得生产与消费趋于同步,企业库存大幅下降。宏观经济治理在供给侧与需求侧的边界变得模糊,库存周期管理作用下降,对供需政策协同的要求大幅提高。

五是宏观与微观的阻隔被打破。传统的经济信息搜集方式主要依靠统计体系层层汇总,加总和平均的过程难免导致个性化、结构化信息丢失,容易产生信息漏损、时滞和信息偏误,导致合成谬误和宏微观背离的情况常常出现。数字时代,数据从小样本走向全样本,从事后走向实时,从低维度走向高维度。因此,宏观经济治理必须突破宏观与微观的边界,及时感知微观变化,加快构建基于微观信息的宏观经济治理体系。

六是个体和群体管理模式发生重大调整。在传统的治理体系中,对个体的管理往往通过组织来实现,例如企业、单位、社区、村等。个体通过特定组织归入某类群体,通过组织管理群体来实现对个体的管理。

数据时代,连接性的变革使每个个体都成为重要节点,个体可能成为无数个自组织或正式组织的一员,通过组织进行管理的效能并不一定比直接管理个体更高。时代的发展使得对个体的直接管理变成可能而且更高效。例如,在疫情防控期间,通过手机移动轨迹追踪密切接触者,通过各个企业的智能电表监测复工复产进度,这些都比通过传统的基于组织的信息加总和间接管理更有效。

推动宏观经济治理体制创新和改革的重点

数字时代开启,恰逢我国迈向现代化建设新征程。加快数字化转型,创新宏观治理模式,应是"十四五"时期我国增强大国竞争力,提升国家治理能力的战略重点之一。

构建适应数字经济的宏观框架。当代主流宏观管理框架诞生于大萧条后,并根据时代发展不断扬弃、演化,主要适应的是开放条件下的工业化经济。2020年5月,《中共中央 国务院关于新时代加快完善社会主义市场经济体制的意见》强调,要"完善宏观经济治理体制",并提出了针对数字时代的适应性问题。"十四五"期间,我国需要加快推动经济治理模式创新,建立适应数字经济大发展的宏观管理新框架,在新一轮国际竞争和治理重构中建立新优势。

打造政府决策智能中心。重点是加快政府数字转型和数据整合,可考虑建立政府超级数据中心。要充分利用大数据、人工智能、物联网等技术,提升实时感知微观主体经济行为的能力,推动政府信息收集和处理方式变革,重建政府数据优势;强化经济监测、预测、预警能力,提升对复杂网络系统的管理能力,建设经济决策"超级数据大脑"。

引领数字经济制度变革。尽早明确我国法定数字货币地位,并加大数字货币试点和推广力度,探索在国际结算领域应用,抢占新一轮货币竞争先机。开展数字税研究和试点,积极参与并推进国际数字税谈判进程,在新一轮国际规则重构中发挥建设性引领作用。明确数据开放的范围和边界,建立开放指南和开放目录,率先推动政府数据开放。

　　大力培育数据要素市场。在这一过程中,要制定数据分类标准,研究并出台数据产权制度;在市场主体互动中建立数据要素市场化定价机制,构建数字交流和跨境流动的制度基础;有效监管平台对数据的垄断,促进数据要素有序、合理流动;制定数据隐私保护制度和安全审查制度,加快构建数据主权法律基础和管理制度。

　　加强数字基础设施建设。要编制和实施国家数字基础设施规划,启动实施全社会数字化转型工程。以5G网络建设为牵引,建立统一规范的数字基础设施建设标准。大力发展数字金融基础设施,积极支持金融业数字化转型和金融科技创新。加快工业互联网建设和产业链协同发展,建设包容开放的数字基础设施生态圈。

　　【来源】陈昌盛.把握数字时代趋势 创新宏观治理模式.经济日报,2020-09-02(1).

　　【评析】文章分析了人类社会不同阶段的最活跃要素,重点分析了数字经济时代经济运行的新特征及其带来的新挑战,进而从微观与宏观融合的角度出发,提出了宏观经济治理体制创新和改革的重点。

★ 例题详解

　　例1 判断题:假定生产某种产品要用两种要素,如果这两种要素价格相等,则该生产者最好用同等数量的这两种要素投入。　　　　　　　　　（　　）

　　【提示】厂商生产一定产量使总成本最小的条件是花费每一元钱购买的两种生产要素所得到的边际产量都相等,即 $MP_A/P_A = MP_B/P_B$,当 $P_A = P_B$ 时,均衡的条件是 $MP_A = MP_B$,而不是 $A = B$。

　　【解答】错

　　例2 判断题:规模报酬递增的厂商不可能面临要素边际报酬递减的现象。（　　）

　　【提示】规模报酬和可变要素边际报酬是两个不同的概念。规模报酬问题讨论的是一座工厂本身规模发生变化时产量的变化,而可变要素报酬问题论及的则是在厂房规模已经固定下来的情况下,增加可变要素所带来的产量变化。事实上,当厂商经营规模较大,且在给定的技术状况下投入要素的效率提高,即存在规模报酬递增时,随着可变要素投入增加到足以使固定要素得到最有效利用后,继续增加可变要素,总产量的增加同样会出现递减现象。因此,规模报酬递增的厂商可能也会面临边际报酬递减的现象。

【解答】错

例3 简答题:在生产的三个阶段中,

(1)为什么厂商的理性决策应该在第Ⅱ阶段?

(2)厂商将使用什么样的要素组合?

(3)如果$P_K = 0$或$P_L = 0$,或$P_L = P_K$,则厂商应在何处经营?

【解答】

(1)厂商不会在第Ⅰ阶段经营,因为在这个阶段,平均产量处于递增状态,边际产量总是大于平均产量,这就意味着相对于固定要素而言,可变要素的数量不足,因此,增加可变要素的投入引起的总产量的增加总会使可变要素的平均产量有所提高。

厂商也不会在第Ⅲ阶段经营,因为在这个阶段,可变要素的增加反而使总产量减少,边际产量为负。

因此,厂商的理性决策应在第Ⅱ阶段,这时边际产量是正的(尽管是递减的),只有在此阶段才存在着使利润达到最大值的要素最优组合。

(2)厂商将在生产的第Ⅱ阶段,在由$MP_L/P_L = MP_K/P_K$决定的使既定产量下成本最小或既定成本下产量最大的点上进行生产。

(3)如果$P_K = 0$,那么厂商将在使劳动有最大平均效率的点上进行生产,即将在劳动第Ⅱ阶段开始处进行生产(此时AP_L为最大且$MP_K = 0$);如果$P_L = 0$,那么厂商将在资本第Ⅱ阶段开始处进行生产(此时AP_K为最大且$MP_L = 0$);如果$P_L = P_K$,那么厂商将在第Ⅱ阶段内MP_L和MP_K曲线的交点上进行生产(由生产者均衡条件$\dfrac{MP_L}{MP_K} = \dfrac{P_L}{P_K}$可知,当$P_L = P_K$时,$MP_L = MP_K$)。

例4 简答题:怎样区分固定比例生产函数和规模报酬不变的投入与产出之间的数量关系?

【解答】固定比例生产函数反映的是资本和劳动在技术上必须以固定比例投入的情形,其等产量线为一直角形,表示劳动和资本完全不能替代,其一般形式的生产函数可以写成$Q = f(L,K) = \min(aL,bK)$。

由于$f(\lambda L,\lambda K) = \min \lambda(aL,bK) = \lambda \min(aL,bK) = \lambda Q$,即当劳动和资本的投入都增加$\lambda$倍时,其产量亦增加$\lambda$倍,所以固定比例生产函数是规模报酬不变的生产函数。然而,除了固定比例生产函数,其他形式的线性生产函数如$Q = f(L,K) =$

$aL + bK$ 等也具有不变的规模收益。

简而言之,固定比例生产函数的规模报酬不变,而规模报酬不变的生产函数既可以是固定比例生产函数,也可以是可变比例生产函数。因此,不可将规模报酬不变的生产函数与固定比例的生产函数混为一谈。

例5 计算题:已知生产函数为 $Q = KL - 0.5L^2 - 0.32K^2$,其中,$Q$ 表示产量,K 表示资本,L 表示劳动。令上式的 $K = 10$。

(1)写出劳动的平均产量 AP_L 函数和边际产量 MP_L 函数。

(2)分别计算当总产量、平均产量和边际产量达到极大值时厂商雇用的劳动。

(3)证明当 AP_L 达到极大时,有 $AP_L = MP_L = 2$。

【解答】对于生产函数 $Q = KL - 0.5L^2 - 0.32K^2$,令 $K = 10$,则 $Q = 10L - 0.5L^2 - 0.32 \times 10^2 = -32 + 10L - 0.5L^2$。

(1)劳动的平均产量函数 $AP_L = \dfrac{Q}{L} = \dfrac{-32 + 10L - 0.5L^2}{L} = 10 - 0.5L - \dfrac{32}{L}$,

劳动的边际产量函数 $MP_L = \dfrac{\mathrm{d}Q}{\mathrm{d}L} = \dfrac{\mathrm{d}}{\mathrm{d}L}(-32 + 10L - 0.5L^2) = 10 - L$。

(2)①对于总产量函数 $Q = -32 + 10L - 0.5L^2$,欲求总产量极大值,只要令其边际产量为零,即 $10 - L = 0$,求得 $L = 10$。又因为 $\dfrac{\mathrm{d}}{\mathrm{d}L}\left(\dfrac{\mathrm{d}Q}{\mathrm{d}L}\right) = -1 < 0$,所以以 $L = 10$ 为极大值点,即当总产量达到极大值时厂商雇用的劳动为10。

②同样,对于平均产量函数 $AP_L = 10 - 0.5L - \dfrac{32}{L}$,有 $\dfrac{\mathrm{d}AP_L}{\mathrm{d}L} = 0$,即 $-0.5 + \dfrac{32}{L^2} = 0$,故有 $L^2 = 64$,$L = 8$(负值舍去)。又因为 $\dfrac{\mathrm{d}}{\mathrm{d}L}\left(\dfrac{\mathrm{d}AP_L}{\mathrm{d}L}\right) = -\dfrac{64}{L^2} < 0$,故 $L=8$ 为极大值点,即当平均产量达到极大时厂商雇用的劳动为8。

③对于劳动的边际产量 $MP_L = 10 - L$,由于 MP_L 为负向倾斜的直线,而且劳动 L 不可能小于零。故当 $L = 0$ 时,MP_L 有极大值10,亦即当边际产量达到极大值时,厂商雇用的劳动为0。

(3)证明:由(2)中的②可知,当 $L = 8$ 时,劳动的平均产量达到极大值,即 $AP_L = 10 - 0.5L - \dfrac{32}{L} = 10 - 0.5 \times 8 - \dfrac{32}{8} = 2$。而当 $L = 8$ 时,有 $MP_L = 10 - L = 10 - 8 = 2$,故当 AP_L 达到极大时,有 $AP_L = MP_L = 2$。

例6 证明题:假设产品和生产要素的价格不变且利润 $\pi > 0$,试证明在生产要素投入的区域I中不存在使利润最大的点。

证明:如图4.7所示,L_1为区域I的右界点。

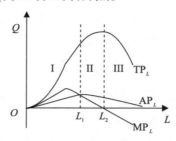

图4.7　短期生产三阶段

设厂商的生产函数为$Q = f(K,L)$,其中,L为可变投入,K为不变投入。

由题意可知,单位产品的价格P和单位要素的价格P_L和P_K都不随产量Q的变化而变化。

则利润可表示为:

$$\pi = PQ - (LP_L + KP_K) \tag{4.1}$$

$$\frac{\mathrm{d}\pi}{\mathrm{d}L} = P \times \frac{\mathrm{d}Q}{\mathrm{d}L} - P_L \tag{4.2}$$

因为$\pi > 0$,所以由式(4.1)可得:

$$PQ > LP_L + KP_K$$

两边同时除以PL可得:

$$\mathrm{AP}_L = \frac{Q}{L} > \frac{P_L}{P} + \frac{K}{L} \times \frac{P_K}{P} > \frac{P_L}{P},即\frac{Q}{L} > \frac{P_L}{P}$$

又因为在生产I阶段,有:

$$\mathrm{MP}_L > \mathrm{AP}_L(L < L_1),即\frac{\mathrm{d}Q}{\mathrm{d}L} > \frac{Q}{L}(L < L_1)$$

所以,在生产I阶段有:

$$\frac{\mathrm{d}Q}{\mathrm{d}L} > \frac{Q}{L} > \frac{P_L}{P},即\frac{\mathrm{d}Q}{\mathrm{d}L} > \frac{P_L}{P}(L < L_1)$$

继续整理可得:

$$\frac{\mathrm{d}Q}{\mathrm{d}L} > \frac{Q}{L} > \frac{P_L}{P},即\frac{\mathrm{d}Q}{\mathrm{d}L} > \frac{P_L}{P}(L < L_1)$$

而由利润函数可知:

$$\frac{\mathrm{d}\pi}{\mathrm{d}L} = P \times \frac{\mathrm{d}Q}{\mathrm{d}L} - P_L > 0(L < L_1)$$

即在生产I阶段始终有:

$$\frac{\mathrm{d}\pi}{\mathrm{d}L} > 0(L < L_1)$$

这说明在生产 I 阶段,利润还在增加,故不存在利润最大点。

▶▶ 单元习题 ▶ ···

一、名词解释

　　1. 生产函数

　　2. 短期

　　3. 长期

　　4. 总产量

　　5. 平均产量

　　6. 边际产量

　　7. 等产量线

　　8. 等成本线

　　9. 边际技术替代率

　　10. 规模报酬变化

　　11. 规模经济

二、判断题

　　1. 一年以内的时间是短期,一年以上就可以看作长期。　　　　　　（　　）

　　2. 生产要素的边际技术替代率递减是规模报酬递减造成的。　　　（　　）

　　3. 在任何一种产品的短期生产中,随着一种可变要素投入量的增加,边际产量最终必然会呈现出递减的特征。　　　　　　　　　　　　　　　　（　　）

　　4. 假定生产某产品要用两种要素,如果这两种要素价格相等,则该生产者最好用同等数量的这两种要素投入。　　　　　　　　　　　　　　　　（　　）

　　5. 只要边际产量减少,总产量一定也减少。　　　　　　　　　　（　　）

　　6. 等产量线是凹向原点的。　　　　　　　　　　　　　　　　　（　　）

　　7. 若 $\dfrac{MP_L}{MP_K} > \dfrac{P_L}{P_K}$,则说明使用的资本数量过少,而劳动数量过多。（　　）

　　8. 不论在什么条件下,边际技术替代率总是递减的。　　　　　　（　　）

三、选择题

　　1. 假定生产函数为 $Q = f(x_1, x_2) = x_1^2 x_2^2$,则生产函数所表示的规模报酬（　　）。

A.递增   B.不变   C.递减   D.不一定

2.要素 x_1 和 x_2 之间的技术替代率为 -4。如果你希望生产的产品的数量保持不变,但 x_1 的使用量又要减少3个单位,请问你需要增加多少单位的 x_2?(　　)

A.0.75   B.12   C.16   D.7

3.当劳动总产量 TP_L 下降时,(　　)。

A.AP_L 递减   B.AP_L 为零   C.MP_L 为零   D.MP_L 为负

4.等产量线是指在这条曲线上的各点代表(　　)。

A.为生产同等产量投入要素的各种组合比例是不能变化的

B.为生产同等产量投入要素的价格是不变的

C.不管投入各种要素量如何,常量总是相等的

D.投入要素的各种组合所能生产的产量都是相等的

5.如果等成本线在坐标平面上与等产量线相交,那么要生产等产量线表示的产量水平,(　　)。

A.应增加成本支出   B.不能增加成本支出

C.应减少成本支出   D.不能减少成本支出

四、简答题

1.柯布-道格拉斯生产函数的性质及其特点。

2.简述短期生产三阶段理论。

3.投入要素的边际报酬递减规律的含义及作用条件。

4.规模报酬与规模经济的区别和联系。

5.一个厂商使用劳动和资本两种要素生产汽车。假设平均劳动生产率(总产出除以工人的数量)在最近几个月里一直增加。这是否意味着工人工作越来越努力了?或者说,这是否意味着该厂商变得更加有效率了?请加以解释。

五、计算题

1.柯布-道格拉斯生产函数为 $f(x_1, x_2) = Ax_1^a x_2^b$,其规模报酬的情况取决于 $a+b$ 的大小。请问与不同规模报酬相对应的 $a+b$ 的值分别是多少?

2.已知某生产者的生产函数为 $Q = 15L + 6L^2 - L^3$。

(1)求该生产者的平均产量函数和边际产量函数。

(2)如果生产者现在使用了两个劳动力,试问这种情况是否合理?此外,合理的劳动使用量在什么范围内?

3.已知生产函数为 $Q = \min(3L, 4K)$。

(1)请作出 $Q = 100$ 时的等产量线。

(2)推导出边际技术替代率函数。

(3)讨论其规模报酬情况。

4.已知某厂商的生产函数为 $Q = L^{\frac{3}{8}}K^{\frac{5}{8}}$，又设 $P_L = 3$ 元，$P_K = 5$ 元。

（1）求产量 $Q = 10$ 时的最低成本支出和使用的 L 与 K 的数量。

（2）求产量 $Q = 25$ 时的最低成本支出和使用的 L 与 K 的数量。

（3）求总成本为 160 元时厂商均衡的 Q、L 与 K 的值。

六、论述题

生产要素的最佳投入组合是什么？投入要素价格的变化将对厂商产生怎样的影响？它与生产区域的区别是什么？

参考答案

一、名词解释

1. 生产函数:描述在一定时期内,在生产技术水平不变的条件下,生产要素的投入量与产品的最大产量之间的数量关系的函数式,一般记为 $Q = f(X_1, \cdots, X_n)$,其中,$X_i(i = 1,2,\cdots,n)$ 代表各种生产要素投入品,Q 代表一定数量的投入组合在一定的技术条件下所能生产出来的产品的最大产量。

2. 短期:生产者来不及调整全部生产要素的数量,至少有一种生产要素的数量是固定不变的时间周期。

3. 长期:生产者可以调整全部生产要素数量的时间周期。

4. 总产量:与一定的可变要素的投入量相对应的最大产量。

5. 平均产量:总产量与所使用的可变要素投入量之比。

6. 边际产量:增加一单位可变要素的投入量所增加的总产量。

7. 等产量线:在技术水平不变的条件下,生产同一产量的两种生产要素投入量的所有不同组合点的轨迹。

8. 等成本线:在既定的成本约束和要素价格条件下,所能购买到的两种要素的各种不同数量组合。

9. 边际技术替代率:在维持产量水平不变的条件下,增加一单位某种生产要素投入量时所减少的另一种生产要素的投入数量。

10. 规模报酬变化:在其他条件不变的情况下,企业内部各种生产要素按相同比例变化时所带来的产量的变化。

11. 规模经济:因生产规模扩大而导致长期平均成本下降,产生规模经济的主要原因是劳动分工与专业化以及技术因素。

二、判断题

1. 错

【提示】考查经济学中的长期与短期的区别。应正确理解微观经济学中的长期与短期的含义。

2. 错

【提示】考查造成边际技术替代率递减的原因。应掌握边际收益递减规律和规模报酬递减的区别。

3. 对

【提示】考查边际报酬递减规律的含义。应正确理解边际报酬递减规律出现的原因。

4. 错

【提示】考查厂商生产一定产量时使总成本为最小的条件。应掌握$\dfrac{\mathrm{MP}_L}{\mathrm{MP}_K}=\dfrac{P_L}{P_K}$这一最优投入量组合的条件。

5. 错

【提示】考查边际产量与总产量的关系。应正确区分边际产量的变化对总产量的影响。

6. 错

【提示】考查等产量线的性质。应正确掌握等产量线的含义及其性质。

7. 错

【提示】考查若实现最优投入量组合的条件不足,则厂商可以通过调整投入量组合来满足这一条件。应掌握边际报酬递减规律以及调整要素投入量来实现最优投入量的条件。

8. 错

【提示】考查边际技术替代率递减的前提条件。应理解边际技术替代率递减规律的前提条件。

三、选择题

1. A

【提示】考查用数学公式来定义规模报酬的三种情况。应掌握生产函数 $f(L,K) = L^{\alpha}K^{\beta}$。若 $\alpha + \beta > 1$,则表示规模报酬递增;若 $\alpha + \beta = 1$,则表示规模报酬不变;若 $\alpha + \beta < 1$,则表示规模报酬递减。

2. B

【提示】考查边际技术替代率的含义和计算。应掌握 $\mathrm{MRTS}_{LK} = \lim\limits_{\Delta L \to 0}\left(-\dfrac{\Delta K}{\Delta L}\right) = -\dfrac{\mathrm{d}K}{\mathrm{d}L}$ 这个边际技术替代率的计算方法。

3. D

【提示】考查总产量、平均产量、边际产量三者之间的关系。应正确理解总产量、平均产量、边际产量三者的含义和相互之间的关系。

4. D

【提示】考查等产量线的含义。

5. C

【提示】考查最优投入要素组合的均衡条件。掌握最优要素投入组合均衡分析。

四、简答题

1.【提示】考查重要生产函数柯布-道格拉斯生产函数。

【解答】答案参见本章关于柯布-道格拉斯生产函数的相关内容。

2.【提示】考查关于短期生产三阶段理论的相关内容。

【解答】答案参见本章关于短期生产三阶段理论的相关内容。

3.【提示】考查关于边际报酬递减规律的相关内容。

【解答】答案参见本章关于投入要素的边际报酬递减规律的相关内容。

4.【提示】注意规模报酬与规模经济的含义和两者的区别。

【解答】答案参见本章关于规模报酬与规模经济的相关内容。

5.【提示】考查平均产量和边际产量之间的关系。

【解答】这种情况并不意味着工人工作越来越努力了,因为当工人过少,而资本相对过多时,虽然劳动使用量的增加会使劳动的平均产量增加,但这不一定是工人工作更加努力的结果,也有可能是劳动的边际产量超过平均产量的结果,如图4.8所示。

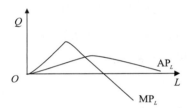

图4.8　短期生产 AP_L 与 MP_L 的关系

在图4.8中,当 MP_L 超过 AP_L 时,AP_L 是上升的。当然,在这样的情况下,撇开其他情况,劳动平均产量上升会使单位产品中的劳动成本下降,进而使产品的成本下降,这显然意味着该厂商变得更加有效率了。

五、计算题

1.【提示】考查用数学公式来定义规模报酬的三种情况。应掌握生产函数 $Q = AL^{\alpha}K^{\beta}$ 的三种情况:若 $\alpha + \beta > 1$,则表示规模报酬递增;若 $\alpha + \beta = 1$,则表示规模报酬不变;若 $\alpha + \beta < 1$,则表示规模报酬递减。

【解答】对于柯布-道格拉斯生产函数 $Q = AL^{\alpha}K^{\beta}$,因 $A(\lambda L)^{\alpha}(\lambda K)^{\beta} = \lambda^{\alpha+\beta}AL^{\alpha}K^{\beta} = \lambda^{\alpha+\beta}Q$,故有以下三种情况:若 $\alpha + \beta > 1$,则表示规模报酬递增;若 $\alpha + \beta = 1$,则表示规模报酬不变;若 $\alpha + \beta < 1$,则表示规模报酬递减。

2.【提示】考查短期内生产函数的平均产量和边际产量函数,以及短期生产的三阶段和合理阶段。

【解答】

(1) 平均产量函数为 AP $= \dfrac{Q}{L} = 15 + 6L - L^2$,边际产量函数为 MP $= 15 + 12L - 3L^2$。

(2) 我们首先确定合理投入区间的左端点。令 AP = MP,即 $15 + 6L - L^2 = 15 + 12L - 3L^2$,可解得 $L = 3$ 与 $L = 0$(不合理,舍去),所以合理区间的左端点应在劳动投入为3的地方。再确定合理区间的右端点。令 MP = 0,即 $15 + 12L - 3L^2 = 0$,解得 $L = 5, L = -1$(不合理,舍去),所以合理区间的右端点为 $L = 5$。综上所述,合理区间为 $3 \leqslant L \leqslant 5$,而目前的使用量 $L = 2$,所以不合理。

3.【提示】考查等产量线的含义,边际技术替代率函数的定义以及规模报酬三种情况的判定,其中规模报酬三种情况的分析是本章的重点、难点之一。

【解答】

(1)生产函数 $Q = \min(3L, 4K)$ 表示定比例生产函数,它反映了资本和劳动在技术上必须以固定比例投入的情况,本题在 $Q = 100$ 时的等产量线为如图4.9所示的直角形式,资本与劳动的必要比例为 $\dfrac{L}{K} = \dfrac{4}{3}$,且 $3L = 4K = 100$,即 $L = \dfrac{100}{3}, K = 25$。

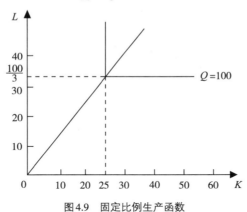

图4.9 固定比例生产函数

(2)由于 K 和 L 是不可替代的,因此边际技术替代率为零。

(3)根据 $Q = f(L, K) = \min(3L, 4K)$,有 $f(\lambda L, \lambda K) = \min(3\lambda L, 4\lambda K) = \min \lambda(3L, 4K) = \lambda \min(3L, 4K) = \lambda Q$,因此该生产函数为规模报酬不变函数。

4.【提示】考查两种要素相互替代情况下的最优生产要素投入组合。

【解答】

(1)由题可知成本方程为:
$$TC = 3L + 5K$$

则有：

$$\min TC = 3L + 5K$$

$$\text{s.t. } 10 = L^{\frac{3}{8}}K^{\frac{5}{8}}$$

设拉格朗日函数为：

$$X = 3L + 5K + \lambda(10 - L^{\frac{3}{8}}K^{\frac{5}{8}}) \tag{4.3}$$

对式(4.3)分别求 L、K 及 λ 的偏导数并令其为零，可得：

$$\frac{\partial X}{\partial L} = 3 - \frac{3}{8}\lambda K^{\frac{5}{8}}L^{-\frac{5}{8}} = 0 \Longrightarrow \lambda = 8K^{-\frac{5}{8}}L^{\frac{5}{8}} \tag{4.4}$$

$$\frac{\partial X}{\partial K} = 5 - \frac{5}{8}\lambda L^{\frac{3}{8}}K^{-\frac{3}{8}} = 0 \Longrightarrow \lambda = 8K^{\frac{3}{8}}L^{-\frac{3}{8}} \tag{4.5}$$

$$\frac{\partial X}{\partial \lambda} = 10 - L^{\frac{3}{8}}K^{\frac{5}{8}} = 0 \Longrightarrow L^{\frac{3}{8}}K^{\frac{5}{8}} = 10 \tag{4.6}$$

由式(4.4)除以式(4.5)可得：

$$\frac{8K^{-\frac{5}{8}}L^{\frac{5}{8}}}{8K^{\frac{3}{8}}L^{-\frac{3}{8}}} = 1 \Longrightarrow K^{-1}L = 1 \Longrightarrow K = L \tag{4.7}$$

将式(4.7)代入式(4.6)可得 $K = L = 10$，

$$\min TC = 3L + 5K = 30 + 50 = 80$$

所以，当产量 $Q = 10$ 时的最低成本支出为 80 元，使用的 L 与 K 的数量均为 10。

(2)求既定产量下的最低成本支出和投入生产要素组合除了用(1)所用方法求解外，还可根据 $\dfrac{MP_L}{MP_K} = \dfrac{P_L}{P_K}$ 的厂商均衡条件求解。

对于生产函数 $Q = L^{\frac{3}{8}}K^{\frac{5}{8}}$，有：

$$MP_L = \frac{3}{8}K^{\frac{5}{8}}L^{-\frac{5}{8}}$$

$$MP_K = \frac{5}{8}L^{\frac{3}{8}}K^{-\frac{3}{8}}$$

由生产要素最优组合条件 $\dfrac{MP_L}{MP_K} = \dfrac{P_L}{P_K}$ 得：

$$\frac{\frac{3}{8}K^{\frac{5}{8}}L^{-\frac{5}{8}}}{\frac{5}{8}L^{\frac{3}{8}}K^{-\frac{3}{8}}} = \frac{3}{5}$$

所以 $K = L$，

代入当产量 $Q = 25$ 时的生产函数 $L^{\frac{3}{8}}K^{\frac{5}{8}} = 25$，

求得 $K = L = 25$，

又因为 $\min TC = 3L + 5K = 3 \times 25 + 5 \times 25 = 200$，

所以当产量 $Q = 25$ 时的最低成本支出为200元，而使用的 L 与 K 的数量均为25。

（3）花费给定成本使产量最大的厂商均衡条件为：

$$\frac{MP_L}{MP_K} = \frac{P_L}{P_K}$$

对于生产函数 $Q = L^{\frac{3}{8}} K^{\frac{5}{8}}$，有：

$$MP_L = \frac{3}{8} K^{\frac{5}{8}} L^{-\frac{5}{8}}$$

$$MP_K = \frac{5}{8} L^{\frac{3}{8}} K^{-\frac{3}{8}}$$

则可得：

$$\frac{\frac{3}{8} K^{\frac{5}{8}} L^{-\frac{5}{8}}}{\frac{5}{8} L^{\frac{3}{8}} K^{-\frac{3}{8}}} = \frac{3}{5}$$

所以 $K = L$，

代入总成本为160元时的成本函数 $3L + 5K = 160$，

求得 $K = L = 20$，

代入生产函数有：

$$Q = L^{\frac{3}{8}} K^{\frac{5}{8}} = 20^{\frac{3}{8}} \times 20^{\frac{5}{8}} = 20$$

所以当总成本为160元时，厂商的均衡产量为0，使用的 L 与 K 的数量均为20。

六、论述题

【提示】考查厂商最优的要素投入组合的条件以及价格变化对其的影响。应掌握厂商最优的要素投入组合的条件 $\frac{MP_L}{MP_K} = \frac{P_L}{P_K}$，以及价格变动后怎么调整要素投入量以实现厂商最优的要素投入组合。尤其要注意区分经济区域与最优投入组合的概念（详见内容精要第16点），这是本章的重点以及难点之一。

【解答】答案参见本章关于厂商的最优要素投入组合及生产区域的相关内容。

第五章

成本、收益和利润

★ 知识导图

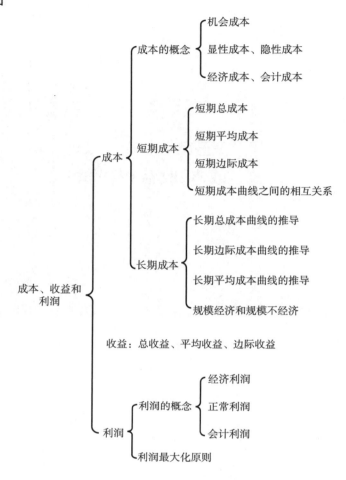

★ 学习要求

通过本章的学习,学生应当:

1.了解各种不同的成本概念是从不同的角度提出的,在这里主要是要弄清生产成本和机会成本,显性成本和隐性成本,固定成本和可变成本,总成本、平均成本和边际成本,这些不同成本概念的含义、联系和区别。

2.掌握短期的概念,能够正确掌握各类短期成本、各成本曲线之间的关系及其推导过程,根据成本函数计算各类成本。

3.掌握长期的概念,能够从短期成本函数推导出长期平均成本曲线,并能根据成本函数计算各类成本。

4.掌握规模经济及规模报酬的含义及其实际运用。

5.掌握厂商利润最大化原则。

★ 内容精要（扫描二维码，观看相关知识点微课视频）

在前面关于生产函数的讨论中，涉及了成本方程。成本方程表示厂商的生产成本与生产要素的投入量之间的关系。现在，我们将更为详细地考察厂商的生产成本与产量之间的关系，即成本函数，它是以前面讨论的生产函数为基础的。

当一种特定的生产资料用于某种产品的生产时，所放弃的该生产资源在其他生产用途中可能得到的最大收益就是生产该种产品的机会成本。机会成本实际上反映了这样一个事实，一种生产资源的价值取决于其他不同的用途所可能产出的价值之间的比较。经济分析中生产成本的概念实际上也就是机会成本的概念。

1. 显性成本是指厂商从外部购买或租用各种生产资源的实际开支，也就是厂商在会计账簿上作为成本项目计入的费用。与显性成本相对的隐性成本是指厂商自己拥有的且被用于自己企业的生产过程中的各种生产资源的价值。这些生产资源的价值是根据它们在其他用途中所能产生的收益来估算的。

各成本之间的关系：会计成本=显性成本

经济成本=机会成本=显性成本+隐性成本

2. 固定成本是指厂商的生产成本中不随产量的变化而变化的成本。可变成本是指在厂商的生产过程中随产量的变化而变化的成本。

3. 短期是指这样一段时间，在这段时间内存在着某些固定的生产要素，或者说，厂商在该时期内无法改变由其所投入的固定设备所限定的生产规模。短期总成本=固定成本+可变成本，平均成本=总成本/总产量= 平均固定成本+平均可变成本。边际成本也是产品数量的函数，它反映了每新增一单位产品导致的成本变化，边际成本=总成本的增量/总产量的增量，当$\Delta Q=1$时，$MC = \Delta TC_n - \Delta TC_{n-1}$，即新增一单位产量时的总成本减去新增一单位产量前的总成本。如果在生产函数是连续函数的情况下，上述边际成本的公式可表示为：

$$MC= \lim_{\Delta Q \to 0} \frac{\Delta TC}{\Delta Q} = \frac{dTC}{dQ}。$$

4. 短期成本曲线及相关关系：平均固定成本曲线向右下方倾斜，表明在总固定成本不变时，随着产量增加，分摊在每单位产量上的平均固定成本就会一直下降。平均总成本曲线与平均可变成本曲线是平行的U形曲线，其垂直距离为平均固定成本。但由于平均固定成本随产量的增加而下降，所以随着产量增加，这一差距在缩小。边际成本曲线也是

U形的,它与平均可变成本曲线和平均总成本曲线相交于后两条曲线的最低点,即当边际成本大于平均成本时,平均成本是递增的;当边际成本小于平均成本时,平均成本是递减的。这种关系对平均可变成本与平均总成本都适用。

　　除平均固定成本曲线是一条随着产量的增加而一直下降的曲线外,平均成本、平均可变成本、边际成本曲线都是先随着产量的增加而下降,后转而随着产量的继续增加而上升的曲线。但不同的是,在这三条成本曲线的变化过程中,最先是边际成本曲线下降到最低点后转为上升,其次是平均可变成本曲线下降至最低点后转为上升,最后是平均成本曲线下降至最低点后转为上升,如图5.1所示。

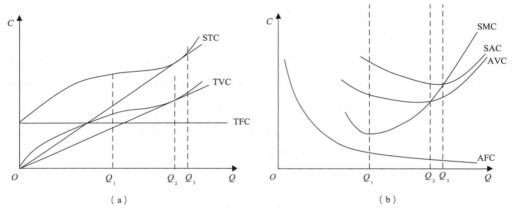

图5.1　短期成本曲线之间的关系

　　5. 短期成本变动的决定因素:边际报酬递减规律。在短期生产中,边际产量的递增阶段对应的是边际成本的递减阶段,边际产量的递减阶段对应的是边际成本的递增阶段,与边际产量的最大值相对应的是边际成本的最小值。正因如此,在边际报酬递减规律的作用下,图5.1中的边际成本曲线表现出先下降后上升的U形特征。

　　6. 长期是指这样一段时间,在这段时间中,厂商有足够的时间来根据其所预期的产销量重新设计企业的规模,因此在长期,厂商所有的成本都是可变的。长期总成本是指厂商在长期的每一个产量水平上通过改变生产规模所能达到的最低总成本。长期成本曲线可以从多条短期总成本曲线中推导出来。长期总成本曲线是无数条短期总成本曲线的包络线。长期平均成本表示厂商在长期内按产量平均计算的最低总成本。长期边际成本表示厂商在长期内每增加一单位产量所引起的最低总成本的增量。

　　7. 长期总成本曲线的推导。从短期总成本曲线推导长期总成本曲线。假设在某一个长期中(该长期由三个短期构成)存在三种不同的生产规模,这三种不同的生产规模可以由三个不同的总成本函数来表示,即$STC_1=TFC_1+TVC_1$,$STC_2=TFC_2+TVC_2$

和STC$_3$=TFC$_3$+TVC$_3$。如果进一步假设从第一至第三种生产规模是依次扩大的,且较大的生产规模比较小的生产规模更需要大量的固定成本,则TFC$_3$> TFC$_2$> TFC$_1$。根据上述假设,与以上三种生产规模相对应的总成本曲线如图5.2所示。在图5.2中,当产量为0~Q_a时,厂商会选择在这一产量区间中总成本最低的生产规模,这就是STC$_1$曲线上的F_1A之间的线段;在厂商进一步扩大生产的过程中,如果产量为Q_a与Q_b,那么厂商将放弃原先的生产规模,重新选择一种新的、更大的生产规模,第二种生产规模所花费的总成本是最低的,即STC$_2$中的AB之间的线段所代表的总成本。这时厂商放弃原先的生产规模的主要原因是,原先的生产规模尽管固定成本较低,但当产量大于Q_a时,增加一个单位所需花费的可变成本的增量(边际成本)已处于急剧上升的阶段,从而使总成本迅速上升至较高的水平,导致生产规模不经济。当产量大于Q_b时也会出现一样的情况。总之,上述分析表明,在长期中,厂商的总成本曲线是由F_1A、AB、STC$_3$组成的。在长期中,若假定存在着几种非常接近的生产规模及相应的总成本曲线,那么长期总成本曲线就会同短期总成本曲线一样,是一条先以递减的方式增加然后转而以递增的方式增加的平滑的曲线。

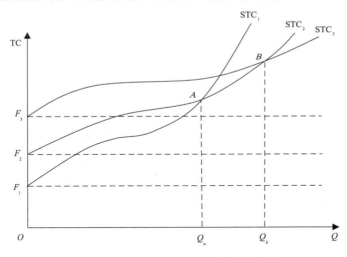

图5.2 从短期总成本曲线推导长期总成本曲线

8. 长期平均成本曲线的推导。同样,如果假定存在三种不同的生产规模,那么,与三种生产规模相对应的平均成本曲线如图5.3所示。从图5.3中可以直观地看出,长期平均成本曲线是由每一个产量区间所对应的最低的一段短期平均成本曲线组成的。当0<Q<Q_b时,厂商将选择第一种生产规模,相应的平均成本曲线是SAC$_1$在B点之前的一段曲线;当Q_b<Q<Q_c时,厂商将选择第二种生产规模,相应的平均成本曲线是SAC$_2$在B点和C点之间的一段曲线;当Q>Q_c时,厂商将选择第三种生产规模,相应的平均成本曲线是SAC₃在C点之后的一段曲线。这三段短期平均成本曲线就组成了一条长期平均成本曲线。同样,当生产规模的数量增加至无穷多时,或者说,生产规模成为一个连续的变量时,每一个给定的生产规模所对应的最低平均生产成本就不再是某一曲线的部分线段,而只是平均成本曲线上的一点,因此,长期平均成本曲线就变成了一条平滑的曲线。

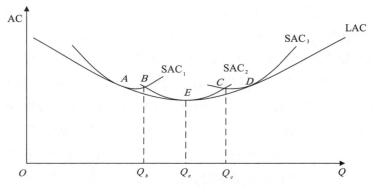

图5.3　从短期平均成本曲线推导长期平均成本曲线

9. 长期平均成本曲线之所以一般呈U形,是因为长期生产中存在规模经济和规模不经济。在企业生产扩张的初期,厂商由于扩大生产规模而使经济效益得到提高,这便是规模经济。在生产扩张到一定规模以后,厂商继续扩大规模就会使经济效益下降,这便是规模不经济。产生规模经济的主要原因是劳动分工与专业化,以及技术因素。其中,劳动分工和专业化能大大提高劳动生产率,降低企业的长期平均成本。技术因素是指规模扩大后可以通过技术创新等手段使生产要素得到充分的利用。产生规模不经济的主要原因是管理效率降低,如企业的生产规模过大会使得管理不便,内部通信联系费用增加,在购销方面需要增设机构等。一般来说,在企业的生产规模扩张中,会先后出现规模经济和规模不经济,也由此决定了长期平均成本曲线会表现出先下降后上升的U形特征。

10. 从长期总成本曲线推导长期边际成本曲线。因为 $LMC = \dfrac{dLTC}{dQ}$,所以只要把每一个产量水平上的LTC曲线的斜率值描绘在产量和成本的平面坐标图中便可得到长期边际成本曲线。

11. 规模经济是指由于生产规模扩大而导致长期平均成本下降的情况,所涉及的是规模大小与成本的关系。事实上,厂商长期生产的规模经济和规模不经济既可以产生于各生产要素投入量之间的比例保持不变的情况,也可以产生于各生产要素投入量的比例发生变化的情况。因此,规模报酬递增是产生规模经济的原因之一,或者说,规模经济和规模不经济的内涵包括了规模报酬的变化。

12. 收益指厂商的销售收入,包括总收益、平均收益与边际收益。总收益是指厂商按一定数量出售一定产品时所获得的全部收入,$TR = P \cdot Q(P)$;平均收益是指厂商平均每销售一单位产品所获得的收入,$AR = \dfrac{TR(Q)}{Q}$;边际收益是指厂商每增加一单位产品销售所获得的总收入的增量,$MR = \dfrac{dTR(Q)}{dQ}$。

13. 利润就是总收益与总成本的差额。需要注意经济利润与会计利润的区别,经济利润等于总收益减去经济成本,会计利润等于总收益减去会计成本。二者的区别在于是否考虑厂商使用自有生产要素的机会成本。厂商使用自有生产要素的机会成本既是厂商生产活动的隐性成本,也是厂商应该获得的正常利润。生产者所追求的最大的利润指的是最大的经济利润。

各利润之间的关系:会计利润=总收益–会计成本

=总收益–显性成本

正常利润=隐性成本

经济利润=总收益–经济成本

=总收益–显性成本–隐性成本

=会计利润–隐性成本

=会计利润–正常利润

14. 利润最大化原则。为获得最大化的利润,厂商在进行决策时都试图使产量的边际收益等于边际成本,即每增加一单位产品的生产和销售,厂商增加的收益等于增加的成本,即MR=MC。经济学中通常称这一原则为利润最大化原则,它适用于任何类型的厂商行为。

厂商提供产量一方面会带来收益,另一方面也会形成成本。在既定产量的条件下增加产量,如果厂商由此增加的收益大于生产这一单位产品所消耗的成本,即MR>MC,那么厂商生产该单位产品是有利的,会使得总利润增加。因此,利润最大化厂商就会把它生产出来,在这种条件下,厂商就会增加产量,直至MR与MC相等为止。相反,如果多生产一单位产品增加的收益小于生产这一单位产品所消耗的成本,即MR<MC,那么厂商会减少生产,直到MR=MC。所以,只有当MR=MC时,厂商才能获得最大化的利润,此时厂商既不会增加生产,也不会减少生产。

需要注意的是,实现利润最大化的条件并不意味着厂商一定能够获得利润或者利润大于零。而是说,此时如果厂商获得利润,则获得的一定是相对来说最大的利润,而如果厂商是亏损的,则厂商所遭受的亏损一定是相对来说最小的,在这种情况下利润最大化又可称为亏损最小化。

★ 考查重点、难点

本章主要考查与成本曲线和收益利润有关的基础知识。在第四章中,我们根据假设的生产函数的特点得到了厂商的总产量、平均产量和边际产量曲线,而本章则根据这三条曲线得到了总成本、平均成本和边际成本曲线。根据成本和收益,得到厂商利润最大化原则。本章的重点在于以下知识点:第一,生产成本和机会成本的定义、区别及意义;第二,短期固定成本、可变成本、总成本、平均成本和边际成本的影响因素、形状、推导过程及变化规律;第三,长期总成本、平均成本和边际成本的影响因素、形状、推导过程及变化规律;第四,总成本、平均成本、边际成本之间的关系;第五,掌握各成本曲线图的描绘,并能分析曲线图对企业规模变化的影响;第六,厂商利润最大化条件。

其中:短期平均成本、短期边际成本和短期总成本三者之间的关系,以及长期总成本、长期平均成本和长期边际成本三者之间的关系是本章考查的重点;推导长期平均成本、长期边际成本是本章考查的难点;要求能够正确运用曲线图分析厂商行为。

★ 拓展阅读(若想了解更多文献和素材,可关注微信公众号"鸿观经济")

【经典案例】 给士兵发薪水比免费征兵更便宜

在美国,国防开支中很重要的一部分是士兵的薪酬。有人会想,如果让国会通过一项法律,规定只要是适龄青年,就有义务当兵,不就能节省好多成本,从而减少国防开支吗?事实上,这样的想法是有问题的,因为他只盯着钱。义务征兵时,政府付出的货币成本确实比较低,但是他没有看到另外一个重要成本,就是放弃了的最大代价。

一个青年被征去当兵以后,就不能从事他原来的职业了。这时虽然多了一个廉价的士兵,但可能少了一位化学家、一个小提琴手,或是一位企业家。总的来说,义务兵制的成本是非常高的,因为它放弃的代价是不可估量的。

那兵源问题如何解决呢？最好的办法是采用志愿兵制，政府出钱请士兵。政府说我出一元钱请人当兵，当然没人愿意干，出两元钱也没人愿意，那么出100元、1000元呢？最后可能出到2000元时就开始有人愿意了。第一个愿意接受2000元去当兵的人是在别处机会最少的人，也是认为当兵能给他带来最大满足感的人，这种人是最适合当兵的。也就是说，政府能够以最低的代价招募到最合适的兵，这才是我们解决兵源问题的好办法。

经济学家米尔顿·弗里德曼曾经给美国政府提过不少建议，但大多数都没被接受。但是这一条，即建议将征兵制改为志愿兵制，就被美国政府接受了。这对于减少美国的国防总成本，以及提高征兵效率和兵员质量有极大的帮助。

【来源】薛兆丰.薛兆丰经济学讲义.北京：中信出版社，2019.

【评析】了解机会成本和货币成本之间的关系对于理解成本的概念，以及作出理性的决策都非常重要。货币成本不是全部的成本，我们看问题、作决定的时候要看到全部成本，而不能只看钱。例如，我们去淘旧货，虽然买的东西便宜，但这只是说明货币成本比较低，而如果我们因为淘旧货花费了更多的时间（这些时间成本也是淘旧货的成本），那么加总来看，淘旧货的总成本可能更高。

【学者论坛】 科斯定律——从社会成本看问题

以前的火车都是烧煤的，烧煤就会喷出火星。有一列火车运行时会路过一片亚麻地。有一天，农夫把700吨亚麻堆在了铁路边自己的农地上。这亚麻是农夫的，铁路边的农地也是农夫的，亚麻放在农地上，没有任何人的事儿，但是火车经过时喷出的火星把700吨亚麻给烧了，此时铁路公司要不要赔偿？

当所有人都认为该赔偿的时候，有一个叫科斯的人不同意，他说不对，你们都错了。科斯的看法别具一格，他说所有的伤害都是相互的，我们得用新的眼光来看待这些案例：不是一方在伤害另外一方，而是双方为了不同的用途，在争夺相同的稀缺资源——纠纷是由于争用未界定产权的资源而产生的，双方的地位本来是平等的，如果禁止了一方的行为，那这一方就受到了对方的伤害。在火烧亚麻案中，如果铁路公司要负全责，那么铁路公司就得想尽办法防止火车喷出的火星烧着亚麻;要么在铁路沿线修筑起高墙;要么跟沿途的所有的农夫达成协议,多买他们铁路边上10米的地,好让农夫不把亚麻堆在靠铁路太近的地方;要么干脆让铁路改道等。但这些做法的成本都极其高昂。而如果铁路公司和农地同属一人,那么他就会采取最便宜的办法来避免意外。事实上,这个案子在实际判决中,也有法官是这么认为的。谁避免意外的成本最低,谁的责任就最大。当时,大部分法官认为铁路公司应该赔偿农夫,但是有一位著名的法官奥利弗·温德尔·崔尔姆斯在判词旁写了个人意见,他说:"虽然我们都认为铁路公司应该赔偿农夫,但是我们设想一下,如果铁路公司跟农夫的总收入与总产出不能达到最大的话,农夫可能是要负一定责任的。"在现实生活中,如果铁路公司和农地同属一人的话,那他当然会说:"我只要把堆放亚麻的地点挪远一点,意外就能避免了。"这是最便宜的办法。

【来源】薛兆丰. 薛兆丰经济学讲义. 北京:中信出版社,2019.

【评析】社会成本问题在经济学中有非常重要的政策含义。人们只有理解了社会成本问题,才能顺应社会和市场的基本运行规律,制定出因势利导的经济政策。科斯的意思是说,火星烧着了亚麻,但是责任可能在农夫,虽然农夫并未招惹铁路公司。但从社会总成本和总效益的角度来看,谁付出的成本更低,谁就应该承担更大的责任。那既然农夫避免意外所要付出的成本比铁路公司避免意外所要付出的成本低得多,那挪开亚麻的责任就要落到农夫身上了。将这样的责任分摊方式推而广之,用到各种权责的分配上,那么整个社会为了避免意外所要付出的总成本就会降到最低。

★ 例题详解

例1 选择题:对应于边际成本递增阶段,STC曲线(   )。

    A. 以递增的速率上升   B. 以递增的速率下降

    C. 以递减的速率上升   D. 以递减的速率下降

【提示】本题考查在短期内,总成本曲线与边际成本之间的关系。短期总成本的上升速率与边际成本的递增或递减有关,当边际成本递增时,短期总成本以递增的速率上升;而当边际成本递减时,短期总成本则以递减的速率上升。

【解答】A

例2 判断题:厂商获得最大利润的必要条件是边际收益等于边际成本,即使收

益大于成本的差额为最大。(   )

【提示】本题考查利润最大化条件的概念。

【解答】对

例3 简答题:试说明短期产量曲线与短期成本曲线之间的关系。

【提示】本题考查在短期内,平均成本、边际成本及总成本与产量之间的关系。本题要求掌握三种短期成本曲线的画图及推导过程,解答此题只需详细说明短期产量曲线与其中一种曲线之间的关系即可,其他类推。

【解答】在短期内,产量曲线与成本曲线之间存在着对偶关系。在要素价格不变的条件下,如果说短期产量曲线是由边际收益递减规律所决定的,那么短期成本曲线则是由短期产量曲线所决定的。边际产量曲线的上升段对应边际成本曲线的下降段,边际产量曲线的下降段对应边际成本曲线的上升段,边际产量曲线的最高点对应边际成本曲线的最低点;当总产量曲线上凸时,总成本曲线和总可变成本曲线是下凹的,当总产量曲线下凹时,总成本曲线和总可变成本曲线是上凸的,当总产量曲线存在一个拐点时,总成本曲线和总可变成本曲线也各存在一个拐点;平均产量曲线递增时,平均成本曲线呈递减趋势,平均产量曲线递减时,平均成本曲线呈递增趋势,平均产量曲线的最高点对应平均成本曲线的最低点。

例4 简答题:假定某企业的短期成本曲线如图5.4所示,试问:

(1)这一成本曲线的假定前提是什么?

(2)短期边际成本函数是什么? 它说明了什么?

(3)假定该产业中所有企业的成本函数都是 $C = Q + 100$,而且产品的市场需求量为1000,这时在一个占有40%市场的企业与一个占有20%市场的企业之间,哪一个企业在成本上占有优势? 占多大优势?

(4)从长期的角度来看,该企业是处于规模经济还是规模不经济状态? 为什么?

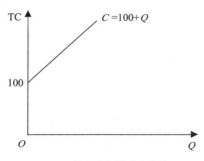

图5.4 某企业短期成本曲线

【提示】该题考查从生产函数推导成本函数。答题时要围绕规模经济与规模不经济的界定展开论述。

【解答】

(1)各生产要素具有恒定的边际产量,这时的生产函数为一条直线。例如:若生产函数为 $Q=100L$,则 $MP_L = \dfrac{dQ}{dL} = 100$;若 $P_L = 100$,且固定成本为100,则 $C = 100 + L \cdot P_L = 100 + Q$。

(2)由成本函数 $C = 100 + Q$ 可知,边际成本 $MC = \dfrac{dC}{dQ} = 1$,这表明增加一单位产量所需要追加的总成本恒为1。

(3)占有40%市场的企业在成本上占有优势。因为占有40%市场的企业的生产量为400,总成本为500元,平均成本为1.25元;而占有20%市场的企业的生产量为200,总成本为300元,平均成本为1.50元。由此可见,占有40%市场的企业的平均成本比占有20%市场的企业的平均成本要低0.25元。

(4)由成本函数 $C = 100 + Q$ 可知,平均成本 $AC = \dfrac{100}{Q} + 1$,因此,随着产量的增加,平均成本将会越来越低,所以该企业处于规模经济状态。

例5 计算题:如果一个工厂建厂做了五种可供选择的规模方案,每种方案的短期平均成本如表5.1所示。如果这五种方案之间的规模可以连续变化,

(1)请画出长期平均成本曲线。

表5.1 五种规模方案

S_1S_1'		S_2S_2'		S_3S_3'		S_4S_4'		S_5S_5'	
Q	SAC	Q	SAC	Q	SAC	Q	SAC	Q	SAC
1	15.50	2	15.00	5	10.00	8	10.00	9	12.00
2	13.00	3	12.00	6	8.50	9	9.50	10	11.00
3	12.00	4	10.00	7	8.00	10	10.00	11	11.50
4	11.75	5	9.50	8	8.50	11	12.00	12	13.00
5	13.00	6	11.00	9	10.00	12	15.00	13	16.00

(2)LAC曲线上的哪一点能使企业最优规模的工厂运行在最优产出率上?

(3)对于产出小于7个单位的情形,企业应选用什么样的工厂规模?应如何利用这个工厂?对于产出大于7个单位的情形,企业又应怎样?

【提示】该题考查长期成本曲线、最优工厂规模。要掌握LAC曲线的推导过程。

【解答】

（1）如图5.5所示。

（2）在LAC曲线的B点上，企业在最优产出率（B点）上运行它的最优规模工厂（由SAC_3指出）。

（3）若产出小于B点标出的7个单位，则表明在长期内，企业利用不足（即生产小于最优生产率），且此时的工厂规模小于最优的工厂规模；而当产出大于7个单位时，则表明在长期内，企业将被过分利用，其生产规模大于工厂的最优规模（见图5.5）。

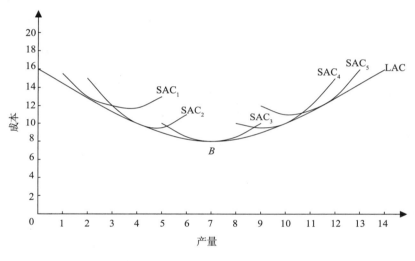

图5.5　长期平均成本曲线

例6　论述题：请分析说明影响长期平均成本变化的主要原因。

【提示】该题考查长期平均成本的概念，然后根据所学的知识分析哪些因素会引起长期平均成本的变化。

【解答】长期平均成本等于总成本除以产出水平。通过长期成本除以产出水平或是作短期成本的包络线，可以得到长期平均成本曲线。长期平均成本曲线的形状是先下降，达到最低点后再上升，呈U形。引起长期平均成本发生变化的主要原因有：

第一，规模经济问题。在长期中，厂商面临着生产的规模经济和规模不经济的问题。具体而言，就是以规模经济来解释长期平均成本曲线下降的部分，而用规模不经济来解释长期平均成本曲线上升的部分。

当企业规模不断扩大时，长期平均成本曲线将会先达到最低点，在这一点上，规模的经济因素与非经济因素将会抵消，而超过这一点的话生产将会进入规模不经济区域。规模不经济是指企业因规模扩大使得管理无效率而导致长期平均成本增加的情况。如果厂商在增加各种要素投入之后,产量却没有按比例增加一倍或一倍以上,这时就出现了规模不经济。规模不经济出现的主要原因是:规模的扩大造成管理人员信息沟通缓慢,内部官僚主义、决策失误等现象频繁发生,所有这些均会导致长期平均成本的上升。

第二,学习效应。所谓学习效应,是指在长期的生产过程中,企业的工人、技术人员和管理人员可以积累有关商品的生产技术设计和管理等方面的经验,从而促进长期平均成本的下降。这种效应表现为每单位产品的劳动投入量所带来的产出是逐渐增长的。这种效率的提高来自技巧和技术的成熟,即实践经验积累所产生的结果。

▶▶ 单元习题 ◀ ▪▪

一、名词解释

1. 短期
2. 长期
3. 机会成本
4. 会计成本
5. 显性成本
6. 隐性成本
7. 可变成本
8. 不变成本
9. 边际成本
10. 规模经济
11. 规模不经济

二、判断题

1. 企业打算投资扩大生产,其可供选择的筹资方法有两种:一是利用利率为10%的银行贷款;二是利用企业利润。该企业的经理认为应该选择后者,理由是不用付利息因而比较实惠。　　　　　　　　　　　　　　　　　　　　（　　）

2. 厂商如果现在的产量水平处于这个产量水平的平均成本最低点上,而这时长期平均成本处于上升阶段,于是可以得出结论:这时短期边际成本大于短期平均成本。

                                                             (   )

3.边际成本曲线在达到一定产量水平后趋于上升,是由边际收益递减规律所造成的。   (   )

4.长期成本曲线上的每一点都与短期成本曲线上的某一点相对应,但短期成本曲线上并非每一点都与长期成本曲线上的某一点相对应。   (   )

5.当LAC曲线下降时,LAC曲线切于SAC曲线的最低点。   (   )

三、选择题

1.新华汽配厂在各种产出水平上都显示出了规模报酬递减的情形,于是厂领导决定将其划分为两个相等规模的小厂,则其拆分后总产出将会(   )。

    A.增加   B.减少   C.不变   D.无法确定

2.某厂商生产一批产品,生产第7个单位产品的总成本是3.5元,生产第8个产品的总成本是4.6元,那么该厂的边际成本是(   )。

    A.3.5元   B.4.6元   C.8.1元   D.1.1元

3.长期边际成本曲线呈U形的原因在于(   )。

    A.边际效用递减规律   B.边际收益递减规律

    C.生产由规模经济向规模不经济变动   D.生产的一般规律

4.在长期中,下列成本中的哪一项是不存在的?(   )

    A.不变成本   B.平均成本   C.机会成本   D.隐性成本

5.边际成本低于平均成本时,(   )。

    A.平均成本上升

    B.平均可变成本可能上升也可能下降

    C.总成本下降

    D.平均可变成本上升

6.当产出增加时,LAC曲线下降,这是由于(   )。

    A.规模的不经济性   B.规模的经济性

    C.收益递减规律的作用   D.上述都不正确

四、简答题

1.简述平均总成本曲线呈U形的原因。

2.试分析说明SMC与AVC、SAC相交于其U形曲线的最低点的原因。

3.某河附近有两座工厂,每天分别向河中排放300及250单位的污水。为了保护环境,政府采取措施将污水排放总量限制在200单位。如果每个工厂允许排放100单位污水,A、B工厂的边际成本分别为40美元及20美元,试问这是不是将污水排放量限制在200单位并使所费成本最小的方法?

五、计算题

1.如果某企业仅生产一种产品,并且唯一可变要素是劳动,也有固定成本。其短期生产函数为 $Q = -0.1L^3 + 3L^2 + 8L$,其中,Q 是每月的产量,单位为吨,L 是雇用工人数,试问:

(1)欲使劳动的平均产量达到最大,该企业需要雇用多少工人?

(2)要使劳动的边际产量达到最大,企业应该雇用多少工人?

(3)在其平均可变成本最小时,应该生产多少产量?

2.如果某企业短期总成本函数为 $STC = 1200 + 240q - 4q^2 + \left(\frac{1}{3}\right)q^3$。试问:

(1)当SMC达到最小值时,它的产量是多少?

(2)当AVC达到最小值时,它的产量是多少?

六、论述题

1.为什么短期平均成本曲线和长期平均成本曲线都是U形曲线? 为什么由无数短期平均成本曲线推导出来的长期平均成本曲线必有一点也只有一点和最低短期平均成本相等?

2.试论述厂商均衡以MR = MC作为一般原则的原因。

参考答案

一、名词解释

1.短期:是指生产者来不及调整全部生产要素数量的时期。

2. 长期：是指生产者可以调整全部生产要素数量的时期。

3. 机会成本：是指把该资源投入某一特定用途后所放弃的在其他用途中所能够获得的最大利益，包括显性成本和隐性成本。

4. 会计成本：是指会计记录的厂商为生产一定数量的商品而用于生产要素购买的实际支出。

5. 显性成本：是指厂商在生产要素市场上购买或租用所需要的生产要素的实际支出，即企业支付给企业以外的经济资源所有者的货币额，是企业支付给非企业所有者(同时其又是企业的生产要素供给者)的货币报酬。

6. 隐性成本：是指厂商自身所拥有的且被用于该企业生产过程的那些生产要素的总价格。

7. 可变成本：是指随着厂商产量的变动而变动的那部分成本。

8. 不变成本：又称固定成本，是指支出不随着厂商产量的变动而变动的那部分成本。

9. 边际成本：是指厂商每增加一单位商品的生产所增加的成本。

10. 规模经济：是指由于生产规模扩大而导致长期平均成本下降的情况。

11. 规模不经济：是指企业因规模扩大使得管理无效而导致长期平均成本上升的情况。

二、判断题

1. 错
【提示】考查隐性成本和显性成本之间的区别。

2. 对
【提示】考查短期平均成本曲线与长期平均成本曲线之间的位置关系。

3. 对
【提示】考查边际成本曲线变化的原因。

4. 对
【提示】考查长期成本曲线和短期成本曲线的关系。

5. 错
【提示】考查长期平均成本曲线与短期平均成本曲线的位置关系。

三、选择题

1. A

【提示】考查规模经济与规模不经济。

2. D

【提示】考查如何求边际成本。

3. C

【提示】考查边际成本曲线呈U形的原因。

4. A

【提示】考查长期的概念。

5. B

【提示】考查边际成本和平均成本的关系。

6. B

【提示】考查长期平均成本与产量的关系。

四、简答题

1.【提示】考查总平均成本曲线的构成及构成要素的变化情况。

【解答】总平均成本曲线是U形曲线。这是因为总平均成本受到了两种相反力量的影响:平均固定成本递减与平均可变成本最终要递增。因为总固定成本是不变的,所以随着产量的增加,平均固定成本在递减,即平均固定成本曲线是一条向右下方倾斜的曲线。但是,在产量水平较低时,平均固定成本曲线陡峭;而在产量水平较高时,该曲线较为平坦。由于收益递减,平均可变成本最终要递增,即平均可变成本曲线最终要向右上方倾斜,并变得越来越陡峭。总平均成本是平均固定成本与平均可变成本之和,所以,总平均成本曲线就结合了这两种成本的影响。在开始时,总平均成本曲线向右下方倾斜是因为固定成本分摊在较大程度上成为影响总平均成本的决定因素;但随着产量增加,收益递减,平均可变成本递增,总平均成本曲线就向右上方倾斜了。在这两种对总平均成本相反的影响相平衡的点上,总平均成本达到最低。

2.【提示】考查各个成本曲线的推导及其相互之间的关系。

【解答】在长期中,厂商使用的一切生产要素都是可变的,成本没有固定和可变之分。因而在长期中,厂商可以对短期生产要素进行调整,长期成本曲线也可以通过分析短期成本曲线而得到。

长期总成本是生产扩展线上各点所代表的总成本。长期总成本曲线是长期中每一特定产量对应的最低成本点的轨迹,有无数条短期总成本曲线与之相切,是总成本曲线的包络线。

长期平均成本曲线是无数条短期平均成本曲线与之相切的点的轨迹,是短期平均成本曲线的包络线。

长期边际成本是厂商在长期内每增加一单位产量所增加的总成本量,但是长期边际成本曲线不是短期边际成本曲线的包络线。

3.【提示】该题考查边际成本的实际应用。对于两个或两个以上企业的总成本最小问题,可以考虑他们在边际成本相同时最小。

【解答】为了考察这是不是使所费成本最小的方法,我们必须考虑厂商的边际成本,如图5.6所示。

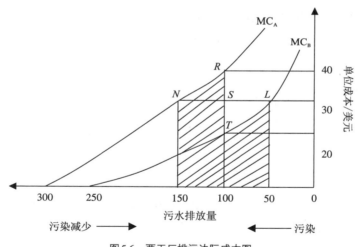

图5.6 两工厂排污边际成本图

A工厂减少污水排放量的边际成本为40美元,而B工厂仅为20美元,这说明:B工厂再减少一单位污染,其成本仅增加20美元;而A工厂再增加一单位污染,其成本将减少40美元。因此,如果B厂减少一单位污水排放的同时A厂增加一单位污水排放,则A、B两厂的成本将减少20美元。因此,只要边际成本不同,则减少边际成本较小的工厂的污水排放量的同时增加边际成本较大的工厂的污水排放量,其结果将使A、B两厂所费总成本减少。只有当B工厂的边际成本与A工厂的边际成本相等时,这个过程才会终止,此后A、B两工厂各自污水排放量的增加或减少都会使总成本上升。因此,将污水排放量限制在200单位并使成本最小的方法是使两工厂的边际成本相等。在图5.6中,A、B两厂原先分别排放100单位污水,其边际成本分别为40美元(R点)和20美元(T点),使成本最小的方法为A、B两厂分别排放150单位及50单位污水,其边际成本均为30美元(N点及L点)。

五、计算题

1.【提示】该题考查平均产量、边际产量的计算,以及平均可变成本最小时的情形。在给出了生产函数的情况下,平均产量$AP_L = \dfrac{Q}{L}$,边际产量$MP_L = \dfrac{dQ}{dL}$,平均可变成本在平均产量最大时达到最小。

【解答】

(1)由$Q = -0.1L^3 + 3L^2 + 8L$可知,$AP_L = \dfrac{Q}{L} = -0.1L^2 + 3L + 8$。

劳动的平均产量达到最大时满足条件:

$$\frac{d\left(AP_L\right)}{dL} = 0$$

又因为$\dfrac{d\left(AP_L\right)}{dL} = -0.2L + 3$,所以$L = 15$。

(2)由生产函数可知,$MP_L = \dfrac{dQ}{dL} = -0.3L^2 + 6L + 8$,而使边际产量达到最大需要满足的条件是:$\dfrac{d^2Q}{dL^2} = 0$,即$\dfrac{d^2Q}{dL^2} = -0.6L + 6 = 0$,解得$L = 10$。

(3)由(1)可知,当$L = 15$时,AP_L达到最大,此时平均可变成本最小。所以由该生产函数$Q = -0.1L^3 + 3L^2 + 8L$,可求得当$L = 15$时,$Q = 457.5$。

2.【提示】该题考查短期边际成本和平均可变成本的计算。短期边际成本$SMC = \dfrac{d(STC)}{dq}$,平均可变成本$AVC = \dfrac{STC - SFC}{q}$。

【解答】

(1)因为$SMC = \dfrac{d(STC)}{dq}$,所以$SMC = 240 - 8q + q^2 = (q - 4)^2 + 224$,则当$q = 4$时,SMC达到最小值。

(2)因为$AVC = \dfrac{STC - SFC}{q}$,由于固定成本$SMC = 1200$,所以$AVC = 240 - 4q +$

$\frac{1}{3}q^2 = \frac{1}{3}(q-6)^2 + 228$，则当 $q = 6$ 时，AVC 达到最小值。

六、论述题

1.【提示】考查长期平均成本曲线与短期平均成本曲线的关系。

【解答】短期平均成本曲线之所以一般呈 U 形，即最初递减然后转入递增，是因为产量达到一定数量前每增加一个单位的可变要素所增加的产量超过先前每单位可变要素的平均产量，这表现为平均可变成本随产量的增加而递减；而当产量达到一定数量后，随着投入的可变要素逐渐增多，增加一单位可变要素所增加的产量小于先前的可变要素的平均产量，即 AVC 曲线自此开始转入递增。

长期平均成本曲线之所以一般呈 U 形，是因为：随着产量的扩大，使用的厂房设备的规模增大，因而产品的生产会经历规模报酬递增的阶段，这表现为产品的单位成本随产量的增加而递减；长期平均成本在经历了递减阶段后，最好的资本设备和专业化的劳动力已被充分利用，这时可能进入规模报酬不变，即平均成本固定不变阶段，而由于企业的管理这个要素不能像其他要素那样增加，因而随着企业规模的扩大，管理的难度会加大，管理成本越来越高，再继续增加产量的话长期平均成本最终将转入递增阶段，如图 5.7 所示。

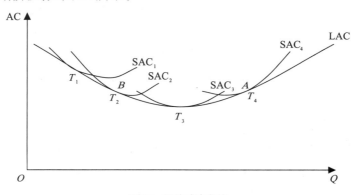

图 5.7 平均成本曲线

作为包络线的 LAC 曲线上的每一点总是与某一特定的 SAC 曲线相切，但 LAC 并非全是由各条 SAC 曲线的最低点构成的。事实上，在整个 LAC 曲线上，只有一点是某一特定的 SAC 曲线的最低点。在图 5.7 中，可以看到：第一，只有 LAC 曲线本身的最低点（即 LAC 曲线从递减转为递增的转折点）T_3 与相应的 SAC$_3$ 曲线相切之点才是 SAC$_3$ 曲线的最低点。因 T_3 点是呈 U 形的 LAC 曲线的最低点，故过 T_3 点作 LAC 曲线的切线的斜率为零。第二,当LAC曲线处于递减阶段时,即T_3点的左边部分,LAC曲线各点与各SAC曲线相切之点必然位于各SAC曲线最低点的左边或上面,或者说,有关SAC曲线的最低点必然位于切点的右边或下面。LAC曲线与SAC_2曲线切于T_2点,因T_2点位于SAC_2曲线的最低点B的左边,即该产品的生产处于规模报酬递增(平均成本递减)阶段,因而LAC曲线在T_2点的切线的斜率是负数,故SAC_2曲线在T_2点的斜率也是负数,位于T_3点(LAC曲线的最低点)左边的LAC曲线上的各个点都不是有关各SAC曲线的最低点。第三,当LAC曲线处于递增阶段时,即T_3点的右边部分,LAC曲线与各SAC曲线相切之点必然位于各SAC曲线最低点的右边或上面,或者说,有关SAC曲线的最低点必然位于切点的左边或下面。位于T_3点右边的LAC曲线与SAC_4曲线切于点T_4,因处于规模报酬递减(平均成本递增)阶段,故LAC曲线在T_4点的切线的斜率为正,曲线SAC_4在点T_4的切线的斜率也是正数,由此可知T_4点不是SAC_4的最低点。

综上所述,由无数短期平均成本曲线推导出来的长期平均成本曲线必有一点也只有一点能够使最低长期平均成本和最低短期平均成本相等。

2.【提示】MR = MC是厂商利润最大化原则的主要内容,此题考查学生对利润最大化原则含义的理解。

【解答】经济学中通常认为理性厂商行为的目的是获得最大化的利润。为了获得最大化的利润,厂商在进行决策时都试图使边际收益等于边际成本,即每增加一单位产品的生产和销售,厂商增加的收益等于增加的成本。经济学中通常称这一原则为利润最大化原则。利润最大化原则适用于所有以利润为目标的经济单位对所有决策变动进行的选择。下面以厂商的产量选择来说明这一点。

厂商提供产量一方面会带来收益,另一方面也会产生成本。在既定产量的条件下增加产量,如果厂商由此增加的收益大于生产这一单位产品所消耗的成本,即MR>MC,那么生产该单位产品就会有剩余,从而使得利润总额有所增加。因此,利润最大化厂商就会把它生产出来,即在这种条件下,厂商会增加产量,直到MR和MC二者相等为止。相反,如果每多生产一单位产品所增加的收益小于生产这一单位产品所消耗的成本,即MR<MC,那么厂商会减少生产,直到MR=MC。

综上所述,只有当MR=MC时,厂商才能获得最大化的利润。此时,厂商既不会增加生产,也不会减少生产。

第六章 ·······························
完全竞争市场

★ 知识导图

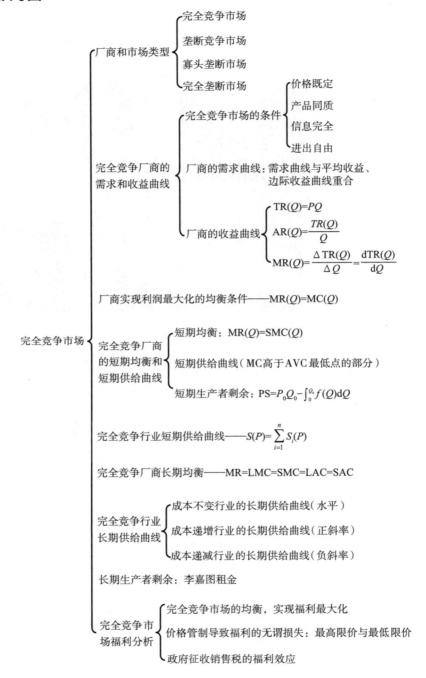

完全竞争市场
- 厂商和市场类型
  - 完全竞争市场
  - 垄断竞争市场
  - 寡头垄断市场
  - 完全垄断市场
- 完全竞争厂商的需求和收益曲线
  - 完全竞争市场的条件
    - 价格既定
    - 产品同质
    - 信息完全
    - 进出自由
  - 厂商的需求曲线：需求曲线与平均收益、边际收益曲线重合
  - 厂商的收益曲线
    - $TR(Q) = PQ$
    - $AR(Q) = \dfrac{TR(Q)}{Q}$
    - $MR(Q) = \dfrac{\Delta TR(Q)}{\Delta Q} = \dfrac{dTR(Q)}{dQ}$
- 厂商实现利润最大化的均衡条件——$MR(Q) = MC(Q)$
- 完全竞争厂商的短期均衡和短期供给曲线
  - 短期均衡：$MR(Q) = SMC(Q)$
  - 短期供给曲线（MC高于AVC最低点的部分）
  - 短期生产者剩余：$PS = P_0 Q_0 - \int_0^{Q_0} f(Q) dQ$
- 完全竞争行业短期供给曲线——$S(P) = \sum_{i=1}^{n} S_i(P)$
- 完全竞争厂商长期均衡——$MR = LMC = SMC = LAC = SAC$
- 完全竞争行业长期供给曲线
  - 成本不变行业的长期供给曲线（水平）
  - 成本递增行业的长期供给曲线（正斜率）
  - 成本递减行业的长期供给曲线（负斜率）
- 长期生产者剩余：李嘉图租金
- 完全竞争市场福利分析
  - 完全竞争市场的均衡，实现福利最大化
  - 价格管制导致福利的无谓损失：最高限价与最低限价
  - 政府征收销售税的福利效应

★ 学习要求

通过本章的学习,学生应当:

1．掌握市场的含义,划分市场结构类型的依据,以及在此依据划分下的四种类型市场结构。

2．掌握完全竞争市场的特征,完全竞争厂商的需求曲线及其移动,完全竞争厂商的总收益曲线、平均收益曲线和边际收益曲线。

3．掌握完全竞争厂商短期均衡的条件,短期均衡的五种情况,短期供给曲线的导出,完全竞争行业的短期供给曲线和供给函数。

4．掌握完全竞争厂商长期均衡的形成及其条件,完全竞争行业的长期供给曲线。

5．掌握完全竞争厂商的短期生产者剩余和市场的短期生产者剩余,长期生产者剩余。

6．会运用市场总剩余分析完全竞争市场的福利最大化,分析价格管制、政府征税等的福利效应。

★ 内容精要(扫描二维码,观看相关知识点微课视频)

1. 从本质上讲,市场是商品买卖双方相互作用并得以决定其交易价格和交易数量的一种组织形式或制度安排。它可以是有形的买卖商品的交易场所,如菜市场、百货商场等,也可以是利用现代化通信工具进行商品交易的接洽点,如股票市场、网上交易平台等。划分市场结构类型的依据包括买方或卖方的数目、产品差异程度、对价格控制的程度和进出限制程度。在经济分析中,根据这四个依据将市场划分为完全竞争市场、垄断竞争市场、寡头垄断市场和完全垄断市场。

2. 完全竞争市场是指不包含任何垄断因素的市场,它需要具备以下四个特征:第一,市场上有大量的买者和卖者,这意味着每个消费者或生产者只占极微小的市场份额,因此他们都对价格没有任何影响,也就是说,他们都是价格的接受者;第二,市场上的该种商品都

是完全同质的,这意味着各厂商提供的产品相互之间是可以完全替代的,单个厂商涨价将导致其产品无法卖出,而降价将导致其因收益低于成本而遭受损失;第三,信息是完全的,这意味着每个买者和卖者都掌握与自己的经济决策有关的一切信息,单个市场主体不可能会因信息不畅而按照不同的价格交易同一种商品,即单个市场主体不可能对商品价格形成任何程度的控制;第四,所有资源具有完全的流动性,这意味着厂商进入或退出一个行业是完全自由且没有任何困难的。

3. 完全竞争厂商的需求曲线是指单个厂商所面临的消费者对其产品的需求曲线(见图6.1)。完全竞争市场的特征决定完全竞争厂商都是既定市场价格的接受者,因此其需求曲线是一条由既定市场价格水平出发的水平线,表示完全竞争厂商面临

着具有无穷需求价格弹性的需求曲线,即在既定的市场价格下,市场对它的产品具有无穷的需求量(从而完全竞争厂商没有降价销售的动力,但如果涨价,那么其需求量将迅速趋向于零)。需要注意的是,虽然完全竞争市场中单个消费和单个厂商都无力影响市场价格,但并不意味着市场价格固定不变。一旦影响市场需求和供给的任一因素改变,进而引起市场需求曲线和供给曲线的移动,则必将导致市场均衡价格的变动,这时完全竞争厂商面临的以市场价格水平导出的需求曲线就会移动。

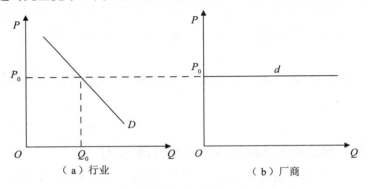

图6.1　完全竞争市场行业和厂商的需求曲线

4. 完全竞争厂商的总收益曲线是一条由原点出发的、斜率不变的、上升的直线,P 为 TR 曲线的不变的斜率,如图6.2(a)所示。完全竞争厂商面临既定的市场价格,其平均收益必然等于边际收益且等于既定的市场价格,即必有 $AR = MR = P$,这反映在图形上就是完全竞争厂商的平均收益曲线、边际收益曲线和需求曲线三条线重叠,如图6.2(b)所示,它们用同一条由既定市场价格水平出发的水平线来表示。可以看出,$AR = P$ 在任何市场条件下均成立,但 $MR = AR = P$ 只有在完全竞争市场条件下才能成立。

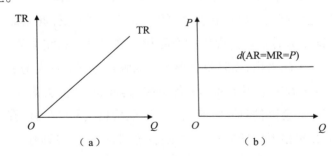

图6.2　完全竞争厂商的总收益、平均收益和边际收益曲线

5. 完全竞争厂商短期均衡即实现最大利润或最小亏损时的条件为:一阶条件(即必要条件)为 $\dfrac{d\pi}{dQ} = 0$,因此有 $MR = MC$(即边际收益等于边际成本);二阶条件

（即充分条件）为 $\dfrac{\mathrm{d}^2\pi(Q)}{\mathrm{d}Q^2} = MR'(Q) - MC'(Q) < 0$，表明边际收益的增加率小于边际成本的增加率，对于完全竞争厂商来说，由于边际收益为固定值（等于既定的市场价格），即其边际收益的增加率始终为零，因此满足完全竞争厂商短期利润最大化二阶条件的区间一定在边际成本MC递增的阶段，也就是边际成本曲线的右半支。

6. 在短期，完全竞争厂商被假定为在生产规模给定的条件下，通过调整可变要素的投入量从而调整产量来实现MR = SMC的利润最大化的均衡条件。由于完全竞争厂商的边际收益曲线与由既定的市场价格决定的水平的需求曲线重合，因此从几何上看，其利润最大化的均衡点是由水平的边际收益曲线与短期边际成本曲线右半支相交的点的位置所决定的，过此交点作与横轴的垂线得到厂商利润最大化均衡时的产量，边际收益曲线距离横轴的高度此时又代表着平均收益的大小，两者共同决定了厂商此时的总收益，而上述垂线与平均成本曲线、平均可变成本曲线的交点距横轴的垂直距离分别代表了此时的平均成本和平均可变成本，根据它们与均衡时的产量的乘积可以得到总成本和总可变成本。根据在实现利润最大化均衡时的总收益与总成本、总可变成本的大小关系（从几何上看就是水平的边际收益曲线与平均成本曲线、平均可变成本曲线的位置关系）可以区分为五种短期均衡的情况。

当边际收益曲线与短期边际成本曲线相交，即实现利润最大化均衡时，有：第一，若边际收益曲线距离横轴的高度大于此均衡产量下的平均成本，则厂商获得超额利润（即经济利润大于零）；第二，若边际收益曲线距离横轴的高度正好等于此均衡产量下的平均成本，在几何上表现为边际收益曲线与平均成本曲线的最低点相切，则厂商获得零经济利润（或称不盈不亏），但能够获得正常利润；第三，若边际收益曲线距离横轴的高度小于此均衡产量下的平均成本但大于此均衡产量下的平均可变成本，则厂商为实现亏损最小化应继续生产，此时厂商生产所得收益除能全部弥补可变成本外还能部分弥补固定成本，这也是亏损最小化的经济含义；第四，若边际收益曲线距离横轴的高度正好等于此均衡产量下的平均可变成本，在几何上表现为边际收益曲线与平均可变成本曲线的最低点相切，则厂商处于停止营业点，即此时厂商生产与不生产一个样，生产所得收益仅能弥补可变成本而无法弥补固定成本；第五，若边际收益曲线距离横轴的高度小于此均衡产量下的平均可变成本，则厂商必须停止营业，因为此时再开展生产经营活动连可变成本都无法收回，所以不生产比生产强，如图6.3(a)所示。

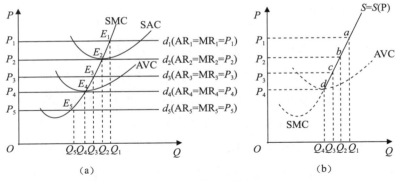

图6.3　完全竞争厂商短期均衡的五种情形与短期供给曲线

7. 完全竞争厂商的短期供给曲线表示厂商在每一个价格水平的供给量都是能够给他带来最大利润或最小亏损的最优产量。完全竞争厂商的短期供给曲线用该厂商短期边际成本曲线上大于和等于平均可变成本最低点的那部分来表示的,但并不能说短期边际成本超过平均可变成本最低点那一部分就是完全竞争厂商的短期供给曲线,如图6.3(b)所示。完全竞争厂商的短期供给曲线是向右上方倾斜的,它表示了商品的价格与供给量之间同方向变化的关系。假定生产要素的价格不变,则一个行业的短期供给曲线由该行业内所有厂商的短期供给曲线的水平加总而得到。行业的短期供给函数可以表示为该行业内所有厂商的短期供给函数之和:$S(P) = \sum_{i=1}^{n} S_i(P)$。

8. 完全竞争厂商的长期均衡就是既无经济利润又无亏损的状态。厂商通过对全部生产要素的调整来实现 MR = LMC 的长期利润最大化的均衡原则。厂商在长期生产中对全部生产要素的调整表现为两个方面:一方面表现为对最优生产规模的选择,厂商通过选择最优生产规模以获得比短期所能获得的更大的利润;另一方面表现为进入或退出一个行业的决策,当一个行业中的市场价格大于厂商利润最大化均衡时的长期平均成本,即存在经济利润,则厂商一定会选择进入这个行业,而当一个行业中的市场价格小于厂商利润最大化均衡时的长期平均成本,即存在亏损,则厂商一定会选择退出。由于新厂商的进入或原厂商的退出会影响行业市场的供给,进而影响市场均衡价格,并使市场价格调整到厂商长期平均成本最低点,这时行业内的每个厂商既无利润也无亏损,即无经济利润,都只能实现正常利润,此时行业内的每个厂商都实现了长期均衡(见图6.4)。完全竞争厂商长期均衡的条件为 MR = LMC = SMC = LAC = SAC,且 MR = AR = P。由于完全竞争厂商的长期平均成本最低点决定了其长期供给的价格和产量,因此考察完全竞争行业的长期供给曲线需要区分行业内企业长期平均成本最低点是否会因产量改变而发生变化。第一,成本不变行业是指该行业产量变化所引起的生产要素需求变化不会对生产要素的价格产生影响,从而不会影响厂商的长期平均成本曲线,相应地也就不会影响其最低点的位置,其行业长期供给曲线是一条水平线,供给价格弹性为无穷大。第二,成本递增行业是指该行业产量增加所引起的生产要素需求增加会导致生产要素价格上升,从而会使厂商长期平均成本曲线向上移动,进而会使其最低点向上移动,即产量上升伴随着市场价格提高,其行业长期供给曲线是一条向右上方倾斜的曲线。第三,成本递减行业是指该行业产量增加所引起的生产要素需求增加反而会导致生产要素价格下降,从而会使厂商长期平均成本曲线向下移动,进而使其最低点向下移动,即产量上升伴随着市场价格下降,其行业长期供给曲线是一条向右下方倾斜的曲线。

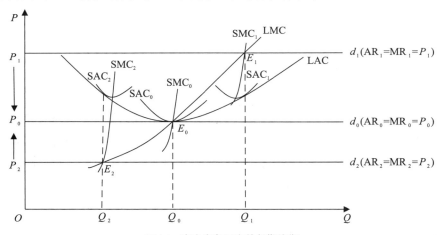

图6.4　完全竞争厂商的长期均衡

9. 厂商的短期生产者剩余指厂商在提供一定数量的某种产品时,实际接受的总支付和愿意接受的最小总支付之间的差额。完全竞争厂商的短期生产者剩余通常用市场价格线以下、厂商的供给曲线(即SMC曲线的相应部分)以上的面积来表示,如图6.5(a)中的阴影部分所示。令其反供给函数为 $PS = f(Q)$,且价格为 P_0 时厂商的供给量为 Q_0,则厂商的短期生产者剩余为 $PS = P_0 Q_0 - \int_0^{Q_0} f(Q) \mathrm{d}Q$。在短期内,由于固定成本无法改变,而所有产量的边际成本之和必然等于总可变成本,即 $\int_0^{Q_0} f(Q) \mathrm{d}Q = TVC$,这样,生产者剩余也可以用厂商的收益和总可变成本的差额来定义,即 $PS = TR - TVC$,进而有 $PS = \pi + TFC$,因此,厂商的经济利润即使为负(即存在亏损),但只要这一亏损不大于总固定成本,厂商仍有生产者剩余,进行生产就是有利的。这也进一步说明亏损最小化决策背后的理性。市场的短期生产者剩余是市场上所有厂商的生产者剩余的加总,用市场价格线以下、行业短期供给曲线以上的面积来表示,如图6.5(b)所示。市场的长期生产者剩余可以用市场价格线以下、行业长期供给曲线以上的部分来表示。只有在成本递增行业的长期供给曲线斜率为正的情况下,才会产生市场的长期生产者剩余。市场的长期生产者剩余可以被理解为:要素投入者所获得的比在行业不生产时所能赚取的更高的收益。

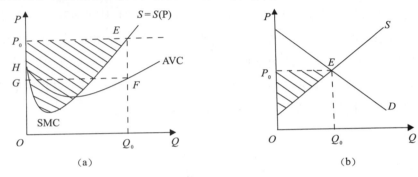

图6.5 厂商与市场的短期生产者剩余

10. 完全竞争市场实现了最大的福利,或者说,完全竞争市场机制的运行是有效的。最高限价和最低限价均限制了市场机制的有效运行,导致市场福利的无谓损失。其中,如果消费者的需求是富有弹性的,那么最高限价会使消费者的福利增加,生产者的福利减少,并使社会总福利减少;如果消费者的需求是缺乏弹性的,那么最高限价有可能既减少了生产者的福利,也减少了消费者的福利。政府实施最低限价时,如果生产者不能预知消费者的实际需求量,而是按照最低限价的供给意愿进行生产,就会出现供给过剩,这不仅会减少消费者的福利,同时也会减少生产者的福利,社会总福利的无谓损失就会更大。销售税也导致了市场福利的无谓损失。需求或供给弹性越大,销售税所导致的福利的无谓损失就越大。政府无论是向消费者还是向生产者征税,对消费者福利和生产者福利的影响都是一样的,其税负的分担是价格弹性小的分担得多,价格弹性大的则分担得少。

★ 考查重点、难点

本章考查的重点是:完全竞争市场结构的特点;完全竞争条件下厂商的需求曲线是一条由市场价格决定的水平线的原因;完全竞争条件下厂商的总收益、平均收益与边际收益曲线的关系及推导;完全竞争条件下厂商的短期均衡条件及短期供给曲线的推导;完全竞争条件下厂商与行业长期均衡的条件等。其中,完全竞争条件下各收益曲线的关系推导,完全竞争条件下短期、长期厂商与行业均衡的条件及推导过程,以及把握完全竞争市场是最有效率的市场结构的原因是本章考查的难点。考试题型主要是以厂商或行业均衡条件的推导为内容的计算题和论述题,辅之以相关知识点为考查对象的选择题、判断题和简答题。

★ 拓展阅读(若想了解更多文献和素材,可关注微信公众号"鸿观经济")

【学以致用】 生产冷清的餐馆和淡季的小型高尔夫球场

你是否曾经走进一家餐馆吃午饭,却发现里面几乎没有人? 你会问为什么这种餐馆还要开门呢? 因为看起来几个顾客的收入不可能弥补餐馆的经营成本。

在作出是否经营的决策时,餐馆老板必须记住固定成本与可变成本的区别。餐馆的许多成本,包括租金、厨房设备、桌子、盘子、餐具等都是固定的。在午餐时停止营业并不能减少这些成本。换句话说,在短期中,这些是沉没成本。当老板决定是否提供午餐时,只有可变成本(增加的食物的价格和额外的侍者的工资)是相关的。只有在午餐时,从顾客处得到的收入少到不能弥补餐馆的可变成本时,老板才会在午餐时间关门。

夏季度假区小型高尔夫球场的经营者也面临着类似的情况。由于不同的季节收入变动很大,企业必须决定什么时候开门以及什么时候关门。此外,固定成本(购买土地和建球场的成本)是一直存在的。只要在一年的这些时间里,收入大于可变成本,小型高尔夫球场就应开门经营。

【来源】曼昆.经济学原理(上册)(第三版).梁小民,译.北京:机械工业出版社,2003.

【评析】本例说明了在短期经营决策中沉没成本(固定成本)的无关性。

【经典案例】 进入还是过度投资?

在竞争市场上,强劲的需求会带来高价格和高利润,而这又会引起进入增加、价格下降和利润减少。在经济学家看来,这些市场力量是看不见的手发挥作用的表现。但是,在企业管理者看来,新进入和利润下降问题更像一个过度投资问题。

在加州蒙特利,某天有大约20位总裁与一个管理职员团队挤在一个会议室里,他们的神情都异常忧郁。

这是夏天一个美好的日子,股市高涨,美国经济处于良好状况,一些公司的代表正在公布比预期更好的利润。也许这些幸运的总裁刚从著名的帕比利海岸高尔夫球场打了一场高尔夫球回来,他们本应该精神焕发的。

相反,现在这些来自美孚公司、联合碳化物公司和其他资本密集型公司的总裁心中的担忧是显而易见的。在打高尔夫球、用餐和抽雪茄时,他们听到了大量令人感到沉重的消息。

麦切尔管理咨询公司董事长兼这次会议的东道主R·东尼·迪克逊的欢迎词是:"我感到悲观。我相信下降已经开始了。我无法告诉你们下降将会走多远,但它可能是极为严重的一次。"

在两天时间里,总裁及其顾问们讨论了他们对从现在到2000年间各行业的预期:生产能力过度增加,世界性的产品过剩,价格战,经济不景气以及稳定……

到现在为止,需求还不是大问题。在许多行业中,需求增速尽管慢了下来,但仍然在稳定增长。日益严重的问题是供给非常之大,这产生于反复出现的过度投资问题……以后几年就会引起残酷竞争和价格下降。

【来源】曼昆.经济学原理(上册)(第三版).梁小民,译.北京:机械工业出版社,2003.

【评析】完全竞争只在理论中存在。在现实中,如无进入限制,则利润将吸引企业不断进入。

★ 例题详解

例1 判断题:厂商获取最大利润的条件是边际收益等于边际成本,此时收益大于成本的差额为最大。(　　)

【提示】厂商实现利润最大化的必要条件就是边际收益等于边际成本,这是可以通过数学公式推导得出的,适用于所有市场。

【解答】对

例2 判断题:在 $P = AC$ 的情况下,一个完全竞争厂商处于短期均衡。(　　)

【提示】完全竞争厂商由于存在所面临的需求曲线、平均收益曲线和边际收益曲线三线合一的情况,其利润最大化的均衡条件又可以写为 $P = \mathrm{MC}$。

【解答】错

例3 判断题:在长期,一个规模收益不变的完全竞争厂商增加一定的投入可以获得相同的利润。( )

【提示】利润为收益与成本之差。若规模收益不变的完全竞争厂商的投入增加,收益与成本同比例增加,则两者之间的差值肯定会扩大。

【解答】错

例4 判断题:如果厂商所面临的需求曲线是向下倾斜的,那么这一市场是不完全竞争的。( )

【提示】完全竞争市场的特点决定厂商面临的需求曲线是水平的,即厂商是既定价格的接受者。不完全竞争市场上的厂商面临的需求曲线都是向右下方倾斜的,即其不是既定价格的接受者,而是价格的制定者或价格的搜寻者。

【解答】对

例5 选择题:完全竞争市场上,厂商短期内继续生产的最低条件是( )。

    A. AC < AR   B. AVC ≤ AR

    C. AVC > AR   C. P > AC

【提示】完全竞争市场中厂商继续生产的最低条件是其收益正好抵消可变成本,即平均收益正好等于平均可变成本,这个点也称为停止营业点。从长远考虑,为避免生产设备闲置带来额外的损失(如闲置带来的自然损坏),在这一点应该继续生产。因此厂商短期内继续生产的最低条件应该包括这个点。

【解答】B

例6 选择题:在一个成本不变的完全竞争行业中,长期需求的增加会导致市场价格( )。

    A. 提高   B. 不变   C. 降低   D. 先增后降

【提示】成本不变完全竞争行业意味着厂商的长期平均成本曲线位置不变,与其最低点相对应的市场价格也不变。先增后降的说法看似表述了这一动态过程,但没有点明最终市场价格仍不变这个关键点。

【解答】B

例7 选择题:完全竞争与不完全竞争的区别包括( )。

A. 如果在某一行业中存在许多厂商,则这一市场是完全竞争的

B. 如果厂商所面临的需求曲线是向下倾斜的,则这一市场是不完全竞争的

C. 如果行业中所有厂商生产相同的产品,且厂商的数目大于1,则这个市场是不完全竞争的

D. 如果某一行业中有不止一家厂商,并且这些厂商都生产相同的产品,有相同的价格,则这个市场是完全竞争的

【提示】完全竞争与不完全竞争的关键区别在于厂商所面临的需求曲线的形态。

【解答】B

例8 选择题:如果一个完全竞争行业是成本递增行业,则( )。

A. 行业的长期供给曲线有一正的斜率

B. 行业的长期供给曲线有一负的斜率

C. 生产中使用的要素供给曲线是垂直的

D. 短期平均成本曲线不是U形的

【提示】成本递增完全竞争行业意味着厂商长期平均成本曲线随着产量的增加而向上平移,与其平均成本最低点相对应的市场价格也随着产量的增加而上升。

【解答】A

例9 简答题:如果行业中的每个厂商都处于长期均衡状态,那么整个行业是否必定处于长期均衡状态? 如果行业处于长期均衡状态,那么该行业中的每个厂商是否必然处于长期均衡状态?

【提示】考查完全竞争市场的均衡条件,包括厂商的短期均衡、长期均衡概念,以及整个行业的短期均衡、长期均衡概念。

【解答】如果行业中的每个厂商都处于长期均衡状态,则有 $P = SMC = LMC$。而如果是整个行业处于长期均衡状态的话,则不但要求 $P = SMC = LMC$,还要求 $P = SMC = LMC = SAC = LAC$。当 $P = SMC = LMC$ 时,不一定有 $P = SMC = LMC = SAC = LAC$。可见,即使每个厂商都处于长期均衡状态,整个行业也不一定处于长期均衡状态。但当 $P = SMC = LMC = SAC = LAC$ 时,必定有 $P = SMC = LMC$,即如果整个行业处于长期均衡状态,则行业中的每个厂商必定处于长期均衡状态。

例10 简答题:试阐述完全竞争厂商的短期均衡理论 。

【提示】本题要求对完全竞争厂商的短期均衡理论作全面阐述,包括厂商的利润最大化原则、厂商继续生产的条件及短期供给曲线等内容。

【解答】根据厂商理论,单个厂商对于产品的供给取决于厂商的利润最大化行

为:厂商会根据边际收益等于边际成本的利润最大化原则决定提供商品的数量。在完全竞争市场上,由于每个厂商都是价格的接受者,所以就单个厂商而言,市场价格是既定的,从而厂商的平均收益和边际收益也是既定的,它们都等于市场价格 P (注:这是理解完全竞争市场及其区别于其他类型市场的关键)。

厂商的成本取决于生产的技术水平、厂商所使用的不同生产要素的数量以及这些生产要素的市场价格。在这些因素既定的条件下,厂商的成本是其所能提供的产量的函数,短期平均成本曲线、平均可变成本曲线和边际成本曲线呈 U 形。

根据边际收益等于边际成本的利润最大化原则,在既定的价格下,厂商在价格与边际成本的交点处选择提供商品的数量。当市场价格高于厂商平均成本的最低点时,厂商的总收益大于总成本,厂商也因此获得超额利润;当市场价格位于厂商平均成本的最低点时,厂商的边际收益恰好与边际成本在这一点相交,该点所决定的生产量使得厂商的总收益等于总成本,此时厂商能获得正常利润;当市场价格低于厂商的平均成本时,厂商能处于亏损状态,其是否生产取决于市场价格是否高于厂商的平均可变成本。若厂商选择继续生产,则其将按价格(即边际收益)等于边际成本的利润最大化原则提供产量。由于在短期内,厂商已经支付了固定成本,所以其不生产的话将损失这一部分成本,因此,只要提供的产出可以抵补可变成本的费用,那么厂商继续生产就会比不生产损失小。可见,当市场价格高于厂商平均可变成本的最低点时,价格等于厂商的边际成本决定厂商的产量,此时厂商处于短期均衡,而低于这一点的话,厂商将停止生产,供给量为零。

根据供给曲线的定义,在完全竞争市场上,单个厂商的短期供给曲线是厂商边际成本曲线在平均可变成本之上的那一段。这段曲线上的每一点都表示厂商在既定的市场价格下对产量的利润最大化的选择。由于边际产量递减规律的作用,厂商的边际成本曲线是一条 U 形曲线,并且利润最大化的产量处于边际成本递增的阶段,所以厂商的短期供给曲线是一条向右上方倾斜的曲线。

例 11 计算题:某完全竞争企业的短期总成本函数为 $TC = 20 + 2Q + Q^2$,产品价格为 $P = 6$,试求:

(1)最大化利润。

(2)利润最大化时的 TC、VC、FC、AC、AVC、AFC 和 MC。

(3)当 $P = 8$ 时,该企业是否应该继续生产?

【提示】本题考查完全竞争厂商的短期均衡。

【解答】

(1)根据厂商利润最大化原则 MR = MC,同时注意到完全竞争厂商有 MR = P,因此其利润最大化条件可改写为 MC = P

又已知 TC = $20 + 2Q + Q^2$,可得 MC = $2 + 2Q$,而 $P = 6$,

代入利润最大化条件式,可得:$2 + 2Q = 6$,解得 $Q = 2$,

从而 π = TR − TC = PQ − TC = $6 \times 2 − (20 + 2 \times 2 + 2^2) = −16$,

即此时的最大化利润为−16。

(2)根据定义将(1)中解得的 $Q = 2$ 代入可得:

$$TC = 20 + 2 \times 2 + 2^2 = 28$$

$$FC = 20$$

$$VC = TC − FC = 28 − 20 = 8$$

$$AC = \frac{TC}{Q} = \frac{28}{2} = 14$$

$$AVC = \frac{VC}{Q} = \frac{8}{2} = 4$$

$$AFC = \frac{FC}{Q} = \frac{20}{2} = 10$$

$$MC = 2 + 2Q = 2 + 2 \times 2 = 6$$

(3)当 $P = 8$,根据利润最大化条件 MC = P,

可得 $2 + 2Q = 8$,解得 $Q = 3$,

这样 $AVC = \frac{VC}{Q} = \frac{8}{3}$,

由于此时 $MR(= P = 8) > AVC(= \frac{8}{3})$,

所以厂商可以继续生产。

例12 计算题:假设一个完全竞争的成本递增行业的每一厂商的长期总成本函数为 LTC = $q^3 − 2q^2 + (10 + 0.0001Q)q$,其中,$q$ 为单个厂商的产量,Q 为整个行业的产量,进一步假定单个厂商的产量变动不影响行业的产量。如果行业的需求函数从 $Q_D = 5000 − 200P$ 增加到 $Q_D = 10000 − 200P$,试求此行业的长期均衡价格的增长率。

【提示】本题考查对完全竞争厂商长期均衡的理解。

【解答】根据已知条件可得厂商的长期平均成本函数为 LAC = $q^2 − 2q + 10 + 0.0001Q$,完全竞争厂商长期均衡时的生产在 LAC 曲线的最低点,即相应的产量应该满足 $\frac{dLAC}{dq} = 2q − 2 = 0$,容易解得 $q = 1$,同时,均衡价格也位于平均成本曲线的最低点,即 $P = 9 + 0.0001Q$。

当市场需求为 $Q_D = 5000 - 200P$ 时,均衡价格 P_E 满足 $P_E = 9 + 0.001 \times (5000 - 200P)$,解得 $P_E = 950/102$。

当市场需求为 $Q_D = 10000 - 200P$ 时,均衡价格 $P'_E = 1000/102$,

于是该行业的价格增长率为 $\pi = \dfrac{P'_E - P_E}{P_E} = \dfrac{\frac{1000}{102} - \frac{950}{102}}{\frac{950}{102}} = \dfrac{50}{950} \approx 5.26\%$。

例13 论述题:试阐述如果完全竞争行业的短期供给曲线由该行业中单个厂商的短期供给曲线加总而成,那么其行业的长期供给曲线是否也由厂商的长期供给曲线加总而成?

【提示】完全竞争市场单个厂商的供给曲线加总即得到完全竞争行业的供给曲线,短期的行业供给曲线以厂商的短期供给曲线为基础,行业长期供给曲线根据成本不变、递增、递减而呈现出不同的情况。

【解答】完全竞争行业的短期供给曲线是该行业中厂商的短期供给曲线的水平相加,但不能说该行业长期供给曲线也是该行业中厂商的供给曲线的水平相加。在长期中,厂商数目是可以变动的,当市场需求持续扩大时,不仅行业中原有的厂商生产规模可以扩大,而且该行业中的厂商数量也会增加。完全竞争行业达到长期均衡状态时,与厂商均衡供给量(进而行业供给量)相对应的成本不是边际成本,而是厂商的长期平均成本曲线的最低点的平均成本,因而行业长期供给曲线是由市场需求扩大(或缩减)引起的行业供求平衡时各厂商LAC曲线的最低点的轨迹,因此不再是厂商供给曲线的水平相加。根据行业需求和生产变动时产品成本变动的不同情况,行业长期供给曲线的形状有水平直线、向右上方倾斜和向右下方倾斜三种不同情况。

例14 论述题:评价完全竞争市场的长期均衡对资源配置效率的影响。

【提示】在完全竞争市场中,边际成本等于市场价格,平均成本等于市场价格,以及价格的自由波动等特点使资源的配置具有高效率,但是由于完全竞争市场的限制条件非常严格,因此它仅具有理论上的意义。

【解答】在完全竞争市场的长期均衡状态下,厂商的平均成本、边际成本和边际收益都相等,而且都等于市场价格,这意味着完全竞争市场是有效率的。

(1)从边际成本等于市场价格的角度来看。边际成本衡量了社会生产一单位产品所消耗资源的成本,而市场价格则衡量了消费者愿意支付给该单位产品的货币(或其他商品)数量,即社会给予该单位产品的价值(效用)评判。边际成本等于市场价格意味着最后一单位产量耗费的资源的价值恰好等于该单位产量的社会价值,此时该产量达到了最优。因为如果边际成本大于市场价格,那么就意味着在消费者看来,最后一单位的产品不值那么多,所以减少该单位产品的生产会提高全社会的价值总和;反之,如果边际成本小于市场价格,那么增加生产会提高社会的价值总和。这说明完全竞争厂商的产量是最优的。

(2)从平均成本等于市场价格的角度来看。平均成本是生产者生产所有的产量在每单位产品上所花费的资源费用,而市场价格是消费者购买每单位商品支付给生产者的费用或生产者的收益。平均成本等于市场价格意味着生产者提供该数量的产品所获得的收益恰好能够补偿厂商的生产费用,从而厂商没有获得超额利润,消费者也没有支付多余的费用,这对于买卖双方而言都是公平的。此外,由于完全竞争市场上的市场价格是一条水平的直线,而在厂商处于长期均衡状态时,厂商的边际收益和平均收益都等于市场价格,所以厂商提供的生产量恰好处于平均成本的最低点。这就是说,当提供该产量时,厂商在现有的生产规模中选择了成本最低的一个。因此,完全竞争市场上的生产技术是最优的,因为厂商利用现有技术降低了生产成本。

(3)完全竞争市场的长期均衡是通过价格的自由波动来实现的。当由于消费者的偏好、收入等因素变动引起市场需求发生变动或由于生产技术、生产要素供给等因素变动引起市场供给发生变动时,市场价格可以迅速做出反应,并能及时根据市场供求状况进行调整。另外,由于完全竞争市场上,厂商提供的产品没有任何差别,因而厂商没有必要通过广告之类的宣传媒介来强化自己的产品在消费者心目中的地位。因此,在完全竞争市场上不存在非价格竞争所带来的资源浪费。

总之,相对于不完全竞争市场,完全竞争市场在资源配置方面是最有效率的市场结构。

▶▶ 单元习题 ▶

一、名词解释

1.完全竞争市场

2.总收益

3.平均收益

4.边际收益

5.厂商均衡

6.收支相抵(不盈不亏)点

7.停止营业点

8.生产者剩余

9.成本不变行业

10.成本递增行业

11.成本递减行业

二、判断题

1.对于一个完全竞争市场中的厂商来说,其边际收益与市场价格是相同的。
（　　）

2.完全竞争市场上的行业需求曲线由单个厂商的需求曲线加总而成。（　　）

3.完全竞争市场上厂商的市场需求曲线等于平均收益曲线。　　（　　）

4.在完全竞争市场中,一个成本不变行业在长期中需求的增加会导致市场价格的增加。
（　　）

5.在完全竞争市场上,规模收益递减会导致行业的长期供给曲线向右上方倾斜。
（　　）

6.在完全竞争市场上,如果一个厂商处于长期均衡当中,那么其也处于短期均衡当中。
（　　）

7.如果厂商所面临的需求曲线是向下倾斜的,则这一市场是不完全竞争的。
（　　）

8.在完全竞争市场中,行业的长期供给曲线取决于 LAC 曲线上最低点的变化轨迹。
（　　）

9.在完全竞争市场中,每一厂商在长期均衡时都没有超额利润。　（　　）

10.若某厂商处于完全竞争市场,则其在短期内继续生产需要满足的最低条件是 AVC < AR。
（　　）

11.在一个完全竞争的市场上,超额利润的存在将导致单个厂商的产量减少以及整个行业的产量增加。
（　　）

12.对一个完全竞争厂商来说,若市场价格处于厂商的平均成本的最低点,则厂商将获得最大利润。
（　　）

13.如果一个行业是成本递增行业,则行业的长期供给曲线有一正的斜率。
（　　）

14.完全竞争行业的供给曲线是在不同的价格水平上,把各个企业的供给数量

水平相加而得到的。   （   ）

15.完全竞争市场一定比垄断市场更能保证生产资源的有效利用。   （   ）

三、选择题

1.下列哪一项不是完全竞争行业的特点（   ）。

    A.厂商数量众多   B.同质产品

    C.竞争对手之间有激烈的价格竞争   D.厂商可以自由进出这个行业

2.假定在某一产量水平上,某厂商的平均成本达到了最小值,这意味着（   ）。

    A.边际成本等于平均成本   B.厂商获得了最大利润

    C.厂商获得了最小利润   D.厂商的超额利润为零

3.在完全竞争的情况下,需求曲线与平均成本曲线相切是（   ）。

    A.厂商在短期内要得到最大利润的充要条件

    B.某行业的厂商数目不再变化的条件

    C.厂商在长期内要得到最大利润的条件

    D.厂商在长期内亏损最小的条件

4.如果某厂商的边际收益大于边际成本,那么为了获取最大利润,（   ）。

    A.在完全竞争条件下应该增加产量,在不完全竞争条件下则不一定

    B.在不完全竞争条件下应该增加产量,在完全竞争条件下则不一定

    C.在任何条件下都应该增加产量

    D.在任何条件下都应该减少产量

5.完全市场中的厂商总收益曲线的斜率为（   ）。

    A.P B.1   C.0   D.无法确定

6.对于一个竞争性厂商而言,应使（   ）。

    A.$P = MC = AC$ B.$P = MR = AC$

    C.$P = AR = MC$ D.$P = AR = MR$

7.完全竞争厂商的收支相抵(不盈不亏)点出现在下列哪一种情况下（   ）。

    A.$MC = AC$ B.$AVC = AFC$

    C.$MC = AVC$ D.$AC = AVC$

8.为使效益极大化,竞争性厂商将按照何种价格来销售其产品?（   ）。

    A.低于市场价格   B.高于市场价格

    C.市场价格   D.略低于距其最近的竞争对手的价格

9.在完全竞争条件下,若市场价格处于厂商的平均成本的最低点,则厂商将（　　）。

    A.获得最大利润或正常利润　　B.不能获得最大利润

    C.亏损　　　　　　　　　　　D.无法确定厂商的利润状况

10.下列哪种情况下一个完全竞争厂商会处于短期均衡?（　　）。

    A.AVC下降　　B.AC下降　　C.MC下降　　D.以上都不对

11.在完全竞争市场上,厂商在短期内的供给曲线向上倾斜的原因除了边际产量递减,还有（　　）。

    A.价格越高,利润越大　　　　B.产量越大,总成本越大

    C.产量越大,平均成本越大　　D.产量越大,边际成本越大

12.一个处于规模收益不变的完全竞争厂商（　　）。

    A.在长期,其可以通过增加一倍的投入获得加倍的利润

    B.当利润开始消减时,其可以提高价格

    C.在长期,其增加投入可以获得相同的利润

    D.当有厂商进入这一行业时,其将得不到利润

13.在完全竞争市场中,行业的长期供给曲线取决于（　　）。

    A.SAC曲线最低点的轨迹　　B.SMC曲线最低点的轨迹

    C.LAC曲线最低点的轨迹　　D.LMC曲线最低点的轨迹

14.当完全竞争厂商(并非整个行业)处于长期均衡时,（　　）。

    A.$P = MR = SMC = LMC$

    B.$P = MR = LMC = LAC$

    C.$P = MR = SMC = LMC, SAC = LAC,$ 但 $P \neq SAC$

    D.$P = MR = SMC = SAC = LMC = LAC$

15.若生产要素的价格和数量的变化方向相同,则该行业是（　　）。

    A.成本不变行业　　　　B.成本递增行业

    C.成本递减行业　　　　D.以上任何一个

四、简答题

1.为什么完全竞争厂商是市场价格的接受者?既然如此,完全竞争市场的价格还会变化吗?

2.完全竞争厂商的短期供给曲线与短期生产的合理区间之间有什么联系?

3.简述完全竞争市场长期均衡的实现过程。

五、计算题

1. 已知某完全竞争行业中单个厂商的短期成本函数为 $STC = 0.1Q^3 - 2Q^2 + 15Q + 10$。

(1)求当市场上的产品价格为 $P = 55$ 时,厂商的短期均衡产量和利润。

(2)当市场价格下降为多少时,厂商必须停止生产?

(3)求厂商的短期供给函数。

2. 假定某完全竞争行业中有500家完全相同的厂商,每个厂商的成本函数为 $STC = 0.5Q^2 + Q + 10$。

(1)求市场的短期供给函数。

(2)假定市场需求函数为 $Q_D = 2200 - 400P$,求市场的均衡价格。

(3)假定对每单位产品征收0.9元的税,那么新的市场均衡价格和产量又是多少?

六、论述题

1. 为什么 $MR = MC$ 决定了厂商能实现最大利润的产量?

2. 画图说明完全竞争厂商短期均衡的形成及其条件。

3. 画图说明完全竞争厂商长期均衡的形成及其条件。

参考答案

一、名词解释

1. 完全竞争市场:符合以下四个条件的市场就是完全竞争市场。第一,市场上有无数的买者和卖者,每个消费者和生产者都是被动的生产价格的接受者;第二,生产的产品是同质;第三,厂商进入和退出一个市场是自由的;第四,市场中的每一个买者和卖者都掌握了完全的信息。

2. 总收益:指厂商按一定的价格出售一定量的产品时所获得的全部收入。

3. 平均收益:指厂商在平均每一单位产品销售上所获得的收入。

4. 边际收益:指厂商每增加一单位产品销售所能获得的总收入的增量。

5. 厂商均衡:是指厂商获得最大利润并将继续保持不变的一种状态。在不同的市场结构下,厂商的均衡状态不同,从而所决定的价格和产量也不同。

6. 收支相抵(不盈不亏)点:在完全竞争条件下,该点为平均成本曲线的最低点及其与边际成本曲线的交点。

7. 停止营业点:在完全竞争条件下,该点为平均可变成本曲线的最低点及其与边际成本曲线的交点。

8. 生产者剩余:指厂商在提供一定数量的某种产品时实际接受的总支付和愿意接受的最小总支付之间的差额。

9. 成本不变行业:指该行业的产量扩张不会引起投入要素价格的上升或下降。

10. 成本递增行业:指该行业的产量增加所引起的生产要素需求的增加会导致生产要素价格的上升。

11. 成本递减行业:指该行业的产量增加所引起的生产要素需求的增加会使生产要素的价格下降。

二、判断题

1. 对

【提示】考查完全竞争厂商的均衡条件。

2. 对

【提示】考查完全竞争市场上的行业需求曲线的概念及推导。

3. 对

【提示】考查完全竞争市场的特点。在此条件下,厂商的需求曲线既是价格水平线,也是平均收益线和边际收益线。

4. 错

【提示】考查完全竞争市场中行业长期均衡的条件,其市场价格仍将不变。

5. 对

【提示】考查在完全竞争市场中行业的长期供给曲线的概念及推导。

6. 对

【提示】考查完全竞争厂商的均衡条件。

7. 对

【提示】考查完全竞争市场的特点。

8. 对

【提示】考查完全竞争行业长期供给曲线的特点。

9. 对

【提示】考查完全竞争厂商长期均衡的特点。

10. 错

【提示】考查完全竞争厂商短期生产的停止营业点。从长远考虑,在停止营业点上应继续生产,因此完全竞争厂商的短期供给曲线是停止营业点及以上的MC曲线部分。

11. 对

【提示】考查完全竞争市场的均衡及超额利润的概念。

12. 错

【提示】考查对完全竞争厂商长期均衡的理解。市场价格处于厂商的平均成本最低点是完全竞争市场厂商长期竞争的结果,而非厂商利润最大化选择的结果。

13. 对

【提示】考查完全竞争市场中行业长期供给曲线的相关概念。

14. 对

【提示】考查完全竞争市场的短期供给曲线。

15. 错

【提示】考查对完全竞争市场资源配置效率的理解。注意资源配置效率与资源利用效率是不同的概念。

三、选择题

1. C

【提示】考查完全竞争市场的定义。

2. A

【提示】考查完全竞争厂商短期均衡不盈不亏的状态的特征。

3. B

【提示】考查完全竞争行业长期均衡的形成。要注意完全竞争厂商长期均衡和行业长期均衡的区别。完全竞争厂商在短期中也存在需求曲线与平均成本曲线相切的情况,即上题中所描述的不盈不亏的情况。在长期中,需求曲线与平均成本曲线相切是市场竞争的结果。

4. C

【提示】考查对厂商利润最大化的条件的理解。

5. A

【提示】考查对完全竞争厂商是既定价格接受者的理解。

6. C

【提示】考查完全竞争市场厂商的均衡条件变换式。掌握完全竞争厂商的需求曲线与平均收益曲线、边际收益曲线三线合一的特征。

7. A

【提示】考查完全竞争厂商的收支相抵(不盈不亏)点。

8. C

【提示】考查完全竞争市场的特征。

9. A

【提示】考查完全竞争厂商的利润最大化原则的内容。

10. B

【提示】考查完全竞争厂商实现短期均衡的条件。

11. B

【提示】考查完全竞争厂商短期供给曲线的推导。

12. A

【提示】考查完全竞争厂商长期均衡的实现过程。

13. C

【提示】考查完全竞争市场中行业长期供给曲线的推导。

14. C

【提示】考查完全竞争市场厂商实现长期均衡的条件。

15. B

【提示】考查成本递增行业的特征。

四、简答题

1.【提示】考查完全竞争市场的条件。

【解答】由于在完全竞争市场上有很多的消费者和厂商,而每一个行为主体所占的市场份额都微乎其微,是可以忽略不计的,因此其经济行为不会对市场价格水平产生影响。又由于在完全竞争市场上厂商们生产和销售的产品是完全无差异的,即彼此的产品互为完全替代品,因此每一个厂商在既定的市场价格水平下都不会提价或降价,因为提价则销量立即降为零,而且不降价也能将全部产品都销售出去,故没有必要降价。所以完全竞争厂商是市场价格的接受者。

完全竞争厂商是市场价格的接受者,这并不是说完全竞争市场的价格是一成不变的。事实上,在市场供求力量的相互作用下,完全竞争市场的价格是经常变化的,这种变化的规律可以用供求定理来描述。例如,当某一年农产品举国丰收时,所有农民能销售的粮食数量都增加了,虽然某一个农民的粮食数量增加不会影响市场供给曲线,但全体农民的粮食数量都增加则会导致市场供给曲线右移,即供给增加。如果因某种原因而导致所有消费者对玉米的需求都增加(比如有科学研究表明玉米食品可以有效防癌),则这会导致市场需求曲线右移。在这种市场供求曲线移动并产生了新的均衡价格之后,对于其中的某一个厂商而言,市场价格又是固定不变的,其依然只能是市场价格的接受者。

2.【提示】考查完全竞争厂商的短期供给曲线。

【解答】完全竞争厂商的短期生产和短期成本之间的相互关系是:$MC = \dfrac{w}{MP_L}$,$AVC = \dfrac{w}{AP_L}$。厂商在短期生产中,MP_L 曲线的下降阶段对应着 MC 曲线的上升阶段,AP_L 曲线的下降阶段对应着 AVC 曲线的上升阶段,MP_L 曲线与 AP_L 曲线的交点对应着 MC 曲线和 AVC 曲线的交点。

完全竞争厂商的长期供给曲线是 MP_L 曲线上等于和高于 AVC 曲线最低点的那一段,对应到短期生产中就是 MP_L 曲线低于 AP_L 曲线最高点的那一段。因为短期生产的合理区间就是 MP_L 曲线低于 AP_L 曲线最高点的那一段,所以完全竞争厂商的短期供给曲线对应的恰好就是短期生产的合理区间。即如果完全竞争厂商处于短期生产的合理区间,那么这也意味着该厂商的生产一定位于短期供给曲线上。或者说,如果完全竞争厂商的生产位于短期供给曲线上,那么该厂商的生产一定处于短期生产的合理区间。

3.【提示】考查完全竞争市场长期均衡的含义。

【解答】在完全竞争市场上,市场的供给和需求决定市场的均衡价格与均衡产量。在长期的条件下,各厂商根据市场的均衡价格调整厂房、设备、规模,与此同时,不断有新的厂商进入以及亏损厂商退出市场。当该产品的供给量和需求量在某一价格水平下达到均衡时,如果这一价格水平等于厂商的最低长期平均成本,则该产品的价格、产量和留存下来的厂商数量将不再发生变化。因为每个厂商既没有超额利润,也不会亏损,于是厂商不再改变产量,新厂商也不再加入该市场,原有的厂商也不再退出该市场,所以该市场处于长期均衡状态。

五、计算题

1. 【提示】完全竞争厂商的短期均衡,完全竞争厂商的短期供给曲线。

【解答】

(1)因为单个厂商的短期成本函数为 $STC = 0.1Q^3 - 2Q^2 + 15Q + 10$,所以其边际成本 $MC = 0.3Q^2 - 4Q + 15$。

根据完全竞争行业的均衡条件 $MC = P$,代入有关参数可得:$0.3Q^2 - 4Q + 15 = 55$,求解得出 $Q = 20$,所以厂商利润 $\pi = PQ - STC = 55 \times 20 - (0.1 \times 8000 - 2 \times 400 + 15 \times 20 + 10) = 790$。

(2)生产临界点的条件为:价格等于最低平均可变成本。根据总成本函数可得平均可变成本 $AVC = \dfrac{TVC}{Q} = 0.1Q^2 - 2Q + 15$,令 $\dfrac{dAVC}{dQ} = 0.2Q - 2 = 0$,解得 $Q = 10$,代入可得 $AVC_{min} = 5$,因此,当价格低于5时,厂商必须停产。

(3)厂商的短期供给函数为 $P = MC = 0.3Q^2 - 4Q + 15$,求解得到 $Q = \dfrac{4 + \sqrt{1.2P - 2}}{0.6}$,从而厂商的短期供给函数为 $Q = \begin{cases} \dfrac{4 + \sqrt{1.2P - 2}}{0.6}, 若P \geq 5 \\ 0, 若P < 5 \end{cases}$

2. 【提示】考查完全竞争市场中厂商和行业的均衡的实现过程及供给函数,关键在于把握均衡条件这一内容。

【解答】

(1)根据 $STC = 0.5Q^2 + Q + 10$,得 $AVC = 0.5Q^2 + 1$,$MC = Q + 1$。所以单位厂商的反供给函数为 $P = Q + 1(Q \geq 0)$,即其供给函数为 $Q = P - 1(P \geq 1)$,由此可得行业供给函数为 $Q = 500P - 500(P \geq 1)$。

(2)当 $Q_D = Q_S$ 时,市场处于均衡状态。由 $2200 - 40P = 500P - 500$ 可得均衡价格为 $P = 5$。

(3)当对每单位产品征收0.9元的税后,市场供给曲线变为 $Q_S = 500(P + 0.9) -$

500，而 $Q_D = 2200 - 400P$。由 $Q_D = Q_S$ 可以得出均衡价格为 5.625。

六、论述题

1.【提示】考查利润最大化原则的含义。

【解答】经济学中通常认为理性厂商生产的目的是获得最大化的利润。为了获得最大化的利润，厂商在进行决策时都试图使其边际收益等于边际成本，即每增加一单位产品的生产与销售，厂商增加的收益都等于增加的成本。经济学通常称这一原则为利润最大化原则。利润最大化原则适用于所有以利润为目标的经济单位对所有决策变动进行的选择。

厂商提供产量一方面会带来收益，另一方面也会产生成本。在既定产量的条件下增加产量，如果厂商由此增加的收益大于生产这一单位所耗费的成本，即 MR > MC，那么生产该单位产品就会使利润总额增加。因此，追求利润最大化的厂商就会把它生产出来，即在这种条件下，厂商会增加产量，直至 MR = MC 时为止。相反，如果多生产一单位产品所增加的收益小于生产这一单位产品所耗费的成本，即 MR < MC，那么生产该单位产品会使利润总额减少，厂商就不会生产这一单位产品，或者说，厂商减少生产反而会增加利润总额。

综上所述，MR = MC 既是厂商实现利润最大化的条件，也决定了厂商利润最大化时的产量。

2.【提示】考查完全竞争厂商短期均衡的实现过程及其条件。

【解答】

（1）在短期内，完全竞争厂商是在给定的价格和给定的生产规模下，通过对产量的调整来实现 MR = SMC 的利润最大化的均衡条件的。下面用图6.6加以说明。

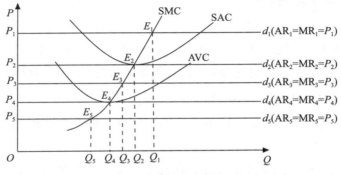

图6.6　完全竞争厂商的短期均衡

(2)首先,关于 MR = SMC。厂商先根据 MR = SMC 的利润最大化的均衡条件来决定产量。如在图中,在价格分别为 P_1、P_2、P_3、P_4 和 P_5 时,厂商根据 MR = SMC 的利润最大化原则,依次选择的最优产量为 Q_1、Q_2、Q_3、Q_4 和 Q_5,相应的利润最大化的均衡点分别为 E_1、E_2、E_3、E_4 和 E_5。

(3)然后,关于 AR 和 SAC 的比较。在(2)的基础上,厂商由(2)中所选择的产量出发,通过比较该产量水平上的平均收益与短期平均成本的大小来确定自己所获得的最大利润量或最小亏损量。在图 6.6 中,如果厂商在 Q_1 的产量水平上进行生产,则有 AR > SAC,即 π > 0;如果厂商在 Q_2 的产量水平上进行生产,则有 AR = SAC,即 π = 0;如果厂商在 Q_3 或 Q_4 或 Q_5 的产量水平上进行生产,则均有 AR < SAC,即 π < 0。

(4)最后,关于 AR 和 AVC 的比较。如果厂商在(3)中是亏损的,即 π < 0,那么亏损时的厂商就需要通过比较该产量水平上的平均收益和平均可变成本的大小来确定自己在亏损的情况下是否仍要继续生产。在图 6.6 中的厂商产量为 Q_3 时,有 AR > AVC,厂商会继续生产,因为此时生产比不生产强;在厂商的产量为 Q_4 时,有 AR = AVC,此时厂商生产与不生产都是一样的;而在厂商的产量为 Q_5 时,有 AR < AVC,这时厂商必须停产,因为此时不生产比生产强。

(5)综合以上分析,可得完全竞争厂商的短期均衡条件是:MR = SMC,并且 MR = AR = P。而且在短期均衡时,厂商的利润可以大于零,也可以等于零,或者小于零。

3.【提示】考查完全竞争厂商长期均衡的实现过程及其条件。

【解答】

(1)在长期,完全竞争厂商是通过对全部生产要素的调整来实现 MR=LMC 的利润最大化的均衡条件的。在这里,厂商在长期内对全部生产要素的调整表现为两个方面:一方面表现为自由地进入或退出一个行业;另一方面表现为对最优生产规模的选择(见图 6.4)。

(2)关于进入或退出一个行业。在图 6.4 中,当市场价格较高(为 P_1)时,厂商选择的产量为 Q_1,从而在均衡点 E_1 处实现利润最大化的均衡条件 MR = LMC。在均衡产量 Q_1 处有 AR > LAC,此时厂商获得最大的利润,即 π > 0。由于每个厂商的利润 π > 0,于是就有新的厂商进入到该行业的生产中来,使得市场供给增加,市场的价格 P_1 开始下降,直至市场价格下降到使单个厂商的利润消失(即 π = 0)为止,从而实现长期均衡。如图 6.4 所示,完全竞争厂商的长期均衡点 E_0 出现在长期平均成本曲线的最低点,市场的长期均衡价格 P_0 也等于 LAC 曲线的最低点所表示的长期平均成本。

当市场价格较低(为 P_2)时,厂商选择的产量为 Q_2,从而在均衡点 E_2 实现利润最大化的均衡条件为 MR = LMC。在均衡产量 Q_2 处,有 AR < LAC,此时厂商是亏损的,即 $\pi < 0$。由于每个厂商的 $\pi < 0$,于是行业内原有的一部分厂商不会退出该行业的生产,这会导致市场供给减少,此时市场价格 P_2 开始上升,直至市场价格上升到使得单个厂商的亏损消失即 $\pi = 0$ 为止,从而在长期平均成本 LAC 曲线的最低点 E_0 处实现长期均衡。

(3)关于对最优生产规模的选择。通过(2)中的分析,我们已经知道,当市场价格分别为 P_1、P_2 和 P_0 时,相应的利润最大化的产量分别为 Q_1、Q_2 和 Q_0。接下来的问题是,当厂商将长期利润最大化的产量分别确定为 Q_1、Q_2 和 Q_0 以后,其必须为每一个利润最大化的产量选择一个最优的生产规模,以确实保证每一产量的生产成本是最低的。于是,如图 6.4 所示,有:当厂商利润最大化的产量为 Q_1 时,其选择的最优生产规模用 SAC_1 曲线和 SMC_1 曲线表示;当厂商利润最大化的产量为 Q_2 时,其选择的最优生产规模用 SAC_2 曲线和 SMC_2 曲线表示;当厂商实现长期均衡且产量为 Q_0 时,其选择的最优生产规模用 SAC_0 曲线和 SMC_0 曲线表示。在图 6.4 中,我们只标出了三个产量水平 Q_1、Q_2 和 Q_0,实际上,在任何一个利润最大化的产量水平,都必然对应着一个生产该产量水平的最优生产规模。这就是说,在每一个产量水平上厂商对最优生产规模的选择是该厂商实现利润最大化(进而实现长期均衡)的一个必要条件。

(4)综上所述,完全竞争厂商的长期均衡发生在 LAC 曲线的最低点。此时,厂商的生产成本降到了长期平均成本的最低点,商品的价格也等于最低的长期平均成本。由此可知,完全竞争厂商长期均衡的条件是:MR = LMC = SMC = LAC = SAC,并且 MR = AR = P,此时单个厂商的利润为零。

第七章 ·
完全垄断市场

★ 知识导图

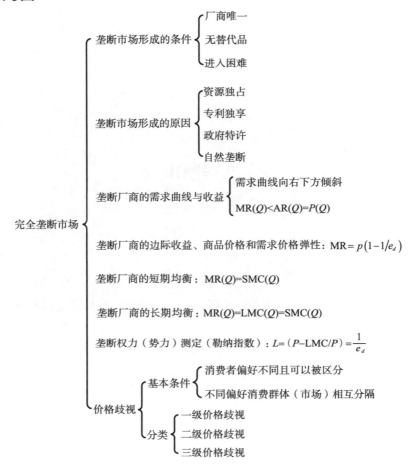

★ 学习要求

通过本章的学习,学生应当:

1. 掌握完全垄断市场的结构特征,以及形成完全垄断市场的原因。

2. 掌握完全垄断厂商的需求曲线和收益曲线,需求曲线与平均收益曲线、边际收益曲线之间的关系。

3. 掌握完全垄断厂商的边际收益、商品价格和需求的价格弹性之间的关系。

4. 掌握完全垄断厂商短期均衡的条件,短期均衡的五种情况。

5. 掌握完全垄断厂商长期均衡的形成及其条件。

6. 了解完全垄断市场不存在具有规律性的厂商和行业的短期与长期供给曲线。

7. 掌握价格歧视及其类型,以及实施价格歧视的条件。

★ **内容精要（扫描二维码，观看相关知识点微课视频）**

1. 完全垄断市场是指整个行业中只有唯一一家厂商的市场组织。完全垄断市场的条件主要有以下三点：第一，市场上只有唯一的一家厂商生产和销售商品；第二，该厂商生产和销售的商品没有任何相近的替代品；第三，其他任何厂商进入该行业都极为困难或不可能。

2. 形成完全垄断的原因主要有：第一，独家厂商控制了生产某种商品的全部资源或基本资源的供给。第二，独家厂商拥有生产某种商品的专利权。例如现代政府为了鼓励发明与创造，以法律形式特别设置的专利权保障。第三，政府的特许。例如政府根据公共事业、公共安全和社会福利的需要或法律的规定，给予特权并加以管制而形成的垄断。第四，自然垄断。自然垄断行业的企业生产的规模经济需要在一个很大的产量范围和相应的巨大的资本设备的生产运行水平上才能得到充分的体现。而且，只要发挥企业在这一生产规模上的生产能力，就可以满足整个市场对这一产品的需求。如果由两家或两家以上的企业进行生产，那么将产生较高的平均成本，造成资源浪费。

3. 完全垄断厂商的需求曲线就是市场需求曲线，向右下方倾斜。完全垄断厂商的平均收益曲线与其面临的向右下方倾斜的需求曲线重叠，即在任何销售量上，都有 $P = AR$。边际收益曲线向右下方倾斜，且其位置低于平均收益曲线，而且在线性需求曲线条件下，平均收益曲线和边际收益曲线的纵截距相同，而边际收益曲线的斜率的绝对值是平均收益曲线的斜率的绝对值的两倍，或边际收益曲线的横截距是平均收益曲线的横截距的一半。因为边际收益值是总收益曲线的斜率值，即 $MR = dTR/dQ$，故有以下三种情况：当 $MR > 0$ 时，TR 曲线是上升的；当 $MR < 0$ 时，TR 曲线是下降的；当 $MR = 0$ 时，TR 曲线达到极大值。

4. 完全垄断厂商的边际收益、商品价格和需求价格弹性之间的关系为 $MR = P\left(1 - \dfrac{1}{e_d}\right)$。因此可以得出以下三种情况：第一，当 $e_d > 1$ 时，TR 与 P 反向变动；第二，当 $e_d = 1$ 时，TR 与 P 的变动无关；第三，当 $e_d < 1$ 时，TR 与 P 同方向变动。

5. 完全垄断厂商短期均衡同样要满足利润最大化的条件：必要条件（或一阶条件）$MR = MC$，充分条件（或二阶条件）$MR' = MC'$。与完全竞争市场类似，在实现利润最大化均衡时的总收益与总成本、总可变成本的大小关系可以分为五种短期均衡的情况。

当边际收益曲线与短期边际成本曲线相交（即实现利润最大化均衡）时，有：第一，若市场价格大于此均衡产量下的平均成本，在几何上表现为需求曲线（同时也是平均收益曲线)与平均成本曲线相交,则厂商获得超额利润;第二,若市场价格正好等于此均衡产量下的平均成本,在几何上表现为平均收益曲线或需求曲线与平均成本曲线相切(注意这时与完全竞争市场不同,即不可能再与平均成本曲线最低点相切了),则厂商获得零经济利润(或称不盈不亏),但能够获得正常利润;第三,若市场价格小于此均衡产量下的平均成本但大于此均衡产量下的平均可变成本,在几何上表现为平均收益曲线或需求曲线与平均成本曲线互不相交或相切,但与平均可变成本曲线相交,则厂商为了实现亏损最小化应继续生产,此时厂商生产所得收益除了能全部弥补可变成本,还能部分弥补固定成本;第四,若市场价格正好等于此均衡产量下的平均可变成本,在几何上表现为平均收益曲线或需求曲线与平均可变成本曲线相切(注意这时也与完全竞争市场不同,即不可能再与平均可变成本曲线最低点相切了),则厂商处于停止营业点,此时厂商生产与不生产一个样,生产所得收益仅能弥补可变成本而无法弥补固定成本;第五,若市场价格小于此均衡产量下的平均可变成本,则厂商必须停止营业,此时再开展生产经营活动的话会连可变成本都无法收回,因此不生产比生产强。需要注意的是,完全竞争厂商的短期均衡条件可以表示为 $P = MC$,因为在完全竞争市场中 $P = MR$,因此 $P = MC$ 本质上仍然是 $MR = MC$。但完全垄断市场中由于垄断厂商所面临的需求曲线向右下方倾斜,从而价格 P 总是大于边际收益 MR,因此其短期均衡条件不可表达为 $P = MC$,只能是 $MR = MC$。

6. 完全垄断厂商的长期均衡条件为:$MR = LMC = SMC$(必要条件或一阶条件)和 $MR' = LMC'$(充分条件或二阶条件,一般能够得到满足)。在长期均衡点上,垄断厂商一般可以获得垄断利润,即有 $P > LMC$,其原因在于长期内垄断厂商的生产规模是可以调整的,而且市场对新加入厂商而言是完全关闭的。当垄断厂商达到长期均衡时,即 $MR = LMC$,隐含着如下重要结论:第一,$SMC = LMC$ 表示产量在均衡时,要素投入将达到最适组合。第二,当 $P > LMC$ 时,表示产量太少,从而会造成社会的损失。第三,$P > LAC$ 的最低点表示最优的规模没有采用。

7. 垄断权力(势力)的测定和来源。垄断权力可以用价格超出其边际收益(或边际成本)的程度来测定。通常用勒纳指数来衡量,其公式为 $L = \dfrac{P - LMC}{P} = -\dfrac{1}{e_d}$。可见,垄断权力(势力)取决于厂商需求弹性的大小。而决定厂商需求弹性的因素包括市场需求弹性、厂商数量及厂商间的相互关系。显然,在完全垄断市场中,市场需求弹性决定了垄断厂商的垄断权力。

8. 凡是在带有垄断因素的不完全竞争市场中,或者说,凡是在单个厂商对市场价格具有一定的控制力量,相应地,单个厂商的需求曲线向右下方倾斜的市场中,不存在具有规律性的厂商和行业的短期与长期供给曲线。原因在于垄断厂商是通过对产量和价格的同时调整来实现 MR = MC 的原则的,厂商面临的向右下方倾斜的需求曲线使得 P 总是大于 MR,随着需求曲线位置的移动,厂商的价格和产量之间不再必然存在如完全竞争条件下那样的一一对应关系,而可能出现一个价格对应几个不同的产量水平,或一个产量水平对应几个不同的价格水平的情形。

9. 垄断厂商在一定条件下可实行价格歧视以获得最大利润。以不同价格销售同一种产品被称为价格歧视。垄断厂商实行价格歧视必须具备以下基本条件:第一,市场的消费者具有不同的偏好,且这些不同的偏好可以被区分开来。第二,不同的消费群体或不同的销售市场是相互隔离的。按市场情况来划分,价格歧视有三种类型:一级价格歧视是指垄断厂商根据每一位消费者买进的每一单位产品所愿意并且能够支付的最高价格即需求价格来逐个确定产品的销售价格。在一级价格歧视下,消费者剩余全部转化为垄断厂商的收益。二级价格歧视指垄断厂商按不同的价格出售不同数量的产品,但每个购买相同数量商品的消费者支付相同的价格。在二级价格歧视下,厂商剥夺了部分的消费者剩余。三级价格歧视是指垄断厂商对同一种产品在不同的市场上(或对不同的消费群体)收取不同的价格,其定价原则是,垄断厂商根据各分市场的边际收益等于整个市场的边际收益的市场分配法则,把总产量分配到各分市场,然后根据各分市场的需求价格弹性分别制定差别价格。例如,有两个分市场,对这两个分市场制定差别价格的步骤如下:第一步,根据两个分市场的需求函数求得 MR_1 和 MR_2 这两个边际收益函数,再从厂商的成本函数中求得边际成本函数 MC。第二步,在差别定价时,根据 $MR_1 = MR_2 = MC$,可以求得两个市场中的销售量 Q_1 和 Q_2,两者相加就是总销售量 Q,于是边际成本 MC 函数中的产量 Q 就可以转化为 Q_1 或 Q_2。第三步,再令 $MR_1 = MC$ 或 $MR_2 = MC$,即可求得 Q_1 和 Q_2,然后分别代入两个市场的需求函数即可求得 P_1 和 P_2。最后根据 $P_1Q_1 + P_2Q_2 - C$ 便可求得其利润。

★ 考查重点、难点

作为市场理论的重要部分,本章的主要内容是说明完全垄断市场价格和产量的决定。考查的重点在于:第一,熟知完全垄断市场的特征,形成垄断的原因。第二,能够熟练运用垄断厂商短期均衡和长期均衡的条件计算厂商利润最大化时的产量、价格和利润,并能进行相应的政策效应分析。第三,掌握垄断厂商的价格歧视的定价方法,能够计算在实行价格歧视后垄断厂商的收益和消费者剩余。

考查的难点在于:运用垄断厂商的短期均衡和长期均衡的条件计算厂商利润最大化时的产量、价格和利润;计算在实行价格歧视后,垄断厂商的收益和消费者剩余。考试题型常以计算题、证明题为主,兼以名词解释、判断题、选择题和简答题。

★ **拓展阅读**(若想了解更多文献和素材,可关注微信公众号"鸿观经济")

【经典案例】 戴比尔斯的钻石垄断

产生于一种关键资源所有权垄断的经典例子是南非的钻石公司戴比尔斯。戴比尔斯控制了世界钻石生产的80%左右,虽然这家企业的市场份额并不是100%,但它也大到足以对世界钻石价格产生重大的影响。

戴比尔斯拥有多大的市场势力呢? 答案部分取决于有没有这种产品的相近替代品。如果认为翡翠、红宝石和蓝宝石都是钻石的良好替代品,那么戴比尔斯的市场势力就较小了。在这种情况下,戴比尔斯的任何一种想提高钻石价格的努力都会使人们转向其他宝石。但是,如果人们认为其他石头都与钻石不同,那么戴比尔斯就可以在相当大的程度上影响自己的产品价格。戴比尔斯支付了大量的广告费。乍一看,这种决策似乎有点奇怪。如果垄断者是一种产品的唯一卖者,那么为什么其还需要做广告呢? 戴比尔斯做广告的一个目的是在消费者心目中把钻石与其他宝石区分开来。当戴比尔斯的口号告诉你"钻石恒久远,一颗永流传"时,你马上会想到翡翠、红宝石和蓝宝石并不是这样(要注意的是,这个口号适用于所有钻石,而不仅仅是戴比尔斯的钻石——戴比尔斯垄断地位的象征)。如果广告是成功的,那么消费者就将认为钻石是独特的,不是许多宝石中普通的一种,而且这种感觉会使戴比尔斯有更大的市场势力。

【来源】曼昆.经济学原理(上册)(第三版).梁小民,译.北京:机械工业出版社,2003.

【评析】垄断产生最简单的原因是某一个企业拥有一种关键的资源。虽然关键资源的排他性所有权是垄断产生的潜在原因,但实际上垄断很少产生于这种原因,因为现实中很少拥有没有相近替代品资源的企业。戴比尔斯的案例给予我们的启示是企业可以通过一定的广告手段营造其产品的独特性,从而维护和增强其垄断地位。

【学者论坛】 垄断药品与无品牌药品

完全垄断市场上的价格决定完全不同于竞争市场的价格决定方式。对这种理论的一种自然检验是药品市场，因为这个市场有两种市场结构。当一个企业开发了一种新药时，专利法使企业垄断了那种药品的销售。但在企业的专利过期后，任何公司都可以生产并销售这种药品。到那时，市场就从垄断变为竞争的了。

当专利过期以后，药品的价格会发生什么变动呢？在专利存在期内，垄断企业通过生产边际收益等于边际成本的产量来收取大大高于边际成本的价格以使利润最大化。但当专利到期时，生产这种药品的利润将鼓励新企业进入市场。随着市场变得越来越具竞争性，价格将下降到等于边际成本。

实际上，现实经验与我们的理论是吻合的。当药品专利到期时，其他公司会迅速进入并开始销售所谓的无品牌药品，这种药品的化学成分与先前垄断者的品牌产品相同。而且，正如我们的分析所预言的，竞争者生产的无品牌产品的价格大大低于垄断者收取的价格。

但是，专利到期并没有使垄断者失去全部的市场势力。一些消费者仍会忠于有品牌的药品，这也许是担心新的无品牌药品与他们用了许多年的品牌药不一样。因此，以前的垄断者至少可以继续收取比新竞争者略高一点的价格。

【来源】曼昆.经济学原理(上册)(第三版).梁小民,译.北京:机械工业出版社,2003.

【评析】专利到期类似于行业进入限制取消，会使得市场从垄断向竞争转变。此案例可以说明垄断价格高于竞争价格。当然，现实中行业进入限制的取消更多的是使其趋向于垄断竞争市场，而非理论上的完全竞争市场。

【趣味小品】 关于定价的一个寓言

设想你是瑞达罗特出版公司的总裁。瑞达罗特的一位畅销书作者刚刚写完他最新的一本小说。简单起见，假设出版这本书应向作者支付的版权费为200万美元，此外，再假设印刷该书的成本为零。这样，瑞达罗特的利润是从销售书中得到的收益减去支付给作者的 200 万美元。在这种假设下,如果你是瑞达罗特的总裁,那么你应该如何决定这本书的价格呢?

显然,你确定价格的第一步是估算这本书可能的需求量。如果瑞达罗特销售部告诉你,这本书将吸引两类读者。第一,该书将受到作者的 10 万名崇拜者的欢迎,他们愿意为这本书支付 30 美元。第二,这本书将受到 40 万不太热心的读者的欢迎,他们愿意为这本书支付最多 5 美元。那么,什么价格能使利润最大化呢?

在上述条件下,自然会考虑到两种价格:能得到 10 万名崇拜者的价格是 30 美元,而能得到整个市场 50 万名潜在读者的最高价格是 5 美元。于是问题就转化为一个简单的计算问题。当价格为 30 美元时,出售 10 万本,收益为 300 万美元,从而利润为 100 万美元。当价格为 5 美元时,出售 50 万本,收益为 250 万美元,获得的利润为 50 万美元。因此,正确的选择是通过收取 30 美元每本的价格并放弃将书出售给 40 万名不太热心读者的机会而使利润最大化。

要注意的是,这个非此即彼的选择决策引起了无谓损失。有 40 万读者愿意支付 5 美元买书,而向这些读者提供书的边际成本为零。因此,当你收取高价格时损失了 200 万美元的总剩余。这种无谓损失是垄断者收取高于边际成本的价格时通常会引起的无效率。

现在假设瑞达罗特销售部有一个重要的发现:这两类读者在不同的市场上。比如所有崇拜者都在澳大利亚,而所有的其他读者都在美国,并且一个国家的读者难以到另一个国家买书。这种发现会如何影响瑞达罗特的销售战略呢?

在这种情况下,公司甚至可以赚到更多的利润。它可以对 10 万澳大利亚读者收取 30 美元每本的价格,并对 40 万美国读者收取 5 美元每本的价格。在这种情况下,在澳大利亚的收益是 300 万美元,而在美国的收益是 200 万美元,总计 500 万美元。此时的利润就是 300 万美元,它大大高于对所有读者收取 30 美元价格时所能赚到的 100 万美元。毫无疑问,你会选择遵循这种价格歧视战略。

尽管上述故事是虚构的,但它正确地描述了许多出版公司的经营实践。例如,教科书在欧洲的销售价格通常低于美国。更重要的是精装本与平装本的价格差别。当一个出版商有一本新小说时,其会先发行昂贵的精装本,然后再发行便宜的平装本。这两种版本价格之间的差别远大于其印刷成本的差别。出版商的目标与我们的例子中所描述的一样。通过向崇拜者出售精装本和向不太热心的读者出售平装本,出版商实行了价格歧视并增加了利润。

【来源】曼昆. 经济学原理(上册)(第三版). 梁小民,译. 北京:机械工业出版社,2003.

【评析】在这个例子中,可以得到三个有关价格歧视的结论。第一,价格歧视是利润最大化垄断者的理性战略。换言之,通过对不同的顾客收取不同的价格,垄断者可以增加利润。第二,价格歧视要求能根据支付意愿划分顾客。垄断者可以通过一定的方法,如地域、年龄、收入等方式来划分顾客。由此得出的一个推论是,某些市场力量会阻止垄断者实行价格歧视,比如借助不同的市场套利,即在一个市场上以低价购买某种物品,而在另一个市场上以高价出售。第三,价格歧视可以增进经济福利。这个结论或许有些惊人,但仔细回顾一下,当收取单一的高价格时,40万不太热心的读者对书的评价高于边际成本,但没有得到书。而实行价格歧视时所有读者都得到了书,这个结果是有效率的。因此,价格歧视可以在一定程度上消除垄断定价产生的无效率。

★ 例题详解

例1 判断题:垄断厂商总是可以获得经济利润。(　　)

【提示】垄断厂商根据MR = MC实现其利润最大化的目标,而获得的经济利润一定有TR > TC或$P > AC$,但利润最大化并不意味着一定有经济利润,或者说MR = MC并不能保证$P > AC$。尤其是在短期,由于无法调整固定成本,当厂商达到利润最大化条件(即MR = MC)时,存在着$P \leq AC$的可能,即垄断厂商在短期均衡时也存在着亏损最小化、停止营业点和停止营业的状况,即存在经济利润为负的情况。

【解答】错

例2 判断题:当垄断厂商实施一级价格歧视时,社会福利损失最大。(　　)

【提示】一级价格歧视是指垄断厂商按不同的价格出售每一单位产品,有时也称为完全价格歧视。在一级价格歧视下,每一单位产品都被卖给评价最高且愿意按最高价格支付的人。它是帕累托有效的,且没有福利损失。

采用一级价格歧视的生产者将按其可能索取的最高价格,也就是消费者的保留价格出售每一单位产品。由于每一单位产品都是按保留价格出售给消费者的,所以不存在任何消费者剩余,所有的剩余都由生产者获得。

由于生产者获得了市场上的全部剩余,因而生产者会尽可能地扩大这部分剩余,以最大化自己的利润。因此,当生产者利润最大化时,获得的剩余最大,此时没有一种方法能够使消费者和生产者的境况变得更好,这意味着帕累托有效。

【解答】错

例3 选择题:某垄断厂商的需求曲线为$P = 100 - 2Q$,其成本函数为:$TC = 50 + 40Q$,则该垄断厂商实现利润最大化的产量是(   )。

    A. 25   B. 15   C. 30   D. 40

【提示】本题主要考查的是对于垄断厂商短期均衡条件的运用,需要熟知完全垄断市场中,厂商利润最大化的条件为 $MR = MC$ 且 $MR' = MC'$。

【解答】B

该垄断厂商的优化问题为:

$$\max \pi = TR - TC = Q(100 - 2Q) - (50 + 40Q) = -2Q^2 + 60Q - 50$$

令 $\pi' = -4Q + 60 = 0$,可得 $Q = 15$。

我们还可以验证二阶条件,即

$$MC'(Q) = 0 > -4 = MR'(Q)$$

因此 $Q = 15$ 是满足利润最大化条件的最优产量。

例4 选择题:若一个管理机构对一个垄断厂商的限价正好使经济利润消失,则价格要等于(   )。

    A. 边际收益   B. 边际成本

    C. 平均成本   D. 平均可变成本

【提示】本题主要考查垄断管制政策的实施效应,需要熟练运用垄断厂商的需求曲线和收益曲线进行作图分析。

【解答】C

在图7.1中,在无管制的情况下,垄断厂商根据 $MR = MC$ 的利润最大化原则确定的价格为 P_m,产量为 Q_m,价格显然高于边际成本。在存在政府管制的情况下,按边际成本定价法(即 $P = MC$)来确定,此时厂商的价格下降为 P_1,产量增加为 Q_1。但由于自然垄断厂商是在 AC 曲线下降的规模经济阶段进行生产的,所以 MC 曲线必定位于 AC 曲线的下方。也就是说,按边际成本 MC 所决定的价格 P 一定小于平均成本 AC。在管制价格下,厂商是亏损的,因此厂商会退出生产。

根据平均成本定价法(即 $P = AC$),管制价格将确定为 P_2,相应的产量为 Q_2。此时,由于P_2 = AC,厂商不再亏损,虽然厂商会继续经营,但利润为零。

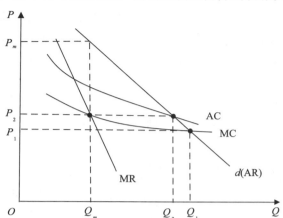

图7.1 平均成本定价与垄断厂商经济利润消失

例5 简答题:为什么垄断厂商实现MR = MC的利润最大化均衡时,总有$P >$ MC? 如何理解这种状态?

【提示】本题主要考查对垄断厂商的均衡条件的理解,以及评价市场经济效率的标准。

【解答】由于垄断厂商所面临的需求曲线的位置高于边际收益曲线的位置,即总有$P >$ MR,所以在垄断厂商实现MR = MC的利润最大化均衡时,必有$P >$ MC。

在经济学分析中,通常把厂商均衡时P与MC之间的大小关系作为衡量市场的经济效率的一个标准。在完全竞争市场条件下,厂商所面临的需求曲线与边际收益曲线重合,即有$P =$ MR,所以在完全竞争厂商实现MR = MC的利润最大化均衡时,必有$P =$ MC。在完全竞争厂商实现均衡的$P =$ MC条件下,厂商销售产品的价格刚好等于生产的边际成本,并实现了全部的消费者剩余和生产者剩余。而在垄断厂商实现均衡的$P >$ MC条件下,厂商销售产品的价格大于生产的边际成本,且减少了消费者剩余和生产者剩余,形成了社会福利的无谓损失。

最后需要指出,以上对垄断厂商的分析可以扩展到所有非完全竞争厂商。在不同的非完全竞争市场条件下,市场的垄断程度越高,均衡时厂商的P与MC之间的差距就越大,经济效率的损失也就越大。相反,市场的竞争程度越高,均衡时厂商的P与MC之间的差距就越小,经济效率的损失也就越小。

例6 简答题:为什么说完全垄断厂商不能独立地选择价格和产量?

【提示】本题主要考查对垄断厂商的特征、需求曲线的掌握。

【解答】尽管垄断厂商的产品没有替代品,厂商是产品的唯一卖者,垄断厂商是价格的制定者,但由于垄断厂商面临的是一条向右下方倾斜的需求曲线,如果垄断厂商定价过高,那么其产品的购买量就会减少,从而使其总收益和利润减少。因此,垄断厂商只能在很大程度上控制价格,但不能完全决定产品的市场价格。市场价格最终由供给和需求两方面的因素共同决定。

例7 计算题:已知某垄断厂商的反需求函数为 $P = 100 - 2Q + 2\sqrt{A}$,总成本函数为 $TC = 3Q^2 + 20Q + A$,其中,A 是厂商的广告支出费用,求利润最大化时的 A、Q 和 P 值。

【提示】本题主要考查垄断厂商短期均衡条件的运用。解题时要注意的是,广告投入作为一项成本,也要考虑其对利润的影响,当边际上的广告投入能带来的利润增加为零时,厂商就不会再增加广告投入。

【解答】厂商的利润函数为:

$$\pi = PQ - TC = \left(100 - 2Q + 2\sqrt{A}\right)Q - \left(3Q^2 + 20Q + A\right) = -5Q^2 + \left(80 + 2\sqrt{A}\right)Q - A$$

利润最大化应满足的条件有:

$$\frac{\partial \pi}{\partial Q} = -10Q + 80 + 2\sqrt{A} = 0$$

$$\frac{\partial \pi}{\partial A} = Q\frac{1}{\sqrt{A}} - 1 = 0$$

联立求解可得:$A = 100$,$Q = 10$。

把 $A = 100$,$Q = 10$ 代入反需求函数,可得 $P = 100 - 2 \times 10 + 2\sqrt{100} = 100$。

所以,该厂商实现利润最大化时的 $A = 100$,$Q = 10$,$P = 100$。

例8 计算题:已知某垄断厂商利用一个工厂生产一种产品,其产品在两个分隔的市场出售,且其成本函数为 $TC = 0.5Q^2 + 7Q$,两个市场的需求函数分别为 $Q_1 = 30 - 0.5P_1$,$Q_2 = 100 - 2P_2$。

(1)求当该厂商实行三级价格歧视时,在其追求利润最大化前提下的两市场各自的销售量、价格,以及厂商的总利润。

(2)求当该厂商在两个市场上实行统一价格时,其在追求利润最大化前提下的销售量、价格,以及厂商的总利润。

(3)比较(1)和(2)的结果。

【提示】本题主要考查对价格歧视含义的掌握。

【解答】

(1)两个市场的反需求函数分别为 $P_1 = 60 - 2Q_1$,$P_2 = 50 - 0.5Q_2$,

则可得其利润：

$$\pi = P_1 Q_1 + P_2 Q_2 - TC$$
$$= \left(60 - 2Q_1\right)Q_1 + \left(50 - 0.5Q_2\right)Q_2 - 0.5\left(Q_1 + Q_2\right)^2 - 7\left(Q_1 + Q_2\right)$$
$$= 53Q_1 - 2.5Q_1^2 + 43Q_2 - Q_2^2 - Q_1 Q_2$$

利润最大化的一阶条件为：

$$\frac{\partial \pi}{\partial Q_1} = 53 - 5Q_1 - Q_2 = 0$$

$$\frac{\partial \pi}{\partial Q_2} = 43 - 2Q_2 - Q_1 = 0$$

解得 $Q_1 = 7, Q_2 = 8$，

将其代入反需求函数有：

$$P_1 = 60 - 2 \times 7 = 46$$
$$P_2 = 50 - 0.5 \times 18 = 41$$
$$Q = Q_1 + Q_2 = 7 + 18 = 25$$

则总利润 $\pi = 46 \times 7 + 41 \times 18 - (0.5 \times 25^2 + 7 \times 25) = 572.5$。

(2)由两个市场的反需求函数可知 $P_1 \leqslant 60, P_2 \leqslant 50$，所以有以下两种情况。

如果 $P \leqslant 50$，则总需求函数为 $Q = Q_1 + Q_2 = 30 - 0.5P + 100 - 2P = 130 - 2.5P$。

如果 $P > 50$，则总需求函数为 $Q = Q_1 = 30 - 0.5P$。

①假设 $P \leqslant 50$，则反需求函数为 $P = 52 - 0.4Q$，所以 $MR = 52 - 0.8Q$。由总成本函数可知 $MC = Q + 7$。

由 $MR = MC$ 可得：

$$52 - 0.8Q = Q + 7$$

解得均衡产量 $Q = 25$，

所以均衡价格 $P = 52 - 0.4 \times 25 = 42$，利润 $\pi = 42 \times 25 - (0.5 \times 25^2 + 7 \times 25) = 562.5$

②假设 $P > 50$，则反需求函数为 $P = 60 - 2Q$，所以 $MR = 60 - 4Q$。

由 $MR = MC$ 可得：

$$60 - 4Q = Q + 7$$

解得均衡产量 $Q = 10.6$，

所以均衡价格 $P = 60 - 2 \times 10.6 = 38.8$，但此时 $P < 50$，显然这个假设不符合事实，可略去。

（3）厂商实施三级价格歧视时，总产量是25，而不实施价格歧视时，总产量还是25，总产量是一样的。

不过，在实施价格歧视时，市场1的产量为7，市场2的产量为18。而在不实施价格歧视时，市场1的产量为 $Q_1 = 30.5 - 0.5 \times 42 = 9.5$，市场2的产量为 $Q_2 = 100 - 2 \times 42 = 16$。虽然总产量一样，但分配在两个市场上的产量是不一样的。

在实施价格歧视时，厂商的总利润为572.5，而在不实施价格歧视时，总利润为562.5。这表明实施三级价格歧视要比不这样做更有利可图。

例9 论述题：供电公司实行峰谷电价，一般晚上10点到次日早上8点收取谷电价格，且比峰电价格便宜。问供电公司的这种做法是价格歧视吗？是哪种价格歧视？这样做可以增大消费福利和厂商的收益吗？为什么？

【提示】本题考查对价格歧视概念的掌握，以及厂商采取价格歧视对消费者福利和厂商收益造成的影响。

【解答】

（1）供电公司的这种做法是价格歧视。理由是：在中国，供电公司是垄断行业；而价格歧视是指垄断者对同样的产品收取不同的价格。结合以上两点就能肯定这种做法是价格歧视。

（2）价格歧视一般分为一级、二级和三级价格歧视。其中，三级价格歧视是指垄断厂商对同一种产品在不同的市场上（或不同的消费群）收取不同的价格。在本题中，从时间维度来看，分为白天和晚上两个市场，而对于这两个不同的市场，供电公司收取了不同的价格，因此供电公司的这种做法属于三级价格歧视。

（3）根据垄断厂商的行为理论，实行价格歧视肯定是能够增大厂商的收益的。本题中的这种价格歧视可以增大消费者福利。分析如下：在现实世界中，市场供给往往是有限制的，比如供电公司不可能在同一时间供应出满足所有需求的电力，如果所有消费者同时使用电力，就会导致电压不足等问题。这样通过实施价格歧视，把消费者隔离在不同的消费时段，使那些在特定时段真正对电力有极度需求的消费者能用上满意的电，而在不同的时间又能让另一部分消费者用上他们认为满意的电，从而在整体上改善消费者的福利，还能起到节约能源的作用。

例10 论述题：垄断厂商怎样确定其产量与价格？为什么垄断厂商不存在有意义的供给曲线？

【提示】本题考查垄断厂商利润最大化的决策，以及理解完全垄断市场条件下厂商不存在有规律可循的供给曲线。

【解答】在完全垄断条件下,供给量和价格之间不存在一一对应的关系。按照不同的需求曲线,垄断厂商可能在不同的价格下提供相同的产量,如图7.2(a)所示。也可能在相同的价格下提供不同的产量,如图7.2(b)所示。故供给曲线的概念对于垄断厂商来说没有确定的意义。

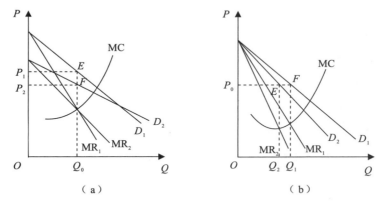

图7.2　垄断厂商的产量和价格

这个问题还可以进一步说明垄断厂商不可能像完全竞争厂商那样根据成本曲线(位于平均可变成本曲线以上的那段边际成本曲线)构造供给曲线。这是因为在完全竞争市场中,MC曲线和P的交点可以有无数个,故厂商可以根据$P = MC$的原则确定无数个均衡产量,从而构造一条与不同价格一一对应的一系列产量的供给曲线。如图7.3(a)中与P_1、P_2、P_3、P_4相对应的产量分别为Q_1、Q_2、Q_3、Q_4,故位于AVC曲线以上的MC曲线就形成了厂商供给曲线。然而,垄断厂商的MC曲线和MR曲线的交点只有一个,如图7.3(b)中的E点所示,厂商不会偏离这一点去决定产量,因而AVC曲线以上的MC曲线不能形成供给曲线。

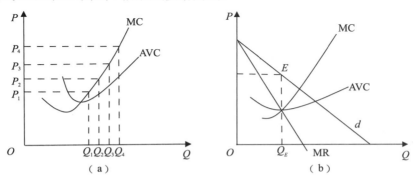

图7.3　完全竞争厂商与完全垄断厂商的短期均衡比较

▶▶ **单元习题** ◀ ┄┄┄

一、名词解释

1.完全垄断市场

2.自然垄断

3.价格歧视

4.一级价格歧视

5.二级价格歧视

6.三级价格歧视

7.完全垄断厂商的短期均衡

8.完全垄断厂商的长期均衡

二、判断题

1.垄断厂商的平均收益曲线与边际收益曲线是一致的。　　　　　　（　　）

2.一个垄断厂商可以随心所欲地定价,以取得最大利润。　　　　　（　　）

3.垄断厂商不会发生亏损。　　　　　　　　　　　　　　　　　　（　　）

4.当一个厂商对同一种物品向一个消费群体收取的价格高于另一个消费群体,或者实行数量折扣时,就存在价格歧视。　　　　　　　　　　　　　　（　　）

5.为了对不同消费市场实行价格歧视,垄断者应该向需求富有弹性的消费市场收取高价格。　　　　　　　　　　　　　　　　　　　　　　　　　　（　　）

6.如果垄断者实行完全的价格歧视,其就可以获得所有的消费者剩余。（　　）

三、选择题

1.垄断厂商不会在总收益最大时生产是因为(　　　)。

　　A.边际收益总是大于零

　　B.总收益最大的产量小于利润最大的产量

　　C.边际成本总是大于零

　　D.需求有限

2.垄断厂商达到均衡时,总是(　　　)。

　　A.$P = MC = MR$　　　　　　B.$P > MC = MR$

　　C.$P > MC = AR$　　　　　　D.以上都是

3.以下除(　　　)外,都是实施三级价格歧视的条件。

A.市场可以分割开 　　　　B.两个市场的需求曲线不同

C.各市场的需求弹性不同 　　D.厂商了解各个购买者的购买意愿

4.如果一个完全垄断厂商的 LAC > P,那么(　　)。

A.该厂商将歇业 　　　　B.该产品将无人提供

C.该行业将消失 　　　　D.以上都对

5.完全竞争长期均衡与完全垄断长期均衡的差别是(　　)。

A.完全竞争的产量更多

B.完全竞争市场的价格更低

C.完全竞争市场的 $P = MC$,完全垄断市场的 $P > MC$

D.以上都对

6.以下最不可能成为垄断者的是(　　)。

A.一个小镇上唯一一名医生

B.可口可乐公司

C.某地区的电力公司

D.某地区的自来水公司

7.当成本相同时,垄断厂商和竞争厂商一致的是(　　)。

A.利润最大化目标 　　　　B.产出水平

C.生产效率 　　　　D.长期当中的经济利润

8.某利润最大化垄断厂商的利润正好为零,那么其一定是(　　)。

A.需求缺乏弹性 　　　　B.边际收益大于边际成本

C.价格等于边际成本 　　　　D.平均成本大于边际成本

9.如果在总需求曲线上有一点的需求价格弹性 $e_d = -2$,价格 $P = 20$,则边际收益为(　　)。

A.30元 　　B.10元 　　C.60元 　　D.-10元

10.完全垄断厂商的平均收益曲线为直线时,其边际收益曲线也是直线,但其斜率是平均收益曲线斜率的绝对值的(　　)倍。

A.2 　　B.0.5 　　C.1 　　D.4

四、简答题

1.垄断厂商一定能保证获得超额利润吗?如果在最优产量处亏损,那么在短期内会继续生产吗?

2.比较完全竞争厂商的长期均衡与完全垄断厂商的长期均衡。

五、计算题

1.已知某垄断厂商的短期总成本函数为 $STC = 0.1Q^3 - 6Q^2 + 140Q + 3000$，反需求函数为 $P = 150 - 3.25Q$。求该垄断厂商的短期均衡产量和均衡价格。

2.假定某垄断厂商生产两种相关联的产品，其中任何一种产品需求量的变化都会影响另一种产品的价格，这两种产品的反需求函数分别为 $P_1 = 120 - 2Q_1 - 0.5Q_2$，$P_2 = 100 - Q_2 - 0.5Q_1$。这两种产品的生产成本函数是相互独立的，分别为 $TC_1 = 50Q_1$，$TC_2 = 0.5Q_2^2$。求该垄断厂商关于每一种产品的产量和价格。

3.某垄断厂商的短期成本函数为 $STC = 0.1Q^3 - 6Q^2 + 140Q + 3000$，$Q$ 为每月产量，为使利润最大化，该垄断厂商每月生产40个单位，由此赚得利润1000。

(1)计算满足上述条件的边际收益、销售价格和总收益。

(2)若需求曲线为一条向右下方倾斜的直线，计算需求曲线均衡点的点弹性系数的值。

(3)假设需求曲线为直线 $P = a - bQ$，请从需求曲线推导出 MR 曲线，并据此推导出需求方程。

(4)若固定成本为3000，价格为90，该厂商能否继续生产？如要停止生产，那么价格至少要降到多少以下？

4.设某垄断厂商有A和B两个工厂，其成本函数分别为 $TC_A = Q_A^2 + 14$，$TC_B = 2Q_B^2 + 10$，反需求函数为 $P = 320 - 2Q$，试求此垄断厂商利润最大化的价格及产量。

六、论述题

1.假定一个完全竞争行业的所有厂商合并为一个完全垄断厂商，再假定合并前完全竞争行业需求的价格弹性为0.5，那么，不管这种合并的规模效应如何，只要垄断者是追求利润最大化的，则这种合并必然会导致产量下降和价格上升。这一说法对吗？为什么？

2.试比较分析完全竞争和完全垄断条件下的价格决定及其效率。

参考答案

一、名词解释

1. 完全垄断市场:是指整个行业中只有唯一一家厂商的市场组织。具体来说,完全垄断市场的条件主要有以下三个。第一,市场上只有唯一的一家厂商生产和销售该产品;第二,该厂商销售的产品没有任何相近的替代品;第三,其他任何厂商进入该行业都极为困难或不可能。在这样的市场上,排除了所有竞争的因素,独家垄断厂商控制了整个行业的生产和市场的销售,所以垄断厂商可以控制和操纵市场价格。

2. 自然垄断:有些行业生产的规模经济效益只有在很大的产量范围和相应的巨大的资本设备的生产运行水平上才能得到充分的体现,以至于整个行业的产量只有由一家企业来生产时才有可能达到这样的生产规模。而且只要发挥这一家企业在这一生产规模上的生产能力,就可以满足整个市场对这种产品的需求。在这类产品的生产中,行业内总会有某个厂商凭借其雄厚的经济实力和优势,最先达到这一生产规模,从而垄断整个行业的生产和销售。

3. 价格歧视:是指以不同的价格销售同一种商品。价格歧视可以分为一级、二级和三级价格歧视。

4. 一级价格歧视:垄断厂商对每一单位产品都按消费者所愿意支付的最高价格出售。

5. 二级价格歧视:垄断厂商对不同的消费数量规定不同的价格。

6. 三级价格歧视:垄断厂商对同一种产品在不同市场上(或不同的消费群)收取不同的价格。

7. 完全垄断厂商的短期均衡:在短期内,垄断厂商无法改变固定要素投入量,此时垄断厂商是在既定的生产规模下通过对产量和价格的调整来实现 $MR = SMC$ 的利润最大化原则的。

8. 完全垄断厂商的长期均衡:垄断厂商在长期内可以调整全部生产要素的投入量(即生产规模),从而实现最大的利润,其长期均衡的条件为 $MR = LMC$。

二、判断题

1. 错

【提示】由于垄断厂商面临的需求曲线是向右下方倾斜的,因此 $MR = \dfrac{dTR}{dQ} < AR = \dfrac{TR}{Q}$。

2. 错

【提示】垄断厂商要遵循利润最大化的原则来确定产量和价格。

3. 错

【提示】垄断厂商在短期中由于无法调整固定成本,其在追求利润最大化的过程中也存在着亏损最小化的情况。

4. 对

【提示】属于二级价格歧视。

5. 错

【提示】本题考查边际收益与需求价格弹性的关系,垄断厂商在两个市场中的边际收益均应该等于其生产的边际成本是实现利润最大化的原则,$MR_1 = P_1\left(1 - \dfrac{1}{e_{d1}}\right) = P_2\left(1 - \dfrac{1}{e_{d2}}\right) = MR_2 = MC$。因此,应该向缺乏需求价格弹性的消费市场收取高价,而向富有需求价格弹性的消费市场收取低价。

6. 对

【提示】一级价格歧视又称完全价格歧视。一级价格歧视下垄断厂商对每一单位产品都按消费者所愿意支付的最高价格出售,榨取了所有的消费者剩余。

三、选择题

1. C

【提示】利润最大化的条件为 $MR = MC$,因为 MC 总是大于零,所以在利润最大化时一定有 $MR > 0$。当垄断厂商面临向右下方倾斜的需求曲线时,其 MR 曲线是递减的,并且当 $MR = 0$ 时 TR 达到最大。

2. B

【提示】垄断厂商的 MR 曲线总是低于其面临的需求曲线,即 $MR < P$,而厂商利

润最大化时一定有 MR = MC。

3. D

【提示】考查对三级价格歧视的条件的理解。厂商了解各个购买者的购买意愿是实施一级价格歧视的前提。

4. D

【提示】完全垄断市场上只有一家厂商,当价格低于长期平均成本时,没有企业会提供产品,因此该行业将消失。

5. D

【提示】完全竞争厂商长期均衡时的产量和价格位于长期平均成本曲线的最低点对应的位置,而完全垄断厂商长期均衡时的产量和价格位于长期平均成本曲线左半支相应的位置,且一般存在经济利润。

6. B

【提示】理解完全垄断市场的一个重要依据是产品是否具有可替代性。

7. A

【提示】在理性人假设的前提下,无论是在什么类型的市场,厂商均追求利润最大化。

8. D

【提示】垄断厂商经济利润为零意味着平均成本 AC 等于平均收益 AR。在图形中表现为 AC 曲线与 AR 曲线相切,而垄断厂商的 MR 曲线一定低于 AR 曲线。

9. B

【提示】利用边际收益与价格弹性的关系式 $MR = P\left(1 - \dfrac{1}{e_d}\right)$ 得出。

10. A

【提示】垄断厂商面临线性需求函数时,其边际收益曲线的斜率为平均收益曲线斜率的两倍,其与横轴的交点正好平分后者和横轴交点与原点之间的线段。

四、简答题

1.【提示】本题考查对垄断厂商短期均衡各种状态的理解和掌握。

【解答】垄断厂商并不保证一定能获得超额利润,能否获得超额利润主要取决于市场的需求。如果该产品的需求者能接受垄断厂商制定的大于平均成本的价格,那么该厂商能获得超额利润。如果该产品的需求者只能接受 $P <$ AC的价格,那么该厂商会发生亏损。出现亏损后在短期内既有可能继续生产,也有可能停止生产。在短期内,若产品价格低于平均成本,但只要还高于可平均可变成本的最低点,则生产将会继续进行下去。但只要价格小于平均可变成本的最小值,该厂商就会停止生产,如不停止生产,损失将会更大,此时不仅会损失全部的固定成本,而且可变成本的一部分也将无法弥补。

2.【提示】本题考查综合分析比较能力。可以从长期均衡的条件、位置和获得利润情况等方面进行比较分析。

【解答】第一,长期均衡的条件不同。完全竞争厂商实现长期均衡的条件是 $P =$ MR = SMC = LMC = SAC = LAC。完全垄断厂商实现长期均衡的条件是 MR = LMC = SMC。

第二,长期均衡点的位置不同。完全竞争厂商的长期均衡位于LAC曲线的最低点,而完全垄断厂商的长期均衡不可能位于LAC曲线的最低点。

第三,获得的利润不同。完全竞争厂商在长期均衡时只能获得正常利润,而垄断厂商因为其他厂商无法进入该行业,所以可以获得超额垄断利润。

五、计算题

1.【提示】本题考查垄断厂商利润最大化的计算。

【解答】由已知可得垄断厂商的利润函数为:

$$\pi = PQ - STC$$
$$= (150 - 3.25Q)Q - (0.1Q^3 - 6Q^2 + 140Q + 3000)$$
$$= -0.1Q^3 + 2.75Q^2 + 10Q - 3000$$

要实现短期均衡,则令 $\dfrac{d\pi}{dQ} = 0$,即有:

$$\frac{d\pi}{dQ} = -0.3Q^2 + 5.5Q + 10 = 0$$

解得 $Q = 20$(负值舍去),

将其代入反需求函数,可解得均衡价格 $P = 150 - 3.25 \times 20 = 150 - 65 = 85$,故该垄断厂商的均衡产量为20,均衡价格为85。

2.【提示】本题考查多产品垄断厂商的利润最大化问题。要深入掌握利润最大化一阶条件的数学本质。

【解答】由题可知，厂商的利润函数为：

$$\pi = \left(120 - 2Q_1 - 0.5Q_2\right)Q_1 + \left(100 - Q_2 - 0.5Q_1\right)Q_2 - 50Q_1 - 0.5Q_2^2$$

$$= -2Q_1^2 - 1.5Q_2^2 - Q_1Q_2 + 70Q_1 + 100Q_2$$

厂商利润最大化的一阶条件为：

$$\begin{cases} \dfrac{\partial \pi}{\partial Q_1} = -4Q_1 - Q_2 + 70 = 0 \\ \dfrac{\partial \pi}{\partial Q_2} = -3Q_2 - Q_1 + 100 = 0 \end{cases}$$

解得 $Q_1 = 10, Q_2 = 30$，

代入两种产品的反需求函数可解得 $P_1 = 85, P_2 = 65$。

3.【提示】本题考查厂商利润最大化条件的灵活运用，边际收益与弹性的关系式，垄断厂商边际收益曲线与需求曲线之间的关系，垄断厂商短期均衡的停止营业点。

【解答】

(1)已知利润最大化时的产量为40，而利润最大化的条件是 MR = MC。要求出 MR，只要求出 $Q = 40$ 时的 MC。而 MC $= \dfrac{\mathrm{dSTC}}{\mathrm{d}Q} = 0.3Q^2 - 12Q + 140$，把 $Q = 40$ 代入式子可得 MC $= 0.3 \times 40^2 - 12 \times 40 + 140 = 140$，即有 MR $= 140$。又知 $\pi = 1000$，而 $\pi = $ TR $-$ STC，那么 TR $= \pi + $ STC，则当 $Q = 40$ 时，有 STC $= 0.1 \times 40^3 - 6 \times 40^2 + 140 \times 40 + 3000 = 5400$，所以 TR $= \pi + $ STC $= 1000 + 5400 = 6400$。进而可根据 TR $= PQ$ 求得 $P = \dfrac{\mathrm{TR}}{Q} = \dfrac{6400}{40} = 160$。

(2)根据 MR $= P(1 - \dfrac{1}{e_d})$ 可求得 e_d。根据上面的计算可以知道，在均衡点上有 $P = 160$，MR $= 140$，故 $140 = 160(1 - \dfrac{1}{e_d})$，解得 $e_d = 8$，即均衡点的点弹性系数为8。

(3)推导需求方程有两种方法。

①根据点弹性系数可以求出需求曲线的斜率 b。因为 $e_d = -\dfrac{\mathrm{d}Q}{\mathrm{d}P} \cdot \dfrac{P}{Q}$，将上述数据代入可得 $8 = -\dfrac{\mathrm{d}Q}{\mathrm{d}P} \times \dfrac{160}{40}$，所以 $\dfrac{\mathrm{d}Q}{\mathrm{d}P} = -2$，则 $b = \dfrac{\mathrm{d}P}{\mathrm{d}Q} = -\dfrac{1}{2}$。把 $b = -\dfrac{1}{2}$ 代入假设的需求方程 $P = a + bQ$ 中，可得 $P = a - \dfrac{1}{2}Q$，又已知当 $P = 160$ 时，$Q = 40$，也即 $160 = $

$a - \dfrac{1}{2} \times 40$，故 $a = 180$，因此需求方程为 $P = 180 - \dfrac{1}{2}Q$。

②根据 MR 曲线与需求曲线求出 a 和 b，需求方程假设为 $P = a - bQ$，则可知 $MR = a - 2bQ$，根据前面的计算可知 $P = 160$，$MR = 140$，$Q = 40$，将其代入上述需求方程和 MR 方程中，可得以下方程组：

$$\begin{cases} 160 = a - 40b \\ 140 = a - 80b \end{cases}$$

解得 $b = -\dfrac{1}{2}$，$a = 180$。故需求方程为 $P = 180 - \dfrac{1}{2}Q$。

(4) 已知 $STC = 0.1Q^3 - 6Q^2 + 140Q + 3000$，$STC = 3000$，所以 $SFC = 0.1Q^3 - 6Q^2 + 140Q$，厂商能否生产要看 AVC 最低点是否小于价格 90。$AVC = \dfrac{SFC}{Q} = 0.1Q^2 - 6Q + 140$，令 $\dfrac{dAVC}{dQ} = 0$，可求得 $Q = 30$，再代入 $AVC = 0.1Q^2 - 6Q + 140$，解得 $AVC = 0.1 \times 30^2 - 6 \times 30 + 140 = 50$。由于 $50 < 90$，即 $AVC < P$，故厂商可以继续生产，而如果价格降到 50 以下，那么厂商会停止生产。

4.【提示】本题考查的是多工厂垄断，解题的关键在于掌握在多工厂垄断的情况下，垄断厂商利润最大化的必要条件为 $MR\left(Q_1 + Q_2 + \cdots + Q_n\right) = MC_1\left(Q_1\right) = MC_2\left(Q_2\right) = \cdots = MC_n\left(Q_n\right)$。

【解答】本题有两种求解方法。

①垄断厂商的利润函数可写成：

$$\pi = TR - TC_A - TC_B$$
$$= \left[320 - 2\left(Q_A + Q_B\right)\right]\left(Q_A + Q_B\right) - \left(Q_A^2 + 14\right) - \left(2Q_B^2 + 10\right)$$

则可得：

$$\dfrac{\partial \pi}{\partial Q_A} = 320 - 4\left(Q_A + Q_B\right) - 2Q_A = 0$$

$$\dfrac{\partial \pi}{\partial Q_B} = 320 - 4\left(Q_A + Q_B\right) - 2Q_B = 0$$

解得 $Q_A = 40$，$Q_B = 20$。

进而有：

$$Q = Q_A + Q_B = 40 + 20 = 60$$

代入反需求函数有：

$$P = 320 - 2 \times 60 = 200$$

因此，该垄断厂商的价格为 200 元，产量为 60 单位，其中，A 工厂生产 40 单位，B

工厂生产20单位。

②因多工厂垄断的利润最大化条件为：

$$\mathrm{MC}_A(Q_A) = \mathrm{MC}_B(Q_B) = \mathrm{MR}(Q_A + Q_B)$$

由题意可知：

$$\mathrm{MC}_A(Q_A) = 2Q_A$$

$$\mathrm{MC}_B(Q_B) = 4Q_B$$

$$\mathrm{MR}(Q_A + Q_B) = 320 - 4(Q_A + Q_B)$$

联立上述方程式可解得 $Q_A = 40, Q_B = 20$，

进而有 $Q = Q_A + Q_B = 40 + 20 = 60$，

将其代入反需求函数有：

$$P = 320 - 2 \times 60 = 200$$

因此，该垄断厂商的价格为200元，产量为60单位，其中，A工厂生产40单位，B工厂生产20单位。

六、论述题

1.【提示】本题考查综合分析能力。解题时要作图进行说明。

【解答】这一说法是正确的。理由如下：

假定合并前该行业的市场需求曲线如图7.4中的 d，需求的价格弹性为0.5，即 $\dfrac{AC}{CB} = 0.5$，此时全行业的产量为 Q_1，价格为 P_1。合并以后，此行业中有且仅有一个完全垄断厂商，若要实现利润最大化，则该完全垄断厂商必须根据 $\mathrm{MR} = \mathrm{MC}$ 来决定产量和价格，在图7.4中，该厂商的MC曲线和MR曲线相交于 E 点，此时产量为 Q_2，价格为 P_2。可以看出，$Q_2 < Q_1, P_1 < P_2$。

从图形上看，不管这种合并的规模效应如何，但边际成本总是正的，因此MR曲线与MC曲线相交的点所表示的值必定大于零，而边际收益为零所对应的需求曲线上的点的需求价格弹性为1，所以合并后的利润最大化的产量对应的需求曲线上的点的价格弹性至少为1，而合并前的需求价格弹性为0.5，所以合并后的利润最大化的产量对应的价格必然在 P_1 之上，且这种合并必然会导致产量下降，价格上升。

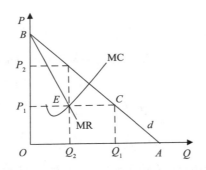

图7.4 完全竞争市场与完全垄断市场的产量和价格比较(一)

2.【提示】本题主要考查综合分析能力。解题时要作图进行说明,厘清完全竞争和完全垄断条件下厂商的均衡条件,以此来推导出均衡价格。而效率则通过考察社会福利来比较。

【解答】在完全竞争条件下,dd、MR 和 AR 重叠,它与 AC 的最低点相切,并且 MC 曲线经过这个切点。厂商的产量由 MR = MC 的交点决定,在此产量下,产品价格由 dd(AR)决定,成本由 AC 决定(见图7.5)。

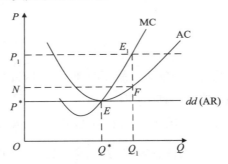

图7.5 完全竞争市场上厂商均衡的形成与变动

在图7.5中,E 是完全竞争条件下的均衡点,OP^* 为均衡价格,OQ^* 为均衡产量,此时市场出清,资源达到最优配置。

但是如果市场价格大于均衡价格,厂商就可以获得超额利润。由于超额利润会吸引新厂商加入,相应的行业内的产量会增加,同时价格会下降,一直降到均衡价格水平,即超额利润消失为止。如图7.5所示,若价格上升到 P_1,则 MC 曲线交 MR 曲线于 E_1 点,其产量为 Q_1,E_1Q_1 交 AC 曲线于 F 点。此时总收益为 $OP_1E_1Q_1$ 的面积,成本为 $ONFQ_1$ 的面积,超额利润为 NP_1E_1F 的面积。

如果市场价格低于均衡价格,那么厂商会出现亏损,于是厂商退出该行业,此时行业内的产量减少,价格上升,一直到恢复均衡价格为止。

在完全垄断条件下,dd 与 AR 重叠并且向右下方倾斜。这是因为垄断厂商能够规定价格,需求曲线就是该厂商的卖价(平均收益)。边际收益曲线在平均收益曲线的左下方。在完全垄断条件下,厂商的产量仍由 MR = MC 的利润最大化原则所决定(见图7.6)。

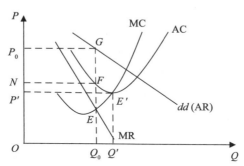

图7.6 完全竞争市场与完全垄断市场的产量和价格比较(二)

在图7.6中,MR 曲线交 MC 曲线于 E 点,E 点决定的产量为 OQ_0。在完全垄断条件下的产量确定后,垄断厂商可根据需求情况确定价格。EQ_0 向上延伸,交 dd 曲线于点 G,因此价格为 Q_0G。因为 $OP_0 = Q_0G$,所以此时的垄断价格为 OP_0。这时,总收益是 OP_0GQ_0 的面积,总成本是 $ONFQ_0$(F 点为 GQ_0 与 AC 曲线的交点),超额利润是 NP_0GF 的面积,又被称为垄断利润。由于厂商控制了整个市场,其他厂商无法进入该行业,所以厂商的垄断利润可以长期存在。

在完全竞争条件下,MR 曲线与 MC 曲线的交点应处于 AC 曲线的最低点 E'。由 E' 点决定完全竞争条件下的产量为 OQ',价格为 OP'。由图7.6可知,在完全竞争市场上,均衡价格比完全垄断市场的低,即 $OP' < OP_0$,而均衡产量比完全垄断市场的高,即 $OQ' > OQ_0$。

从以上分析可以看出,完全竞争厂商的价格位于平均成本曲线的最低点,条件为 $P = AC = MC$。而垄断厂商确定的价格(一般)高于平均成本,并且产量低于平均成本曲线最低点的产量,这意味着厂商增加产量会降低平均成本。一方面,垄断厂商没有利用能实现最低成本的生产技术。同时,完全垄断厂商因制定高价格而获取超额利润,这不利于公平分配。另一方面,垄断厂商的边际成本低于社会给予其最后一单位的评价,即边际成本小于市场价格。这意味着增加产量会增加社会福利。因此,西方经济学认为,完全垄断市场与完全竞争市场相比是缺乏效率的。

第八章 ······································

垄断竞争市场

★ 知识导图

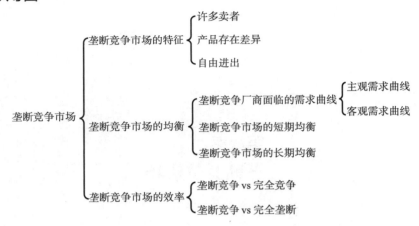

垂断竞争市场
- 垄断竞争市场的特征
  - 许多卖者
  - 产品存在差异
  - 自由进出
- 垄断竞争市场的均衡
  - 垄断竞争厂商面临的需求曲线
    - 主观需求曲线
    - 客观需求曲线
  - 垄断竞争市场的短期均衡
  - 垄断竞争市场的长期均衡
- 垄断竞争市场的效率
  - 垄断竞争 vs 完全竞争
  - 垄断竞争 vs 完全垄断

★ 学习要求

通过本章的学习,学生应当:

1. 掌握垄断竞争市场的定义及特征。

2. 掌握产品差异的定义。

3. 掌握垄断竞争厂商的需求曲线。

4. 掌握垄断竞争厂商的短期均衡。

5. 掌握垄断竞争厂商的长期均衡。

6. 掌握垄断竞争市场的效率(不同市场结构类型的效率比较)。

★ 内容精要(扫描二维码,观看相关知识点微课视频)

完全竞争市场和完全垄断市场分别属于市场结构类型的两个极端,前者具有最高的竞争程度,而后者则相反。现实世界中的市场结构类型大都属于中间情形,例如垄断竞争市场和寡头市场(留待下一章介绍)。其中,垄断竞争市场虽与完全竞争市场很相似,但又部分地具有完全垄断市场的特征。本章将主要介绍垄断竞争这种现实世界中最普遍的市场结构及与之相关的基本概念。

1. 垄断竞争市场是指有大量厂商出售可相互替代但具有差别的商品的市场。垄断竞争市场具有以下三个主要特征:第一,市场中存在大量厂商;第二,厂商能够较容易地进出该市场(前两点几乎与完全竞争市场相同);第三,对消费者而言,每个厂商供给的产品可以相互替代,但又存在一定的差别,即不同厂商的产品具有异质性(例如,不同品牌的手机虽然能够相互替代,但又具有一定的差别)。

2. 产品差异是指从消费者的角度而言,各厂商的产品并不完全相同。这种差异来自两个方面:一是指产品本身的功能、质量、外观设计、包装和销售服务条件等真实差别,二是由于顾客的偏好、想象等造成的虚构差别。由于存在产品差异,使得每个厂商对于自己的产品享有一定程度的定价权,但因产品差异非常小且面临数量众多的其他厂商的竞争,导致垄断竞争市场更接近于完全竞争市场,而非完全垄断市场。由于垄断竞争行业的每个厂商的产品既有一定差别又有很高的替代性,所以垄断竞争行业厂商的需求曲线就不是需求弹性为无穷大的水平线,而是向右下方倾斜的直线。从图形上看,需求曲线向右下方倾斜是垄断竞争厂商和完全竞争厂商的唯一差别。

3. 垄断竞争厂商的需求曲线分为主观需求曲线和客观需求曲线两种情形。所谓的主观需求曲线是指垄断竞争厂商认为自己改变产品价格不会引起其他厂商做出反应(改变产品价格)时,该厂商预期销售量和其销售价格之间的关系,通常表示为需求曲线 d。而所谓的客观需求曲线是指垄断竞争厂商改变产品价格会引起其他厂商做出相应的反应时,该厂商的产品价格和销售量之间的关系,通常表示为需求曲线 D,也被称为实际需求曲线。如图8.1所示,假设最初某垄断竞争厂商的产品价格为 P_1,销售量为 Q_1,当它试图通过降价来扩大自己的产品销售量时,存在以下两种情形。

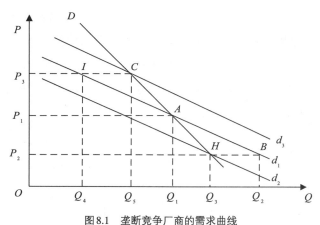

图8.1　垄断竞争厂商的需求曲线

第一种,假如其他厂商不对该厂商的降价行为做出反应,那么随着其商品价格由 P_1 降为 P_2,该厂商的销售量会由 Q_1 大幅增加为 Q_2,连接对应的 A 和 B 两点可得需求曲线 d_1。因为这种情形只存在于该厂商的主观想象中,所以需求曲线 d_1 被称作主观需求曲线。

第二种,现实中的其他厂商不会任由自己的市场份额被挤占,因此会跟进降价,则该垄断厂商降价后的实际销售量不可能增加至Q_2,而是一个介于Q_1和Q_2之间的值,例如Q_3。这是因为其他厂商同步降价,故该厂商的降价并不能吸引其他厂商的买者,每个厂商销售量的增加仅仅是由于整个市场价格水平的下降。同时,d_1需求曲线也会平移到H点,形成d_2需求曲线。d_2需求曲线就是当整个垄断竞争行业的厂商形成新的价格水平P_2后,该垄断竞争厂商单独变动价格时在各个价格水平下的预期销售量。总之,随着垄断竞争厂商的降价,需求曲线d会向左下方平移。连接C、A、H点,就可得到需求曲线D。

4. 垄断竞争厂商的短期均衡条件与其他市场结构中的厂商一样,也是$MR = MC$。为了实现利润最大化,垄断竞争行业的厂商有三个选择:一是改变其产品销售价格与相应的产量;二是改变其产品质量;三是调整其广告宣传支出或其他为销售其产品而进行的活动的支出。在短期内,厂商的产品质量和销售开支都不易改变,因而若假定厂商的产品质量与销售开支为既定,则厂商只有调整其产品的销售价格(从而调整其相应的产量)以实现利润最大化(短期均衡)。

如图8.2所示,假设厂商最初的产品售价为P_1,对应的销售量为Q_1。需求曲线为d_1,边际收益曲线为MR_1,此时因为$MR \neq MC$,所以厂商利润并未实现最大化。能使利润最大化的销售价格为P_2,销售量为Q_m。因此,厂商把售价从P_1降为P_2,以使销售量从Q_1增为Q_m。但是该厂商降价会引起其他竞争者做出相应的反应,其他竞争者也会同时削减他们的销售价格,这使得该厂商的需求曲线从d_1向下方移动到d_2的位置,最终销售量只从Q_1增为Q_2。由于需求曲线d_2相对的利润最大化产量为Q'_m,价格为P_3,该厂商继续将价格从P_2降至P_3,但是其竞争者也会相应地降价,因此该厂商降价后,其销售量只从Q_2增加到Q_3。

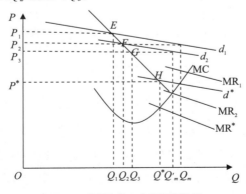

图8.2　垄断竞争厂商的短期均衡

这一过程会持续到价格降至 P^* 时,此时该厂商和同行业的其他厂商获得最大化的利润,即实现短期均衡。在短期均衡时,某一垄断竞争厂商是获利还是亏损,抑或是盈亏平衡,取决于均衡价格与其产品平均成本之间的关系。

5. 垄断竞争厂商的长期均衡。在长期中,不仅产量和价格可以调整,厂商的生产规模和用工人数等也都是可变的。如图8.3(a)所示,在短期均衡中,垄断竞争行业的一个代表性厂商的销售价格为 P^*,产量为 Q^*,其获得了超额利润,这会吸引新的厂商进入该行业。厂商总数的增加将导致代表性厂商的销售量在总销售份额中减少,在图8.3(a)中就表现为该厂商的需求曲线 D 向左边移动到 D' 的位置。为了扩大销售量,该厂商不得不沿着 d 曲线降低价格,同时其竞争者也会跟进降价。最后该厂商的销售量只是沿着 D 曲线有少量增加,即该厂商的 D 曲线会不断向左移动且 d 曲线会向下方移动。

只要代表性厂商的平均售价高于 P^{**},如图8.3(b)所示,即高于LAC曲线与需求曲线 D 的交点 E 时,上述调整过程就不会停止。因为高于 E 点的价格都大于平均成本,所以代表性厂商将获得超额利润,而只要超额利润存在,就会不断有新厂商进入该行业,并且厂商间的竞争会导致价格不断下降到 E 点。只有在该点,超额利润才会完全消失,新厂商也会停止进入。E 点就是垄断竞争厂商的长期均衡点。

由图8.3(b)可知,垄断竞争厂商的长期均衡有如下特点。第一,厂商需求曲线 d 与LAC曲线和需求曲线 D 相切于 E 点;第二,在 E 点,相应的长期均衡价格为 P^{**},均衡产量为 Q^{**},且 $P^{**} = SAC = LAC$,垄断竞争行业中的所有厂商都只能获得正常利润。总之,垄断竞争厂商的长期均衡条件为:第一,MR = LMC = SMC;第二,AR = LAC = SAC。

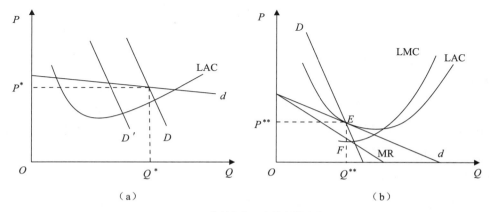

（a）　　　　　　　　　　（b）

图8.3　垄断竞争厂商的长期均衡

6. 垄断竞争的市场效率：（垄断竞争市场与完全竞争市场和完全垄断市场的比较）。

在图8.4中，P_c和Q_c分别为完全竞争厂商的长期均衡价格与产量。P_m和Q_m分别为垄断竞争厂商长期均衡的价格与产量，即d曲线与LAC曲线的切点。

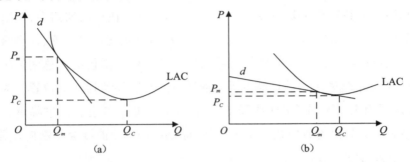

图8.4　垄断竞争厂商与完全竞争厂商的价格和产量的差别

首先，垄断竞争市场的产量低于完全竞争市场，但高于完全垄断市场；而其价格高于完全竞争市场，但低于完全垄断市场。在完全竞争的均衡条件下，商品价格与其成本的关系为$P = MR = SMC = SAC = LMC = LAC$，其平均成本能达到最低，满足$MC = AC$。需求弹性的大小决定了垄断竞争与完全竞争的产量和价格的差别。当需求曲线越陡峭，即需求弹性越小时，两者的差别越显著。尽管产品价格较高，但因为垄断竞争厂商并未在最优生产规模上进行生产，导致其平均成本比完全竞争厂商高，所以并未能赚取更多的利润。

其次，垄断竞争市场存在过剩的生产能力，但垄断竞争厂商生产能力的利用程度高于完全垄断厂商。所谓过剩的生产能力是指厂商实际生产规模小于其最优生产规模，在图8.4中表示为Q_c与Q_m之差。同完全竞争相比，因为垄断竞争厂商的需求曲线d向右下方倾斜，所以它与LAC曲线的切点位于LAC曲线最低点的左边，此时产量的平均成本就大于最低平均成本，生产资源未能得到最有效的利用，存在过剩产能。

最后，与完全竞争市场相比，垄断竞争市场能够提供具有异质性的产品，也更能促进创新。在完全竞争市场中，厂商生产和销售的产品都是同质的，因而无法满足具有多样性的消费者需求，而在垄断竞争市场中，厂商生产和销售的是有差异的商品，因而可以满足具有多样性的消费者需求。从长期来看，垄断竞争市场上的价格与非价格竞争相较于完全竞争市场而言更有利于推进长期的技术进步，提高商品质量，降低生产成本和商品价格，从而增进社会福利。

综合而言，垄断竞争市场的效率低于完全竞争市场，但高于完全垄断市场。

★ 考查重点、难点

本章主要考查与垄断竞争市场有关的基础知识。本章考查的重点在于以下知识点:第一,垄断竞争(或垄断竞争市场结构)的定义及特征;第二,产品差异的定义;第三,垄断竞争厂商的需求曲线;第四,垄断竞争厂商的短期均衡;第五,垄断竞争厂商的长期均衡;第六,垄断竞争的市场效率(将垄断竞争市场结构与完全竞争市场结构、完全垄断市场结构相比较)。

其中,前两个知识点属于基本概念的考查范围,一般以名词解释、判断题、简答题为主。而垄断竞争厂商的需求曲线,垄断竞争厂商的短期均衡、长期均衡及垄断竞争市场的效率(与完全竞争市场和完全垄断市场相比较)是本章考查的难点。要熟练掌握垄断竞争市场的短期与长期均衡形成的条件,以及短期与长期均衡时的厂商利润等知识点,并利用相关原理分析简单的经济问题。围绕这些知识点出的题多以简答题、计算题和论述题为主。

★ 拓展阅读(若想了解更多文献和素材,可关注微信公众号"鸿观经济")

【趣味小品】 垄断竞争市场中广告多是一种资源浪费吗?

与其他市场结构类型相比,垄断竞争市场的一大典型特征就是厂商们热衷于打广告。以日用品行业为例,宝洁公司2021年度的广告费支出高达115亿美元,其每年仅在中国市场的媒介支出就有约60亿元人民币。如果把该行业中的所有公司的广告支出加总,那么可想而知,每年都是一个巨大的数字。对此,有很多人认为,从全社会的角度而言,垄断竞争市场投入大量的资源用于广告宣传而不是生产更多的产品供人们使用的这种行为纯粹是一种资源浪费。垄断竞争市场会导致社会福利损失,因而是一种有重大缺陷的市场结构。对此,我们应该怎么看?

【评析】这则小故事主要讨论了垄断竞争市场的效率与社会福利,其涉及以下知识点:第一,经济学十大原理之一——当人们面临权衡取舍(如产品多样性与产品数量)时应该如何抉择;第二,信息不对称的后果及其解决方案,信息经济学中的信号发送问题。

【经典案例】 大自然的搬运工——农夫山泉的营销危机

2021年6月26日,有网友在社交媒体质疑,农夫山泉宣传其旗下产品苏打气泡水的原料中有日本福岛县产的"ATAKUTI桃(中文名称是拂晓白桃)",称其"非法进口"核辐射地区产品,网友纷纷对农夫山泉表示愤懑,其官博一度被"攻陷"。

针对网友们对"核废水饮料"的质疑和抵制,6月27日中午,农夫山泉迅速回应称,农夫山泉拂晓白桃味苏打气泡水产品是一款风味饮料,农夫山泉在产品标签配料表中按照食品安全国家标准的规范要求标明了产品配料,该产品的配料中没有从日本福岛进口的成分。农夫山泉产品的标签标示符合相关法规要求,并无任何错误或误导。农夫山泉表示,拂晓白桃原产于福岛,因其风味独特,20世纪在我国就已有引种。农夫山泉的研发人员依据拂晓白桃的独特风味创制了类似拂晓白桃风味的产品,与拂晓白桃的产地并没有关联。该声明中还表示,农夫山泉是研发了类似拂晓白桃风味的产品,并要求今日头条等媒体平台和各社交媒体账号立即删除对其造成名誉损害的文章与评论。

声明的发出并没有对消费者起到安抚作用,网友认为农夫山泉的回应缺乏说服力。多家媒体发现,农夫山泉线下关于这款产品的品牌宣传、线上官方公众号的产品介绍都不断强调"产自日本福岛",这些信息极易让消费者误以为其原材料来源于日本福岛。对此,有财经媒体认为,农夫山泉从这款气泡水上市至今一直在拿福岛白桃做宣传,让消费者误认为此款产品的原料中有来自福岛的白桃,因此造成这一问题的责任在农夫山泉。

《中华人民共和国广告法》(以下简称《广告法》)第八条规定:"广告中对商品的性能、功能、产地、用途、质量、成分、价格、生产者、有效期限、允诺等或者对服务的内容、提供者、形式、质量、价格、允诺等有表示的,应当准确、清楚、明白。"同时在第四条中规定:"广告不得含有虚假或者引人误解的内容,不得欺骗、误导消费者""广告主应当对广告内容的真实性负责"。从农夫山泉微信公众号的表述来看,它提到的"拂晓白桃产自日本福岛"确实容易引起消费者的误解,虽然其并没有说气泡水用料中的白桃产自日本福岛。当然,其是否违反《广告法》仍需相关部门来判定。

农夫山泉于2020年9月在香港交易所上市,上市首日股价暴涨超80%。

2021年1月8日,农夫山泉股价最高涨至68.75港元,总市值一度超过7700亿港元。此后,农夫山泉股价步入回调通道。从1月至6月底,农夫山泉股价累计下跌40.29%,总市值累计蒸发约合人民币2594.72亿元。

【来源】这则案例转自快科技网的一篇文章《农夫山泉股价年内暴跌40% 市值蒸发2800亿:钟睒睒退出亚洲首富》。

【评析】瓶装饮用水行业是一个典型的垄断竞争市场,拥有数量庞大的厂商,除了我们耳熟能详的农夫山泉、娃哈哈、康师傅、怡宝、冰露、百岁山、西藏5100、昆仑山、依云等全国性或国际性品牌,全国各地还有不计其数的地方性品牌。由于各家厂商销售的瓶装水具有高度的相互替代性,为获取市场份额和定价权,通过营销手段打造独特的品牌形象和培养顾客忠诚度就成了各大厂商的关键策略。但营销也是一把双刃剑,成功的营销能够让平平无奇的产品占得先机,而失败的营销则会让本无过错的产品被打入深渊。

★ 例题详解

例1 名词解释:垄断竞争市场

【提示】本题主要考查垄断竞争市场的概念。

【提示】垄断竞争市场是指那种许多厂商出售相近但是具有差别的商品的市场组织。垄断竞争市场具有以下三个主要特征:第一,该市场中存在大量的厂商;第二,新厂商能够比较容易地进入该市场;第三,每个厂商所生产的产品都是非常接近的替代品,即垄断竞争行业中每个厂商的产品之间是存在差别的,但这些有差别的产品之间又具有很高的替代性。

例2 名词解释:过剩的生产能力

【提示】本题主要考查过剩的生产能力的概念。

【解答】过剩的生产能力并非指现有的生产能力没有被充分利用,而是指厂商所拥有的设备的规模本身小于最优的生产规模。具体来说,就是市场容量被分配给过多的规模较小的厂商,而且每个厂商的规模都小于最优规模。

例3 选择题:垄断竞争市场的短期均衡发生在(　　)。

　A. 当边际成本等于需求曲线D中的边际收益时

　B. 平均成本下降时

　C. 当需求曲线d与需求曲线D相交,且边际成本等于需求曲线d中的边际收益时

D. 需求曲线 d 与平均成本曲线相交时

【提示】本题主要考查垄断竞争厂商短期均衡发生时要满足的条件。从垄断竞争厂商短期均衡图中可以看出,当需求曲线 d 与需求曲线 D 相交,且边际成本等于需求曲线 d 中的边际收益时,垄断竞争市场的短期均衡发生,如图8.2所示。

【解答】C

例4 选择题:垄断竞争厂商达到长期均衡时,有( )。

A. 厂商的产品价格大于长期平均成本

B. 边际成本等于需求曲线 D 中的边际收益

C. 需求曲线 d 的弹性大于需求曲线 D 的弹性

D. 资源在广告战中被浪费

【提示】从垄断竞争厂商的长期均衡图中可以看出,在均衡点,需求曲线 D 比需求曲线 d 更陡峭,即需求曲线 d 的弹性大于需求曲线 D 的弹性。

【解答】C

例5 简答题:如果某垄断竞争厂商的需求曲线 d 与需求曲线 D 在6元处相交,那么该厂商的商品能否在9元价格处达到均衡?

【提示】本题主要考查对垄断竞争厂商均衡条件的理解和掌握,并利用均衡原理简单分析一个实际问题。要考虑长期均衡和短期均衡两种情况。

【解答】因为无论是在长期还是短期,垄断竞争厂商达到均衡的条件都是需求曲线 D 与需求曲线 d 相交,所以,如果需求曲线 D 与需求曲线 d 相交时相应的价格为6元,即在该点已达到均衡,那么该垄断竞争厂商就无法再在9元价格处达到均衡,即该厂商不可能在9元价格处达到均衡。

例6 计算题:垄断竞争厂商的长期均衡点是代表性厂商的需求曲线与其长期平均成本曲线的切点,此时的均衡价格 $p = \mathrm{LAC}$,已知代表性厂商的长期成本函数和反需求函数分别为:

$$\mathrm{LTC} = 0.0025q^3 - 0.5q^2 + 384q$$
$$p = M - 0.1q$$

其中,M 是集团内厂商数量的函数,求在长期均衡条件下,

(1)代表性厂商的均衡价格与产量。

(2)M 的值。

【提示】本题主要考查运用垄断竞争厂商长期均衡原理的计算。

【解答】由 $\mathrm{LTC} = 0.0025q^3 - 0.5q^2 + 384q$ 可得:

$$\text{LMC} = 0.0075q^2 - q + 384$$
$$\text{LAC} = 0.0025q^2 - 0.5q + 384$$

由 $p = M - 0.1q$ 可得：

$$\text{MR} = M - 0.2q$$

在长期均衡时，根据 $\text{LMC} = \text{MR}$，$\text{LAC} = p$，有：

$$0.0075q^2 - q + 384 = M - 0.2q$$
$$0.0025q^2 - 0.5q + 384 = M - 0.1q$$

解得 $q = 80$，$p = 360$，$M = 368$。

例7 论述题：对比分析垄断竞争市场与完全竞争市场的异同。

【提示】本题主要考查垄断竞争市场与完全竞争市场的相似之处和不同之处，以及与完全竞争市场相比，垄断竞争市场的效率。

【解答】垄断竞争市场与完全竞争市场的相似之处在于：第一，该市场中存在大量的厂商；第二，新厂商能够比较容易地进入该市场。这些特征都很像完全竞争市场。不同之处在于完全竞争市场中厂商出售的产品是同质的，各厂商的产品具有完全的替代性，而垄断竞争市场中每个厂商的产品是存在差别的，但这些有差别的产品之间又具有很高的替代性。因此，垄断竞争厂商的需求曲线不是需求弹性为无穷大的水平线，而是自左向右下方倾斜的。

垄断竞争厂商的长期均衡点是需求曲线 d 与 LAC 曲线的切点且在 LAC 曲线最低点的左边，而完全竞争厂商的长期均衡点在 LAC 曲线的最低点（因为完全竞争厂商的需求曲线是一条水平线，所以完全竞争厂商的长期均衡点在 LAC 曲线的最低点）。因此，垄断竞争厂商的长期均衡产量低于完全竞争厂商的长期均衡产量，并且价格会高于完全竞争厂商的长期均衡价格，即垄断竞争将导致较少的产量、较高的价格和较高的成本。

同完全竞争厂商相比，垄断竞争厂商的生产规模小于最优规模，这意味着生产资源未能得到充分利用，因而出现了所谓的过剩的生产能力。这对于社会资源而言是一种浪费。这种浪费形成的原因是产品的差异性，而产品的差异性满足了人们的多种需要，因此可以看作人们为满足多样化的需求而付出的代价。

▶▶ 单元习题 ▶ ···

一、名词解释

　　1.垄断竞争市场

2.产品差异

3.过剩的生产能力

4.垄断竞争市场的需求曲线

5.非价格竞争

二、选择题

1.在垄断竞争短期均衡状态下,(　　)。

    A.厂商只能获得正常利润　　　B.厂商不能获得超额利润

    C.厂商一定能获得超额利润　　D.以上三种情况都有可能发生

2.在垄断竞争厂商的长期均衡点,LAC曲线处于(　　)。

    A.上升阶段　　　　　　　　　B.水平阶段

    C.下降阶段　　　　　　　　　D.以上三种情况都有可能发生

3.在垄断竞争市场中,(　　)。

    A.众多厂商生产完全同质的商品

    B.只有很少的厂商生产完全同质的商品

    C.众多厂商生产有差异的商品

    D.只有很少的厂商生产有差异的商品

4.垄断竞争厂商可通过(　　)实现最大利润。

    A.商品质量竞争　　　　　　　B.广告宣传

    C.价格调整　　　　　　　　　D.以上三种都可用

5.完全竞争与垄断竞争的区别包括(　　)。

    A.完全竞争行业中的厂商数量比垄断竞争行业中的厂商数量多

    B.完全竞争厂商的需求曲线是水平的,而垄断竞争厂商的需求曲线是向右下方倾斜的

    C.如果某一行业中有不止一家企业,且生产同质的商品,则该市场就是完全竞争的

    D.以上说法都不正确

6.在长期均衡条件下,一个垄断竞争厂商产品的价格等于(　　)。

    A.平均成本　　B.边际收益　　C.边际成本　　D.平均可变成本

7.在长期均衡状态下,垄断竞争厂商的平均成本满足(　　)。

    A.平均成本达到最小值,且等于价格

    B.平均成本没达到最小值,且低于价格

C.平均成本没达到最小值,且等于价格

D.以上三项都不正确

8.处于短期均衡状态的垄断竞争厂商一般会在(   )的情况下进行生产。

A.边际成本等于实际需求曲线(D曲线)的边际收益

B.主观需求曲线与实际需求曲线相交

C.主观需求曲线与平均成本曲线相交

D.主观需求曲线与平均变动成本曲线相切

E.边际成本等于实际价格

9.长期均衡状态下的垄断竞争厂商满足(   )。

A.价格高于边际成本

B.价格高于长期平均成本

C.边际成本等于实际需求曲线对应的边际收益

D.主观需求曲线的弹性绝对值小于实际需求曲线

E.不存在超额利润

三、判断题

垄断竞争市场中的厂商提供的是有差异的产品,这里的产品差异是指不同产品之间的差异。   (   )

四、简答题

1.为什么说需求的价格弹性较高导致垄断竞争厂商之间进行非价格竞争?

2.在垄断竞争市场上,为什么厂商在短期均衡时可以获得超额利润,而在长期均衡时却不能获得超额利润?

3.画图描述垄断竞争厂商的需求曲线D、平均收益曲线和边际收益曲线,并简单加以说明。

4.为什么垄断竞争企业可以对价格施加一定的影响?

五、计算题

垄断竞争市场中代表性厂商的总成本函数为:

$$LTC = 0.001q^3 — 0.425q^2 + 85q$$

已知其需求曲线D的函数为$q = 300 - 2.5p$(q为产量,p为单位商品价格)。

(1)计算该厂商长期均衡时的产量和价格。

(2)计算该厂商在需求曲线 d 上的长期均衡点的弹性。

(3)推导出该厂商长期均衡时的 d 曲线。

六、论述题

1.作图说明垄断竞争厂商短期均衡与长期均衡的形成及其条件。

2.作图说明在短期均衡状态下,垄断竞争厂商获得超额利润、正常利润,以及处于亏损时的三种情况。

参考答案

一、名词解释

1.见例题1。

2.产品差异:垄断竞争市场中的产品差异是指从消费者的角度来看,该行业中各厂商的产品略有差别,这种差异来自两个方面:一方面是产品本身的质量、构造、包装、商标、广告宣传和销售服务条件等的差别;另一方面是由顾客的偏好、想象等造成的虚构的差别。

3.见例题2。

4.垄断竞争市场的需求曲线:垄断竞争厂商的需求曲线有两条。一条用 d 曲线表示,其反映的是当垄断竞争市场的代表性厂商变动价格时,认为其他厂商不会跟着进行价格调整的情况,这条需求曲线也被称为主观需求曲线;另一条用 D 曲线表示,其反映的是当垄断竞争市场的代表性厂商变动价格时,其他厂商也跟着进行价格调整的情况,这条需求曲线被称为实际需求曲线。D 曲线比 d 曲线陡峭(也可画出图8.1进行详细说明)。

5.非价格竞争:垄断竞争行业的厂商普遍采用的一种竞争手段是不变动产品销售价格的竞争。在垄断竞争市场上,垄断竞争厂商往往采取改进产品品质、精心设计包装、扩大广告宣传、改善售后服务等手段来扩大自己的商品销售量,以及市场销售份额。在完全竞争市场,由于每一个厂商生产的商品都是同质的无差异商品,所以厂商之间不存在非价格竞争。非价格竞争客观上适应了消费者的多种需要,有助于促进技术革新和产品的更新换代,以及提高市场的竞争程度。

二、选择题

1. D

【提示】短期均衡时某一厂商是获利还是亏损,抑或是盈亏平衡,取决于均衡时该厂商的价格和平均成本的对比关系。

2. C

【提示】如图8.3(b)所示,均衡点高于LAC曲线的最低点,此时处于LAC曲线的下降阶段。

3. C

【提示】考查垄断竞争市场的基本概念。

4. D

【提示】考查对价格竞争和非价格竞争的掌握,价格竞争和非价格竞争都是垄断竞争厂商调整生产、争取最大利润的手段。

5. B

【提示】考查垄断竞争厂商与完全竞争厂商之间的不同之处。

6. A

【提示】考查垄断竞争厂商在长期均衡状态下的生产价格与成本的关系。

7. C

【提示】考查对于垄断竞争厂商在长期均衡状态下的相关知识点的理解。边际成本曲线下降部分与平均收益曲线相切。

8. AB

【提示】考查对垄断竞争厂商短期均衡条件的掌握。

9. ACE

【提示】考查对垄断竞争厂商长期均衡条件的掌握。

三、判断题

【提示】主要考查对产品差异这一概念的掌握。垄断竞争市场中的厂商所提供的产品是有差异的,这里所说的产品差异是指从消费者的角度而言不同产品具有的差别。造成这种差别的原因有以下几个方面:商品物理性质的差异;不同商品的包装、品牌、销售条件、售后服务等的差异;消费者的偏好。虽然垄断竞争厂商提供的商品具有差异,但是不同商品之间又有很高的替代性。

【解答】错

四、简答题

1.【提示】本题主要考查运用垄断竞争厂商需求曲线解释垄断竞争厂商非价格竞争的动因。

【解答】因为在垄断竞争市场中,有众多厂商生产和销售具有极高替代性的有差异的商品,所以其需求的价格弹性较高,需求曲线比较平缓。当某一垄断竞争厂商降低其商品价格时,其他厂商也将相应地降低价格,这将导致其销售量只有少量增加。而如果厂商一再降价,就会使得各厂商的利润空间一再缩水。因为成本在短期内无法与降价幅度保持同比例的下降,所以会影响厂商的盈利。过激的价格战会导致恶性竞争,最终使整个垄断竞争行业的厂商都受损。因此,垄断竞争厂商一般不愿意进行价格竞争,而是采取非价格竞争的方式,如改进产品质量、换包装、做广告等,以扩大产品差异和吸引消费者。

2.【提示】本题主要考查关于垄断竞争厂商短期均衡和长期均衡的知识。

【解答】因为在垄断竞争厂商的短期均衡点上一般满足两个条件,即 $AR \geqslant AVC$,$MR = MC$,厂商在短期不仅平均收益会大于平均可变成本,而且平均收益也会大于平均成本,此时厂商能获得超额利润。在长期,超额利润会吸引大批新厂商进入该行业,行业的产品总供给也因此增加。这时每个厂商只有降低自己的商品价格才能维持各自在市场中的份额,因此每个厂商的需求曲线 D 和需求曲线 d 都会向左移动。在长期均衡的情况下,每个厂商的均衡价格和产量都低于短期均衡时的价格与产量,此时超额利润消失。

3.【提示】本题主要考查对垄断竞争厂商的需求曲线 D、边际收益曲线和平均收益曲线的掌握,并能作图简述其形成的原因。

【解答】由于垄断竞争市场中存在众多的厂商,而厂商提供的都是有差异的商品,商品存在差异性决定了每个厂商都具有一定的垄断性,即厂商对市场价格有一定的影响力,这也就决定了厂商面临的是一条向下倾斜的需求曲线。又由于垄断竞争市场内各厂商的产品之间往往具有高度的替代性,因此,如果一个垄断竞争厂商提高价格,其销售量就会下降,并且利润受损。该厂商即使降低价格,也不能获得其所期望的产量增加,因为其他厂商也会相应地做出降价的反应。所以,垄断竞争厂商面临的是一条向右下方倾斜的需求曲线,这条曲线比垄断厂商的需求曲线平缓。因为这条曲线也决定了厂商的生产数量和相应的价格,所以这条曲线同时又是平均收益曲线。边际收益曲线是根据平均收益曲线确定的,平均收益曲线是向下倾斜的,因此厂商的边际收益曲线也向下倾斜,如图8.5所示。

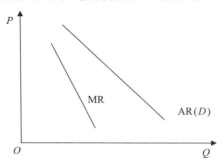

图8.5 平均收益与边际收益

4.【提示】本题主要考查产品异质性对厂商定价权的影响。

【解答】尽管垄断竞争企业的产量占整个市场的份额很小,但这个很小的份额所提供的是独特的、有差异的产品。由于存在产品的差异性,垄断竞争企业可以像垄断企业那样,对价格施加一定程度的影响。

五、计算题

【解答】

(1)由LTC $= 0.001q^3 - 0.425q^2 + 85q$ 可得LAC $= 0.001q^2 - 0.425q + 85$,

并由 $q = 300 - 2.5p$ 得 $p = 120 - 0.4q$,

在长期均衡时,因需求曲线 D 和LAC曲线相交,故令LAC $= p$,可得:

$$0.001q^2 - 0.425q + 85 = 120 - 0.4q$$

化简后有:

$$q^2 - 25q - 35000 = 0$$

解得 $q = 200$, $p = 40$。

(2)在长期均衡时,d 曲线与LAC曲线相切,并且MR $=$ MC。

由 LTC $= 0.001q^3 - 0.425q^2 + 85q$ 可得 LMC $= 0.003q^2 - 0.85q + 85$，

当 $q = 200$ 时，LMC $= 0.003 \times 200^2 - 0.85 \times 200 + 85 = 35$，则 MR $= 35$，

运用公式 MR $= P\left(1 + \dfrac{1}{\varepsilon}\right)$，即 $35 = 40\left(1 + \dfrac{1}{\varepsilon}\right)$，

解得 $\varepsilon = -8$。

（3）由题可知 d 曲线为直线，因此假设 $P = A - q$，则有：

$$|\varepsilon| = \frac{P}{A - P}，\text{即} |-8| = 8 = \frac{40}{A - 40}$$

解得 $A = 45$，

而 d 曲线的斜率 $= \dfrac{A - P}{q} = \dfrac{45 - 40}{200} = 0.025$，

于是可得 d 曲线的函数表达式为 $p = 45 - 0.025q$。

六、论述题

1.【解答】图 8.6 表示的是垄断竞争厂商的短期均衡。

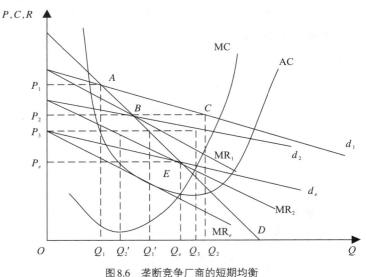

图 8.6　垄断竞争厂商的短期均衡

假设最初厂商位于 A 点，相应的价格与产量分别为 P_1 和 Q_1，该厂商的主观需求曲线为 d_1，相应的边际收益曲线是 MR_1。如果该厂商降价，而其他厂商价格不变，则该厂商的价格将变为 P_2，产量变为 Q_2。若其他厂商按相同比例降价，则该厂商的需求量只能增加为 Q_2'。假设在 B 点，该厂商的主观需求曲线为 d_2，相应的边际收益曲

线为 MR_2，则该厂商的产量应为 Q_3，价格为 P_3。但由于其他厂商按相同比例降价，使得该厂商的产量达不到 Q_3，厂商也会不断进行调整，最后达到 E 点，该点对应的 $MR = MC$，且 $AR \geqslant AVC$。因此，E 点就是厂商的短期均衡点。

在短期均衡条件下，并不是垄断竞争行业的每个厂商都能获得超额利润，也有可能发生亏损。因此，厂商将进一步调整，直到超额利润完全消失，没有新的厂商再进入该行业为止。

图 8.7 为垄断竞争厂商的长期均衡图。垄断厂商在短期均衡条件下能获得超额利润，因此会吸引新的企业进入该行业，整个市场的总供给也相应增加。而总需求不变，则厂商为了卖出自己的商品只能降低价格，因此，厂商的需求曲线 d 与需求曲线 D 都向左移动，分别从 D 的位置移动到 D_1 的位置，以及从 d_s 的位置移动到 d_L 的位置。厂商均衡由 E_s 点移动到 E_L 点，即长期均衡点。在长期均衡条件下，均衡价格 P_L 与均衡产量 Q_L 都小于短期均衡时的价格 P_s 和产量 Q_s，并且厂商的超额利润为 0。

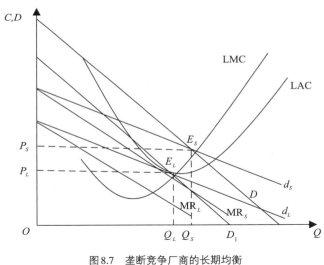

图8.7 垄断竞争厂商的长期均衡

2.【解答】在短期均衡状态下，并非每个垄断竞争厂商都能获得超额利润，厂商是获得超额利润还是正常利润，或者亏损，取决于价格与成本的关系。

（1）超额利润：根据利润最大化的原则，垄断厂商按照 $MC = MR$ 决定其产量以及相应的价格，当垄断竞争厂商的实际需求曲线（需求曲线 D）与厂商的平均成本曲线 AC 相交时，由于价格 P_0 高于产量 Q_0 所对应的平均成本 P'，此时垄断厂商就获得了超额利润，如图 8.8 所示。

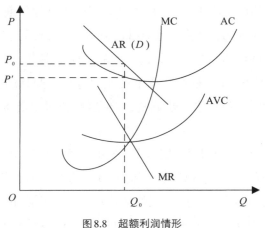

图8.8 超额利润情形

（2）正常利润：根据利润最大化原则，垄断厂商按照MC = MR决定其产量以及相应的价格。当垄断竞争厂商的实际需求曲线（需求曲线D）与厂商的平均成本曲线AC相切时，由于产量Q_0对应的价格等于厂商的平均成本，此时超额利润为0，垄断厂商获得正常利润，如图8.9所示。

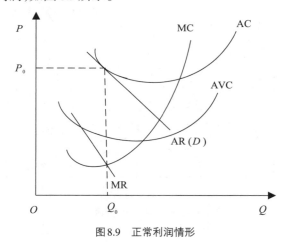

图8.9 正常利润情形

（3）亏损：根据利润最大化原则，垄断厂商按照MC = MR决定其产量以及相应的价格，当垄断竞争厂商的实际需求曲线（需求曲线D）与厂商的平均成本曲线没有交点，而却与平均可变成本曲线相交时，厂商处于亏损状态，但此时由于价格P_0高于相应的平均可变成本，厂商生产时的亏损小于停止生产的亏损，所以厂商还会选择继续生产，如图8.10所示。

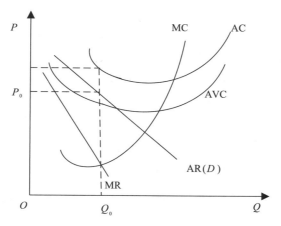

图8.10 亏损但继续生产情形

（4）停产：当垄断竞争厂商的价格低于平均可变成本，即垄断厂商的实际需求曲线（需求曲线 D）低于平均可变成本曲线时，厂商的收益还不足以抵偿可变成本的支出，此时厂商生产的亏损比不生产的大，因此厂商会选择停产，如图8.11所示。

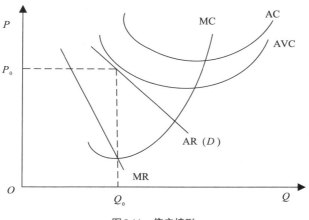

图8.11 停产情形

第九章 ···
寡头垄断市场

★ 知识导图

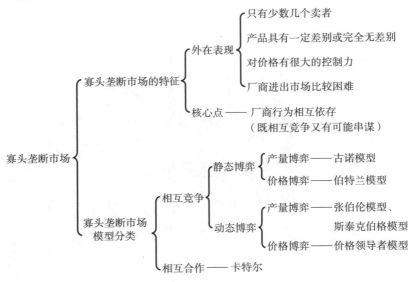

★ 学习要求

通过本章的学习,学生应当:

1.掌握寡头垄断市场的特征和分类。

2.掌握寡头垄断市场的非合作博弈模型,即古诺模型、斯泰克伯格模型、伯特兰模型和斯威齐模型。

3.掌握寡头垄断市场的合作博弈模型,即张伯伦模型、主导厂商的价格领导者模型和卡特尔模型。

4.掌握非利润最大化的寡头垄断模型,即市场份额模型和鲍莫尔的最大销售额模型。

5.能够运用上述主要的模型进行运算,以及推导特定寡头垄断市场的价格和产量。

★ 内容精要(扫描二维码,观看相关知识点微课视频)

除了垄断竞争市场,现实世界中普遍存在的市场结构还包括寡头垄断市场,也叫寡头市场。在这种市场结构里存在着为数不多的卖者,它们提供的产品能够互相替代,因此相互之间存在竞争。最为关键的一点是,寡头垄断市场上竞争对手的数量足够少,单个寡头所采取的行动(如改变价格或产量)会对其他寡头的利润造成显著影响,因此寡头之间存在紧密的策略互动,也即博弈。

在完全竞争市场和垄断竞争市场中,它们的均衡结果是唯一的,不依赖于单个厂商的行为策略。而寡头市场中的均衡则不同,可能会存在多种均衡结果,具体会产生何种结果严重依赖于寡头间的行为策略互动。因此,有多个理论模型用来分析寡头垄断市场,我们可根据它们对寡头厂商的行为如何进行假设来分类。试想一下,寡头厂商在进行决策时,将如何考虑竞争对手对自己决策(如降低价格或扩大产量)的反应? 一是静态博弈,即假定竞争对手的策略是给定的,不会对他的决策做出反应,继续保持原有的价格和产量;二是动态博弈,假定寡头厂商意识到自己的行为会让对手改变既定策略,从而会在预判对手下一步行动的基础上进行决策。表9.1基于上述假定的不同组合,将常见的寡头垄断模型分为了四类。

表9.1　常见的寡头垄断模型分类

决策变量	静态博弈	动态博弈
产量	古诺模型	张伯伦模型、斯泰克伯格模型
价格	伯特兰模型	主导厂商的价格领导者模型

此外,根据寡头厂商之间是否存在合作(勾结),我们将所要讨论的寡头市场分成两种主要模型来分析。第一种模型假设厂商间的行为具有独立性,属于非合作博弈;第二种模型假设厂商间具有某种程度的勾结行为,属于合作博弈。为了便于分析,一般都以双寡头垄断为代表进行分析,这并不会影响分析的一般性,因为将两个厂商扩展到多个厂商并不困难。

1. 寡头垄断市场的特征

第一,市场上只有少数的卖家,出售的产品可以相互替代。

第二,单个卖家的行为对其他卖家的收益具有显著影响。

第三,需求曲线具有不确定性。

第四,进出市场不易。

第五,除价格竞争外,更经常进行的是非价格竞争。

2. 寡头市场的种类

第一,根据产品品质进行划分。如果各厂商生产的产品是同质的,那么这一市场就称为纯粹寡头市场;如果各厂商生产的是有差异的产品,那么这一市场就称为差别寡头市场。

第二,根据行为方式进行划分。如果各厂商彼此独立、互不合谋,就称为独立行动寡头;如果厂商之间相互勾结、联合行动,就称为勾结性寡头。

第三,根据厂商数目进行划分。如果一个行业只由两家厂商构成,就称为双头垄断;如果一个行业由三家或以上的厂商所构成,就称为多头垄断。

3. 古诺模型

(1)模型的基本假定

第一,假定一个行业内只有两个寡头,每个寡头生产同质的产品。

第二,信息是完全的,两个寡头都能观察到对方的产量,并会同时作出产量决策来最大化自身的利润,即寡头间进行的是产量竞争而非价格竞争,产品的价格依赖于两者所生产的产品总量。

第三,双方无勾结行为。

第四,每个生产者都把对方的产出水平视为既定,并以此确定自己的产量。

第五,假定边际成本是常数。

(2)基于线性需求曲线的一个例子

设双寡头垄断市场的反需求曲线为 $P = 30 - Q$。其中,Q 是两厂商的总产量,$Q = Q_1 + Q_2$。还设两厂商都有零边际成本,为使利润最大化,两厂商的边际成本与边际收益相等。已知厂商1的总收益 $R_1 = PQ_1 = 30Q_1 - Q_1^2 - Q_1Q_2$,其边际收益 $\mathrm{MR}_1 = 30 - 2Q_1 - Q_2$。

令 $\mathrm{MR}_1 = 0$,并解出 Q_1,我们可以得到厂商1的反应函数:

$$Q_1 = 15 - \frac{1}{2}Q_2 \tag{9.1}$$

同理可得厂商2的反应函数:

$$Q_2 = 15 - \frac{1}{2}Q_1 \tag{9.2}$$

古诺均衡产量水平就是两反应曲线的交点 Q_1 和 Q_2 的值。通过联立式(9.1)和式(9.2)并求解,可以得出古诺均衡解,即 $Q_1 = Q_2 = 10$,由此可得总产量为 $Q = Q_1 + Q_2 = 20$,则均衡市场价格为 $P = 30 - Q = 10$。

图9.1给出了古诺反应曲线和古诺均衡。厂商1的反应曲线表明了厂商1对应于厂商2的产量 Q_2 的产量 Q_1。古诺均衡就是两曲线的交点,此时两厂商在给定其竞争对手的产量的条件下最大化了自己的利润。

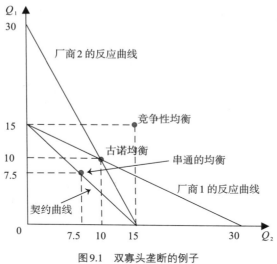

图9.1 双寡头垄断的例子

需求曲线为 $P = 30 - Q$，且两厂商都有零边际成本。在古诺均衡时，两厂商各生产10单位的产量。契约曲线给出了最大化总利润的 Q_1 和 Q_2 的组合。如果两厂商串通并平分利润，那么两厂商将各生产7.5单位的产量。图中还给出了完全竞争的均衡，其价格等于边际成本，且利润为零。需要注意的是，对厂商来说，古诺均衡比完全竞争要好得多，但不如串通时的结果。

（3）有勾结的寡头市场：串通均衡解

前面所得到的古诺均衡结果是在寡头间无勾结行为的假定下求出的。如果寡头之间相互勾结，共同瓜分垄断利润，那么所得到的均衡称为串通均衡。在相互勾结时，寡头们联合起来像一个完全垄断厂商一样行动，所得到的串通均衡解等于完全垄断者利润最大化的解。寡头厂商勾结的目的是求得能使二者总利润达到最大的联合产出水平 Q，然后瓜分这一产出水平。

总利润最大化的实现同样是通过选择使边际收益等于边际成本的总产量 Q。两厂商的总收益为 $R = PQ = 30Q - Q^2$，所以边际收益为 $MR = 30 - 2Q$。令 $MR = 0$，可得当 $Q = 15$ 时能实现利润最大化。任何相加为15的产量组合都能使总利润最大化。因而被称为契约曲线的 $Q_1 + Q_2 = 15$ 就是由所有能最大化总利润的产量 Q_1 和 Q_2 构成的。这条曲线也在图9.1中给出了。如果两厂商同意平分利润，那么其将各生产总产量的一半。

将这一结果与前面无勾结情况下的均衡解进行对比可以发现，无勾结的寡头市场所达到的产出水平高于完全垄断市场的产出水平，其价格低于完全垄断市场的价格。但是，寡头市场所达到的产出水平低于完全竞争市场的产出水平，并且其价格高于完全竞争市场的价格。因此,如果寡头市场不存在勾结行为,则其效率会高于完全垄断但低于完全竞争。

4. 斯泰克伯格模型

斯泰克伯格模型也被称为先行者优势模型,即先行动的一方在竞争中取得优势。不同于古诺模型中两个寡头厂商各自独立且同时作出关于产量的决策,然后由 $Q_1 + Q_2$ 来决定价格水平,斯泰克伯格模型通常用来描述存在实力悬殊的寡头的行业,实力强的寡头领导型厂商在竞争中具有优势,往往会先作出产量决定,而其他小的寡头会随后作出产量决策,因此属于动态博弈。由于有先走一步的权利,处于领导地位的寡头厂商会预测在自己改变产量后,其他追随型厂商的反应函数,从而作出有利于实现自身利润最大化的产量决策。

求解动态博弈模型需要采用逆向归纳法。在斯泰克伯格模型中,需要先分析追随型厂商的反应函数,然后把这个反应函数代入领导型厂商的利润函数,并求出能使其利润最大化的解,这样才能得到领导型厂商的最优产量决策。

假定厂商2是追随者,其是在观察到厂商1的产量之后作出自己的产量决策,因此其可以把厂商1的产量看作固定的。求解厂商2的利润最大化问题,得到厂商2的反应函数:

$$Q_2 = 15 - \frac{1}{2}Q_1 \tag{9.3}$$

厂商1为使利润最大化所选择的产量 Q_1 要使得其边际收益等于边际成本。回顾厂商1的收益为:

$$R_1 = PQ_1 = 30Q_1 - Q_1^2 - Q_2Q_1 \tag{9.4}$$

由式(9.3)和式(9.4)可以得出厂商1的收益 $R_1 = 15Q_1 - \frac{1}{2}Q_1^2$,进而得到其边际收益 $MR_1 = 15 - Q_1$。令 $MR_1 = 0$,解得 $Q_1 = 15$。又根据厂商2的反应函数可得 $Q_2 = 7.5$。

厂商1因为率先行动造成一种既定的事实,不管其竞争对手如何行动,率先行动者都将生产较大的份额,从而取得先行者优势。然而在价格竞争的情况下,率先作出决定的寡头厂商不仅不会取得优势,还有可能会使自身处于劣势地位。

5. 伯特兰模型

不同于古诺模型中的产量竞争,伯特兰认为,在寡头垄断市场上,寡头之间是通过价格竞争来实现自身利润最大化的。价格竞争分为异质产品的价格竞争和同质产品的价格竞争。

（1）异质产品的价格竞争

假定有两个厂商分别用20元的固定成本生产可以相互替代但有差别的产品，为使问题简化，假定不存在可变成本，因此边际成本等于零。两个厂商面临的市场需求函数如下所示。

厂商1的需求函数为：

$$Q_1 = 12 - 2P_1 + P_2 \tag{9.5}$$

厂商2的需求函数为：

$$Q_2 = 12 - 2P_2 + P_1 \tag{9.6}$$

其中，Q_1、Q_2分别表示厂商1和厂商2的产出水平，P_1、P_2分别表示各自对应的价格。可以看出，对每个厂商产品的需求量与该厂商产品的价格反方向变化，而与竞争对手的价格同方向变化。假定两个厂商同时作出决策。在进行决策时，每个厂商都把其对手的价格视为既定，然后选择能使自己利润最大化的产品价格。通过构造两个厂商的利润函数，并根据利润最大化的条件要求，可以导出伯特兰均衡解。例如，对于厂商1来说，其利润函数为：

$$\pi_1 = P_1 Q_1 - 20 = 12P_1 - 2P_1^2 + P_1 P_2 - 20 \tag{9.7}$$

对式（9.7）的价格P_1求一阶导数，并令一阶导数等于零，得到厂商1的反应函数：

$$P_1 = 3 + \frac{1}{4} P_2 \tag{9.8}$$

同理，可以得到厂商2的反应函数：

$$P_2 = 3 + \frac{1}{4} P_1 \tag{9.9}$$

伯特兰均衡解在图9.2中表现为两条反应曲线的交点，在这一点上，由于各厂商所作出的是在给定其竞争者价格的情况下的最优决策，因此没有哪个厂商有改变其价格的冲动，该均衡在博弈论中被称为纳什均衡。

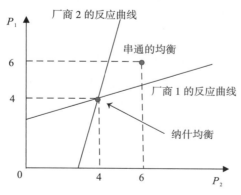

图9.2 价格上的纳什均衡

伯特兰均衡是在寡头间无勾结行为时达到的均衡。若寡头间相互勾结以求得联合利润的最大化,则所达到的均衡是串通均衡。

在寡头间相互勾结的情况下,两个厂商最终的价格是相同的,即 $P = P_1 = P_2$,代入式(9.5)和式(9.6),可得总产量函数为:

$$Q = Q_1 + Q_2 = 24 - 2P \tag{9.10}$$

构建相互勾结的寡头的利润函数,并将式(9.10)代入,可得:

$$\pi = PQ - 20 = P(24 - 2P) - 20 = 24P - 2P^2 - 20 \tag{9.11}$$

对式(9.11)的价格 P 求一阶导数,并令一阶导数等于零,解得 $P = 6$。

图9.2给出了这个串通均衡点。在寡头勾结的情况下收取的价格与获得的利润都高于无勾结行为下的价格和利润,而产出水平低于无勾结行为下的产出水平。

(2)同质产品的价格竞争

在同质产品条件下,伯特兰均衡解是唯一的,其含义在于,如果同行业中的两厂商经营同样的产品,且成本一样,则价格战必定使每个厂商按价格等于边际成本的原则来经营,即只能获取正常利润。但是如果两家企业的成本不同,那么在长期中成本低的企业必定会挤走成本高的企业。

6. 伯特兰悖论

根据伯特兰模型的均衡结果,只要市场上存在两个或以上生产同样产品的厂商,就没有一个厂商可以通过控制市场价格来获取垄断利润。然而,这个结论很难令人信服。事实上,市场上厂商间的价格竞争往往并没有使均衡价格降到等于边际成本这一水平上,而是高于边际成本,厂商仍可获得超额利润。为什么现实生活中达不到伯特兰均衡呢?这被称为伯特兰之谜或伯特兰悖论。

如何解释伯特兰悖论呢?爱尔兰经济学家埃奇沃斯在1897年发表的论文《关于垄断的纯粹理论》中指出,现实生活中厂商的生产能力是有限制的,所以,只要一个厂商的全部生产能力可供量不能满足社会需求,则另一个厂商对于剩余的社会需求就可以收取超过边际成本的价格。他得出的结论是:寡头市场上的价格竞争不可能实现均衡,其价格在垄断价格和竞争价格之间来回波动。此外,经历过价格战的厂商发现,长期的价格战会导致两败俱伤,所以他们很有可能在某一价格点上达成协议,因此埃奇沃斯模型暗示着勾结是有利可图的。

7. 斯威齐模型

斯威齐模型解释了寡头垄断市场中的价格刚性现象,它指出寡头垄断市场价格之所以相对稳定,是因为这种产品的市场需求曲线不再是一条向右下方倾斜的平滑的曲线,而是一条在某一价格水平上出现拐点,然后弯折再向下倾斜的弯折的需求曲线。

该模型假定,一旦某个寡头厂商降低价格,试图夺取其竞争对手的市场份额,其竞争对手就将如法炮制,降低自己产品的价格。如果该厂商提高其产品价格,而竞争对手则维持原价格不变,那么其竞争对手会失去市场份额。

如图9.3所示,假定某寡头厂商的产品价格为 $\bar{P}$,占有的市场份额为 $\bar{Q}$,其降价所面临的需求曲线是 D_1,而提价所面临的需求曲线是 D_2。该厂商知道,需求曲线是一条弯折的曲线 CDF,CDF 由 D_1、D_2 两条需求曲线构成,价格高于 $\bar{P}$ 的那段由 D_2 曲线构成,价格低于 $\bar{P}$ 的那段由 D_1 曲线构成。由于需求曲线不连续,边际收益曲线为折线 $CABG$,其中 CA 段与需求曲线 D_2 对应,BG 段与 D_1 对应。A 与 B 之间的边际收益无定义,因为与该产量点对应的需求曲线不连续。厂商按照边际成本等于边际收益的原则确定价格与产量。由于在价格 $\bar{P}$ 与产量 $\bar{Q}$ 的条件下边际收益变动的范围很大,为整个 AB 段,因此,即使厂商的成本发生变化,但只要边际成本的变化没有超出 AB 段,厂商就不会改变价格与产量。

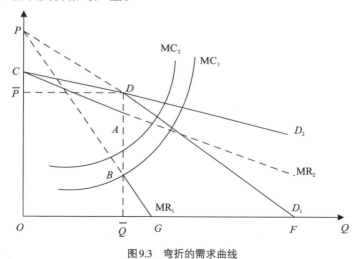

图9.3 弯折的需求曲线

在图9.3中,当边际成本由 MC_1 提高到 MC_2 后,边际成本仍在 AB 段,所以厂商仍然维持 $\bar{P}$ 的价格与 $\bar{Q}$ 的产量不变。弯折的需求曲线只是对市场上已经存在的既定事实的描述,而并没有解释寡头厂商的均衡价格 $\bar{P}$ 与均衡产量 $\bar{Q}$ 究竟是如何决定的。

8. 张伯伦模型

张伯伦模型的主要假设与古诺模型基本一致,唯一不同的是,古诺模型中每个厂商把竞争对手的产量视为既定,而张伯伦模型中的厂商会预判竞争对手的反应,从而形成相互依存的垄断均衡。因此,厂商间虽然无勾结行为,但是会朝着总体利润最大化的方向行动。

张伯伦模型的均衡实现过程可用图9.4来说明。假定市场需求曲线为FC,生产成本为零。再假定厂商A先进入该市场,按照MC = MR的原则决定生产OA产量,此时垄断价格为OB。之后,厂商B加入这一行业,面临的需求曲线为EC,其根据利润最大化原则决定生产$\frac{1}{2}AC$,价格定在$\frac{1}{2}OB$。最终,产业的总产量为$\frac{3}{4}OC$,市场价格降至$\frac{1}{2}OB$。厂商A意识到了竞争对手对其产量决策的反应,因此决定把产量降至$\frac{1}{2}OA$(等于厂商B的产量),这时的市场供给量为OA,市场价格就反弹至OB。厂商B也意识到了这是对双方而言最好的结果,因此不会改变自己的产量计划。结果是双方在没有勾结的情况下达到了垄断均衡。尽管它与卡特尔模型在形式上有所不同,但结果是一致的。这就是张伯伦模型的结论。

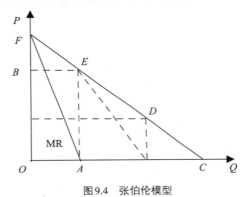

图9.4　张伯伦模型

9. 价格领导者模型

该模型用来说明寡头市场价格的变化。但这种变化不是寡头厂商们竞相压价的结果,而是某个寡头厂商充当价格领袖首先变动价格,并且其他寡头厂商充当价格随从,按照价格领袖确定的价格进行变动。充当价格制定领袖的寡头究竟会制定多高的价格要看该寡头是不是本产业的主导厂商。如果该寡头是主导厂商,那么其可以按照追求自己利润最大化的原则来确定价格,而不必考虑其他竞争对手的反应。如果充当价格领袖的厂商不是本产业的主导厂商,那么它在制定价格时必须考虑其他厂商的反应。

在图9.5中,市场需求曲线为D,S_F表示的是除主导厂商外该产业其余厂商的供给。D_L为市场对主导厂商产品的需求曲线。D_L等于市场需求D与该产业其余厂商供给数量的差额。在价格等于或高于P_1时,对主导厂商产品的需求量为零,所以除主导厂商外该产业其余厂商的供给等于市场供给。当价格等于或低于P_2时，除主导厂商外该产业其余厂商的供给等于零，所以主导厂商所面临的需求曲线就是市场需求曲线。在P_1、P_2两种价格之间，主导厂商所面临的需求曲线为D_L。与D_L曲线相对应的边际收益曲线为MR_L。MC_L为主导厂商的边际成本曲线。

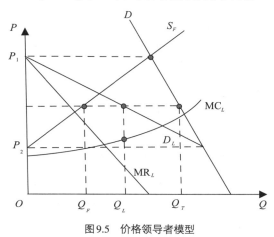

图9.5 价格领导者模型

主导厂商要想充当制定价格的领袖，其最佳的定价策略是把价格定为$\bar{P}$，生产Q_L的产量。而其余厂商生产Q_F的产量。

10. 市场份额模型

上述模型都是建立在厂商追求利润最大化的基础上的。然而有些厂商并不关心其利润是否可以达到最大，只希望其产品（异质产品）的销售量能维持在市场总销售量的某一比例。它的主要目的是维持某一水平的长期利益。

假设某两个寡头厂商生产异质产品。厂商1希望其产品的市场占有率为1/3，厂商2的反需求函数及成本函数分别为$P_2 = 100 - 2q_2 - q_1$，$\mathrm{TC}_2 = 2.5q_2^2$。在均衡情况下，厂商1的产量及厂商2的价格、产量、利润各为多少？

由$\dfrac{q_1}{q_1 + q_2} = \dfrac{1}{3}$，可得$q_1 = 0.5q_2$，即第一个厂商的反应函数，

代入得：

$$\pi_2 = \mathrm{TR}_2 - \mathrm{TC}_2 = q_2\left(100 - 2q_2^2 - q_1q_2\right) - 2.5q_2^2 = 100q_2 - 5q_2^2$$

在厂商2追求利润最大化的条件下，即$\dfrac{\partial \pi_2}{\partial q_2} = 100 - 10q_2 = 0$，

解得$q_2 = 10$，进而可得$q_1 = 5$，$P_2 = 75$，$\pi_2 = 500$。

由上述分析可知，希望维持其市场份额的厂商必有一反应函数存在，而其竞争对手可在反应函数中找到利润最大化的产量，这种情况与前面所分析的斯泰克伯格

模型中的一个为领型导厂商,另一个为跟随型厂商的情况类似。不同的是,本模型的反应函数是基于维持市场份额的,而斯泰克伯格模型的反应函数是建立在利润最大化的基础上的,所以两者的含义不同。

★ 考查重点、难点

本章作为市场结构理论的一个重要部分,主要内容是说明寡头垄断市场的价格和产量的决定,而这是一个十分复杂的问题。因为在寡头市场上,每个厂商的产量在全行业的总产量中所占的份额均较大,从而每个厂商的产量和价格变动都会对其他竞争对手乃至整个行业的产量与价格产生举足轻重的影响。每个寡头厂商在采取某项行动之前,必须首先要推测或掌握自己这一行动对其他厂商的影响以及其他厂商可能做出的反应,然后才能在考虑到这些反应的前提下采取最有利的行动。寡头厂商之间的这种相互影响的复杂关系以及由此形成的各个模型是本章考查内容的重点,具体在于:第一,熟知寡头垄断市场的特征及其分类。第二,掌握各个主要寡头垄断模型的机理,并熟悉它们之间的差异。第三,能够运用理论模型计算均衡价格和产量。第四,初步掌握寡头垄断厂商之间的博弈关系。

其中,正确辨别各寡头垄断理论模型的应用条件和准确计算均衡价格与产量是本章考查的难点。本章考试题型常以计算题、证明题为主,辅以选择题或判断题。

★ 拓展阅读(若想了解更多文献和素材,可关注微信公众号"鸿观经济")

【趣味小品】 "砖瓦协会"垄断纠纷案
——横向垄断协议实施者损害赔偿请求权的认定

张某某主张其在宜宾市"砖瓦协会"的发起人四川省宜宾市吴桥建材工业有限责任公司(以下简称吴桥公司)、宜宾四和建材有限责任公司(以下简称四和公司)以及曹某某等的胁迫下,加入该"砖瓦协会",签订"停产整改合同",并因该合同被迫停止生产。宜宾市"砖瓦协会"及其发起人通过广泛签订上述合同,迫使宜宾市部分砖瓦企业停产,并通过减少砖瓦供应量来提高砖瓦价格,牟取不当利益,上述行为明显具有排除、限制竞争的目的,且在特定时间内达到了排除、限制竞争的效果,构成了横向垄断协议。但宜宾市"砖瓦协会"和仍维持生产的砖瓦企业在支付了少量停产扶持费后不再依照约定付款,其行为限制了张某某参与竞争,违反了反垄断法,故诉至法院。一审法院认为,被诉行为违反了反垄断法,侵害了张某某的权益,故判决吴桥公司、四和公司、曹某某、宜宾市"砖瓦协会"连带赔偿经济损失33.6万元以及合理开支5000元。吴桥公司、曹某某、宜宾市"砖瓦协会"不服,向最高人民法院提起上诉。最高人民法院二审认为,该案的核心问题是,张某某作为该案横向垄断协议的实施者之一,是否有权要求该垄断协议的其他实施者赔偿其所谓的经济损失。鉴于横向垄断协议实施者主张损害赔偿的本质是要求瓜分垄断利益,故判决撤销一审判决,驳回张某某的全部诉讼请求。

【来源】人民法院反垄断和反不正当竞争典型案例. (2021-09-27)[2021-11-02]. https://www.court.gov.cn/zixun-xiangqing-324491.html.

【评析】横向垄断协议实施者要求其他实施者赔付其因实施该横向垄断协议而遭受的损失从本质上来说是要求在横向垄断协议实施者之间对垄断利益进行重新分配。该案阐明了垄断民事救济的宗旨和导向,明确了请求损害赔偿救济者的行为必须正当、合法的基本原则,揭示了横向垄断协议实施者要求其他实施者赔偿其所谓损失的这一行为实际上是瓜分垄断利益的本质,对于打击横向垄断行为、维护公平竞争秩序、引导行业协会良性发展具有重要意义。

【经典案例】 欧佩克

欧佩克是谁

欧佩克的全称是石油输出国组织(Organization of Petroleum Exporting Countries,简称OPEC),中文音译为欧佩克。成立于1960年9月,共有五个原始成员国,分别是伊朗、伊拉克、科威特、沙特阿拉伯(简称沙特)、委内瑞拉。1962年11月6日,欧佩克在联合国秘书处备案,成为正式的国际组织。其宗旨是协调和统一成员国的石油政策,维护各自和共同的利益。

欧佩克共有13个成员国,伊朗(1960年加入)、伊拉克(1960年加入)、科威特(1960年加入)、沙特阿拉伯(1960年加入)、委内瑞拉(1960年加入)、利比亚(1962年加入)、阿尔及利亚(1969年加入)、尼日利亚(1971年加入)、阿拉伯联合酋长国(简称阿联酋,1967年加入)、安哥拉(2007年加入)、加蓬(1975年加入,1995年退出,2016年再次加入)、赤道几内亚(2017年加入)、刚果共和国(2018年加入)。

从欧佩克的成员国结构上来说,其进出要求并不严格,并且一些成员国的进出带有很大的随意性,有反复进出的情况。印度尼西亚在1962年加入,2009年退出,2016年1月再加入,同年9月再次退出;厄瓜多尔在1973年加入,1992年退出,2007年再次加入,2020年1月再次退出;卡塔尔在2019年1月退出。

欧佩克想要做些什么

1961年1月,欧佩克在委内瑞拉首都加拉加斯召开了第二次欧佩克会议,并在这次会议上通过了《欧佩克条约》(以下简称《条约》)。《条约》以1960年决议为基础,将欧佩克目标概括化,《条约》规定欧佩克的目标主要有以下几个。

第一,欧佩克的首要目标是协调和统一成员国的政策,并确定什么样的方式来维护成员国利益。

第二,欧佩克的目标是通过各种手段和方法保持国际石油价格的稳定,消除有害的和不必要的油价波动。

第三,欧佩克认为:产油国的利益应得到维护,产油国应能获得稳定的石油收入;石油消费国应能获得有效的、经济的、正常的石油供给;石油产业的投资应能获得合理的回报。

欧佩克更多的是一个防御性组织,其成立的目的并非要把油价抬得过高,而是想要保持一个比较平稳的油价环境。希望产油国的利益得到维护,能够维持稳定的石油收入,获得正常且有效的石油供给,石油的投资应该获得合理的回报或一定的超额收益,油价的上涨不能损害世界经济的增长等,这是欧佩克成立的初衷。

欧佩克如何影响市场

卡特尔是一个合谋控制市场的组织,有两种形式:价格卡特尔、产量卡特尔。

价格卡特尔是指所有的厂商共同确定一个固定价格,所有人都按这个固定价格去销售产品。这种方式是对价格更有控制力的一个卡特尔。

产量卡特尔是指市场份额基本固定,通过调整各生产厂商的产量来维护价格的稳定。

欧佩克政策的演变

我们所理解的卡特尔,包括欧佩克联合减产等一系列的行为都属于产量卡特尔。但从欧佩克的历史来看，真正成为产量卡特尔是从1986年才开始的。在1986年前的很长一段时间里，欧佩克是价格卡特尔，采取的是固定价格的策略。欧佩克固定了沙特34度轻质原油的价格，规定了所有原油和基准原油的差价，所有国家按照各自固定的价格去销售。

从1960年开始，欧佩克的政策重心放在了收回资源主权上，当时的中东和拉美还有很多石油资源都控制在国际石油公司手中。欧佩克建立初期的目标是要阻止国际石油公司单方面地调低石油标价和降低产油国的石油收入。但在1973年采取石油禁运之后，欧佩克慢慢收回了石油主权，然后才开始有了自己的石油政策。

欧佩克的石油政策可以划分为五个阶段。

第一阶段（1973—1981年），采取的是"提价保值"策略

石油禁运导致国际油价暴涨，引发了全球之战。1974—1978年的油价虽然在名义上上涨了，但因通货膨胀，按照不变的原价计算，这段时间内的真实油价下跌了21.8%。所以提高名义油价，避免产油国因为国际通货膨胀而遭受损失，成了这个时期的政策重点。

由于沙特和俄罗斯的谈判未能达成一致，最终出现了竞争的局面。早期的欧佩克曾出现过两次双重定价的情况。第一次双重定价出现在1976年12月，当时各成员国对于提价意见不一致，最终出现了两种定价模式。一种是沙特和阿联酋把价格提升5%，而其他国家提升10%。此次双重定价在持续了半年多后重新合二为一。第二次是在1979年6月，伊朗、伊斯兰革命爆发引发了第二次石油危机，国际油价快速上涨，欧佩克大部分成员国都提高了对外出口的石油标价，但沙特和阿联酋没有提升，于是出现了第二次双重定价的局面。此次双重定价一直持续到1982年才结束。

第二阶段（1981—1985年），采取的是"限产保价"策略

此时期是欧佩克的高光时期，很多国家为了维护国际油价的相对坚挺，都在产量上做出了巨大的牺牲。像沙特、利比亚等国家，产能利用率只有50%，1981—1985年减产了50%。此时期主要采用的是固定价格的策略，各产油国按各自固定的价格出口原油，目的是想引起国际油价的短期波动。但各品种石油（轻质、重质、中质原油）的市场是不一样的，市场的冲击及需求不同，导致各个产油国都在暗中偷偷地调整自己的销售价格，于是出现了一种价格的极度扭曲，从而促使欧佩克配额制的产生。我们现在所认识的欧佩克实际上是从1982年4月才开始形成的，前后经历了24年才建立了配额制。

虽然欧佩克建立了配额制,也规定了各成员国的产量,但还是以价格为中心。当时的沙特作为机动产油国并没有配额要求,而是根据供给需求调整生产配额。在1986年的价格战之后,欧佩克才真正根据产量调整来间接影响油价,并推出了一揽子油价的制度,按照六种欧佩克原油加一种非欧佩克原油的方式形成了综合价格,自此欧佩克放弃了价格卡特尔并转变为了产量卡特尔。

第三阶段(1986—2004年),采取的是"低价保额"策略

这一阶段的国际石油市场是一个低油价的市场。欧佩克确立了几个目标油价,都是按照1974年不变的原油价格计算的。沙特一直想要捍卫一个合理的油价,欧佩克的市场份额从1985年的一个比较低的值开始慢慢扩张。我们称之为"低价保额"策略。

第四阶段(2005—2015年),采取的是"维持市场适度紧张"策略

此阶段欧佩克的重心转变为影响国际油价的长周期波动,要维持市场适度紧张的状态。2005年以后,欧佩克多次强调一个合理的剩余产能对石油市场十分关键,应按照欧佩克产能的5%~10%,让市场保留300万~600万桶的剩余产能,但这种规模的剩余产能应付小的石油供应中断还可以,但遇到大的石油供应中断就有些力不从心了。其实际的作用是通过市场适度紧张的状态来影响国际石油投资价格。

第五阶段(2016年至今),采取的是"限产保价"策略

此阶段又回复到了之前的"限产保价"策略。2016年,"欧佩克+"成立了。欧佩克和非欧佩克产油国合作,通过联合减产来影响国际石油油价,以达到支撑油价的目的。

【来源】刘冬:欧佩克、欧佩克+、欧佩克++究竟是什么关系?.(2020-07-06) [2021-11-10]. https://www. thepaper. cn/newsDetail_forward_8144371.

【评析】欧佩克,即石油输出国组织,是影响全球经济的一支重要力量,也是寡头垄断市场结构中寡头勾结案例的典型。通过合谋签订协议,在不同时期共同采取"提价保值""低价保额""限产保价"等策略,欧佩克试图牢牢掌控全球石油价格,最大程度地为成员国攫取垄断利润。作为全球最大的卡特尔,欧佩克通过明确的协议规定成员国的产量与出口配额,是寡头垄断厂商用公开方式相互勾结,以达到协调行动的一种形式,其主要任务有两个:一是为各成员厂商的同质产品规定统一价格;二是在各成员厂商之间分配产量。关于规定统一价格,其原则或目的是使整个卡特尔的利润最大化,方法是用

水平相加法根据各个厂商的边际成本曲线求得整个卡特尔的边际成本曲线，并使此曲线与行业边际收益曲线相交以确定卡特尔的均衡产量和价格。关于产量分配，卡特尔原则上根据各厂商的边际成本与卡特尔的均衡产量水平上的边际成本相等的办法在各成员之间分配产量。

从 20 世纪 70 年代开始，通过削减各成员国的石油产量，欧佩克成功地提高了原油价格，导致原油的标价由最初的约 1.8 美元每桶，上升到 1974 年初的约 11.65 美元每桶，到 1981 年底原油的标价已高达约 34 美元每桶。欧佩克各成员国的联合行动给它们带来了巨大的经济利益，同时也震动了整个世界经济。

然而，寡头垄断厂商之间的勾结天然具有不稳定性，欧佩克也不例外。卡特尔组织能否有效地控制价格与产量依赖于两个重要的条件：一是卡特尔的潜在垄断力；二是卡特尔成员能否遵从他们所达成的关于产量与价格的协议。卡特尔潜在垄断力的大小取决于本产业需求曲线价格弹性与非卡特尔生产者供给曲线价格弹性的大小。产业需求曲线价格弹性与非卡特尔生产者供给曲线价格弹性越小，卡特尔的潜在垄断力就越大，反之则越小。当然，随着时间的变化，弹性也可能发生变化，从而影响垄断力的大小。在欧佩克通过协议限制各成员国的产量和出口来提高石油价格之后，各成员国面临着巨大的背叛诱惑。对于单个成员国而言，只要自己悄悄提高产量和出口量，就会获得巨大的经济利益。减产和限制出口导致的石油价格越高，各成员国背叛协议的动机就越强。为了本国的经济利益，各成员国往往都会私下突破合作协议所规定的产量和出口配额限制，从而给油价维持带来压力。

★ 例题详解

例 1 选择题：按照古诺模型，下列哪一说法不正确？（   ）

A. 双头垄断市场上的厂商没有认识到他们之间的相互依赖性

B. 每个双头垄断市场上的厂商都假定对方保持产量不变

C. 每个双头垄断市场上的厂商都假定对方价格保持不变

D. 均衡的结果是稳定的

【提示】在古诺模型中寡头间进行的是产量竞争而非价格竞争，产品的价格依赖于两者所生产的产品总量，是由市场决定的，而非既定的。

【解答】C

例2 选择题:要得到古诺模型中的均衡,必须假定(   )。

    A. 该行业中只有两个厂商

    B. 边际成本为零

    C. 两个厂商都有相同的反应函数

    D. 每个厂商假定别的厂商的价格保持不变

    E. 以上都不对

【提示】参见内容精要第3点关于古诺模型的假定。

【解答】E

例3 判断题:在双头垄断的古诺模型中,如果两个厂商有不同的边际成本曲线,该模型就没有稳定的解。(   )

【提示】在这样的模型中,如果两个厂商有不同的边际成本曲线,则厂商就会有不同的反应函数,但它们之间的交点仍然可以产生一个稳定的(尽管是不对称的)解。

【解答】错

例4 判断题:在一个有主导厂商的价格领导者模型中,除支配厂商外,其他所有厂商的行为都与完全竞争市场中厂商的行为一样。(   )

【提示】在完全竞争市场中,厂商的行为是建立在价格是由市场决定,而不是由各厂商决定的基础上的。在价格既定的条件下,每个厂商根据使边际成本等于价格这一原则决定自己的产量。在价格领导者模型中,价格由主导厂商决定,非主导厂商只是根据既定的价格出售其想出售的数量。因此,这些非支配厂商的行为和完全竞争者一样。

【解答】对

例5 简答题:为什么参加卡特尔的各厂商会按相同的价格出售产品,而不会要求生产相同的产量?

【提示】本题主要是要求解释卡特尔组织中统一价格和厂商间不同产量的差异,其实质是说明卡特尔组织中的产量分配问题。

【解答】参加卡特尔的各厂商之所以会结成一个卡特尔,是因为各厂商愿意根据整个行业的产品的需求状况和各厂商的成本状况,按照利润最大化原则确定产品价格和全行业的产销量。在这样的情况下,价格和产量的决定就与完全垄断市场中的一样。为了使行业利润最大化,各厂商协商一致决定根据全行业产品需求曲线所产生的边际收益曲线和全行业的边际成本曲线(由各厂商的边际成本曲线在水平方向加总而形成)相交的点来决定全行业的产量与价格,然后再按照行业边际收益与各厂商的边际成本相等的原则来瓜分产量,出售产品。各厂商的成本情况不一样,势必会造成各厂商产量不相等,而各厂商都是按卡特尔统一价格出售产品的,因此有些厂商会盈利多些,有些厂商会盈利少些,有时甚至还会发生亏损。为防止供过于求情况发生时各厂商削价竞争带来的损失,盈利多的厂商会根据协议让出一部分利润给盈利少的或亏损的厂商。

例6 计算题:假设有两个寡头垄断厂商的行为遵循古诺模型,两个厂商的成本函数分别为 $TC_1 = 400q_1$,$TC_2 = 1000q_2$,这两个厂商生产同质产品,其市场需求函数为 $Q = 4000 - p$,根据古诺模型,试求:

(1)厂商1和厂商2的反应函数。

(2)均衡价格和厂商1与厂商2的均衡产量。

(3)厂商1和厂商2的利润。

【提示】本题求两厂商成本函数不相同时的古诺均衡解。解答方法为:从市场需求函数和两厂商的不同成本函数中分别求得两厂商的利润函数,再分别求两利润函数的偏导并令其等于零,以求得两厂商的反应函数,再从两厂商反应函数的联立方程组中解得两厂商的均衡产量,最后求得均衡价格。

【解答】

(1)为求厂商1和厂商2的反应函数,先求两厂商的利润函数。

由题可知反需求函数为 $p = 4000 - Q$,而市场总需求量为厂商1和厂商2的产品需求量之和,即 $Q = q_1 + q_2$,因此 $p = 4000 - q_1 - q_2$。

根据上述条件,可得两厂商的收益函数:

$$TR_1 = pq_1 = (4000 - q_1 - q_2)q_1$$

$$TR_2 = pq_2 = (4000 - q_1 - q_2)q_2$$

则两厂商的利润函数分别是:

$$\pi_1 = (4000 - q_1 - q_2)q_1 - 400q_1$$

$$\pi_2 = (4000 - q_1 - q_2)q_2 - 1000q_2$$

两厂商要实现利润最大化的必要条件是 $\frac{\partial \pi_1}{\partial q_1} = 4000 - 2q_1 - q_2 - 400 = 0$,解得厂商1的反应函数为 $q_1 = 1800 - 0.5q_2$,同理可得厂商2的反应函数为 $q_2 = 1500 - 0.5q_1$。

(2)均衡产量和均衡价格可以根据上述两反应函数求得,为此联立两个反应函

数解得 $q_1 = 400, q_2 = 800, Q = 1200, p = 1800$。

(3)厂商1的利润为 $\pi_1 = pq_1 - TC_1 = 1960000$,

厂商2的利润为 $\pi_2 = pq_2 - TC_2 = 640000$。

例7 计算题:假定市场需求曲线以及双寡头的成本函数同例6,试求:

(1)厂商1为领导者,厂商2为追随者的斯泰克伯格解。

(2)厂商2为领导者,厂商1为追随者的斯泰克伯格解。

【提示】在斯泰克伯格模型中,跟随厂商的行为同古诺模型中的一样,把其他厂商(包括主导厂商)的产量看作固定的。主导厂商在决定最优产量时,会把跟随厂商的反应函数视作给定,而不是把产量视作给定,因而求解时应先求得跟随厂商对主导厂商的反应函数,然后再把跟随厂商的反应函数代入主导厂商的目标函数,从而决定主导厂商的最优产量,这就是斯泰克伯格模型的解。

【解答】

(1)从例题6中已知厂商2的反应函数为 $q_2 = 368 - 0.1q_1$,

将此反应函数代入厂商1的利润函数就可得到厂商1作为领导者的最大利润:

$$\pi_1 = [400 - 0.1(q_1 + 368 - 0.1q_1)]q_1 - 0.1q_1^2 - 20q_1 - 100000$$
$$= (363.2 - 0.09q_1)q_1 - 0.1q_1^2 - 20q_1 - 100000$$

为使上式最大化,需令 $\dfrac{\mathrm{d}\pi_1}{\mathrm{d}q_1} = 363.2 - 0.18q_1 - 0.2q_1 - 20 = 0$,

解得 $q_1 = 903, q_2 = 278, p = 282, \pi_1 = 55045$。

(2)将厂商1的反应函数 $q_1 = 950 - 0.25q_2$ 代入厂商2的利润函数可得厂商2作为领导者的最大利润 $\pi_2 = 273q_2 - 0.475q_2^2 - 20000$,为使厂商2的利润最大化,需令 $\dfrac{\partial \pi_2}{\partial q_2} = 273 - 0.95q_2 = 0$,解得 $q_2 = 287, q_1 = 878, p = 283.5, \pi_2 = 19233$。

例8 计算题:假定例题6中的两个厂商决定建立一个卡特尔,以实现它们的总利润最大,并同意将增加的总利润在两个厂商间平均分配,试求:

(1)总产量、价格及两厂商的产量分别是多少?

(2)总利润增加多少?

(3)某一方需给另一方多少利润?

【提示】在卡特尔中,为实现利润最大化,必须使行业(即两厂商的加总)的边际成本等于行业的边际收益,并且各厂商要根据各自的边际成本等于行业边际成本和边际收益的原则分配产量。根据已知条件,可求得 MC_1、MC_2、MR,但不知 MC。为求

MC，可令 MC $= M$，于是在这个卡特尔中，就有 $MC_1 = MC_2 = MR = M$。

【解答】

（1）已知 $TC_1 = 0.1q_2 + 20q_1 + 100000$，所以 $MC_1 = 0.2q_1 + 20$，

同理，根据 $TC_2 = 0.4q_2^2 + 32q_2 + 20000$ 可知 $MC_2 = 0.8q_2 + 32$，

令 MC $= M$，可得 $0.2q_1 = M - 20$，$0.8q_2 = M - 32$，

所以 $M = 0.16Q + 22.4$。

从需求函数 $Q = 4000 - 10p$ 中，可得 $MR = 400 - 0.2Q$，

令 MR $=$ MC，即 $400 - 0.2Q = 0.16Q + 22.4$，

解得 $Q = 1049$，$P = 295$，MC $= M = 190$，$q_1 = 850$，$q_2 = 199$。

（2）综上可知 $\pi_1 = pq_1 - TC_1 = 61500$，$\pi_2 = pq_2 - TC_2 = 16497$，

于是总利润 $\pi = \pi_1 + \pi_2 = 77997$。

而原来的总利润为 $54880 + 19200 = 74080$，因此成立卡特尔后，总利润增加了 $77997 - 74080 = 3917$。

（3）根据协议，增加的利润要在两厂商间平分，即各得1958.5，因此，厂商1的应得利润为56838.5，厂商2的应得利润为21158.5。而现在厂商1的利润为61500，故厂商1应该支付给厂商2的利润为 $61500 - (54880 + 1958.5) = 4661.5$。

例9 论述题：试论述寡头垄断厂商的产量及价格决定。

【提示】本题涵盖了本章的主要内容，要求从整体上把握寡头垄断厂商之间的复杂关系。从勾结和竞争两个层面梳理涉及的模型与理论。

【解答】有关厂商行为的假定关系寡头垄断市场的产量和价格决定理论。经常引用的两个相互对立的假定是：寡头厂商通过勾结谋求获得垄断的超额利润；单个厂商在其他厂商不做出反应的条件下会通过调整自身的产量或价格来获取超额利润。

当寡头之间存在勾结时，产量是由各寡头之间的协商确定的，协商结果主要取决于各寡头的实力。采取的方式可能是限定或分配产量，也可能是划分市场范围。勾结及其协议具有一定的暂时性，当寡头厂商的实力发生变化时，就会引起新的竞争。

在相互勾结时，价格领导制和卡特尔是制定价格的方式。价格领导制指一个行业的价格通常是某一寡头根据自身的利润最大化原则率先确定价格，而其他寡头追随其后确定价格。相互勾结的寡头厂商们通过协商产生领导。作为率先制定价格的厂商在行业中往往最大，处于支配地位，或者成本很低，效率最高，或者在掌握市

场行情变化或其他信息方面具有优势,进而以协商的形式把这一价格规定下来。

卡特尔是各寡头之间公开进行勾结而形成的寡头垄断组织,是相互勾结所独有的。在垄断组织内部,各寡头厂商协调行动,以垄断组织的利润最大化为原则共同确定价格。

在寡头之间不存在勾结的情况下,行业中的寡头厂商根据竞争对手的情况确定产量和价格。产量和价格确定模型的结果取决于对寡头的行为假设。具有代表性的有弯折的需求曲线模型、伯特兰模型和古诺模型。

在相互竞争时,寡头行业仍可以按价格领导者模型来制定价格。这时,行业中的厂商会自觉跟随主导厂商制定价格。此外,寡头厂商也可以采用成本加成定价方法。按照这种方法,厂商在估算成本的基础上加一个固定不变的利润率,其中利润率是寡头厂商根据全行业的利润率确定的,大致相当于全行业的平均利润率或厂商的长期利润率。

▶▶ 单元习题 ▶

一、名词解释
    1. 寡头垄断市场
    2. 弯折的需求曲线
    3. 串谋
    4. 卡特尔
    5. 价格领导

二、判断题
    1. 弯折的需求曲线的寡头垄断模型意味着假定没有一个厂商在行业中占支配地位。　　　　　　　　　　　　　　　　　　　　　　　　　(　　)

    2. 在伯特兰垄断条件下,当厂商数量增加时,均衡价格会下降。　(　　)

    3. 在主导厂商的价格领导者模型中,主导厂商决定价格,以便在长期里把其他所有厂商挤出该行业。　　　　　　　　　　　　　　　　　　　　(　　)

    4. 勾结的寡头市场模型假定在行业中没有一个厂商处在主导地位。　(　　)

    5. 当卡特尔中所有厂商的产量相等时,该卡特尔中所有厂商的总利润达到最大。　　　　　　　　　　　　　　　　　　　　　　　　　　(　　)

6.利润最大化的卡特尔达到了稳定的均衡,因为在它控制下的任何一个厂商不会做任何变动。　　　　　　　　　　　　　　　　　　　　(　)

三、选择题

1.弯折的需求曲线模型是(　)。

A.假定一个厂商提高价格,其他厂商就一定会跟着提高价格

B.说明为什么每个厂商要保持现有价格,而不管其他厂商如何行动

C.说明为什么均衡价格是刚性的,而不是说明价格如何决定

D.假定每个厂商认为其需求曲线在价格下降时比上升时更有弹性

2.一个卡特尔要使利润最大化,必须(　)。

A.使每个厂商的边际成本等于行业的边际收益

B.给每个厂商分配产量定额

C.厂商间有某种分配利润的制度

D.以上都对

3.寡头垄断中的所有价格领导者模型假定(　)。

A.产品是同质的

B.某个厂商有能力支配其他厂商跟着他的导向走

C.最低成本的厂商决定价格

D.产出最大的厂商决定价格

E.以上说法都不准确

4.一个追求利润最大化的卡特尔必须(　)。

A.使每个厂商的边际成本等于行业的边际收益

B.为每个厂商确定一个产量定额

C.有一个在厂商之间分配利润的某种体制

D.有能力阻止一个厂商从卡特尔中退出

E.以上说法都不对

5.在一个生产同质产品的寡头垄断行业中,行业利润最大化的条件是(　)。

A.按照古诺模型中的寡头垄断者一样行动

B.无论其成本高低,生产一样多的产品

C.按照不同水平的边际成本曲线规定不同的价格

D.统一价格,但只在边际成本曲线上规定不同的价格

E.价格由主导厂商决定

6.下列哪些关于寡头垄断市场的陈述是不正确的?(　　　)

A.所有寡头垄断模型都假设厂商会考虑自己的行动对其他厂商的定价和产出决策所产生的影响

B.主导厂商的价格领导者模型假设,主导厂商允许小企业按照主导厂商定的价格出售小企业希望出售的所有产品

C.过剩的生产能力可以作为一种进入市场的障碍而起作用

D.按照弯折的需求曲线理论,行业中的厂商假设价格升高不会导致其他厂商提高价格,但当价格降低时将导致其他厂商降低价格

E.寡头垄断的基本问题和双边垄断是一样的

7.在古诺模型的假定下,如果厂商的数量增加,则(　　　)。

A.每一个厂商的产量将增加

B.行业产量增加,而价格会降到完全竞争时的水平

C.市场价格接近勾结时的价格

D.垄断者的行为更倾向于勾结

E.上述说法都不对

四、简答题

1.寡头企业与其他类型企业(如完全竞争企业、垄断企业、垄断竞争企业)最主要的区别是什么?

2.利用弯折的需求曲线分析寡头垄断厂商的行为及其均衡。

五、计算题

1.假设市场的反需求函数为 $P = 100 - 0.5(q_1 + q_2)$,并且该市场中仅有的两厂商的成本函数分别为 $c_1 = 5q_1$, $c_2 = 0.5q_2^2$,求古诺均衡,并相应地求出 π_1 与 π_2。

2.某一寡头垄断行业有领导厂商1和追随厂商2,如果市场的反需求函数为 $P = 100 - 0.5(q_1 + q_2)$,并且两厂商的成本函数分别为 $c_1 = 5q_1$, $c_2 = 0.5q_2^2$,试求:

(1)追随厂商2的反应函数。

(2)斯泰克伯格均衡解。

(3)厂商1作为先行者的优势是多少?

参考答案

一、名词解释

1. 寡头垄断市场：介于垄断竞争与完全垄断之间的一种比较现实的混合市场。它是指少数厂商完全控制一个行业的市场结构。其基本特征为：第一，市场上只有少数的销售厂商，他们从事同质产品或有差别的产品的销售。第二，寡头垄断市场之间的行为相互依存、相互制约。第三，需求曲线的不确定性。第四，进出市场不易。第五，除价格竞争外，更经常进行的是非价格竞争。

2. 弯折的需求曲线：又称斯威齐模型，弯折的需求曲线是一种具有特殊形式的需求曲线，斯威齐用该模型来分析寡头市场的价格和产量的决定。其假设条件是：一个寡头厂商提高价格时，竞争对手为了增加销售量决定不提高价格；而当其降低价格时，竞争对手为了不减少销售量也降低价格。因此，该寡头垄断厂商的需求曲线是弯折的。弯折的需求曲线是存在于寡头厂商心目中的主观需求曲线，为寡头厂商维持刚性价格提供了一种解释，但它没有解释开始时的市场价格是如何决定的。

3. 串谋：寡头厂商以某种形式勾结在一起，使其利润最大化。串谋者即寡头通常就价格、产量、市场等内容达成协议，以便协调行动。串谋的形式可以是公开的（卡特尔），也可以是非公开的（价格领导）。串谋的首要条件是市场上的厂商不能太多，并且产品差别不能太大。串谋一般具有不稳定性，当其中一厂商采用秘密削价的方法来扩大销售时，就破坏了串谋的协议，串谋也就结束了。

4. 卡特尔：独立的寡头厂商之间的公开勾结方式，即用协议的方式，共同确定价格、产量、市场等，并通过协议使寡头厂商协调行动，以获取共同的最大利润。有的国家宣布卡特尔协议是非法的。在卡特尔形成后，运用MR=MC的原则可以确定卡特尔的均衡产量和均衡价格，然后在各成员间分配产量。卡特尔具有不稳定性。

5. 价格领导：独立的寡头厂商之间的非公开串谋方式，是指某行业中有一家厂商作为价格领袖，决定商品价格，其他厂商按此价格出售商品。价格领导厂商根据自己的地位和实力确定价格政策。一般价格领导可分为成本较低厂商的价格领导、支配型厂商的价格领导和晴雨表型的价格领导。

二、判断题

1. 对

【提示】弯折的需求曲线的提出,就是假定某厂商以外的其他厂商不跟着其提高价格,只跟着其降低价格,因此该厂商并不占支配地位。

2. 错

【提示】伯特兰均衡是唯一的,即厂商们的价格相同且等于边际成本,没有一个厂商可以控制市场价格获取超额利润。厂商数量的变化不会影响均衡价格。

3. 错

【提示】主导厂商的价格领导者模型说明寡头市场的价格变化不是寡头们竞相压价的结果,而是某个寡头充当价格领导而其他厂商充当价格随从的结果。

4. 对

【提示】勾结的寡头垄断市场的运行相当于完全垄断市场。

5. 错

【提示】卡特尔中产量分配无论是以总成本最小的方式,还是以配给定额和均分市场的方式,其产量不一定是绝对相等的,而整个卡特尔的总利润必定是最大化的。

6. 错

【提示】卡特尔是从不同厂商的利润之和最大化出发来决定产量的,但是不一定符合每个厂商的私人利益最大化目标,因此卡特尔是不稳定的。

三、选择题

1. C

【提示】参见内容精要第7点关于斯威齐模型的假定。

2. D

【提示】参见名词解释4中关于卡特尔的描述。

3. E

【提示】考查寡头垄断的价格领导者模型的假定条件。

4. E

【提示】参见名词解释4中关于卡特尔的描述。

5. D

【提示】寡头垄断行业利润最大化的条件是串谋在边际收益与边际成本相等处生产。

6. A

【提示】那些简单预估的模型假定寡头厂商间没有考虑相互之间的影响作用,参看内容精要。

7. B

【提示】在古诺模型中,当厂商数量增加到无穷多时,价格会接近边际成本,也就是说,市场结构趋于完全竞争。

四、简答题

1.【提示】本题主要考查不同市场结构类型中厂商的核心特点差异。

【解答】在寡头市场中,企业行为的最主要的特点是相互依赖。这是因为寡头是一些相对于市场来说规模极其巨大的企业。一个寡头企业的行为会改变整个市场的状况,从而影响同一市场中的其他企业,而这些其他企业必定会对寡头企业的行为做出反应,这些其他企业的反应反过来又会再一次地改变市场的状况,从而改变寡头企业最初行动的效果。

完全竞争、垄断竞争和垄断企业则不同。一方面,完全竞争和垄断竞争企业由于规模非常之小,故在决定自己行动的时候没有必要考虑该行动对其他企业的影响,从而没有必要考虑其他企业可能会有的反应;另一方面,垄断企业由于在市场上的垄断地位,也没有必要考虑自己的行动对其他企业的影响。

2.【提示】本题要求完整地回答模型的假定条件和核心内容,同时对它作出评价。

【解答】弯折的需求曲线是寡头垄断厂商所面临的一种特殊的需求曲线,它基于如下的假定:一家寡头厂商提高价格时,它的竞争对手为了增加销售量,采取维持原有价格不变的策略;而当它降低价格时,竞争对手为了保持已有的销售量,也会随之降低价格。在对寡头厂商相互之间的竞争行为作出这样的假设之后,寡头厂商的需求曲线(被称为存在于决策者心目中的主观需求曲线)是弯折的。由于厂商的需求曲线也是厂商的平均收益曲线,所以弯折的需求曲线意味着厂商的边际收益曲线会出现间断点,如图9.6所示。

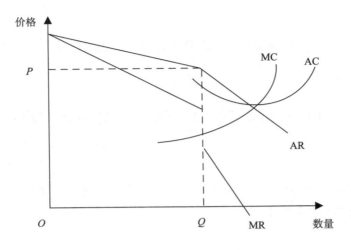

图9.6 弯折的需求曲线

在假定寡头厂商的目标利润最大化的条件下,厂商仍然会按照边际收益等于边际成本的原则来决定生产的数量。对于刻画寡头垄断厂商行为关键性的分析在于边际收益曲线的间断点,假如边际成本曲线恰好与边际收益曲线相交于边际收益曲线的间断点之间,从而决定了利润最大化的产量为Q。这时,如果边际成本曲线在边际收益曲线的间断点之间上下变动,那么其所决定的利润最大化的产量仍然为Q。这在某种程度上解释了寡头垄断行业中价格相对稳定的现象,这就是说,即使厂商的成本发生一定的变动,厂商的价格一般也较少发生改变。

弯折的需求曲线模型对寡头厂商行为的分析是建立在特定的假设基础之上的,它在一定程度上解释了寡头垄断市场上的一些现象。但是这一假设并不具有普遍意义,从而寡头垄断厂商的弯折的需求曲线模型也就不是寡头垄断厂商均衡的一般解。

五、计算题

1.【提示】如例题6。

【解答】

由题可知 $\begin{cases} \pi_1 = \left[100 - 0.5\left(q_1 + q_2\right)\right]q_1 - 5q_1 \\ \pi_2 = \left[100 - 0.5\left(q_1 + q_2\right)\right]q_2 - 0.5q_2^2 \end{cases}$,

$$\text{令}\begin{cases}\dfrac{\partial \pi_1}{\partial q_1}=100-0.5q_2-q_1-5=0\\[2mm]\dfrac{\partial \pi_2}{\partial q_2}=100-0.5q_1-q_2-q_2=0\end{cases},$$

$$\text{解得}\begin{cases}q_1=95-0.5q_2\\q_2=50-0.25q_1\end{cases}(\text{反应线}),$$

把 q_2 的表达式代入 q_1 方程, 可得 $q_1=80, q_2=30$(古诺解), $p=45, \pi_1=3200$,
$\pi_2=900$。

2.【提示】斯泰克伯格均衡解的求解方法同例题7, 但是先行者的优势需要比较古诺均衡解和斯泰克伯格均衡解的结果才能获得。

【解答】

(1) $\pi_2(q_1,q_2)=\left[100-0.5(q_1+q_2)\right]q_2-0.5q_2^2$,

让 π_2 对 q_2 求一阶导, 并令 $\dfrac{\partial \pi_2}{\partial q_2}=0$, 有 $100-0.5q_1-q_2-q_2=0$。

于是追随者的反应函数是 $q_2=\dfrac{100-0.5q_1}{2}$。

(2) 把追随者的反应函数纳入领导者的利润函数, 得到:

$$\pi_1(q_1)=\left[100-0.5\left(q_1+\frac{100-0.5q_1}{2}\right)\right]q_1-5q_1=70q_1-0.375q_1^2$$

令 $\dfrac{\partial \pi_1(q_1)}{\partial q_1}=70-0.75q_1=0$,

解得 $q_1=93\frac{1}{3}, \pi_1=3266\frac{2}{3}$。

然后再把厂商1的价格和利润代入追随者的反应函数, 解得 $q_2=26\frac{2}{3}, \pi_2=711\frac{1}{9}$, 于是 $q_1=93\frac{1}{3}, q_2=26\frac{2}{3}$ 就是以厂商1为领导者, 厂商2为追随者的斯泰克伯格解。

(3) 比较上题中的古诺均衡解 $q_1=80, q_2=30$, 不难看出总产量在上述两个结果中是不一样的, 产量在厂商1和厂商2之间的分割也是不同的, 斯泰克伯格解中厂商1是领导者, 因此其产量会比古诺解中的均衡产量高出 $13\frac{1}{3}$, 这便是先行一步给领导者带来的优势。

第十章 ....
生产要素市场和收入分配

★ 知识导图

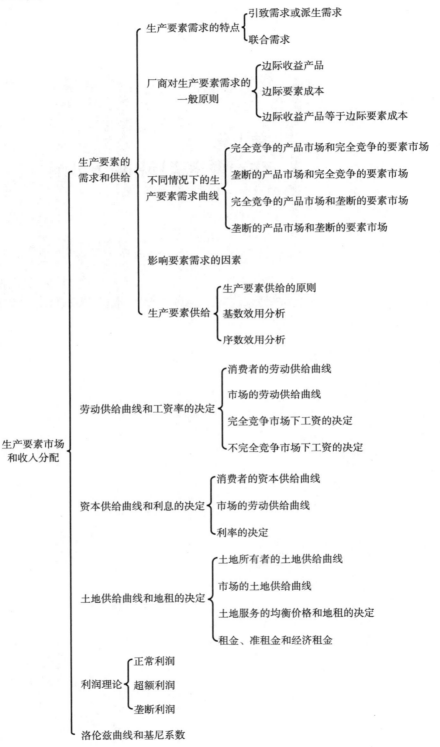

生产要素的需求和供给
- 生产要素需求的特点
  - 引致需求或派生需求
  - 联合需求
- 厂商对生产要素需求的一般原则
  - 边际收益产品
  - 边际要素成本
  - 边际收益产品等于边际要素成本
- 不同情况下的生产要素需求曲线
  - 完全竞争的产品市场和完全竞争的要素市场
  - 垄断的产品市场和完全竞争的要素市场
  - 完全竞争的产品市场和垄断的要素市场
  - 垄断的产品市场和垄断的要素市场
- 影响要素需求的因素
- 生产要素供给
  - 生产要素供给的原则
  - 基数效用分析
  - 序数效用分析

生产要素市场和收入分配
- 劳动供给曲线和工资率的决定
  - 消费者的劳动供给曲线
  - 市场的劳动供给曲线
  - 完全竞争市场下工资的决定
  - 不完全竞争市场下工资的决定
- 资本供给曲线和利息的决定
  - 消费者的资本供给曲线
  - 市场的劳动供给曲线
  - 利率的决定
- 土地供给曲线和地租的决定
  - 土地所有者的土地供给曲线
  - 市场的土地供给曲线
  - 土地服务的均衡价格和地租的决定
  - 租金、准租金和经济租金
- 利润理论
  - 正常利润
  - 超额利润
  - 垄断利润
- 洛伦兹曲线和基尼系数

★ **学习要求**

通过本章的学习,学生应当:

1.掌握生产要素供给的基数效用分析、生产要素供给的序数效用分析以及生产要素供给曲线的推导。

2.掌握劳动供给、资本供给、土地供给与不可再生性资源供给各自不同的特点。

3.掌握生产要素需求的特点,厂商对生产要素需求的一般原则,影响生产要素需求的因素以及不同情况下的生产要素需求曲线。

4.掌握不同市场结构下生产要素均衡价格和使用量的决定。

5.掌握工资、地租、利息以及不可再生资源价格的决定。

6.掌握洛伦兹曲线与基尼系数。

★ **内容精要(扫描二维码,观看相关知识点微课视频)**

微观经济学考查的是既定的生产资源用来生产什么、生产多少、如何生产和为谁生产。前面几章分析了产品市场均衡价格和均衡产量的决定,回答了生产什么、生产多少和如何生产的问题。在那里,我们是以生产要素价格已知为前提条件的。本章则要探讨生产要素价格和使用量是如何决定的。要素价格一方面是生产者(企业,亦称为厂商)使用要素的成本,另一方面又是要素所有者(消费者)的收入,生产要素的价格和数量决定了要素所有者收入的多寡。作为成本,它们影响生产者使用要素的品种和数量,进而影响产品产量和价格水平;作为收入,它们影响要素所有者(消费者)的商品需求数量和需求结构。成本和由收入引起的需求两者共同决定生产什么、生产多少、如何生产的问题,同时也回答了为谁生产的问题。可见,对要素价格的研究全面回答了微观经济学的基本问题:一个社会既定的生产资源总量是怎样最有效地配置于各种不同的用途的。生产要素价格决定理论也常常被称为分配理论。

1.要素市场的价格和使用量的决定与产品市场一样是由要素市场的需求和供给两种力量共同决定的。但在决定两者的供求背后所包含的意义有所不同。消费者对于商品的需求取决于商品的边际效用;厂商对于生产要素的需求取决于生产要素的边际生产力。商品的供给取决于生产商品的成本与商品的价格;对于中间要素(即中间产品)的供给而言,其供给与商品供给没有什么两样,对于原始生产要素的供给则有些特殊。原始生产要素的供给由要素所有者(消费者)将其拥有的要素数量(简称为资源)在要素供给(提供给市场的资源)和保留自用(简称为自用)两种用途上进行分配以最大化效用。不过,一般来说,其要素供给量与价格同方向变化。

2. 生产要素供给的基数效用分析。设消费者拥有的单一既定资源总量为 $\bar{L}$,资源价格(即要素价格)为 W,在该要素价格下,消费者的自用资源量为 l,从而其要素供给量为 $\bar{L} - l$,从要素供给中得到的收入为 $Y = W(\bar{L} - l)$。消费者的效用来自两个方面,即自用资源和要素供给的收入,故效用函数可写为 $U = U(Y,l)$。消费者在既定资源数量条件下决定资源在要素供给和保留自用两种用途之间进行分配,故约束条件(即预算线)为 $(\bar{L} - l) + l = \bar{L}$,或者改写成收入与要素供给量的关系,即 $Y + W \cdot l = W \cdot \bar{L}$。于是消费者的要素供给问题可以表述为在约束条件 $Y + W \cdot l = W \cdot \bar{L}$ 下使效用函数 $U = U(Y,l)$ 达到最大,即

$$\max U = U(Y,l)$$
$$\text{s.t. } Y + W \cdot l = W \cdot \bar{L}$$

令 $f = U(Y,l) + \lambda(Y + W \cdot l - W \cdot \bar{L})$,其中 λ 为拉格朗日乘子。该函数 f 的一阶条件为:

$$\partial f/\partial Y = \partial U/\partial Y + \lambda = 0$$
$$\partial f/\partial l = \partial U/\partial l + \lambda W = 0$$
$$\partial f/\partial \lambda = Y + W \cdot l - W \cdot \bar{L} = 0$$

假设二阶条件能够得到满足,解此方程可得要素供给的均衡条件,即 $\dfrac{dU/dl}{dU/dy} = W$,如果考虑有所谓收入的价格 $W_y = 1$,就有 $\dfrac{dU/dl}{dU/dy} = \dfrac{W}{W_y}$,即资源与收入的边际效用之比等于资源和收入的价格之比。也就是说,要素供给的边际效用等于保留自用的边际效用。

3. 生产要素供给的序数效用分析。如图10.1所示,横轴 l 表示自用资源的数量,纵轴 Y 表示要素供给所带来的收入。图中每一点均代表一个收入 Y 和自用资源 l 的组合。U_0、U_1 和 U_2 是消费者的三条无差异曲线。设消费者在初始时拥有 $\bar{L}$ 单位的既定资源(比如每天24小时)和 $\bar{Y}$ 单位的非要素收入(如财产收入),即它处于图中 E 点的位置。如果消费者将其全部初始资源 $\bar{L}$ 都作为生产要素供给市场,则所得到的要素收入就是 $\bar{L} \cdot W$(W 为要素价格),从而其拥有的全部收入(要素收入加上非要素收入)就是 $K = \bar{L} \cdot W + \bar{Y}$。于是连接点 E 和纵轴上点 K 的直线显然就是该消费者的预算线。消费者在预算约束之下选择最优的收入 Y 和自用资源 L 的组合以实现效用最大化。这个最优组合就是预算线与无差异曲线 U_1 的切点 G^*,此时,无差异曲线的斜率等于预算线的斜率。用数学公式可表示为 $\dfrac{dY}{dl} = -W$,即消费者为增加一单位自

用资源所愿意减少的收入量等于必须减少的收入量。

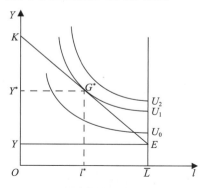

图10.1 要素供给无差异曲线分析

4. 生产要素供给曲线。在图10.2中的横轴l和纵轴Y分别表示消费者的自用资源与收入，U_0、U_1和U_2是消费者的三条无差异曲线，E为消费者的初始状态。当要素价格为W_0、W_1和W_2时，相应的预算线分别是EK_0、EK_1和EK_2。

随着要素价格的上升，预算线将绕着初始状态点E顺时针方向旋转，同时它与既定的无差异曲线簇的切点也不断变化，所有这些切点的集合为曲线PEP，其被称为价格扩展线。价格扩展线PEP反映了自用资源数量l(以及要素收入)如何随着要素价格的变化而变化，从而反映了要素供给量(它等于固定资源总量减去自用资源数量)如何随着要素价格的变化而变化，即要素供给曲线关系。根据价格扩展线很容易就可以得到要素供给曲线，如图10.3所示。把所有单个要素所有者的要素供给曲线相加就得到了市场的要素供给曲线。一般来说，单个要素所有者的要素供给曲线具有向右上方倾斜的正斜率性质。但是要素供给曲线可以向右上方倾斜，也可以垂直，甚至可以向右下方倾斜。要素供给曲线的具体形状取决于消费者的效用函数的特点，也与要素的特点有关。

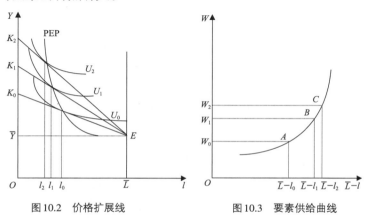

图10.2 价格扩展线　　　　　图10.3 要素供给曲线

5. 生产要素需求的特点。厂商对生产要素的需求是一种间接需求,即厂商购买生产要素不是为了满足自己的吃、穿、住、行等直接需要,而是为了通过生产和提供产品获得收益;厂商对生产要素的需求是一种引致或派生需求,厂商通过购买要素进行生产并从中获得收益,部分取决于消费者对其所生产的产品的需求,即厂商对生产要素的需求是从消费者对产品的直接需求中派生出来的;同时,由于技术上的原因,即生产要素往往不是单独发生作用的,使得厂商对生产要素的需求具有互补性或共同性,即对生产要素的需求通常是共同的相互依赖的需求。

6. 边际收益产品。边际收益产品是指厂商多雇用一个单位要素所获得的额外收益,即使用最后一单位要素所得到的收益。边际收益产品 MRP 可以表示为边际收益 MR 与边际产品 MP 的乘积,即 MRP=MR·MP。边际收益产品既不同于边际收益,也不同于边际产品。边际产品所反映的是产出与要素投入间的关系;边际收益反映的是总收益与销售量之间的关系;而边际收益产品所反映的是总收益与生产要素投入之间的关系。边际收益产品可以根据总收益函数推导出来。设厂商的需求函数为 $p = h(q)$,即厂商出售产品的价格随销售量的变化而变化。生产函数为 $q = f(L)$,其中 L 为劳动要素的投入。则厂商的总收益函数为 $R = pq = h[f(L)]f(L)$,假定收益函数与生产函数均连续、可导,就该式对要素投入 L 求一阶导数便可得到 MRP = MR·MP。由于边际报酬递减规律的作用,要素的边际产品递减,同时边际收益非增,因此要素边际收益产品曲线向右下方倾斜。在完全竞争的产品市场上有 MRP = MR·MP = P·MP = VMP,即厂商的边际收益产品等于厂商的边际产品价值。因为 $P>$MR,所以边际产品价值曲线位于边际收益产品曲线的上方,也就是说,边际收益产品曲线比边际产品价值曲线更加陡峭,如图10.4所示。

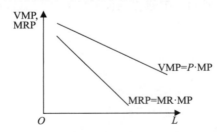

图10.4　边际产品价值曲线与边际收益产品曲线

7. 边际要素成本。边际要素成本是指厂商多使用一个生产要素所花费的额外成本,即使用最后一单位要素所付出的成本。边际要素成本 MFC 可以表示为边际成本与边际产品的乘积,即 MFC = MC·MP。设厂商面临的市场要素供给函数为 $W(L)$,则成本函数为 $L·W(L)$,于是边际要素成本可表示为 MFC = $[L·W(L)]' =$

$W(L) + L \cdot \dfrac{\mathrm{d}W(L)}{\mathrm{d}L}$。由于 $W(L)$ 会随着市场类型的不同而发生变化,则 $L \cdot \dfrac{\mathrm{d}W(L)}{\mathrm{d}L}$ 亦会相应地发生变化。因此边际要素成本函数 MFC 的形状不能像边际收益产品曲线那样一般地确定,而是随要素市场类型的变化而变化。第一,当厂商为要素市场上的完全竞争者时,有 $W(L) = W, \dfrac{\mathrm{d}W(L)}{\mathrm{d}L} = 0$,从而 MFC $= W$,因而厂商的边际要素成本曲线就是厂商面临的要素供给曲线,为一水平线。第二,当厂商为要素市场上的垄断买方时,厂商面临的要素供给曲线就是市场的要素供给曲线,前面讲到市场的要素供给曲线通常向右上方倾斜,从而有 $\dfrac{\mathrm{d}W(L)}{\mathrm{d}L} \geqslant 0$,因而 MFC $\geqslant W$,所以边际要素成本曲线位于要素供给曲线 S_F 之上,如图 10.5 所示。

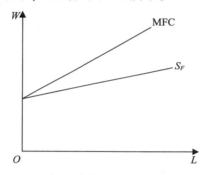

图10.5 边际要素成本曲线与要素供给曲线

8. 厂商对一种生产要素需求的一般原则。厂商对一种生产要素需求的一般原则是边际收益产品等于边际要素成本,即 MRP $=$ MFC。假如 MRP $>$ MFC,这表示继续增加该种生产要素的投入带来的收益会超过为此付出的成本,因而增加投入量可以使利润总量有所增加;反之,假如 MRP $<$ MFC,这表示最后增加的那单位生产要素反而会造成损失,从而导致利润总量的减少。因此,无论是 MRP $>$ MFC,还是 MRP $<$ MFC,在这两个条件下,厂商的利润都不是最大的。只有当 MRP $=$ MFC 时,利润才会达到最大。也就是说,MRP $=$ MFC 是要素市场上厂商均衡的一般条件。

9. 生产要素需求曲线。

(1)完全竞争的产品市场与完全竞争的要素市场。

第一,在一种可变要素投入的条件下,厂商对单一要素的需求曲线。此时,厂商对单一要素的需求曲线与厂商的边际产品价值曲线重合,如图 10.6 所示。

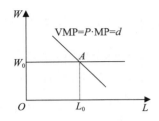

图10.6　完全竞争厂商的要素需求曲线

尽管要素的需求曲线与其边际产品价值曲线重合,但这条线在两个场合的含义是截然不同的。一是它所包含的变量的含义不同。作为边际产品价值曲线,它的 L 表示要素使用量,而作为要素需求曲线,这个 L 却表示最优要素使用量或要素需求量。二是反映的函数关系不同。在表示边际产品价值曲线的场合,自变量为要素使用量,边际产品价值是要素使用量的函数,而在表示要素需求曲线的场合,自变量却是要素价格 W,要素需求 L 是要素价格的函数。

第二,在只有一种可变要素投入的条件下,其他厂商也采取行动,即存在行业调整情况下的厂商与行业对单一要素的需求曲线,如图10.7所示。

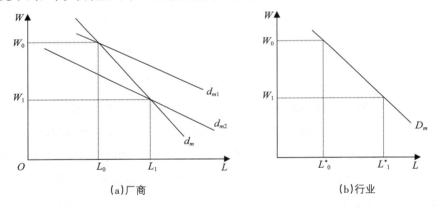

(a)厂商　　　　　　　　　　　　　(b)行业

图10.7　完全竞争条件下单个厂商和整个行业对一种可变要素的需求曲线

当要素价格从 W_0 下降为 W_1 时,假如商品的销售价格不变,则厂商会增加使用的要素量,以便通过增加产销量来增加利润。但因所有的厂商都增加产品供应量,相应的市场供应量增加,这时(在一般情况下)会引起产品销售价格下降,从而厂商对要素的需求曲线从 d_{m1} 移动到 d_{m2},所以经过行业调整后的厂商对单一要素的需求曲线为 d_m。把所有厂商经过行业调整后的要素需求曲线加总就得到了行业的要素需求曲线 D_m。

第三,在两种或多种要素可以变动的条件下厂商对单一要素的需求曲线,如图10.8所示。

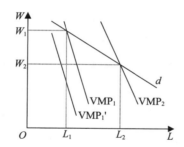

图10.8 两种要素可以变动的条件下厂商对单一要素的需求曲线

我们以厂商对劳动和资本的需求为例。边际产品价值VMP_1曲线是假定资本既定不变时,劳动的边际产品价值曲线。当工资率由W_1下降为W_2时,由于资本也是可以变动的,则工资率下降会产生三种效应:一是替代效应,即厂商将用价格降低的劳动代替资本,由于在生产中使用较多劳动和较少资本将使劳动的边际产品减少,这表现为VMP_1曲线向左边移动为VMP_1'。二是产出效应。这意味着在总成本不变的条件下,工资率下降会导致厂商使用的劳动和资本都增加,从而引起产量增加。这将使劳动的VMP曲线向右移动。三是利润最大化效应。替代效应和产出效应都假定总成本不变。当工资率下降以后,厂商为了赚取最大利润,有可能增加总成本以买进更多劳动和资本来扩大产量,所以利润最大化效应也将使劳动的VMP曲线向右移动。工资率下降后产生的上述三种效应共同作用的结果是劳动的VMP曲线向右移动到如图10.8所示的VMP_2曲线。因此,在两种要素可以变动的条件下厂商对单一要素的需求曲线表现为d曲线。

第四,市场的要素需求曲线。把市场上所有厂商的经过多要素和行业调整后的要素需求曲线水平加总便可得到市场的要素需求曲线,如图10.9所示。

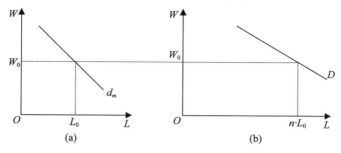

图10.9 单个厂商和市场的要素需求曲线

假定完全竞争要素市场中有n个厂商,每个厂商经过多要素和行业调整后的要素需求曲线分别为d_1、d_2、$\cdots$、d_n,整个市场的要素需求曲线D可以看成是所有这些厂商的要素需求曲线的简单水平相加,即$D = \sum_{m=1}^{n} d_m$。

（2）垄断的产品市场和完全竞争的要素市场。在只有一种可变要素投入的条件下,厂商对单一要素的需求曲线与边际收益产品曲线重合。虽然两者重合,但两者的含义不一样。厂商对于生产要素的需求曲线所反映的是要素需求量与要素价格之间的对应关系,边际收益产品曲线所表示的是要素的使用量与要素的边际收益产品之间的关系。在存在行业调整的情况下,厂商和行业对单一要素的需求曲线,以及在两种或更多要素可以变动的条件下厂商对单一要素的需求曲线和市场的要素需求曲线的分析与第（1）种情况完全相同,只需把 VMP 曲线换成相应的 MRP 曲线即可。这里不再重复。

（3）完全竞争的产品市场与垄断的要素市场。只要存在厂商对要素市场的购买垄断,就不存在厂商对生产要素的需求曲线。

（4）垄断的产品市场与垄断的要素市场。同样不存在厂商对生产要素的需求曲线。

10. 影响要素需求的因素。不同要素的需求对其价格变动的反应不一样,即不同要素的需求弹性不一样。影响要素的需求弹性的因素有:要素之间的替代弹性;用某种要素生产的产品的需求弹性;一种要素成本在某种产品的总生产成本中所占的比重;其他要素的供给弹性;时间的长短。

11. 生产要素均衡价格和使用量的决定。

（1）完全竞争的产品市场与完全竞争的要素市场。如图 10.10 所示,厂商均衡点位于图（b）中的 A 点,价格 W_2 由市场均衡决定,要素使用量为 L_2。用数学公式表示为 $\mathrm{VMP} = \mathrm{MP} \cdot P = W$。市场均衡点位于图（a）中的 A^* 点,市场价格为 W_2,整个市场的要素使用量为 L_2^*。

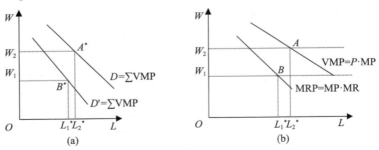

图 10.10　生产要素均衡价格和使用量的决定（完全竞争的要素市场）

（2）垄断的产品市场与完全竞争的要素市场。如图 10.10 所示,厂商均衡点位于图（b）中的 B 点,价格 W_1 由市场均衡决定,要素使用量为 L_1。用数学公式表示为 $\mathrm{MRP} = \mathrm{MR} \cdot \mathrm{MP} = W$。

进一步有 $\mathrm{MR} = p(1 - \dfrac{1}{e_d})$，$\mathrm{MP} = f'(L)$，所以有 $p\left(1 - \dfrac{1}{e_d}\right)f'(L) = W$，因而生产要素定价问题并不是一个孤立的问题，它与商品的价格、市场需求情况、生产的技术特征密切相关。市场均衡点位于图(a)中的 B^* 点，市场价格为 W_1，整个市场的要素使用量为 L_1^*。

（3）完全竞争的产品市场与垄断的要素市场。如图 10.11 所示，边际产品价值曲线 VMP 与边际要素成本曲线 MFC 的交点 E 决定最优的要素使用量为 L_1，在这一使用量下，根据要素供给曲线 S_F 确定的要素价格为 W_1。用数学公式表示为 VMP = MFC。

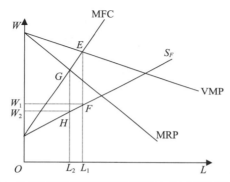

图 10.11　生产要素均衡价格和使用量的决定（垄断的要素市场）

（4）垄断的产品市场与垄断的要素市场。如图 10.11 所示，边际收益产品曲线 MRP 与边际要素成本曲线 MFC 的交点 G 决定最优的要素使用量为 L_2，在这一使用量下，根据要素供给曲线 S_F 确定的要素价格为 W_2。用数学公式表示为 MRP = MFC。

12. 厂商对多种生产要素需求的一般原则。在多要素投入的情况下，要素间的相互替代不仅会影响要素的边际收益产品，也会影响要素投入的边际成本。厂商必须比较各种不同要素的边际成本与边际收益产品，在此基础上决定均衡的要素投入量，从而决定要素的均衡价格。我们以厂商使用资本和劳动两种生产要素投入为例进行分析。假定厂商的产品需求函数为 $p = h(q)$，生产函数为 $q = f(K,L)$，劳动的供给函数为 $w = \varphi(L)$，资本的供给函数为 $r = \phi(K)$。其中，w 为劳动价格，r 为资本价格。我们由此得到厂商的利润函数为 $\pi = pq - wL - rK = h(q)q - \varphi(L)L - \phi(K)K$。利用一阶必要条件求该利润函数的最大值，得到厂商要素投入的均衡条件为：

$$\frac{\mathrm{MFC}_L}{\mathrm{MFC}_K} = \frac{\mathrm{MP}_L}{\mathrm{MP}_K}$$

厂商根据这一均衡条件确定生产要素的价格与生产要素投入量。

13. 单个消费者的劳动供给曲线。劳动供给的分析与一般的生产要素供给的分析基本一样,但劳动供给有其自身的特点。

如图 10.12 和图 10.13 所示,我们利用生产要素供给的无差异曲线分析工具得到了消费者的劳动供给曲线。我们可以看到,单个消费者的劳动供给曲线是一条向后弯曲的曲线。这是因为存在劳动的替代效应和收入效应。替代效应表示当工资率上升时,闲暇的机会成本增加,人们愿意用劳动代替闲暇,从而增加劳动的供给,因而劳动供给曲线一开始会向右上方倾斜。收入效应的作用则与替代效应相反。当工资率上升到 W_1 时,减少劳动的供给可能并不会降低收入水平,或者由于已经达到了相当高的收入水平,增加的收入带来的效用可能赶不上闲暇提供的效用,因此当工资率达到一定高度之后还在继续提高时,人们的劳动供给量不但不会增加,反而会减少,从而能够得到一条向后弯曲的劳动供给曲线。

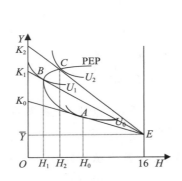

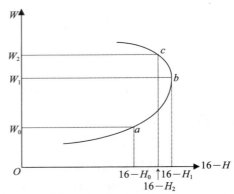

图 10.12　时间资源在闲暇和劳动供给之间的分配　　　图 10.13　消费者的劳动供给曲线

14. 市场的劳动供给曲线。将所有个人的劳动供给曲线叠加起来便得到了市场的劳动供给曲线,如图 10.14 所示。假定市场上只有 A、B、C 三个人,则市场的劳动供给曲线 S 应由 S_A、S_B 和 S_C 叠加得到。图中三个人的保留工资分别为每小时 1 元、4 元和 7 元。与个人的劳动供给曲线一样,市场的劳动供给曲线 S 的后端也是向后弯曲的。但不同的是,市场的劳动供给曲线有一个较长的向右上方上升的过程。因为不同的个人有着不同的保留工资,随着工资的上升,越来越多的人加入劳动大军,所以市场的劳动供给曲线的整体是向上倾斜的。另外,从整个社会来看,因为低收入阶层总是在社会总人口中占较大比重,所以他们的收入效应一般不可能超过替代效应。因此,在一般情况下,市场的劳动供给曲线是一条向上倾斜的曲线。

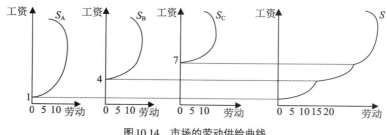

图10.14 市场的劳动供给曲线

15. 工资的决定。

(1)完全竞争情况下工资的决定如图10.15所示。

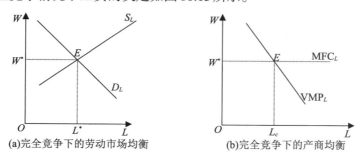

(a)完全竞争下的劳动市场均衡   (b)完全竞争下的产商均衡

图10.15 完全竞争情况下工资的决定

(2)工会垄断情况下工资的决定如图10.16所示。

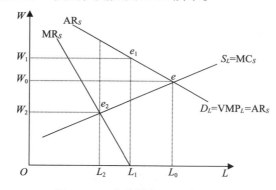

图10.16 工会垄断情况下工资的决定

假定厂商在产品市场和要素市场都不是垄断者,但劳动者是由工会组织在一起的,因此成了要素市场上的卖方垄断者。此时,工资的决定依工会的目标而定。工会的目标一般有三个,即就业量最大化、总工资最大化和总收益最大化。市场对劳动的需求曲线是由单个厂商的需求曲线加总而得到的,即劳动的边际产品价值 VMP_L。对工会来说,VMP_L 曲线就是其平均收益曲线 AR_S,由 AR_S 曲线可以推导出工会的边际收益曲线 MR_S。从要素所有者的角度来说,劳动供给曲线亦即工会提供劳动的边际成本曲线MC_S。在图10.16中,纵轴表示工资水平,横轴表示劳动数量,S_L表示劳动供给曲线,D_L表示劳动需求曲线,MR_S表示工会的边际收益曲线。当工会的目标为就业量最大化时,最大就业量为L_0,它由劳动的需求曲线D_L和劳动的供给曲线S_L的交点e确定。此时,工资确定为W_0。当工会的目标为总工资最大化时,工会就会把工资确定在劳动的边际收益MR_S等于零的就业水平上,如图10.16中的e_1点所示。在e_1点,工资水平为W_1,就业量为L_1,此时的总工资最大为$W_1 \cdot L_1$。当工会的目标为总收益最大化时,工会将依据工会的边际成本MC_S等于其边际收益MR_S来确定工资水平,即图10.16中的e_2点。此时,工资将确定在W_2,就业量为L_2。

(3)双边垄断情况下工资的决定如图10.17所示。

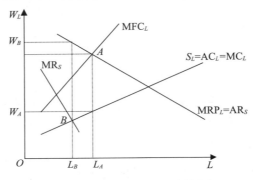

图10.17 双边垄断情况下工资的决定

假定所有的劳动者都被组织在一个大工会中,大工会垄断着劳动市场的供给方面,同时假定劳动的雇用者厂商是垄断买主,垄断着劳动市场的需求方面。在图10.17中,买方垄断厂商所需劳动的边际收益产品曲线MRP_L从卖方垄断工会的角度来说,就是其平均收益曲线AR_S,根据平均收益曲线AR_S可以推导出工会的边际收益曲线MR_S。厂商面对的劳动供给曲线S_L向右上方倾斜,它表示厂商使用劳动的平均成本AC_L,由此可以推导出厂商使用劳动的边际要素成本曲线MFC_L。从工会的角度来看,劳动供给曲线S_L实际上就是其提供劳动的边际成本曲线MC_L。这样即可得出,W_A为下限工资水平,W_B为上限工资水平。至于工资水平最终确定在(W_A, W_B)这一区间中的哪一点上则取决于劳资双方的谈判能力。

16. 单个消费者的资本供给。单个消费者的资本供给本质上是一个跨期消费选择的问题。如图10.18所示。假定消费者的一生可以分为两个时期,我们称之为第一年和第二年,在这两个时期内消费者分别有I_1和I_2的收入,而市场利率为r。由此我们可以得到消费者跨期间的预算线MN,其中$A(I_1, I_2)$自然是预算线上的一点。在这一点上,消费者既不借钱也无储蓄,我们称之为禀赋点。在M点,消费者把所有收入都放在第二年消费，总共可以消费 $I_1(1 + r) + I_2$。在 N 点，消费者把第二年的收入全部预支到第一年消费，总共可以消费 $I_1 + I_2/(1 + r)$。这样，我们就可以得到预算线 MN 的斜率：

$$斜率 = \frac{OM}{ON} = \frac{I_1(1 + r) + I_2}{I_1 + I_2/(1 + r)} = 1 + r$$

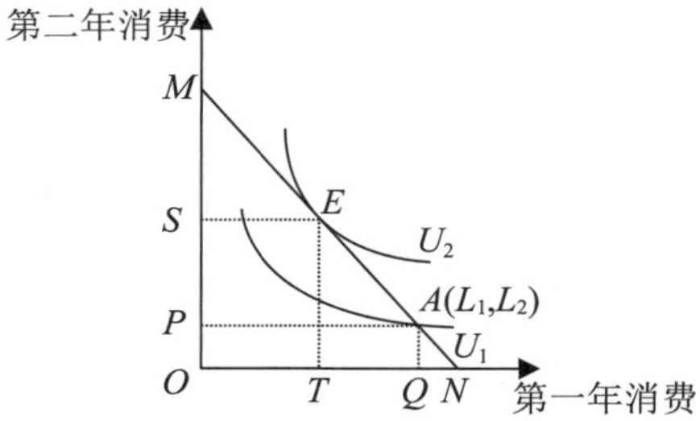

图10.18　消费者的跨期消费选择

所以，预算线的斜率，也就是即期消费相对于未来消费的"价格"，为利率加上1。均衡点为 E 点，此时消费者心目中未来消费对当前消费的边际替代率正好等于 $1 + r$，达到了效用最大化。既然即期消费的相对价格是 $1 + r$，那么价格（也就是利率）变化后，消费者的选择必然会发生变化。跨期消费选择中同样存在收入效应和替代效应。在图10.19中，一开始的利率为 r，相应的预算线为 MN。然后利率上升至 r'，在图中表现为 MN 绕 A 点顺时针旋转至 $M'N'$（不管利率如何变化，禀赋点始终在预算线上），均衡点从 E 变为 E'，第一年储蓄由 PC 增加至 PC'，同时效用水平从 U_1 上升到 U_2。r 上升意味着当前消费相对于未来消费的"价格"上升了，消费者会用相对"便宜"的未来消费来替代相对"昂贵"的当前消费。同时，由于消费者后来是净储蓄者，利率的上升会增加消费者的实际财富，从收入效应来看，如果消费的是一种正常商品，那么在实际收入提高后，能同时增加两个时期的消费，并达到更高的效用水平。利率上升的价格效应能作如下分解（见表10.1）。对第二年消费来说，由于收入效应和替代效应的作用是同方向的，因此在利率上升后，消费者会增加第二年的消费。对于第一年来说，如果替代效应大于收入效应，那么当前的消费会减少，并且储蓄增加；如果替代效应小于收入效应，则当前的消费会增加，而储蓄减少。一般来说，在低利率水平时，利率上升的替代效应大于收入效应；而在高利率水平时，利率上升的收入效应大于替代效应。因而单个消费者的资本供给曲线向后弯曲，如图10.20所示。

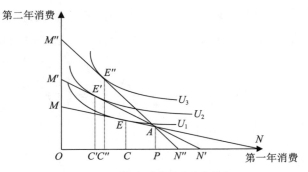

图 10.19 跨期消费选择的价格效应

表 10.1 利率上升时的价格效应分解

	收入效应	替代效应	价格效应
第一年消费	正	负	负/正
第二年消费	正	负	正

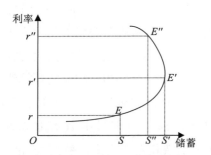

图 10.20 单个消费者的资本供给曲线

17. 市场的资本供给曲线。把所有消费者的资本供给曲线水平相加就可以得到市场的资本供给曲线。对个别的消费者来说,替代效应可能强于(或弱于)收入效应,但就整个经济来说,替代效应强于收入效应,所以市场的资本供给曲线向右上方倾斜,如图 10.21 所示。

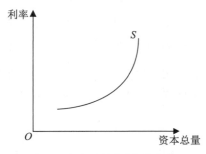

图 10.21 市场的资本供给曲线

18. 利率的决定。利率取决于可贷资金的供给和需求。图 10.22 描述了资本市场上可贷资金的需求和供给以及由两者共同决定的利率。D_T 曲线表示可贷资金的需求，它由三个部分共同组成。一是企业对资本财货的投资需求，由图中的 D_I 曲线表示；二是消费者用于个人消费的消费借款，它表示消费者的个人消费超过其收入的部分，如用分期付款的办法买进住宅和耐用消费品等；三是政府通过发行公债或国库券以弥补财政赤字。所以 D_T 曲线与 D_I 曲线的水平距离测度的是消费者和政府对可贷资金的需求，为 D_{C+G}。S 曲线表示可贷资金的供给，它通常来自两个方面：一是国民收入除去个人消费以后的储蓄，它包括个人储蓄和工商企业与金融机构的未分配利润，以及政府财政收支的盈余（假如财政收支不是有赤字而是有盈余的话）；二是中央银行在计算期内新增加的货币发行量。S 曲线自左向右上方上升表示利率越高，储蓄者愿意提供的储蓄越多。D_T 曲线与 S 曲线相交的 E 点所表示的均衡利率为 r。

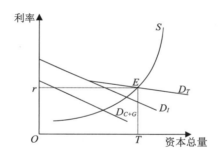

图 10.22 资本市场的均衡（利率的决定）

19. 单个土地所有者的土地供给曲线如图 10.23 所示。

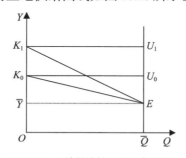

图 10.23 土地供给的无差异曲线分析

因为土地的消费性使用只占土地的一个很小的部分，所以我们不考虑土地所有者自用土地的效用。在图 10.23 中，横轴表示自用土地数量，纵轴为土地收入。土地所有者的初始状态点 E 表明，它的非土地收入为 $\bar{Y}$，拥有的全部土地数量为 $\bar{Q}$，两条预算线 EK_0 和 EK_1 分别对应土地价格为 R_0 与 R_1 的两种情况，即 $K_0 = \bar{Q} \cdot R_0 + \bar{Y}, K_1 = $

$\bar{Q}\cdot R_1+\bar{Y}$。无差异曲线为水平直线表示土地所有者的效用只取决于土地收入,与自用土地数量无关。水平的无差异曲线簇表明:无论土地价格如何变化,最优的自用土地数量总为0,从而土地供给量总为$\bar{Q}$,即等于土地所有者拥有的全部土地资源。因而单个土地所有者的土地供给曲线是垂直的。对于任何一种资源,如果它只有一种用途,则该资源对这种用途的供给曲线就一定是垂直的。

20. 市场的土地供给曲线。将所有单个土地所有者的土地供给曲线水平相加就得到了整个市场的土地供给曲线。

21. 土地服务的均衡价格和地租的决定。在图10.24中,土地需求曲线D与土地供给曲线S的交点是土地市场的均衡点。该均衡点决定了土地服务的均衡价格R_0。当土地供给曲线垂直时,它与需求曲线的交点所决定的土地服务价格具有特殊的意义,该价格常常被称为地租。参见图10.25中的R_1。此时,因土地的供给曲线垂直且固定不变,故地租完全由土地的需求曲线决定,而与土地的供给曲线无关:它既会随着需求曲线的上升而上升,也会随着需求曲线的下降而下降。如果需求曲线下降到D'曲线的位置,那么地租会消失,即等于零。

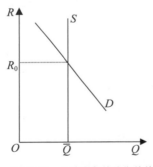 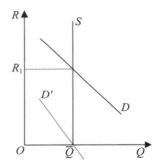

图10.24　土地服务的均衡价格　　　图10.25　地租及其产生的原因

22. 租金。租金是供给同样固定不变的一般资源的服务价格。换言之,地租是当所考虑的资源为土地时的租金,而租金则是一般化的地租。

23. 准租金。准租金是对供给量暂时固定的生产要素的支付,即固定生产要素的收益。准租金可以用厂商的短期成本曲线来加以分析。如图10.26所示,其中,MC、AC、AVC分别表示厂商的边际成本、平均成本和平均可变成本。假定产品价格为P_0,则厂商将生产Q_0。这时的可变总成本为面积$OGBQ_0$,它代表了厂商为获得生产Q_0产量所需的可变生产要素量而必须做出的支付。固定要素得到的则是剩余部分CP_0GB,这便是准租金。

24. 经济租金。经济租金是要素收入的一个部分,该部分并非为获得该要素于当前用途中所必需的,它代表要素收入中超过其在其他场所可能得到的收入部分。

简而言之,经济租金等于要素收入与其机会成本之差。经济租金的几何解释类似于所谓的生产者剩余。如图10.27所示,图中要素供给曲线S以上、要素价格R_0以下的区域AR_0E为经济租金。要素的全部收入为OR_0EQ_0。但按照要素供给曲线的走势,要素所有者为提供Q_0产量的要素所愿意接受的最低要素收入是$OAEQ_0$。因此,区域AR_0E是要素的超额收益,即使去掉,也不会影响要素的供给量。

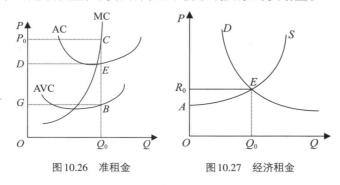

图10.26 准租金　　　　图10.27 经济租金

25. 不可再生资源的供给。不可再生资源的生产与一般产品生产有很大区别。在一般产品生产中,每一个生产过程都是相互独立的,产量的大小只与要素投入的多少有关,与下一个生产过程没有任何关系。而在不可再生资源的生产中,每一个生产过程都是相互联系的,当前的产量会影响未来的产量。也就是说,随着资源的不断开采,其存量会不断减少,资源会越来越稀缺,资源的价格便会越高。如果想要资源的所有者放弃未来可能获得的高收益,就必须支付比实际开采成本更高的价格,否则资源所有者就不会提供可以在未来增值的资源。在实际开采成本上的溢价也叫作稀缺性成本,它反映了不可再生资源的稀缺性。在图10.28中,S'曲线就是考虑到资源稀缺性的供给曲线,它要高于实际开采的边际成本曲线S,而S'曲线和S曲线之间的垂直距离就是稀缺性成本。

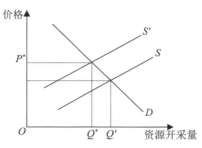

图10.28 不可再生资源价格的决定

26. 不可再生资源价格的决定。不可再生资源的需求曲线也是向下倾斜的,这反映了递减的要素边际生产力。需求曲线D和供给曲线S'决定了不可再生资源的

价格 P^*。资源的当前价格 P^* 与开采的边际成本的差额(即稀缺性成本)为当前开采资源的机会成本,因而稀缺性成本从收入角度来看也就是经济租金。这也是自然资源市场与产品市场的根本不同之处,即产品市场的均衡价格等于长期边际成本,但自然资源的价格却要超过开采资源的边际成本,超过的部分为未开采资源的价格或价值,而这部分收入归自然资源的所有者。

27. 利润。利润(从分配的角度)是企业家才能这一要素提供服务的报酬。利润包括正常利润、超额利润、垄断利润等。

28. 洛伦兹曲线和基尼系数。衡量经济平等状况的一个有效工具是洛伦兹曲线,首先将一国总人口按收入由低到高排序,然后考虑收入最低的任意百分比人口所得到的收入百分比,最后将得到的人口累计百分比和收入累计百分比的对应关系描绘在图形上,就得到了洛伦兹曲线。如图 10.29 所示,横轴 OH 表示人口(按收入由低到高分组)的累计百分比,纵轴 OM 表示收入的累计百分比。如果财富完全平均地分配于所有人口,那么洛伦兹曲线就是对角线 OL,OL 称为绝对平等线,因为任一人口百分比等于其收入百分比,从而人口累计百分比等于收入累计百分比,因而收入分配就是完全平等的。如果所有收入都集中在某一个人手中,而其余人口均一无所获,那么收入分配达到完全不平等,洛伦兹曲线就成为折线 OHL,也称为绝对不平等曲线。一般来说,实际洛伦兹曲线为 ODL。洛伦兹曲线的弯曲程度越大,即越凸向横轴,收入分配越不平均,反之则越趋于公平。为了使财富分配的平等程度更具有可测性和可比性,我们需要引入基尼系数的概念。在图 10.29 中,由绝对平等线和实际洛伦兹曲线围成的半月形面积与由绝对平等线和绝对不平等线围成的三角形 OLH 面积之比称为基尼系数。基尼系数越小,说明收入分配越平均;基尼系数越大,说明收入分配越不平均。

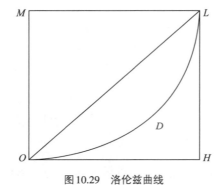

图 10.29　洛伦兹曲线

★ **考查重点、难点**

本章重在考查以下知识点：第一，生产要素供给的原则，即生产要素供给的基数效用分析、序数效用分析。第二，不同生产要素供给的特点，即劳动供给的替代效应和收入效应，资本供给的替代效应和收入效应，垂直的土地供给曲线，反映稀缺性成本的不可再生资源的供给曲线。第三，生产要素需求的特点，引致（派生）需求的概念。第四，边际收益产品、边际产品价值、边际要素成本的概念。第五，厂商对一种或多种生产要素需求的一般原则。第六，影响生产要素需求的因素。第七，在有一种可变要素投入或多种可变要素投入的条件下，在完全竞争的要素市场上厂商、行业、市场对一种生产要素的需求曲线。第八，不同市场结构下生产要素均衡价格和使用量的决定。第九，工会在工资决定中的作用，利息的合理性和超额利润的来源。第十，地租、租金、准地租和经济租金的概念、辨析及其简单应用。第十一，洛伦兹曲线与基尼系数的含义。

其中，在有一种可变要素投入或多种可变要素投入的条件下，在完全竞争的要素市场上厂商、行业、市场对一种生产要素的需求曲线；不同市场结构下生产要素均衡价格和使用量的决定；工资理论、地租理论、利息理论和利润理论；不可再生资源价格的决定等是本章考查的难点。

★ **拓展阅读**（若想了解更多文献和素材，可关注微信公众号"鸿观经济"）

【学者论坛】 工资是由什么确定的

关于收入怎样才合理这一问题，众说纷纭。常常有人认为工资应该根据人的素质来定。如果考古学博士去教小学，红楼梦专家去扫地，那么工资似乎就应该高一点。反过来，如果连中专都没有毕业，却赚了高收入，似乎就不正常了。例如有些暴富的明星，他们并没有下过苦功，却获得了高收入，于是大家就觉得不合理。

这种想法是错的。说得深奥一点，错误的根源就在于他们以为原材料的成本决定了最终产品的价格。但经济分析的观点则正好相反：供求先决定最终产品的价格，然后最终产品的价格再决定原材料的成本。哪个是因，哪个是果，顺序完全颠倒过来了。

明星之所以赚大钱，是因为市场对她（他）有需求。您可以讨厌她（他），但得承认,有其他的很多人喜欢她(他),所以她(他)的劳动才值钱;而不是反过来,因为她(他)投入的成本低,所以她(他)的表演就不值钱。培养博士和专家的成本确实很大,但他们如果去扫地,那就只能接受扫地的工资,而他们过去钻研学问的成本与此无关。换句话说,如果我搬到总统套房里写专栏,那么是否应该提高我的稿酬?答案当然是不。

归根结底,市场的供需是劳动力价格的唯一决定因素。

【来源】薛兆丰. 经济学通识(第二版). 北京:北京大学出版社,2015.

【评析】和一般商品的价格决定一样,生产要素的价格也由要素的需求和供给共同决定。在现代市场经济中,工资的本质是劳动力的价格或价值的转化形式,由劳动市场的供求决定。

【学者论坛】 利率由谁制定

利率呢?利率也是价格中的一种,它是由无数人的不耐(impatience)共同决定的。由于不耐,也就是急躁,人们总想早点享受,于是出现了现货与期货的交换;也正是由于不耐,离今天越远的期货,其价值就越低。因此,若要达成现货与期货的交易,期货的数量就必须比现货的数量多,其中的差额便决定了利率的高低。

有人认为利率现象存在是因为社会在进步,投资会有回报。这种理解不对。一个社会即使没有进步,投资即使没有回报,资源即使日见贫乏,利率也仍然存在。在兵荒马乱的年代,前景黯淡,朝不保夕,"有酒今朝醉"的生活方式盛行,真实利率就因此上升,而不是下降。反过来,投资回报即使提高,也不会推高利率。设想有人发明了一种新技术,能让每斤饲料增产十倍猪肉。回报率高了十倍,试问利率会因此上升吗?不会。只要不耐程度不变,利率就不变。变的是期望与现值。新技术会改变人们对未来猪肉产量的期望,这改变了的期望会以不变的利率折现为新的现值,加到新技术所有者的腰包里去。

只有不耐增加,才会提高利率。不耐增加意味着会有更多人需要现货,且更少人愿意接受期货。就一幢刚盖好的使用期为50年的房子而言,假如社会变得急躁了,那么这幢房子往后49年里能提供的服务的价值在今天看来就下降了。物品的使用期越长,由于利率升高而产生的贬值就越严重,这是因为该物品大部分价值都分布在未来,而不是集中在现在。

有人说利率升高会打击买房子的热情,那是对的。但这不是因为按揭供楼得多交一点货币利息。要是货币利率上升是因为通胀预期而不是不耐加剧引起的,那就更应该买房才是。利率升高之所以会打击买房子的热情,是因为房子这种耐用品的价值大部分分布在未来,故其现值会因利率升高而跌得厉害。

不耐程度决定了期货的现价,从而决定了真实利率。美国短期国库券就是一个典型的例子。它生动地表明,正是市场的不耐程度而不是某个人或组织的意愿决定了期货的现价,进而决定了真实利率的高低。

美国国库券的到期日和届时能兑现的金额是事先确定的。一张半年期的1000美元国库券,表示持有者26周后能从美国政府手上换回1000美元。那它今天值多少钱?答案是低于1000美元,具体数目由市场套利行为决定。市场越急躁,这份期货——半年后的1000元美钞的现价就越低,较大的差价反映了较高的利率;反之,市场越有耐心,其现价就越高,即越接近1000美元,较小的差价反映了较低的利率。不管怎样,正是市场的炒买炒卖决定了债券的现价,从而决定了市场利率。一般来说,利率是无数人在买卖他们的"现在"和"未来"所共同产生的结果。

市场上各种借贷的利率非常接近。若把条款和风险考虑进去,则全球利率时刻都趋于相等!

【来源】薛兆丰. 经济学通识(第二版). 北京:北京大学出版社,2015.

【评析】要解释利率的形成,就要先重温价格究竟是谁制定的:价格是由无数人的供求共同决定的。供求是支配着每宗交易的强大经济力量,与其说是由谁决定了价格,不如说是买卖双方汇报了被那股强大的经济力量支配的价格。利率是无数人在买卖他们的"现在"和"未来"所共同产生的对借款风险的补偿。

【学者论坛】 收入如何分配

第一,人为干扰分配会直接损害市场机制。我们知道,市场机制的核心在于价格自由浮动,而价格的作用就是传递关于资源稀缺的信号,从而指导人们以最有效的方式进行生产,并进一步影响商品和财富的分配。问题是,如果这最后一点,即价格的影响分配功能受到强力干扰,那么前两项,即传递信号和指导生产的功能就不可能发挥作用。理由很简单,因为每个人都是自私自利的,只要奖惩不够分明,他们就会丧失对价格信号做出反应的积极性,市场经济也会就变得有名无实。

事实上,着手调节收入会扭曲市场行为。不论是悬壶济世的医生,还是传道解惑的教师,或是审批项目的官员,其享有的收入都不是由其贪婪程度决定的,而是由社会对其掌握的人力资本或权力资本的需求决定的。以行政手段来限制他们的收入,比如压低挂号费、减少学杂费、打击贪污腐化行为等都不能削弱他们获取更高收入的能力,而只会诱发更多不正常的现象,包括医生收取红包、教师增开补习班、官员增加管制寻租等。要真正调节医生、教师和官员的收入,只能增加医生和教师的供给,并削弱官员的权力,除此之外别无他法。

第二,各种资本(包括劳动力资本)的收入水平都是由市场力量决定的。这是一个协同生产的时代,任何最终产品都是通过团队作业来完成的。所谓团队,可以是一个球队、一个乐团或一个企业。每个队员应得的收入取决于他给这个球队所带来的新增价值;一个指挥所应得的收入取决于这个乐队有和没有他指挥之间的价值差距;而一个工人所应得的工资则取决于他对企业产品的新增贡献。

举一个例子。据报道,工人只能从每台iPhone手机中拿到1.8%的利润。不管事实上准确的数字是多少,这里的要点是:这种分配不是由任何个人决定的,当然也不是由那些缺乏同情心的坏人决定的,而是由全球市场上无数的人所共同决定的。具体而言,工人的工资水平总是根据其边际贡献率来决定。工人的要价如果超过这个水平,工作就会随时被同类的竞争者(如来自越南、印度、东南亚的工人)夺去。

恐怕有人会说,苹果公司赚取的超额利润不妨多分一点给穷苦的工人。但这么说的人并没有意识到,那些超额利润并非无源之物,而是股东们筹集的资金的回报。如果不把这些利润用于酬谢金融市场上的集资者,那苹果公司就不可能进行研发,或者其研发就不可能成功。毕竟资金本身就是生产苹果手机的原材料之一。换言之,利润也是有主的,它属于承担风险的企业家和投资者。如果不将利润划拨给他们,那么企业就既不会冒险,也不会创新。为了调节而调节的人基本上都忽视了这个普适的收入归属规律。

第三,调节收入分配会堕入戴瑞德定律的陷阱。20世纪60年代,法律经济学创始人戴瑞德曾经发现一个规律，即任何政府针对穷人的补贴措施最终都会让中产阶级得益，而由极穷者和极富者付账。由于戴瑞德坚持"多述少著"的习惯，逼得后来的诺贝尔经济学奖得主斯蒂格勒在1970年发表题为"关于公共收入再分配的戴瑞德定律"的文章，阐述了戴瑞德的思想。

该文检视了多个政府实施收入再分配或定向补贴的领域，包括教育、农业、住房和社保等，发现受益者都集中在中产阶级。以社会保障为例，要知道，它并不是什么个人退休金投资计划，而是政府主导的、从正在工作的人向已经退休的人进行的收入转移，是一种征税并补贴的项目，所以一个人工作的时候交了多少与退休后会得到多少没有必然联系。因为所有有工作收入的人都要按其收入的固定比例缴纳社保，而退休后极富者由于社保福利上限而不能成比例地多得，所以以下人群就相对吃亏：第一，较早开始工作的（而非有机会待在学校深造的）；第二，较早去世的（而非长寿的）；第三，妻子也得工作的（而非丈夫的收入就够养活全家的）；第四，年轻的（而非在政策实施时就已经有资格领取养老金的）。在这种收入再分配的条件下，最大的受益人群并非最穷者或最富者。

此外，当时能上大学读书并享受政府资助的往往是中产阶级家庭的子女；有资格购买政府的限价房的是比较有钱和有办法的人，而政府为了建设这些质高价低的限价房，却往往要先清除那些真正穷人所栖息的贫民区，这样受损的恰恰是那些根本买不起限价房的穷人；农民长期以高于市场水平的政府保护价向政府出售粮食，他们无疑是富裕的既得利益者，而真正支付高价的是广大的纳税人。

这一系列现象的根源，按斯蒂格勒的解释，是中产阶级构成了选民的主体，他们是政客在竞选时所要争取的关键对象。与此相对，处于两极的穷人和富人要么缺乏能力、要么缺乏动力、要么缺乏足够的规模来表达自己的诉求，从而沦为一系列"收入再分配运动"中的输家。

第四，扶贫不应该采用实物补贴或价格管制，而应该采用负所得税的办法。早在半个世纪前，弗里德曼就曾经提出过，应该以负所得税的形式来补贴真正的穷人，同时取消其他所有的收入再分配和补贴措施。具体而言，就是社会只对穷人发放货币补贴，而补贴的金额随着穷人自身收入的递增而递减，只要收入超过贫困线就不能再接受任何补贴，而整个社会的商品和服务均按市场化的方式分配，不再搞任何实物补贴。这种方法的好处是既保证了最穷的人能够得到基本的货币收入，又维护了他们按自己的偏好分配收入的权利，还消除了他们力争下游的动力,最重要的是保证了市场机制的正常运行。

调节收入再分配是一种流行而含糊的说法。它可能指深化改革、保护产权、自由定价、解除行政垄断,以及减少政府干预,从而让各种资源(包括人力资源)所得到的回报更合理。这种思路无疑是正确的。但拥有这种思路的人往往不喜欢用"调节收入再分配"来表达。事实上,它更可能指通过官员的意志和政府的命令,以税收、价格管制、实物分配、身份歧视等方式来强行分配生产资源和商品。毋庸置疑,按这种思路来调节收入再分配的话,社会将重蹈计划经济的覆辙,而得益者只可能是负责调节收入再分配的官员及其亲友。

【来源】薛兆丰. 经济学通识(第二版). 北京:北京大学出版社,2015.

【评析】收入的分布是由经济规律决定的,若进行硬性分配,则会违背经济规律,经济效率会打折扣,结果往往是穷者更穷,而不该得益者更富。合理的做法并非调节收入再分配,而是直接改变不符合市场经济规律的制度和政策安排。

【学者论坛】 现阶段注重收入再分配还是继续发展优先?

某日,接到西安交通大学附属中学一位老师的电话,提及西安交通大学附属中学即将参加全国性的英语辩论赛,希望我能够对学生以"中国现阶段应该注重收入再分配还是继续优先发展"为题作一个主题演讲。尽管公平和效率问题一直是经济学关注的核心问题,但因本人长时间从事经济史方面的研究,对这个问题并没有持续关注。作为经济学者,向非专业学生,尤其是高中生普及社会科学知识是一件非常有意义的事情,在考虑再三后,我答应了这位老师的邀请,开始了重新补课的过程。此时詹维玲教授刚好在西安交通大学授课,作为长期从事经济增长研究的宏观经济学家,詹教授对经济增长理论及台湾地区的经济增长有着很深的了解,对普及社会科学尤为热心。因此,我们两人对支持和反对继续优先发展的可能理由进行了总结,本文就是我们两位讨论的结果。因辩论不像学术研究,无所谓对错,本文仅仅罗列支持和反对意见,不发表自己的看法。

一、支持优先发展的理由

第一,中国改革开放以来的发展历程表明:尽管在发展过程中收入差距扩大,但发展的成果还是极其显著地惠及了底层群众。根据美国调查公司(盖洛普公司)的数据,仅仅在2007—2012年,中国的贫困率就下降了3/4,从26%下降到7%。而这种贫困率的下降大部分应该归功于中国经济的高速发展带动了人口从相对贫穷的农村向待遇更好的城市的转移。从某种程度上讲,中国已经实现了经济学界所推崇的包容性增长。从经济学的观点来看,相对于政府,市场解决贫困问题的力量更为强大。如果在现阶段将中国的发展重心从经济增长转移到减少贫富差距,那么经济增长的速度会下降,尽管来自政府的转移支付会增加,但这在绝对值上可能不如市场力量所带来的群众收入增长。为了减少绝对贫困,中国在现阶段还是应该注重经济增长。将饼做大,每个人能够分配到的饼的数量就会增加,而且分得最少的群体从分到的绝对值而言仍大于先分饼的选择。

第二,没有一个国家可以实现经济的永远快速增长。中国改革开放以来的经济快速发展已经持续了多年,这是世界发展史上的奇迹。经济学家林毅夫预测,中国的经济增长还能持续20～30年。如果林毅夫教授的预测能够实现,那么一个繁荣安康的现代化中国将屹立在世界的东方,中华民族的伟大复兴也将实现。如果现阶段将重心放在收入再分配,经济增长的速度就会受到拖累。孰轻孰重应该不难判断。

第三,从世界各国的发展历程来看,不乏因过度重视收入再分配而使经济一蹶不振的例子。如拉丁美洲的阿根廷等国因为过度注重分配使得经济增长乏力,其也从20世纪初期欧洲移民的向往之地变成一个逃离之地。又如,尽管欧洲的经济非常发达,但因其过分注重收入再分配,使得财政赤字不断增加,金融危机更是使其雪上加霜,造成蔓延至今的欧债危机。

第四,在经济全球化日益显著的今天,资本可以实现跨国的快速流动,如果现在就将重点放在缩小贫富差距上,可能会造成资本向收益更高的地方流动,从而使中国的投资率和储蓄率下降,企业家才能外泄,使经济发展的潜力逐渐丧失。

第五,我们不反对构建基本的社会保障机制对一些最穷人口进行社会救济,但如果大面积地以社会再分配作为政策出发点,就会造成负面的刺激,使社会保障机制成为养懒人而不是救助穷人的制度。这对并不富裕的中国而言是无法承担的痛。因此,尽管现阶段应该完善基本的社会保障制度,给生存困难的人提供必要的资助,使其能过上有尊严的生活,但重心还是应该放在经济增长上。

第六，从西方发达国家的经验来看，在救助穷人方面，基金会和慈善组织的效率要高于政府。在政府财力有限的情况下，政府专注于发展经济，通过非政府组织等鼓励富人和有爱心的人士从事扶贫等工作，能更好地实现效率兼顾公平的目标。

第七，从欧美国家的经验来看，注重社会再分配的社会保障制度会成为利益集团寻租的工具之一，其最终的结果是具有强大寻租能力的中产阶级而不是穷人真正受惠于收入再分配计划。以极大的效率牺牲资助利益集团可能会增加而不是减少社会的不平等。

第八，中国在和平崛起的过程中面对的是并不太平的国际和周边形势。中国近代史上的几次发展均被日本入侵所打断。革命先烈们用热血铸就了新中国，给予我们和平稳定的发展环境，我们应该利用这难得的发展机遇，快速提升自己的工业基础，真正实现和平崛起的目标。

二、支持优先收入分配的理由

第一，邓小平同志在改革开放之初就提出了关于先富和后富的理论。中国改革开放以来经济高速增长的收益大多被先富的人拿走了。现在到了先富带动后富的时候，此时忽视收入再分配是不道德的。

第二，经济增长的落脚点应该是民富，即收入分配相对平均的人人富裕的和谐社会。单纯追求经济增长速度而不注重民生的经济增长并不是我们发展经济的目的。在改革开放以前，生病的穷人还能得到一些最基本的医疗救护，但现在，生病的穷人往往只能等死。这是我们想要的经济增长吗？

第三，将重心放在收入再分配未必不利于经济增长。因为收入分配不均会造成社会的不稳定，而社会稳定是经济增长的基础。从经济发展史来看，没有一个国家可以在社会不稳定的情况下实现经济的高速增长。不注重收入再分配已经给中国社会积累了大量的矛盾，如财政投入不足和医疗保险不足使得中国的医患关系紧张等。为了实现经济的可持续增长，一定要扭转只注重增长而不注重分配的局面。只有这样才能将人心凝聚在中国梦的旗帜下，为实现中华民族的伟大复兴而奋斗。从学术上讲，以收入再分配为特征的社会保障制度是一个"安全阀"，可以减少社会动荡的风险。

第四，中国社会的人口结构已经逐渐走向老龄化，在这种情况下，如果不注重收入再分配，以及构建完善的社会保障机制，那么将会出现老无所依的现象。这是经济增长的目的吗？

第五，长期以来，只注重经济增长，而忽视社会分配不均的发展模式已经对中国的人力资本投资造成了异常大的伤害,现在优质的医疗和教育资源集中在富人身上。像北京大学、清华大学等学校的学生来自农村穷人家庭的比例在持续减少,长此以往,会造成社会阶层流动性不足,进而造成社会的撕裂,从而对社会稳定造成非常不利的影响。阶层流动对社会稳定的作用甚至超过收入的平均分配。尽管中国前几十年的经济增长造成贫富差距过大,但社会流动性还一直处于可以接受的范围,而现在,阶层固定的趋势已经越来越明显,如果不扭转这种趋势,最终只会伤害包括富人在内的所有中国人的利益。

第六,尽管资本是追逐利润的,但也是规避风险的,长时间不注重收入再分配的话会使得社会风险增加。因此,是收入分配不均而不是收入再分配会造成资本外逃。

第七,尽管欧美的社会保障制度存在这样那样的问题,但这并不意味着不存在良好的收入再分配机制能最大限度地将再分配的资金用到真正需要的人身上,如诺贝尔奖获得者弗里德曼所提出的负所得税制度等。我们不能以现行社会保障制度不完善为理由而不去构建适合中国的社会保障制度。

第八,学术界一般认为,人不光关心自己的绝对收入,更关心自己的相对收入。尽管中国的基尼系数已经在国际公认的安全线之外,但中国的收入分配不均存在东西差别、城乡差别。西部农村的穷人(社会分配的最底层)只会和周围人比,而不是和东部沿海城市的人(最富的人)比,这使得分配不均没有对社会造成很大的伤害。但随着东西部人力流动的增加和信息流动速度的加快,当社会最穷的人群知道自己和别人的差距有如此大的时候,社会的不稳定因素就会增加。

第九,市场机制不是万能的,靠市场机制并不能实现贫富差距的缩小。缩小贫富差距需要政府力量的推动。

第十,面对形势多变的国际格局,只有构建公平、和谐的社会,才能广泛凝聚人心,从而应对各种不利于中国的突发事件。

【来源】俞炜华,詹维玲. 现阶段注重收入再分配还是继续发展优先?. 经济学家茶座,2014(4):4-7.

【评析】公平和效率问题一直是经济学关注的核心问题,我国的国策在分配领域强调"效率优先,兼顾公平",而社会主义市场经济是公平与效率统一的重要制度保证。

★ **例题详解**

例 1 判断题：真实利率是名义利率和通货膨胀率之和。（　　　）

【提示】名义利率是实际利率和通货膨胀率之和。

【解答】错

例 2 简答题：简要评述生产要素边际生产力分配理论。

【提示】考查对分配理论的整体理解及辨析能力。生产要素边际生产力分配理论具有一定的合理性，同时也具有辩护性。

【解答】生产要素边际生产力分配理论最早是由美国经济学家克拉克（J.B. Clark）提出的，他认为在其他条件不变和边际生产力递减的前提下，一种生产要素的价格取决于其边际生产力。后来，经济学家们发现生产要素的价格不仅取决于边际生产力这一要素需求方面的因素，也取决于其他因素，并且他们提出生产要素的边际成本这一供给方面的因素也是决定价格的一个重要因素。因此对于厂商而言，其会愿意支付或分配给使用最后一单位要素的产品不大于这一单位的生产要素所生产的产品的价值，比如在完全竞争市场条件下，要素的市场价格是给定的，这时厂商使用生产要素的数量是要直到其边际产品的价值等于要素的市场价格为止，也即达到其要素使用原则的要求。生产要素边际生产率分配理论对于收入分配的市场分析具有一定的意义，同时这一问题在学术界也有一定的争议。

例 3 简答题：厂商的要素使用原则与利润最大化产量原则之间有何关系？

【提示】考查对厂商的要素使用原则的理解。厂商的要素使用原则与利润最大化产量原则具有内在的一致性。

【解答】厂商使用生产要素的原则是其所使用的生产要素能够给其带来利润最大化。具体而言，厂商对一种生产要素的使用原则是使用要素的边际成本等于使用要素的边际收益，即 MRP = MFC。也就是厂商把使用的要素投入量调整到一定数量，使得这一使用要素总量下的最后一单位要素带来的总收益的增加量（边际收益产品 MRP）恰好等于增加这最后一单位要素使用量引起的总成本的增加量（边际要素成本 MFC）。

厂商的利润最大化原则是边际收益等于边际成本，即如果厂商把产量作为选择变量，将总收益、总成本以及总利润视为产量的函数，那么实现最大利润的条件是厂商把产出调整到一定的数量，使得这一产出量下的最后一单位的产品所提供的总收益的增加量（边际收益）恰好等于增加这最后一单位的产品所引起的总成本的增加量（边际成本）。

MC=MR 和 MRP=MFC 这两个式子可以相互转换。由 MRP=MP•MR 可得 MRP/MP=MR，同理可得 MFC/MP=MC。于是由 MRP/MP=MFC/MP 便可得到 MR=MC。事实上，如果厂商把投入的生产要素（如劳动）作为选择变量，将总收益、总成本以及总利润视为投入要素的函数，那么实现最大利润就可以表述为 MFC=MRP，即厂商的要素使用原则。厂商的要素使用原则决定了厂商的利润最大化产量。

例4 计算题：假设一厂商在完全竞争的产品市场和要素市场上从事生产经营，其生产函数为 $Q = 48L^{0.5}K^{0.5}$，其中，Q 为产品的年产出吨数，L 为雇用的工人人数，K 为使用的资本单位数，产品售价为每吨50元，工人年工资为14400元，单位资本价格为80元，在短期，资本固定为3600单位。求：

（1）该厂商劳动需求曲线的表达式。

（2）使用的劳动量。

（3）短期均衡时，厂商对劳动的需求点弹性。

（4）厂商的年利润量。

【提示】本题考查学生对厂商要素使用原则的理解及经济学所需的基本计算能力。厂商对生产要素的使用来源于厂商对利润最大化的追求。

【解答】（1）厂商的利润函数为：

$$\pi = PQ - KI - WL = 50 \times (48 \times 3600^{0.5}L^{0.5}) - 80 \times 3600 - WL$$

对上式求 L 的一阶导数有：

$$\frac{\mathrm{d}\pi}{\mathrm{d}L} = 50 \times (0.5 \times 48 \times 3600^{0.5}L^{-0.5}) - W$$

根据利润最大化的一阶条件，有 $\frac{\mathrm{d}\pi}{\mathrm{d}L} = 0$，据此可得厂商对劳动的需求函数为：

$$L = 5184 \times 10^6 \times W^{-2}$$

（2）将 $W = 14400$ 代入厂商的劳动需求函数，可解得 $L = 25$。

（3）根据弹性公式可得：

$$\varepsilon = \mathrm{d}L \cdot \frac{W}{\mathrm{d}W \cdot L} = (-2) \times 5184 \times 10^6 \times W^{-3} \times \frac{W}{5184 \times 10^6 \times W^{-2}} = -2$$

（4）将有关数值代入利润函数可得：

$$\pi = 50 \times (48 \times 3600^{0.5} \times 25^{0.5}) - 80 \times 3600 - 14400 \times 25 = 72000$$

例5 证明题：利用成本最小化的一阶条件证明当替代弹性大于（等于或小于）1时，如果要素 X_1 的价格 W_1 相对于要素 X_2 的价格 W_2 来说是上升的，那么企业成本中用于要素 X_2 的支出相对于要素 X_1 的支出比例 $\frac{W_2 \cdot X_2}{W_1 \cdot X_1}$ 会上升（不变或下降）。

【提示】考查厂商对多种要素的使用原则及学习经济学所需的计算技巧,难度较大,要求较高。由内容精要第11、12点可知,在完全竞争的市场条件下,厂商的两种要素投入的均衡条件为$\dfrac{W_1}{W_2} = \dfrac{\partial f/\partial X_1}{\partial f/\partial X_2}$。

【解答】由题可知替代弹性$\delta_{X_1,X_2} = \dfrac{\mathrm{d}\ln(X_2/X_1)}{\mathrm{d}\ln|\mathrm{TRS}|} = \dfrac{\mathrm{d}\ln(X_2/X_1)}{\mathrm{d}\ln\left|-\dfrac{\partial f/\partial X_1}{\partial f/\partial X_2}\right|} = \dfrac{\mathrm{d}\ln(X_2/X_1)}{\mathrm{d}\ln\dfrac{\partial f/\partial X_1}{\partial f/\partial X_2}}$,

且成本最小化的一阶条件为$\dfrac{W_1}{W_2} = \dfrac{\partial f/\partial X_1}{\partial f/\partial X_2}$,故有:

$$\delta_{X_1,X_2} = \frac{\mathrm{d}\ln\left(\dfrac{X_2}{X_1}\right)}{\mathrm{d}\ln\left(\dfrac{W_1}{W_2}\right)} = -\frac{\mathrm{d}\ln\left(\dfrac{X_2}{X_1}\right)}{\mathrm{d}\ln\left(\dfrac{W_2}{W_1}\right)} = -\frac{\left(\dfrac{W_2}{W_1}\right)\cdot\mathrm{d}\left(\dfrac{X_2}{X_1}\right)}{\left(\dfrac{X_2}{X_1}\right)\cdot\mathrm{d}\left(\dfrac{W_2}{W_1}\right)}$$

$$= -\frac{\left(\dfrac{W_2}{W_1}\right)\cdot\mathrm{d}\left(\dfrac{X_2}{X_1}\right) + \left(\dfrac{X_2}{X_1}\right)\cdot\mathrm{d}\left(\dfrac{W_2}{W_1}\right)}{\left(\dfrac{X_2}{X_1}\right)\cdot\mathrm{d}\left(\dfrac{W_2}{W_1}\right)} + 1$$

$$= 1 - \frac{\mathrm{d}\dfrac{X_2 W_2}{X_1 W_1}}{\left(\dfrac{X_2}{X_1}\right)\cdot\mathrm{d}\left(\dfrac{W_2}{W_1}\right)}$$

则可得$\dfrac{\mathrm{d}\dfrac{X_2 W_2}{X_1 W_1}}{\mathrm{d}\left(\dfrac{W_2}{W_1}\right)} = \dfrac{X_2}{X_1}\left(1 - \delta_{X_1,X_2}\right)$

进而有:

$$\frac{\mathrm{d}\dfrac{X_2 W_2}{X_1 W_1}}{\mathrm{d}\left(\dfrac{W_1}{W_2}\right)} = \frac{\mathrm{d}\dfrac{X_2 W_2}{X_1 W_1}}{\mathrm{d}\left(\dfrac{W_2}{W_1}\right)} \times \frac{\mathrm{d}\left(\dfrac{W_2}{W_1}\right)}{\mathrm{d}\left(\dfrac{W_1}{W_2}\right)} = -\left(\frac{W_2}{W_1}\right)^2\cdot\frac{\mathrm{d}\dfrac{X_2 W_2}{X_1 W_1}}{\mathrm{d}\left(\dfrac{W_2}{W_1}\right)}$$

$$= \frac{X_2}{X_1}\left(\delta_{X_1,X_2} - 1\right)\left(\frac{W_2}{W_1}\right)^2 \begin{cases} > 0, & 当\delta_{X_1,X_2} > 1时 \\ = 0, & 当\delta_{X_1,X_2} = 1时 \\ < 0, & 当\delta_{X_1,X_2} < 1时 \end{cases}$$

例6 论述题:论述在微观经济学中产品市场理论和要素市场理论的异同点。

【提示】考查学生的综合分析能力。两个市场具有分析方法上的一致性,不同之处在于消费者和生产者行为上的差异。

【解答】

(1)产品市场理论与要素市场理论的不同点。

第一,产品市场上需求曲线来源于消费者的效用函数,因此决定需求规律的因素是有关消费者行为的假设。例如,在基数效用论中是边际效用递减规律,而在序数效用论中是商品的边际替代率递减规律,由于这些假设多来源于对消费者心理的描述,因而难以得到有力的证明。与此不同,产品的供给曲线来源于厂商的边际成本,也可以说是来源于厂商的生产规律,即边际收益递减规律。作为技术规律,有关生产函数的假设比较容易得到证明,因而使得生产理论的分析建立在科学的基础之上。

第二,在要素市场上,要素的需求来源于厂商,而厂商使用生产要素的目的是获得最大利润,但厂商获得最大利润的前提是消费者的需求。与此不同,产品市场上的需求是消费者的直接需求,消费者对产品需求的大小部分地决定了生产该产品的厂商对生产要素的需求。同时,不同于产品的供给,要素的供给取决于要素所有者的效用,而产品的供给则主要取决于生产者的技术因素。

(2)产品市场理论与要素市场理论的相同点。

第一,在两个市场上,中心问题是价格决定,而价格决定是通过供求均衡来实现的。在产品市场上,消费者的需求和厂商的供给相互作用,共同决定产品的价格;在要素市场上,厂商的需求和要素所有者的供给共同决定生产要素的价格。在两个市场上,供给和(或)需求发生变动都将使均衡价格发生改变,此时供求定理发挥作用。

第二,在两个市场上,对经济当事人的行为分析是一致的。在产品市场上,消费者为了获得最大的效用,合理配置对收入的支出,用于购买既定价格的产品;而消费者的收入则主要来源于要素市场上要素所有者对生产要素的供给。在供给生产要素时,要素所有者所遵循的规则仍然是效用最大化。厂商是产品市场上的供给者,为了实现利润最大化,在既定的价格下选择供给产品的数量。同样,厂商也是要素市场上的利润最大化追求者,以此原则为基础,厂商选择相应的所要使用的生产要素的数量。

▶▶ **单元习题** ▶ ••

一、名词解释

1. 引致需求

2. 边际收益产品

3. 边际产品价值

4. 边际要素成本

5. 劳动的替代效应

6. 劳动的收入效应

7. 向后弯曲的劳动供给曲线

8. 经济地租

9. 准租金

10. 洛伦兹曲线

11. 基尼系数

二、判断题

1. 生产要素的需求与产品的需求具有很不相同的特点。 （ ）

2. 厂商对生产要素的需求取决于生产要素的边际物质产量。 （ ）

3. 河流、森林等自然资源不是生产要素。 （ ）

4. 假设生产某商品使用了 A、B、C 三种要素。在 B 和 C 的使用量不变的前提下，增加一单位 A 使产量增加了五单位，则这五单位产量是这一单位 A 生产出来的。

（ ）

5. 完全竞争厂商是指同时处于完全竞争产品市场和完全竞争要素市场的厂商。

（ ）

6. 厂商在 MRP > MFC 情况下得到的利润要多于在 MRP = MFC 情况下得到的利润。 （ ）

7. 在非完全竞争的产品市场上，厂商对某种可变要素的需求曲线不是由该要素的 MRP 曲线来表示，而是由该要素的 VMP 曲线来表示。 （ ）

8. 在生产要素市场为独家买主的条件下，生产要素的供给曲线与该要素的边际要素成本曲线完全重合。 （ ）

9. 当产品市场或生产要素市场为不完全竞争时，就会存在垄断剥削。（ ）

10. 即使某种生产要素的边际物质产品保持不变，一个垄断厂商对该要素的需

求曲线仍然向右下方倾斜。　　　　　　　　　　　　　　　（　　）

11. 如果只考虑劳动的替代效应,劳动的供给曲线会向右上方倾斜。（　　）

12. 如果考虑劳动的替代效应和收入效应的共同作用,则随着工资的提高,劳动的供给曲线会先向右上方倾斜,然后再向左上方倾斜。　　　　　（　　）

13. 土地的供给量随地租的上升而增加,因此土地的供给曲线是一条向右上方倾斜的曲线。　　　　　　　　　　　　　　　　　　　　　（　　）

14. 正常利润是对承担风险的报酬。　　　　　　　　　　　　（　　）

15. 超额利润是企业家才能的价格。　　　　　　　　　　　　（　　）

16. 企业家的创新是超额利润的源泉之一。　　　　　　　　　（　　）

17. 垄断可以带来经济利润。　　　　　　　　　　　　　　　（　　）

18. 如果政府大力提倡用先进的机器来代替劳动,这将导致劳动的需求曲线向右移动。　　　　　　　　　　　　　　　　　　　　　　　（　　）

19. 实际的基尼系数总是大于0而小于1的。　　　　　　　　（　　）

20. 生产要素的价格是由其价格与需求决定的。　　　　　　　（　　）

三、选择题

1.若企业所处产品与要素市场均为完全竞争,工人的工资率为5,边际产量为0.5,则产品价格为（　　　）。

　　　A.10　　　B.2.5　　　C.0.1　　　D.1.0

2.在短期内,厂商所面临的资本供给曲线是（　　　）。

　　　A.向右上方倾斜的　　　B.向右下方倾斜的

　　　C.完全无弹性的　　　D.完全有弹性的

3.若厂商处于不完全竞争的产品市场中,且要素A是其唯一的可变要素,则该厂商对要素A的需求曲线由下列何者给出?（　　　）

　　　A.VMP_A曲线　　　　　B.MRP_A曲线

　　　C.MFC_A曲线　　　　　D.MP_A曲线

4.当劳动力的边际产出是$800-2N$（N是使用劳动的数量）,产品的价格水平是2美元,每单位劳动的成本是4美元时,劳动力的需求量是（　　　）单位。

　　　A.200　　　B.399　　　C.800　　　D.80

5.假设某歌唱演员的年薪为10万元,但若她从事其他职业,则最多只能得到3万元,那么该歌唱演员所获得的经济租金为（　　　）。

　　　A.10万元　　　B.7万元　　　C.3万元　　　D.不可确知

四、简答题

1.说明在完全竞争的要素市场上,市场要素需求曲线是如何得到的?

2.简述在劳动供给中,工资率变化的收入效应和替代效应。

五、计算题

给定生产函数 $Q = Q(x_1, x_2, \cdots, x_n)$ 为 λ 次齐次生产函数,x_1、x_2、$\cdots$、x_n 分别为各种要素的投入量,请回答下列问题:

(1)在其他条件不变的情况下,如果将企业一分为二,分立后的两个企业的产出之和小于原来的企业的产出,那么其应该满足什么条件(给出数学推导)? 如果按照边际产量分配各要素报酬,那么会出现什么结果?

(2)规模弹性 ε 的数学含义是什么?

(3)规模弹性 ε 和 λ 的关系如何? 请给出数学证明。

六、论述题

假设厂商使用的生产要素中有两种要素(如劳动与资本)可以变动,作图考察特定要素(如劳动)的价格变动引起的替代效应、产出效应和利润最大化效应对劳动需求的影响,并由此构造新的需求曲线(产品市场分别为完全竞争与非完全竞争)。

参考答案

一、名词解释

1.引致需求:厂商对生产要素的需求是一种引致或派生需求,厂商通过购买要素进行生产并从中获得收益,部分取决于消费者对其所生产的产品的需求,即厂商对生产要素的需求是从消费者对产品的直接需求中派生出来的。

2.边际收益产品:是指厂商多使用一单位要素所获得的额外收益,即使用最后一单位要素所得到的收益。

3.边际产品价值:是指厂商多使用一单位要素所增加的产品的价值。

4. 边际要素成本：是指厂商多使用一单位生产要素所花费的额外成本，即使用最后一单位要素所付出的成本。

5. 劳动的替代效应：表示当工资率上升后，闲暇的机会成本增加，人们愿意用劳动代替闲暇，从而增加劳动的供给，因而劳动供给曲线一开始向右上方倾斜。

6. 劳动的收入效应：由于已经达到了相当高的收入水平，劳动供给增加的收入带来的效用可能赶不上闲暇提供的效用，因此，当工资率达到一定高度而又继续提高时，人们的劳动供给量不但不会增加，反而会减少。

7. 向后弯曲的劳动供给曲线：当工资率达到一定高度而又继续提高时，工资上升带来的收入效应超过替代效应，人们的劳动供给量不但不会增加，反而会减少。从而得到一条向后弯曲的劳动供给曲线。

8. 经济租金：是要素收入的一个部分，它代表要素收入中超过其在其他场所可能得到的收入部分，即经济租金等于要素收入与其机会成本之差。

9. 准租金：是对供给量暂时固定的生产要素的支付，即固定生产要素的收益。

10. 洛伦兹曲线：将人口累计百分比和收入累计百分比的对应关系描绘在图形上，就得到了洛伦兹曲线。

11. 基尼系数：由绝对平等线和实际洛伦兹曲线围成的半月形面积与由绝对平等线和绝对不平等线围成的三角形面积之比称为基尼系数。基尼系数越小，说明收入分配越平均；基尼系数越大，说明收入分配越不平均。

二、判断题

1.对　　2.错　　3.错　　4.对　　5.对
6.错　　7.对　　8.对　　9.对　　10.错
11.对　　12.对　　13.错　　14.错　　15.错
16.对　　17.对　　18.错　　19.对　　20.错

三、选择题

1. A

【提示】由 $P \cdot MP = W$（完全竞争厂商的要素使用原则）可知答案为A。

2. C

【提示】在短期内资本数量固定,并且资本的自用价值为零。对于任何一种资源,如果它只有一种用途,则该资源对这种用途的供给曲线就一定是垂直的。

3. B

4. A

5. B

【提示】经济租金等于要素收入与其机会成本之差。

四、简答题

1. 详见内容精要第9点。

2. 详见内容精要第13点。

五、计算题

【提示】重在考查欧拉定律。解答该题需对齐次生产函数的性质有很好的了解。

【解答】

(1)由题可知 $Q\left(\dfrac{x_1}{2},\cdots,\dfrac{x_n}{2}\right) + Q\left(\dfrac{x_1}{2},\cdots,\dfrac{x_n}{2}\right) < Q(x_1,\cdots,x_n)$,

因为生产函数为 λ 次齐次生产函数,所以我们有:

化简可得:

$$(1/2)^\lambda Q(x_1,\cdots,x_n) + (1/2)^\lambda Q(x_1,\cdots,x_n) < Q(x_1,\cdots,x_n)$$

$$2(1/2)^\lambda < 1$$

解得 $\lambda > 1$。

当按照边际产量分配法则分配要素报酬时,由于边际生产力下降,各要素的平均报酬将下降。

(2)对于规模弹性 $\varepsilon = \dfrac{\Delta Q/Q}{\Delta t/t}$,其中 t 为要素投入增加比例,其经济学含义为:用于衡量当要素投入增加一个百分点,产出能增加多少个百分点。

(3)由 λ 次齐次生产函数可知:

$$t^\lambda Q(x_1,\cdots,x_n) = Q(tx_1,\cdots,tx_n)$$

故规模弹性 ε 与 λ 的关系为:

$$\varepsilon = \frac{\mathrm{d}(t^\lambda Q)}{\mathrm{d}t} \cdot \frac{t}{t^\lambda Q} = \lambda t^{\lambda-1} Q \frac{t}{t^\lambda Q} = \lambda$$

六、论述题

【提示】考查生产要素需求曲线及其影响生产要素需求的因素。在两种或多种要素可以变动的条件下,特定要素(如劳动)的价格变动对要素(劳动)的需求会产生三种效应,分别是替代效应、产出效应和利润最大化效应。

【答案提要】

(1)如图10.30所示,VMP_1 曲线表示的是在假定产品市场是完全竞争市场的情况下,当资本量固定不变时的劳动的边际产品价值曲线。假设最初的工资率为 W_1,则厂商愿意雇用的劳动量(对劳动的需求量)为 L_1',因为 VMP_1 曲线上的 E_1 点是厂商对劳动的需求曲线上的一点,所以先假设工资率由 W_1 下降到 W_2。由于资本这种要素也可以变动,则劳动价格(工资率)的下降会产生三种厂商对劳动需求的效应:第一,替代效应。由于工资率的下降,厂商将用价格较为低廉的劳动 L 来替代资本 K,使 K/L 下降。由于在生产中使用较多的劳动和较少的资本,在可变要素的边际产量递减规律的作用下,这将使劳动的边际产量 MP 减少,表现为 VMP_1 曲线向左移动至 VMP_1' 曲线的位置。第二,产出效应。由于工资率下降,厂商可以在总成本不变的情况下增加劳动和资本的使用量进而扩大其产量。这将使劳动的 VMP 曲线向右移动。第三,利润最大化效应。替代效应和产出效应都假定总成本不变。而当工资率下降以后,由于边际要素成本降低,边际成本曲线向右移动,则使利润最大化的产量必然会增加。故厂商为了赚取最大利润,将增加总成本以买进更多的劳动和资本来扩大产量。这也将使劳动的 VMP 曲线向右移动。

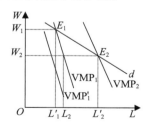

图10.30 完全竞争市场

一般说来,工资率下降后产生的产出效应和利润最大化效应使劳动的VMP曲线右移的程度要超过替代效应使劳动的VMP曲线左移的程度。所以,除非劳动是低级要素,否则工资率下降产生的上述三种效应的最终结果将使劳动的VMP曲线向右移动至图中VMP_2曲线的位置,因而与W_2相对应的厂商对劳动的需求量将是VMP_2曲线上的一点E_2所对应的L_2'。由E_1、E_2这样的均衡点所形成的轨迹d就是在产品和要素市场是完全竞争的,且劳动和资本这两种要素使用量都可以变动的条件下厂商对劳动的需求曲线。可以看出,当两种要素都可以变动时,某种特定要素价格(如劳动工资率)变动引起的这三种效应将使厂商对该要素(劳动)的需求更富有弹性。

(2)产品市场为非完全竞争市场情况下的分析思路与(1)同,可仿此论述。这里只给出图示(见图10.31)。

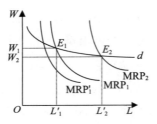

图10.31　非完全竞争市场

一般均衡与效率

★ 知识导图

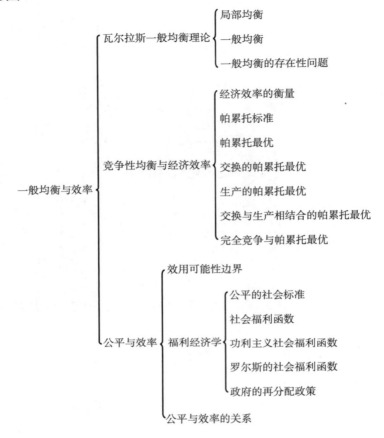

★ 学习要求

通过本章的学习,学生应当:

1.掌握局部均衡和一般均衡的概念、分析方法以及它们之间的区别与联系,能够理解并运用一般均衡的原理分析现实经济中的问题。

2.掌握瓦尔拉斯均衡及瓦尔拉斯定律的内容,能够理解瓦尔拉斯一般均衡理论模型的建立思路和瓦尔拉斯均衡的实现机制。

3.掌握帕累托标准与帕累托最优状态的基本概念,能够运用帕累托最优标准分析现实经济问题。

4.掌握契约曲线的概念,熟知并能够运用帕累托最优条件分析具体的经济问题。

5.掌握竞争性均衡与帕累托效率,能够理解帕累托最优状态与完全竞争机制的关系。

6.掌握社会福利函数,了解社会福利函数的建立依赖于价值判断。

★ 内容精要(扫描二维码,观看相关知识点微课视频)

在前面的分析中,一直采用局部均衡的分析方法来研究单个市场的均衡问题。本章所介绍的一般均衡理论将所有相互联系的市场看作一个整体加以研究,考察是否存在一个价格体系能够使所有的市场都达到均衡。

1. 局部均衡是指假定其他市场条件不变的情况下,单个产品市场或单个要素市场存在的均衡。局部均衡主要分析研究单个产品或要素市场,将该市场商品的需求和供给仅仅看成是其本身价格的函数,而其他商品的价格假定为不变,则该市场的供给和需求曲线共同决定了该市场的均衡价格与均衡产量。局部均衡理论的代表人物是马歇尔。

2. 一般均衡是指包括所有产品市场和要素市场在内的整个经济社会存在的均衡。一般均衡将所有相互联系的各个市场看成一个整体加以研究,每个商品的需求和供给不仅取决于该商品的价格,还与其他商品(替代品和互补品)的价格相关。各个商品的价格不能单独决定,必须和其他商品一起联合决定。只有当整个经济中所有商品的供给与需求相等时,市场才会达到一般均衡。一般均衡理论的代表人物是瓦尔拉斯。

3. 完全竞争市场一般均衡是指满足以下三个条件的一组价格体系:第一,在该组价格体系下,每个消费者提供自己所拥有的投入要素,并在各自的预算约束下实现效用最大化;第二,每个厂商在该组价格体系下,在给定的技术水平下决定要素的投入和产出量以最大化其利润水平;第三,在该组价格体系下,每个要素市场和产品市场上的总需求都等于总供给。此时就称该经济处于一般均衡状态。

4. 一般均衡的存在性问题是指是否存在这样的一组均衡价格,能够使得在该价格体系下所有商品的供求均相等。瓦尔拉斯试图采用联立方程组的方法来证明一般均衡的存在性,从而把一般均衡存在性的问题递归为一个包含市场供给方程与市场需求方程的方程组是否有解的问题。20世纪50年代,经济学家阿罗和德布鲁等用数学模型严格证明了一般均衡的存在条件,其研究结果为:在一些比较宽松的条件下(如消费者的偏好为凸性等),完全竞争的经济里存在一般均衡。通常,一个完全竞争经济可能有多个一般均衡状态。

5. 瓦尔拉斯的一般均衡模型:法国经济学家瓦尔拉斯最先认识到了一般均衡的重要性。他认为,存在一组价格能够使得所有市场的供给和需求都恰好相等,即存在着整个经济体系的一般均衡,并提出了一般均衡的数学模型,试图解决一般均衡的存在性问题。此外,他还认为,当消费者偏好、要素供给和生产函数为已知时,就能从数学上论证所有商品市场和要素市场可以同时达到均衡状态,在此状态下,所有商品和要素的价格与数量都有确定的量值。达到一般均衡的条件就是生产者的利润最大化和消费者的效用最大化,同时所有商品市场和要素市场上的供给与需求相等。简单的瓦尔拉斯一般均衡模型由四个方程组表示,分别是商品需求方程、要素需求方程、厂商供给方程及要素供给方程。在实际证明时可以令任何一种商品为货币,并且以该货币商品来表示其他商品和要素的价格,从而使模型的未知数数目与相互独立的方程式数目一致,满足了方程组有解的必要条件。需要注意的是其并不是充分条件,因此不一定有解。

6. 实证经济学与规范经济学。前者主要研究实际经济体系是怎样运行的,它对经济行为作出有关假设,根据假设分析和陈述经济行为及其后果,并试图对结论进行检验。概括地讲,实证经济学回答的是"是什么"的问题。后者从一定的社会价值判断标准出发,根据这些标准,对一个经济体系的运行进行评价,并进一步说明一个经济体系应当怎样运行,以及为此提出相应的经济政策。简而言之,规范经济学回答的是"应当是什么"的问题。

7. 福利经济学是一种规范经济学,它在一定的社会价值判断标准条件下,研究整个经济的资源配置与个人福利的关系,特别是市场经济体系的资源配置与福利的关系,以及与此有关的各种政策问题。福利经济学有三大社会目标:第一,最大的选择自由。选择自由是指经济领域里的选择自由。福利经济学在强调自由的同时,也指出自由是相对的。第二,最高的经济效率。在既定的资源技术和消费者偏好下,通过资源的最优配置和利用达到最高的经济效率,使个人收入实现最大化,个人欲望就能得到最大限度的满足,社会也会因此获得福利最大化。第三,公平的收入分配。在不牺牲效率的前提下实现公平的收入分配是福利经济学的重要社会目标。

8. 经济效率所衡量的是资源配置的最优化问题,如果一种经济状态达到了资源的最优化配置,我们就说这种状态是有经济效率的。

9. 帕累托标准(亦即帕累托最优状态标准)是一种判断经济效率的标准,它是指如果至少有一人认为 A 优于 B,而没有人认为 A 劣于 B,则从社会的观点来看亦有 A 优于 B。以帕累托标准来衡量,向好的状态的改变称为帕累托改进。

10. 帕累托最优状态是指如果对于某种既定的资源配置状态,所有的帕累托改进均不存在,即在该状态下,任何改变都不可能使至少有一个人的状况变好而又不使任何人的状况变坏,则称这种资源配置状态为帕累托最优状态。帕累托最优状态又称作经济效率,满足帕累托最优状态就是具有经济效率的;反之即为缺乏经济效率。

11. 帕累托最优状态所必须满足的条件被称为帕累托最优条件。它包括交换的最优条件、生产的最优条件以及交换和生产的最优条件。

12. 交换的契约曲线(或称效率曲线)是两组无差异曲线间切点的轨迹,其上各点均表示满足交换条件的交换均衡点。

13. 交换的帕累托最优条件就是要求任何两种商品对于同时使用这两种商品的任何消费者来说其边际替代率相等。在交换的埃奇沃斯盒状图中,如果某一点位于两个消费者的无差异曲线的切点上,则该点就处于帕累托最优状态。如图11.1所示,当消费者 A 和 B 的两条无差异曲线 I_{A1} 与 I_{B4} 相切于 E 点时,其边际替代率恰好相等,此时,交易双方均得到最大满足,E 点代表了帕累托最优状态。在切点上,两种商品 X 和 Y 的边际替代率相等。交换的帕累托最优条件用公式可以表示为 $\mathrm{MRS}_{XY}^{A} = \mathrm{MRS}_{XY}^{B}$。

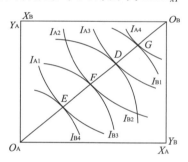

图11.1　交换的埃奇沃斯盒状图

14. 生产契约曲线为两组等产量线间切点的轨迹,其上各点均表示满足生产条件的生产效率点。

15. 生产的帕累托最优条件就是要求任何两种生产要素对于同时使用这两种生产要素进行生产的任何生产者来说其边际技术替代率相等。在生产的埃奇沃斯盒状图中,如果某一点位于两个生产者的等产量曲线的切点上,则该点就处于帕累托最优状态。如图11.2所示,当生产者 X、Y 的等产量曲线 I_{X1} 和 I_{Y4} 相切于 E 点时,对于两个生产者而言,两种要素 L、K 的边际技术替代率相等,两种要素 L、K 在生产者 X、Y 之间的分配达到了帕累托最优状态。生产的帕累托最优条件用公式可表示为 $\mathrm{MRTS}_{LK}^{X} = \mathrm{MRTS}_{LK}^{Y}$。

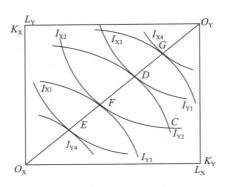

图11.2　生产的埃奇沃斯盒状图

16. 交换和生产的帕累托最优条件就是要求任何两种产品或商品之间的边际转换率与边际替代率相等。如图11.3所示，在给定的生产可能性曲线上的S点处可以建立一个交换的埃奇沃斯盒状图，并得到一条交换契约曲线$O_AE_1E_2O_B$。交换契约曲线上的任何一点都满足交换的一般均衡条件，但若要使交换和生产同时达到均衡，就必须在交换契约曲线上找到一点，使得该点的边际替代率与S点的边际转换率相等。图中的E_2点满足这个条件。在E_2点处，无差异曲线A_2、B_2相切，其公切线斜率的绝对值和S点处切线斜率的绝对值相等，从而使交换和生产同时达到帕累托最优状态。交换和生产的帕累托最优条件可用数学公式表示为$\mathrm{MRT}_{XY} = \mathrm{MRS}_{XY}$。

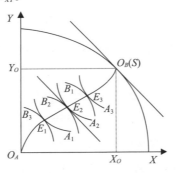

图11.3　交换和生产的帕累托最优

17. 福利经济学的两个基本定理。福利经济学的两个基本定理描述了完全竞争市场和帕累托最优的关系。福利经济学第一基本定理是指在特定条件下，完全竞争市场经济的一般均衡是帕累托最优的。它说明了完全竞争市场经济达到均衡时是有效率的。福利经济学第二基本定理是指在特定的前提条件下，每一种帕累托最优的资源配置方式都可以从适当的初始配置出发,通过完全竞争的市场均衡来实现。福利经济学第二基本定理是一种对市场机制的肯定,即若想实现某种帕累托有效的状态,可以借助市场机制再加上适当的再分配。

18. 公平和效率的关系问题。按照生产要素的贡献分配有利于提高生产效率,但人和人之间的能力与禀赋差异的客观存在必然使一部分人比另一部分人更富裕,这就产生了公平和效率的问题。人们对公平的看法主要分为以下几种:第一,平均主义。平均主义是一种朴素的公平观点,它是指社会中的所有成员得到同等数量的商品。第二,罗尔斯主义。它认为应该给予社会中处境最差的人比较大的权数,使境况最差者的效用最大化。第三,功利主义。它使社会中的所有成员的总效用最大化,倾向于要求在社会境况最好和最差的人之间有所区别。第四,市场主导的观点。此观点认为,只要市场是自由竞争的,那么市场竞争的结果往往是最公平的,那些最有能力的和工作最努力的人应该得到与其付出相等的报酬。

★ 考查重点、难点

本章主要考查有关一般均衡理论的基础知识、经济效率的判断标准以及实现经济效率的条件等问题。需重点掌握以下知识点:第一,局部均衡的概念、分析方法及其适用条件,一般均衡的概念、分析方法及其适用条件,运用一般均衡的原理分析现实经济中的问题。第二,瓦尔拉斯均衡的定义,一般均衡存在性问题。第三,经济效率、帕累托标准以及帕累托最优状态的定义。第四,契约曲线的概念,生产的帕累托最优条件、交换的帕累托最优条件以及生产和交换的帕累托最优条件的内容。第五,福利经济学第一和第二基本定理的含义,完全竞争的均衡和帕累托最优状态之间的关系。第六,公平和效率的关系。其中,帕累托最优状态的条件,以及帕累托最优状态与完全竞争机制的关系是本章考查的难点。

★ 拓展阅读(若想了解更多文献和素材,可关注微信公众号"鸿观经济")

【专家论坛】 最多数人的最大幸福

英国哲学家边沁认为,幸福或功利是可以衡量的。他进而推断改进社会的原则应该是谋求"最多数人的最大幸福"。此后,边沁的功利主义原则被广泛传播,不仅成为政治家挂在嘴边的口号,还成为老百姓默认的道德标准。

那么，"最多数人的最大幸福"究竟是指什么？我们不妨先大胆地假定边沁是对的，即幸福可以衡量、累加和比较，然后举几个特例来分析。

假设社会共有三个人，他们分别是甲、乙、丙，三人的幸福程度可表示为(2,3,4)。第一种情况，假设三个人的幸福程度将要变为(1,2,8)，其中，甲和乙的幸福减少，但丙的幸福大幅提高，并且全社会的幸福总值也提高了。这与独裁者掠夺天下的社会变革类似。幸福人数减少但幸福总量增加，这符合边沁原则吗？答案是不确定。

第二种情况，假设社会幸福程度从(2,3,4)变为(3,4,1)，即甲和乙的幸福都得到提高，但丙的幸福大幅下降，并且全社会的幸福总值也下降了。这与劫富济贫的做法类似。幸福总量减少但幸福人数增加，这符合边沁原则吗？答案还是不确定。

第三种情况，假设社会幸福程度从(2,3,4)变为(4,6,0)，即甲和乙的境况都得到了显著改善，以致全社会的幸福总值增加，但丙被赶出了社会。这与清理三无人员的做法类似。幸福总量和幸福人数都增加，但一部分人被完全忽略不计，这符合边沁原则吗？答案依旧是不确定。

有人说，这个例子太极端，边沁指的是从(2,3,4)变为(4,6,8)，即每一个人的幸福都有所增加的情况，这才符合谋求"最多数人的最大幸福"的边沁原则。但即使是这样，也还是会有人不满意。为什么？因为不公平！在这种貌似皆大欢喜的社会变革过程中，人们的幸福与否不仅建立在自己是否过得幸福上，还建立在与别人的攀比上。换言之，即使每个人的处境都得到了改善，也还是没有满足边沁原则。

【来源】薛兆丰.经济学通识(第二版).北京:北京大学出版社,2015.

【评析】人们永远只能在其他条件不变的情况下追求一个而不是多个目标的最大化。要想多快好省地搞建设，则目标之间必须有所取舍。

【专家论坛】 从明星现象看收入不公

造成贫富分化的原因有很多。就拿艺人的收入来说，在欧美音乐大赛得冠军的可以出唱片、开音乐会、做大明星，而拿不到头奖的就只能去教书，或者等有钱人开私人宴会时进行助兴表演，其收入远低于头奖得主。体育表演行业也有类似的情况。世界冠军和季军的水平往往只有毫厘之差，但他们得到的待遇可谓是天壤之别。电脑软件行业也是如此。很多技术员声称,当年国际商业机器公司的OS/2系统在技术上与微软公司的Windows系统不相上下,但微软公司在后来的竞争中逐步赢得了市场。

这些不同领域的现象都有一个共同的特点,那就是竞争者之间的水平差异很小,而收入差距却很大,赢者几乎通吃了全部收入。这是什么原因造成的?这是不是一种不公平的现象?有识之士们是否应该共同努力缩小这种巨大的收入差距?

从经济分析的角度来看,赢者通吃现象的根源在于竞争者提供的服务是公用品。所谓公用品,就是可以让许多人共同享受而不会相互排斥的物品或服务。凡是提供公用品的行业,其内部的收入分配往往会出现严重的不公。

想想两百年前的情形。那时候,每个村庄、部落或地区都有各自的歌手、乐手、名角和运动健将。因为信息不通,所以他们得以雄霸一方。但在今天,音乐技术已经完全打破了地域隔阂,人们只要支付相同的价格,就能欣赏古往今来最出类拔萃的表演。不是说其他艺术家和运动员不好,而是既然可以听最好的、看最好的,那为什么还要浪费时间呢?既然音乐表演在很大程度上已经成为公共品,那么赢者通吃现象就自然会越来越严重,因此这个行业内的收入差距急剧扩大也在所难免了。这种收入差距是自由竞争的自然结果。正是行业本身的特点决定了它会产生这样的结果。

【来源】薛兆丰.经济学通识(第二版).北京:北京大学出版社,2015.

【评析】从经济分析的角度来看,赢者通吃现象的根源在于竞争者提供的服务是公用品。

★ 例题详解

例1 判断题:局部均衡分析是对经济中所有的相互作用和相互依存关系的分析。( )

【提示】本题考查一般均衡与局部均衡的区别和联系。局部均衡分析是指在单一的孤立市场中分析经济主体的经济行为。而一般均衡分析要将所有相互联系的各个市场看成一个整体来加以研究。

【解答】错

例2 判断题:契约曲线的得名是由于它是所有可能的契约之轨迹。( )

【提示】本题考查契约曲线的概念及其经济含义。契约曲线是无差异曲线之间切点的轨迹,其上的任何一点都是交换的均衡点,它代表了帕累托最优状态。契约曲线上的任何一点均不可能再发生资源交换行为。但如果交换过程不是完全竞争的,那么交换契约很可能并不会在契约曲线上达到。因此,契约曲线上的点并不代表所有可能出现的交换契约。

【解答】错

例3 判断题:为了达到帕累托最优状态,必须使任何使用某两种投入要素的两个厂商的两种要素间的边际技术替代率相等,即使这两个厂商生产的产品很不相同。(　　)

【提示】本题考查生产的帕累托最优条件。生产的帕累托最优条件就是要求任意两种生产要素对于任何同时使用这两种生产要素进行生产的生产者来说其边际技术替代率相等。如果两个厂商在两种要素之间具有不同的边际技术替代率,那么两者之间通过要素交换就可以使每个厂商生产出更多的产品,而无需改变要素投入总量,从而实现了帕累托改进。而两个厂商生产的产品不同与此是没有关系的。

【解答】错

例4 选择题:一个社会要达到最高的经济效率,从而进入帕累托最优状态,必须(　　)。

  A. 满足交换的边际条件:$MRS_{XY}^{A} = MRS_{XY}^{B}$

  B. 满足生产的边际条件:$MRTS_{LK}^{C} = MRTS_{LK}^{D}$

  C. 满足交换和生产的边际条件:$MRT_{XY} = MRS_{XY}$

  D. 同时满足上述三个条件

【提示】本题考查帕累托最优条件。帕累托最优条件包括交换的边际条件、生产的边际条件以及交换和生产的边际条件。

【解答】D

例5 选择题:如果有 A 和 B 两个消费者,对于消费者 A 来说,以商品 X 替代商品 Y 的边际替代率为3,对于消费者 B 来说,以商品 X 替代商品 Y 的边际替代率为2,那么 A 和 B 之间会发生的交换情况是(　　)。

  A. A 用 X 和 B 交换 Y B. A 用 Y 和 B 交换 X

  C. A 与 B 之间不进行交换   D. 以上均不正确

【提示】本题考查交换的帕累托最优条件。A 的边际替代率为3意味着如果 A 以低于3单位的 Y 来获得1单位的 X,就会增加他的个人福利;B 的边际替代率为2意味着如果 B 以1单位的 X 获得超过2单位的 Y,就增加了他的个人福利。因此,只要

1单位的 X 以高于2且低于3的比例来和 Y 交换,A和B的福利就都会增加,可见,这样的交换对双方都有利。

【解答】B

例6 简答题:简述瓦尔拉斯的一般均衡。

【提示】本题考查对瓦尔拉斯一般均衡模型的理解。

【解答】法国经济学家瓦尔拉斯最先认识到了一般均衡的重要性。他认为存在一组价格能够使得所有市场的供给和需求都恰好相等。当消费者偏好、要素供给和生产函数为已知时,就能从数学上论证所有商品市场和要素市场可以同时达到均衡状态,在此状态下,所有商品和要素的价格与数量都有确定的量值。达到一般均衡的条件就是生产者的利润最大化和消费者的效用最大化,同时所有商品市场和要素市场上的供给与需求相等。

例7 简答题:简述经济效率与帕累托最优状态之间的关系。

【提示】本题考查经济效率与帕累托最优的概念及两者之间的相互联系。

【解答】

(1)经济效率所衡量的是资源配置的最优化问题,如果一种经济状态达到了资源的最优化配置,那我们就可以说这种状态是有经济效率的。

(2)帕累托最优状态是指如果对于某种既定的资源配置状态,所有的帕累托改进均不存在,即在该状态上,任意改变都不可能使至少有一个人的状况变好而又不使任何人的状况变坏,则称这种资源配置状态为帕累托最优状态。

(3)经济资源利用的有效程度必须根据生产者生产出的产品使消费者得到的满足程度或效用来判断。只要生产要素的配置或组合所生产出的不同产品能给消费者带来一定程度的满足,就表明社会已具有了经济效率。如果生产要素重新配置后所生产的不同产品的产量能使消费者得到更大程度的满足,那么与过去的状态相比,这种生产要素的重新配置将具有更高的经济效率。如果生产要素的配置所达到的各种产量能使消费者得到最大满足,而任何生产要素的更新组合都只能使消费者的满足程度下降,那就表明社会已经处于最有经济效率的状态,亦即达到了帕累托最优状态。

例8 简答题:试从边际效用的角度分析收入再分配的福利含义。

【提示】本题考查对福利及检验社会福利的标准的理解。

【解答】

(1)西方经济理论认为,福利是由效用构成的。英国经济学家庇古指出,所谓福利,指的是一个人获得的效用或感受到的满足。因此,人们追求的是最大限度的满足,也就是最大限度的效用。效用可以用货币来计量,所以对于个人福利,可以通过单位商品的价格及其变动来计算效用的大小和增减,并用效用的大小和增减来表示福利的多少与福利的增减。

(2)一国的经济福利是社会中每个人的福利的总和,而每个人的经济福利又由其所得到的物品的效用构成,因此,根据边际效用递减规律可以得出:货币对于不同收入的人而言有不同的效用。货币收入越多则货币的边际效用越小,同一数额的货币在富人手中的效用较小,而在穷人手中的效用较大。所以,如果把富人的一部分货币收入转移给穷人,就将会增加效用的总和,从而增加一国的经济福利总量。如果向富人征收累进所得税,并通过社会福利津贴等措施把这些收入再分配给穷人,那么社会的福利总和就会增加。

例9 论述题:假设一个经济原来处于全面均衡状态,如果某种原因使得商品 A 的市场供给量减少,那么,

(1) A 商品的替代品市场和互补品市场会有什么变化?

(2)在生产要素市场上会有什么变化?

(3)收入分配会有什么变化?

【提示】本题考查对一般均衡分析方法的简单应用。通过局部均衡的分析来推出一般均衡的结论,答题时应注意从一般均衡的角度来考虑。

【解答】

(1)如果 A 商品的市场供给减少,那么根据局部均衡的分析,供给量 Q 会减少,并且其价格 P 上升。由于在实际生活中,各个部门、各个市场是相互依存、相互制约的, A 商品市场的变化会对经济的其余部分产生影响,这种影响越大,就越不适用局部均衡分析。因此,需采用一般均衡的分析方法来考察 A 商品市场的变化与经济其他部门的相互影响。由于 A 商品的价格上升,人们会增加对其替代商品的需求,从而替代商品的价格和数量将上升;同时人们会减少对 A 商品互补品的需求,从而其互补品的价格和数量将下降(如果是正常商品的话)。

(2)商品市场的上述变化也会影响生产要素市场,由于 A 商品价格的上升,人们减少了对 A 商品的需求,同时也减少了对 A 商品互补品的需求。因此,对生产 A 商品及其互补品的生产要素的需求减少,这也导致生产 A 商品及其互补品的生产要素的价格和数量下降。同时,对 A 商品的替代品的需求增加,从而引起对生产 A 商品的替代品的生产要素的需求增加,因此用于生产 A 商品的替代品的生产要素的价格和数

量上升。

（3）基于（2）中所述的变化，可推知不同生产要素的收入的分配也会发生变化。商品 A 及其互补品的投入要素的所有者因对其要素的需求减少，其收入便会随要素价格的下降而减少。对于商品 A 的替代品，其投入要素的所有者因对其要素的需求增加，其收入便会随要素价格的上升而增加。而这些变化又或多或少地影响了所有最终商品的需求，这样来看，所有生产要素的派生需求都会受到影响。这一过程会一直持续到所有的商品市场和生产要素市场又同时回到稳定为止，经济会再一次进入全面均衡状态。

例 10 论述题：怎样理解完全竞争的市场机制符合帕累托最优状态？

【提示】本题考查帕累托最优状态与一般均衡之间的关系。应正确理解帕累托最优状态及其必要条件。

【解答】

（1）由福利经济学第一基本定理可知，在特定条件下，完全竞争市场经济的一般均衡是帕累托最优的，它说明完全竞争市场经济在达到均衡时是有效率的。

（2）帕累托最优条件表述如下：

①交换的最优条件：任何两种产品的边际替代率对所有的消费者来说都相等。用公式可表示为 $MRS_{XY}^{A} = MRS_{XY}^{B}$，其，中 X 和 Y 表示任意两种产品，A 和 B 表示任意两个消费者。

②生产的最优条件：任何两种要素的边际技术替代率对所有生产者来说都相等。用公式可表示为 $MRTS_{LK}^{C} = MRTS_{LK}^{D}$，其中，$L$ 和 K 表示任意两种要素，C 和 D 表示任意两个生产者。

③生产和交换的最优条件：任何两种产品的边际转换率等于它们的边际替代率，用公式可表示为 $MRT_{XY} = MRS_{XY}$。

当上述三个边际条件均得到满足时，就可以说整个经济达到了帕累托最优状态。

（3）完全竞争市场经济在一些假定条件下存在着一般均衡状态，即存在一组价格能够使得所有商品的需求和供给都恰好相等。设这一组均衡价格为 P_X、P_Y、…、P_L、P_k、…，其中：P_X、P_Y、… 分别表示商品 X、Y、… 的均衡价格；P_L、P_K、… 分别表示要素 L、K、… 的价格。在完全竞争条件下，每个消费者和每个生产者均是价格的接受者，他们将在既定的价格条件下来追求和实现自己的效用最大化与利润最大化。第一，消费者的情况。对于任意一个消费者，如消费者 A 在

完全竞争市场经济中的效用最大化条件是对该消费者来说,任意两种商品的边际替代率等于这两种商品的价格比率,即有 $\mathrm{MRS}_{XY}^{A} = \dfrac{P_X}{P_Y}$。同样,对消费者 B 而言也有 $\mathrm{MRS}_{XY}^{B} = \dfrac{P_X}{P_Y}$,因此 $\mathrm{MRS}_{XY}^{A} = \mathrm{MRS}_{XY}^{B}$,即在完全竞争市场经济中,产品的均衡价格实现了交换的帕累托最优状态。第二,生产者的情况。在完全竞争市场经济中,对于任意两个生产者,如生产者 C 和 D,两者实现的利润最大化的条件之一就是任意两种要素的边际技术替代率等于这两种要素的价格比率,即有 $\mathrm{MRTS}_{LK}^{C} = \dfrac{P_L}{P_K} = \mathrm{MRTS}_{LK}^{D}$。因此,在完全竞争市场经济中,要素的均衡价格实现了生产的帕累托最优状态。第三,生产者和消费者相结合的情况。$\mathrm{MRT}_{XY} = \left| \dfrac{\Delta Y}{\Delta X} \right| = \left| \dfrac{\mathrm{MC}_X}{\mathrm{MC}_Y} \right|$,由于在完全竞争中,生产者利润最大化的条件是产品的价格等于其边际成本,于是有 $\mathrm{MRT}_{XY} = \dfrac{P_X}{P_Y} = \mathrm{MRS}_{XY}$,其中 MRS_{XY} 表示消费者共同的边际替代率。因此,在完全竞争市场经济中,商品的均衡价格实现了生产和交换的帕累托最优状态。

(4)综上所述,在完全竞争条件下的一般均衡达到了帕累托最优状态。但完全竞争符合帕累托最优标准表明的含义受到严格的完全竞争市场的假设条件的限制。在现实经济中,任何一个条件被破坏都将引起帕累托效率的损失。

例 11 计算题:假设在一个岛屿上居住着两个部落(西方人部落和东方人部落),他们分别住在该岛的两端,每年只在年市上互相见面,两部落与外界都没有任何联系。他们靠种植甘薯和捕捉野猪维生,甘薯和野猪都被储存起来以供整年消费。在年市上,甘薯和野猪都在完全竞争的市场条件下进行物物交易。该岛共有 1000 户西方人家庭和 2000 户东方人家庭,每户西方人家庭每年捕捉 30 只野猪并生产 200 袋甘薯,每户东方人家庭每年捕捉 25 只野猪并生产 300 袋甘薯。每户西方人家庭和东方人家庭的效用函数分别为 $u_w = X_w^{0.5}Y_w^{0.5}$,$u_e = X_e^{0.75}Y_e^{0.25}$,其中,$X_w$ 和 X_e 分别为每户西方人家庭和东方人家庭的野猪年消费只数,Y_w 和 Y_e 分别为两者的甘薯年消费袋数。试问当在年市上达到均衡状态时,

(1)一只野猪应该与多少袋甘薯相交换?

(2)每户西方人家庭的野猪和甘薯年消费量各为多少?

(3)每户东方人家庭的野猪和甘薯年消费量各为多少?

【提示】考查学生对瓦尔拉斯定律和一般均衡状态的理解。

【解答】令每袋甘薯的价格为1,每只野猪的价格为P。于是每户西方人家庭的收入约束为:

$$PX_w + Y_w = 30P + 200 \tag{11.1}$$

每户东方人家庭的收入约束为:

$$PX_e + Y_e = 25P + 300 \tag{11.2}$$

野猪、甘薯的总量约束分别为:

$$1000X_w + 2000X_e = 1000 \times 30 + 2000 \times 25 = 80000 \tag{11.3}$$

$$1000Y_w + 2000Y_e = 1000 \times 200 + 2000 \times 300 = 800000 \tag{11.4}$$

由效用函数及$\mathrm{MRS}_{XY} = P$可得:

$$\frac{0.5X_w^{-0.5}Y_w^{0.5}}{0.5X_w^{0.5}Y_w^{-0.5}} = \frac{Y_w}{X_w}$$

$$Y_w = PX_w \tag{11.5}$$

$$\frac{0.75X_e^{-0.25}Y_e^{0.25}}{0.25X_e^{0.75}Y_e^{-0.75}} = \frac{3Y_e}{X_e} = P$$

$$Y_e = \frac{PX_e}{3} \tag{11.6}$$

将式(11.5)代入式(11.1),得$2PX_w = 30P + 200$,

故有:

$$P\left(2X_w - 30\right) = 200 \tag{11.7}$$

将式(11.6)代入式(11.2),得$\frac{4}{3}PX_e = 25P + 300$,

故有:

$$P\left(4X_e - 75\right) = 900 \tag{11.8}$$

由式(11.3)可得$X_w = 80 - 2X_e$,

将式(11.3)代入式(11.7),可得:

$$P\left(130 - 4X_e\right) = 200 \tag{11.9}$$

根据式(11.8)和式(11.9),可解得$X_e = 30$,

将$X_e = 30$代入式(11.8),解得$P = \frac{900}{45} = 20$,

将$P = 20$代入式(11.7),解得$X_w = \frac{10 + 30}{2} = 20$,

将$P = 20, X_w = 20$代入式(11.5),可得$Y_w = 20 \times 20 = 400$,

将$P = 20, X_e = 30$代入式(11.6),可得$Y_e = \frac{20 \times 30}{3} = 200$,

于是,有:

(1)$P = 20$,即均衡时1只野猪应该与20袋甘薯相交换。

(2)$X_w = 20$,$Y_w = 400$,即每户西方人家庭每年消费野猪20只和甘薯400袋。

(3)$X_e = 30$,$Y_e = 200$,即每户东方人家庭每年消费野猪30只和甘薯200袋。

例12　计算题:一封闭经济用两种生产要素(土地K和劳动L),生产两种商品(X和Y)。所有土地都是同质的,劳动也一样;两种要素的供给曲线完全无弹性;所有要素为私有,市场均属于完全竞争市场,并处于长期均衡中。生产函数为:$X = 48^{0.25}K_X^{0.75}L_X^{0.25}$,$Y = 3^{0.25}K_Y^{0.25}L_Y^{0.75}$。其中,$X$和$Y$分别表示为两种商品的年产出单位数,$K_X$和$K_Y$分别表示两种商品生产中雇用的劳动人数。所有人都具有相同的效用函数,即$U = X^{0.5}Y^{0.5}$。

现有324平方公里的土地,2500名工人,商品X的价格为100。试计算下列均衡值:

(1)商品Y的价格。

(2)每平方公里土地的年租金R。

(3)每个工人的年工资W。

【提示】解答时需利用市场均衡条件,同时要考虑要素市场均衡和产品市场均衡。

【解答】要素市场均衡要求$W = \mathrm{VMP}_L = P \times \mathrm{MP}_L$,故有:

$$P_X \cdot \mathrm{MP}_L^X = 0.25P_X \cdot 48^{0.25}K_X^{0.75}L_X^{-0.75} = 0.25P_X\left(\frac{48^{0.25}K_X^{0.75}L_X^{0.25}}{L_X}\right) = W$$

可得$0.25 \times \dfrac{P_X X}{L_X} = W$,

同理,根据$P_Y \cdot \mathrm{MP}_L^Y = 0.75P_Y \cdot 3^{0.25}K_Y^{0.25}L_Y^{-0.25} = 0.75P_Y\left(\dfrac{3^{0.25}K_Y^{0.25}L_Y^{0.75}}{L_Y}\right) = W$,

可得$0.75 \times \dfrac{P_Y Y}{L_Y} = W$,

于是有$0.25 \times \dfrac{P_X X}{L_X} = 0.75\dfrac{P_Y Y}{L_Y}$,整理后可得:

$$L_Y P_X X = 3L_X P_Y Y \tag{11.10}$$

同样,由$\mathrm{VMP}_K = P \cdot \mathrm{MP}_K = R$可得:

$$P_X \cdot \mathrm{MP}_K^X = 0.75P_X\left(\frac{48^{0.25}K_X^{0.75}L_X^{0.25}}{K_X}\right) = R$$

故有 $0.75 \times \dfrac{P_X X}{K_X} = R$,

同理, 根据 $P_Y \cdot \mathrm{MP}_K^Y = 0.25 P_Y \left(\dfrac{3^{0.25} K_Y^{0.25} L_Y^{0.75}}{K_Y} \right) = R$,

可得 $0.25 \times \dfrac{P_Y Y}{K_Y} = R$,

于是有 $0.75 \times \dfrac{P_X X}{K_X} = 0.25 \times \dfrac{P_Y Y}{K_Y}$, 整理后可得:

$$3 K_Y P_X X = K_X P_Y Y \tag{11.11}$$

由效用函数及 $\mathrm{MRS}_{XY} = \dfrac{P_X}{P_Y}$ 可得:

$$\frac{0.5 X^{-0.5} Y^{0.5}}{0.5 X^{0.5} Y^{-0.5}} = \frac{Y}{X} = \frac{P_X}{P_Y}$$

故有:

$$P_X X = P_Y Y \tag{11.12}$$

将式(11.12)代入式(11.10)和式(11.11), 可得 $L_Y = 3 L_X, K_X = 3 K_Y$,

由题设可知 $L_X + L_Y = 2500$,

故有 $L_X = \dfrac{2500}{4} = 625, L_Y = 1875$,

同样, 由 $K_X + K_Y = 324$ 可知 $K_X = \dfrac{3}{4} \times 324 = 243, K_Y = 81$,

将这些值代入生产函数, 可得:

$$X = 48^{0.25} \times 243^{0.75} \times 625^{0.25} = 2 \times 3^4 \times 5 = 810$$

$$Y = 3^{0.25} \times 81^{0.25} \times 1875^{0.75} = 3^{0.25} \times (3^4)^{0.25} \times (5^4 \times 3)^{0.75} = 1125$$

(1)由式(11.12)及给定的 $P_X = 100$ 可得 $P_Y = \dfrac{P_X X}{Y} = 72$。

(2)综上可知 $R = 0.75 \times \dfrac{P_X X}{K_X} = 0.75 \times \dfrac{100 \times 810}{243} = 250$。

(3)综上可知 $W = 0.25 \times \dfrac{P_X X}{L_X} = 0.25 \times \dfrac{100 \times 810}{625} = 32.4$。

▶▶ 单元习题 ▶ ⋯⋯⋯⋯⋯⋯⋯⋯⋯⋯⋯⋯⋯⋯⋯⋯⋯⋯⋯⋯⋯⋯⋯⋯⋯⋯⋯⋯⋯

一、名词解释

1. 局部均衡

2.一般均衡

3.瓦尔拉斯均衡

4.福利经济学

5.经济效率

6.帕累托最优状态

7.契约曲线

8.生产可能性曲线

9.福利经济学第一基本定理

10.福利经济学第二基本定理

二、判断题

1.研究市场之间相互作用的分析被称为局部均衡分析。 （　　）

2.在经济处于全面均衡状态时,某种商品供给量的增加将导致其替代品的价格上升。 （　　）

3.若社会上存在 n 种物品,如果前 $n-1$ 种物品的市场已处于均衡,那么第 n 种物品的市场必然处于均衡。 （　　）

4.契约曲线显示了所有可以进行贸易的点。 （　　）

5.为了达到帕累托最优,必须使任何只消费两种商品的消费者所消费的这两种产品之间的边际替代率相等。 （　　）

6.如果两种商品之间的边际转换率不是对所有消费这两种商品的消费者来说都等于消费者在它们之间的边际替代率,那么这两种商品中至少有一种不是有效生产出来的。 （　　）

7.从埃奇沃斯盒状图中的某一初始禀赋开始,如果通过讨价还价达到的自由交易契约是符合帕累托最优状态所要求的,那么该交换契约可以位于契约曲线的任何地方。 （　　）

8.资源配置如果无法做到在改善某些人的福利的同时又不损害其他人的福利,那么从经济学意义上看这个资源配置就是有效的。 （　　）

9.对福利最大化来说,完全竞争的长期一般均衡既是必要的,又是充分的。
（　　）

三、选择题

1.局部均衡的分析方法适合估计（　　　）变化的影响,但不适合估计（　　　）变化的影响。

  A.酒类税,公司所得税   B.酒类税,香烟税

  C.公司所得税,酒类税   D.公司所得税,香烟税

2.完全竞争市场的一般均衡是指满足以下哪一项条件的一组价格体系?( )

  A.市场上的每个消费者都追求效用最大化

  B.市场上的每个厂商都追求利润最大化

  C.所有商品市场上的总需求都等于总供给

  D.以上都是

3.如果有关的商品是互补品,局部均衡分析会( )税收的效用。

  A.低估   B.高估

  C.正确估计   D.以上三种均有可能

4.假定存在一个经济,其中只有 X 和 Y 两种商品,L 和 K 两种生产要素,那么要想达到生产的全面均衡,需要满足的条件是( )。

  A.$MRTS_{LK}^{X} = MRTS_{LK}^{Y}$ B.$MRTS_{LK} = P_L/P_K$

  C.$MRTS_{LK} = MRS_{XY}$ D.$MRS_{XY} = MRT_{XY}$

5.生产可能性曲线是从下列哪条曲线中推导出来的?( )

  A.无差异曲线   B.社会福利曲线

  C.生产契约曲线   D.消费约束曲线

6.下列哪一项不能由帕累托效率引出?( )

  A.交换的效率   B.生产的效率

  C.产品组合效率   D.所有人平等地分享收入

7.假定对于红茶和咖啡,A更喜欢红茶,B更喜欢咖啡,两种饮料的价格对两人来说是相同的,则在效用最大化时,( )。

  A.A的红茶对咖啡的边际替代率比B大

  B.B将消费比他所拥有的更多的咖啡

  C.两人的边际替代率相等

  D.上述说法都不正确

8.如果资源配置是帕累托有效的,那么( )。

  A.收入分配是公平的

  B.存在一种重新配置资源的途径,能够使每个人的境况变好

  C.存在一种重新配置资源的途径,能够使一些人的境况变好而又不使其他
   人的境况变坏

D. 不存在一种重新配置资源的途径,能够在使得一些人的境况变好的同时而又不使其他人的境况变坏

四、简答题

1. 简述一般均衡分析和局部均衡分析的区别。
2. 简述庇古福利经济学的基本内容。

五、计算题

1. 假设一个经济社会由谷物、钢铁、运输三个产业组成,每一个产业都会将别的产业的产品作为投入要素,其技术系数(表示生产每一种产品的一个单位所需要的各种投入要素的数量)由表11.1给出(以价值量元表示)。

表11.1 三个产业的技术系数

生产要素的类型	产品的类型		
	谷物	钢铁	运输
谷物	0.25	0.26	0.07
钢铁	0.25	0.13	0.20
运输	0.08	0.10	0.07
劳动力	0.42	0.51	0.66
总计	1.00	1.00	1.00

(1) 假设消费者的消费目标为400万元的谷物、600万元的钢铁和500万元的运输,那么各行业应该生产多少才能保证既满足各行业生产过程中的需求,又满足消费者的最终消费需求?

(2) 该经济社会里需要有多少劳动力供给才能保证消费者最终消费目标的实现?

2. 假设一个经济中除一个生产者外,其余均满足帕累托最优条件。该生产者既是其产出市场的完全垄断者,又是用于生产该产出品的唯一投入要素的完全垄断购买者。他的生产函数为 $q = 0.5x$,产出的反需求函数为 $p = 100 - 2q$,投入要素的供给函数为 $r = 2 + x$。试求:

(1) 该生产者在利润最大化时的 q、x、p 及 r 的值。

(2) 该生产者满足帕累托最优条件时的 q、x、p 及 r 的值。

六、论述题

1.试述一般均衡理论。

2.一个经济在最初处于长期的完全竞争状态,对该经济作如下假设:第一,只有 L 和 K 两种生产要素作为投入;第二,只生产 A 和 B 两种商品,并且 A 和 B 互为替代品;第三,A 行业为劳动密集型行业,B 行业为资本密集型行业;第四,A 行业和 B 行业都是成本递增行业。那么,

(1)如果对 A 商品的需求增加的话,会有哪些影响?(按照局部均衡的观点分析)

(2)B 商品的市场会发生什么样的变化?

(3)对于资本和劳动来说,会发生什么样的变化?

(4)资本和劳动市场又是如何反过来影响整个经济的?

参考答案

一、名词解释

1.局部均衡:是指假定其他市场条件不变的情况下单个产品市场或单个要素市场存在的均衡。

2.一般均衡:是指包括所有产品市场和要素市场在内的整个经济社会存在的均衡。

3.瓦尔拉斯均衡:是指如果存在一个价格向量,在此价格向量下,各个市场的供求都相等,则该价格向量即为一个瓦尔拉斯均衡。

4.福利经济学:是一种规范经济学,它在一定的社会价值判断标准条件下,研究整个经济的资源配置与个人福利的关系,特别是市场经济体系的资源配置与福利的关系,以及与此有关的各种政策问题。

5.经济效率:其所衡量的是资源配置的最优化问题,如果一种经济状态达到了资源的最优化配置,我们就可以说这种状态是有经济效率的。

6.帕累托最优状态:是指如果对于某种既定的资源配置状态,所有的帕累托改

进均不存在,即在该状态下,任何改变都不可能使至少有一个人的状况变好而又不使任何人的状况变坏,则称这种资源配置状态为帕累托最优状态。

7. 契约曲线:可以分为消费者的契约曲线和生产者的契约曲线。消费者的契约曲线是指在埃奇沃斯盒状图中不同消费者的无差异曲线切点的轨迹。生产者的契约曲线是指在埃奇沃斯盒状图中不同生产者的等产量线切点的轨迹。

8. 生产可能性曲线:将生产契约曲线转换到以商品为坐标量的平面直角图上便可得到转换曲线,亦即生产可能性曲线。

9. 福利经济学第一基本定理:是指在特定的条件下,完全竞争市场经济的一般均衡是帕累托最优的,它说明完全竞争市场经济在达到均衡时是有效率的。

10. 福利经济学第二基本定理:是指在特定的前提条件下,每一种帕累托最优的资源配置方式都可以从适当的初始配置出发,通过完全竞争的市场均衡来实现。

二、判断题

1. 错
【提示】考查局部均衡和一般均衡之间的关系。应正确理解与区分这两个相关概念。

2. 错
【提示】考查对一般均衡机制的理解。应掌握一般均衡的分析方法。

3. 对
【提示】考查瓦尔拉斯定律的概念。应同时加强对一般均衡状态的理解。

4. 错
【提示】考查契约曲线的经济含义。契约曲线是无差异曲线之间切点的轨迹,其上的任何一点都是交换的均衡点,是帕累托最适度契约。因此,契约曲线显示了所有不可能进行互利贸易的配置点。

5. 对
【提示】考查交换的帕累托最优条件。

6. 错
【提示】考查对帕累托最优状态的正确理解。该经济完全可能位于其转换曲线或生产可能性曲线上,因而所有的生产有效性条件都满足了。如果边际转换率不等于边际替代率,那么通过产品产量的不同组合,能够形成一个帕累托改进。虽然这些生产出来的产品的产量以帕累托最优状态来衡量是"错误"的,但它们仍然是有效生产出来的。

7. 错

【提示】考查对帕累托最优状态的理解。在初始禀赋点上,交换双方必定有各自的无差异曲线。任何一方都不可能同意进行结果是使自己位于比初始禀赋点所在的无差异曲线更低的无差异曲线上的那种交易。因此,对交换双方来说,只有那段位于或高于原先所在的无差异曲线的契约曲线才是通过自由交换可能达到的交换契约所在。

8. 对

【提示】考查帕累托最优状态和经济效率的概念以及它们之间的联系。如果对于某种既定的资源配置状态,所有的帕累托改进均不存在,即在该状态下,任何改变都不可能使至少有一个人的状况变好而又不使任何人的状况变坏,则称这种资源配置状态为帕累托最优状态。帕累托最优状态又称作经济效率,满足帕累托最优状态就是具有经济效率的。

9. 错

【提示】考查一般均衡与福利最大化的关系。在长期均衡中完全竞争的确达到了帕累托最优状态,因为完全竞争的市场结构在长期能满足帕累托最优的三个条件。但是完全竞争的长期均衡对帕累托最优来说并非必要的,因为在计划经济中,满足所有的帕累托最优条件是可能的。虽然完全竞争对于帕累托最优而言是充分条件,但它对福利最大化来说并不充分,因为均衡状态有可能在收入分配方面很不公平,而福利最大化必须兼顾生产效率和收入分配两个方面。

三、选择题

1. A

【提示】考查一般均衡的分析方法及局部均衡的分析方法的区别与联系。

2. D

【提示】考查一般均衡实现的前提条件。

3. B

【提示】考查对一般均衡分析方法的简单应用。

4. A

【提示】本题考查生产均衡的条件。其中选项 B 是局部均衡解,只是考虑了 X、Y 两种商品的单独均衡,不是一般均衡解。而选项 D 是交换和生产的均衡条件。

5. C

【提示】考查生产可能性曲线的概念。

6. D

【提示】考查帕累托最优条件。

7. C

【提示】考查效用最大化时满足的条件。当消费者实现效用最大化时,其对两种商品的边际替代率应当等于这两种商品的价格之比。因为咖啡和红茶的价格对于 A、B 两人来说相等,所以两人的边际替代率也是相等的。

8. D

【提示】考查帕累托最优的含义。

四、简答题

1.【提示】考查对一般均衡与局部均衡的理解。

【解答】

(1)一般均衡分析是将所有相互联系的各个市场看成一个整体加以研究,每个商品的需求和供给不仅仅取决于该商品的价格,还与其他商品(替代品和互补品)的价格相关。各个商品的价格不能单独决定,必须和其他商品一起联合决定,只有当整个经济中所有商品的供给与需求相等时,市场才会达到一般均衡。

(2)局部均衡分析主要研究单个产品或要素市场,并将该市场商品的需求和供给仅仅看成是其本身价格的函数,而其他市场商品的价格则假定为不变,这样来看,该市场的供给和需求曲线共同决定了该市场的均衡价格与均衡产量。

(3)如果一种商品的价格变动与其他商品的价格变动之间的相互影响较小,就比较适合采用局部均衡分析方法。局部均衡分析方法也可应用于分析个别商品的价格决定。如果某一市场的商品价格受其他商品价格的影响较大,那么就应当采用一般均衡分析的方法。

2.【提示】考查庇古的福利经济学的两个基本命题。

【解答】

（1）庇古的福利经济理论被称为旧福利经济学，它建立在基数效用论的基础之上，包含两个基本命题。第一，国民收入总量越大，社会经济福利就越大；第二，国民收入分配越是均等，社会经济福利就越大。

（2）庇古通过论证说明生产资源实现最适度配置所需要具备的条件是：任何一种生产资源在其所有用途的最后那个单位提供的社会纯产值，亦即边际社会纯产值相等。而国民收入实现最优分配意味着国家采取措施使得富人货币收入的边际效用等于穷人货币收入的边际效用，亦即所有社会成员货币收入的边际效用相等，因而要实现收入均等化。

（3）其所依据的是基数效用论，而一些西方经济学家认为不同商品和服务的效用不能用基数来衡量，因此庇古的福利经济学受到了批评。

五、计算题

【提示】本题是投入—产出分析法描述经济的一般均衡的简单应用，考查学生对一般均衡含义的理解及投入—产出分析法的掌握情况。

【解答】

（1）假设 C、S、T 分别表示谷物部门、钢铁部门和运输部门所必须生产的价值量。为了保证谷物部门的产品既能满足各部门生产过程中的需要，又能满足消费者的消费需求，需有下列等式成立：

$$C = 0.25C + 0.26S + 0.07T + 400 \tag{11.13}$$

为了保证钢铁部门的产品既能满足生产过程中的需要，又能满足消费者的消费需求，需有下列等式成立：

$$S = 0.25C + 0.13S + 0.20T + 600 \tag{11.14}$$

为了保证运输部门的产品既能满足生产过程中的需要，又能满足消费者的消费需求，须有下列等式成立：

$$T = 0.08C + 0.10S + 0.07T + 500 \tag{11.15}$$

联立式（11.13）、式（11.14）、式（11.15）求 C、S、T，

由式（11.13）可得：

$$0.75C - 0.26S - 0.07T = 400 \tag{11.16}$$

由式(11.14)可得:

$$-0.25C + 0.87S - 0.20T = 600 \qquad (11.17)$$

由式(11.15)可得:

$$-0.08C - 0.10S + 0.93T = 500 \qquad (11.18)$$

以克莱姆法则求解由式(11.16)、式(11.17)、式(11.18)组成的方程组:

$$D = \begin{vmatrix} 0.75 & -0.26 & -0.07 \\ -0.25 & 0.87 & -0.20 \\ -0.08 & -0.10 & 0.93 \end{vmatrix}$$

$$\approx 0.607 - 0.004 - 0.002 - 0.005 - 0.015 - 0.006$$

$$\approx 0.521$$

$$D_c = \begin{vmatrix} 400 & -0.26 & -0.07 \\ 600 & 0.87 & -0.20 \\ 500 & -0.10 & 0.93 \end{vmatrix}$$

$$\approx 323.64 + 26 + 4.2 + 30.45 - 8 + 145.08$$

$$\approx 521.37$$

$$D_s = \begin{vmatrix} 0.75 & 400 & -0.07 \\ -0.25 & 600 & -0.20 \\ -0.08 & 500 & 0.93 \end{vmatrix}$$

$$\approx 418.5 + 6.4 + 8.75 - 3.36 + 75 + 93$$

$$\approx 598.29$$

$$D_T = \begin{vmatrix} 0.75 & -0.26 & 400 \\ -0.25 & 0.87 & 600 \\ -0.08 & -0.10 & 500 \end{vmatrix}$$

$$\approx 326.25 + 12.48 + 10 + 27.84 + 45 - 32.5$$

$$\approx 389.07$$

于是有:

$$C = \frac{D_c}{D} \approx 1000.7(万元)$$

$$S = \frac{D_s}{D} \approx 1148.3(万元)$$

$$T = \frac{D_T}{D} \approx 746.8(万元)$$

所以,要想既能满足谷物、钢铁和运输部门生产过程中的需要,又能达到消费者对400万元谷物、600万元钢铁和500万元运输的消费目标,那么谷物部门必须生产1000.7万元的谷物,钢铁部门必须生产1148.3万元的钢铁,运输部门必须实现746.8

万元的运输。

（2）由表11.1及（1）的结果，为实现这些产值目标必须投入的劳动力价值为：

$$L = 0.42C + 0.51S + 0.66T$$

$$= 0.42 \times 1000.7 + 0.51 \times 1148.3 + 0.66 \times 746.8$$

$$\approx 420.29 + 585.63 + 492.89$$

$$\approx 1498.8（万元）$$

因而该经济社会需要提供1498.8万元的劳动力才能满足上述要求。

2.【提示】本题考查对帕累托最优条件的理解。第一问仍然是前面关于利润最大化的问题，解答时无须考虑一般均衡；第二问考查帕累托最优条件在一个具体问题中的应用。

【解答】

（1）由题设可知，该生产者的利润函数为：

$$\pi = \text{TR} - \text{TC}$$

$$= pq - rx$$

$$= \left(100 - 2q\right)q - \left(2 + x\right)x$$

$$= 100q - 2q^2 - 4q - 4q^2$$

$$= 96q - 6q^2$$

为使其利润最大化，取利润函数的一阶导数并令其为零，则有：

$$\frac{\mathrm{d}\pi}{\mathrm{d}q} = 96 - 12q = 0$$

于是有 $q = 8, x = 2q = 16, r = 2 + x = 18, p = 100 - 2q = 84$。

（2）若该垄断生产者满足帕累托最优条件，则意味着 $\text{MPP} = \frac{r}{p}$，即

$$p = \frac{r}{\text{MPP}} = \text{MC}$$

又因为 $\text{TC} = rx = 2rq$，

则有：

$$\text{MC} = \frac{\mathrm{d}\text{TC}}{\mathrm{d}q} = 4 + 8q$$

而 $\text{MC} = p$，

所以有：

$$4 + 8q = 100 - 2q$$

解得 $q = 9.6, x = 2q = 19.2, p = 100 - 2q = 80.8, r = 2 + x = 21.2$。

六、论述题

1.【提示】本题是关于一般均衡理论的综合论述题。对于一般均衡的理解是本章的重点与难点,应全面而准确地掌握它的概念、运行机制以及实现条件。

【答案提要】

(1)一般均衡是指包括所有产品市场和要素市场在内的整个经济社会存在的均衡。一般均衡将所有相互联系的各个市场看成一个整体加以研究,每个商品的需求和供给不仅取决于该商品的价格,还与其他商品(替代品和互补品)的价格相关。各个商品的价格不能单独决定,必须和其他商品一起联合决定。只有当整个经济中所有商品的供给与需求相等时,市场才会达到一般均衡。一般均衡分析就是讨论在影响某个市场上的供给或需求的因素发生变动后,是否存在一系列价格能够使所有的市场同时处于均衡的问题。

(2)单个生产者在既定的价格下购买生产要素,利用成本最低的生产技术生产产品,并以既定的市场价格出售。当厂商获得最大利润时,厂商处于均衡,从而形成对产品的供给。所有厂商供给的总和构成了产品的市场供给。如果所有厂商的成本函数相同,那么在厂商处于均衡时,厂商的利润相对所有的商品而言,当消费者的超额需求恰好等于厂商的市场供给时,市场处于一般均衡状态。可以证明,如果所有经济当事人的需求函数与供给函数都是连续的,并且消费者的效用最大化行为满足预算约束,那么对于任意价格,瓦尔拉斯定理都成立,并且存在一系列价格能够使所有的市场同时处于均衡。

(3)一般均衡的实现机制除了依赖于经济当事人需要满足的条件,其最终均衡的实现还要借助于市场机制的自发调节,即"市场拍卖者"的存在。在完全竞争的条件下,价格就是反映市场供求变动的晴雨表。如果某一行业的利润较高,那其他行业中的资源就会转移到该行业中来。这样就如同在市场机制中存在一个拍卖者,他根据市场的供求变动调整资源的配置:如果某一个价格水平下的需求量超过了供给量,那么他就会提高价格;反之,则会降低价格,直到所有市场上的供给等于需求为止。如同单个商品的价格决定一样,市场机制的自发作用决定一系列的市场均衡价格,并使得经济处于一般均衡状态。

(4)一般均衡模型虽然用数学的方法论证了"看不见的手"发挥作用的原理,但其证明依赖于一些极为严格的假设条件。而这些假设条件在现实生活中根本就不存在。第一,完全竞争的假设。一般均衡的实现需要完全竞争的市场条件,而现实世界中是不存在这种市场的,这也使得一般均衡分析只具有理论意义。第二,回避规模收益递增的假设。在现实世界中,虽然存在规模收益递减和不变的情况,但规模收益递增的事例大量存在。第三,拍卖人假设。一般均衡理论的实现依赖于这一假设,但这一假设需要经济当事人有超常的信息处理能力,故很难实现。因此,有关一般均衡存在性的证明只是为一个数学问题提供了一个数学解,其所具有的实际意义很少。

2.【提示】本题考查了局部均衡和一般均衡机制,应准确掌握对一般均衡的影响过程的分析。

【答案提要】

(1)以局部均衡的观点来分析,当商品A的需求增加时,其价格会上升。生产商品A的厂商现在生产变得有利可图,于是在短期内,他们在现有的生产规模下可以通过增加可变要素投入来扩大商品A的产量。从长期来看,他们将扩大生产规模,然而新的厂商会不断进入这个行业,直到该行业的超额利润为零为止。因为A行业是成本递增行业,所以新的长期均衡价格和数量将高于初始的均衡值。

(2)讨论B商品的市场的变化情况需要运用一般均衡的分析方法。因为A和B互为替代品,所以商品A需求量和价格的上升会导致商品B的价格下降。生产商品B的厂商现在遭遇短期亏损,因此他们将减少产量。从长期来看,一些厂商会离开这个行业,直到所有留下的厂商无盈亏为止。又因为B行业是成本递增行业,所以它的新的长期均衡价格和数量将低于初始的均衡。

(3)为了多生产商品A,且少生产商品B,一些用于生产B的生产要素L和K必然会转移到商品A的生产中来。又因为A行业为劳动密集型行业,而B行业为资本密集型行业,所以这时对劳动的需求就会增加,对资本的需求就会减少。这会使得劳动力市场上的劳动力工资上升,而资本市场上的资本价格下降。在既有商品A又有商品B的生产中,由价格引起的生产要素K对生产要素L的替代缓和了劳动的价格相对于资本价格的上升。

(4)人们劳动的收入相对于他们拥有的资本所带来的收入的上升使人们的收入和收入的分配发生变化。这样会导致他们对A和B两种商品需求的变化,这种变化又会引起这两种商品价格的变化,然后这些变化会带来两种生产要素L和K的相应变化。这种变化过程将一直持续到这个经济再次处于全面均衡状态。

市场失灵与微观经济政策

★ 知识导图

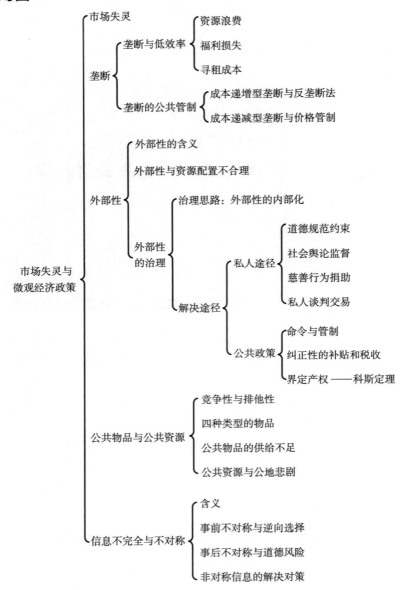

★ 学习要求

通过本章的学习,学生应当:

1.掌握市场失灵的原因及其表现形式。

2.掌握垄断与低效率,成本递增型垄断与成本递减型垄断及其公共管制。

3.掌握外部性的含义与分类,外部性对资源配置的影响,外部性的治理,科斯定理。

4.掌握四种类型物品的分类依据,公共物品和公共资源的概念,公共物品的供给不足与政府管理,公共资源的过度使用与管理。

5.掌握信息不完全和信息不对称之间的关系,逆向选择和道德风险的概念与区别,信息不对称的解决对策。

★ **内容精要(扫描二维码,观看相关知识点微课视频)**

前面各章分析了市场经济的运行过程,说明市场机制是如何解决生产什么、怎样生产、为谁生产等资源配置问题,并论证了在完全竞争的市场条件下,市场机制能够实现资源的最优配置以及社会福利的最大化。但是在现实中,市场机制充分发挥作用的条件并不完全具备,因而在某些领域会发生市场失灵。

1.市场失灵是指单纯依靠市场机制在很多场合往往难以实现资源的有效配置。市场失灵主要有以下几种表现形式:市场垄断问题、外部性问题、公共物品和公共资源问题、信息不充分及不对称问题、收入两极分化问题。在市场失灵的领域中,为保持经济有效运行,实现资源的有效配置,需要政府的介入。

2.在市场经济运行过程中,大多数行业都存在规模报酬递增的情况,即在一定范围内,随着企业规模的扩大,成本能有效地下降,则利润就能够有效地增加。这种规律的存在会促使企业把规模做大,以获取更多的利润。而随着企业规模的逐渐扩大,会占据越来越多的市场份额,市场就不可避免地会出现垄断的问题。可以说,垄断是市场经济发展的一个必然结果。

3.垄断的存在会导致整个社会资源出现低效甚至无效配置,以及效率的损失。传统垄断理论认为垄断的低效率主要表现在两个方 面:第一,垄断的存在会导致资源的浪费,因为垄断企业在实现均衡时,其成本往往不处于平均成本的最低点;第二,垄断会导致整个社会的福利损失。如图12.1所示,垄断市场中企业的实际产量为Q_1,低于经济效率所要求的Q_0,$A+C$就是垄断条件下整个社会的福利总损失。

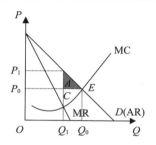

图12.1 垄断与社会福利的损失

4.此外,学者还提出,垄断会引发寻租行为。为获取垄断权,企业往往会将大量的资源投入各种有助于垄断权获取的非生产性行为之中,如各种利益集团主动通过行贿、游说等方式影响政府官员,以使本集团得到更多利益。此外,一些政府官员也会从事政治创租和租金抽取活动。所谓政治创租,是指政府官员以要求利益集团向他们提供某种好处为条件,利用政府政策为该利益集团创造经济租金。租金抽取是指政府官员以作出某项不利于某利益集团的决策相威胁,迫使该利益集团向他们提供某种好处。此类寻租行为所造成的社会成本和经济损失远远大于传统垄断理论中的"纯损"三角形,同时还会引发政治腐败,危害极大。

5. 对垄断的公共管制来说,要区分两种情况。对于成本递增型垄断(厂商的长期平均成本在市场可容纳的产量范围内具有递增的倾向,需求曲线在长期平均成本曲线的上升段与之相交),如图12.2(a)所示,从效率角度考虑,可用边际成本定价法来分析,在 A 点处有 $P = MC$,此时实现了帕累托最优,但垄断厂商仍然可以得到部分经济利润。如果从公平角度考虑,可用平均成本定价法来分析,在 B 点处有 $P = AC$,此时垄断厂商将不能得到经济利润,同时也偏离了效率原则。而且,无论使用何种定价法,平均成本都没有降到最低,即仍然存在着资源浪费。对此,政府往往会借助反垄断手段,通过打破垄断、引入竞争等方式,使原有垄断厂商的市场份额下降,需求曲线向左移动至 D' 曲线的位置,如图12.2(b)所示,D' 曲线穿过 LMC 曲线与 LAC 曲线的交点 E(即 LAC 曲线的最低点),此时再将厂商的价格限制在 P_0 的水平,则既实现了帕累托最优,又使厂商的经济利润为零,而且因为是在平均成本的最低点生产,故也能够使资源得到充分利用。

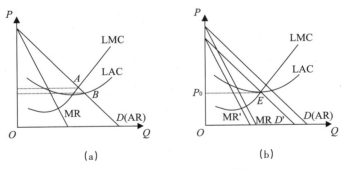

图12.2 成本递增型垄断及其管制

6. 对于成本递减型垄断(需求曲线在长期平均成本曲线的下降段上与之相交,自然垄断就属于这种情况),如果实施反垄断,就极有可能使厂商因需求不足导致亏损而退出,进而影响反垄断效果。政府可以采用平均成本定价法让垄断厂商利润为零。但从效率角度来看,这并不是最好的决策。如果从效率角度出发来考虑,则应该采用边际成本定价法,但厂商会出现亏损。为解决这一问题,成本递减型垄断往往会根据效率原则确定产量,同时实施价格管制,但在定价上采用的往往不是单一价格,而是差别价格,运用价格歧视原理,既起到了有保有压的作用,又能用高价市场上的盈利弥补厂商在低价市场上的亏损,缓解财政压力。水、电等行业的阶梯价格就是这方面的典型案例。

7. 外部性是指经济主体(包括自然人和法人)的经济活动对他人造成影响,而又未将这些影响计入市场交易的成本与价格之中。消费活动和生产活动都会产生外部性。外部性分为正外部性和负外部性。正外部性又称外部收益,是指某个经济主体的经济活动使他人或社会获益,却没有获得补偿。负外部性又称外部成本,是指某个经济主体的活动使他人或社会利益受损,却没有为此承担成本。

8. 外部成本与外部收益并不会反映在市场价格中,因此会成为经济无效率的一个来源。我们考虑一个负外部性的例子。假定在一个完全竞争的市场中,某一厂商在生产过程中直接排放了废水,此时外部成本就产生了。图12.3中的MC是该厂商的边际成本曲线,也称边际私人成本。该企业在决策时仅考虑其自身的成本和收益,因此会根据自身的收益和成本确定其最优产量为 Q_0。但由于其排污行为产生了外部成本,从整个社会的角度看,加上外部成本以后的边际社会成本要高于厂商的边际成本,由边际社会成本曲线MSC所确定的社会最优的产出水平应该是 Q_1。因而从社会的角度来看,厂商的产出太多了,即资源过度配置。同样的道理,在存在正外部性的情况下,边际社会收益大于边际私人收益,导致其产出水平低于社会期望的最优水平,即资源配置不足。具体分析方法与负外部性相似,这里不再赘述。总而言之,外部性的存在使得个体目标与社会目标之间出现偏差,从而导致经济主体追求私利的行为最终损害了社会整体利益。

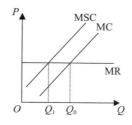

图12.3 外部成本与资源配置

9. 解决外部性问题的基本思路是外部性问题的内部化,即通过一定的手段,让具有正外部性的经济主体获得相应的收益,让具有负外部性的经济主体承担相应的损失,从而使个体目标与社会整体目标重新协调一致,在获得个体最大利益的同时实现社会的有效运行。解决方法可以分为两类:一类是没有政府参与,而是由私人或者市场解决的方法,包括道德规范约束、社会舆论监督、慈善行为捐助和私人谈判交易等。另一类是有政府参与的干预性方法,包括命令与管制、纠正性的补贴和税收、基于政府界定产权的可转让许可证等。

10. 没有政府参与而是由私人或者市场解决的方法往往会由于缺乏强制性而出现实施难及实施效果不佳的问题。与之相比,命令与管制具有较大的强制性和极高的威慑性,但同时也存在着管理成本高,以及有些时候效果不尽如人意的问题。

11. 纠正性的补贴主要针对正外部性的经济活动,通过补贴使得产生正外部性的经济主体获得额外收益,从而激励其经济行为。纠正性的税收主要针对具有负外部性的经济活动,英国经济学家庇古提出了这样一个法则:如果要实现社会总福利的最大化,那么任何经济活动的边际社会收益与边际社会成本必须相等。因此他认为,在存在负外部性的情况下,政府应该对带来外部成本的经济主体征税,税额等于边际外部成本。这种税也被称为庇古税。在具体操作中,庇古税会因负外部性活动的需求曲线难以准确测算而导致政策制定难、政策实施效果容易出现偏差。

12. 界定产权是政府用来治理外部性的另一种干预性方法。从狭义上看,产权指财产的所有权,即存在于任何客体之中或之上的完全权利,它包括四个方面的权利:一是使用属于自身资产的权利和在一定条件下使用他人资产的权利,统称为使用权;二是从资产中获得收益的权利,包括从自己所有的资产上取得收益和租用他人资产并从中获得收益的权利,统称为收益权;三是变化资产的形式和本质的权利,即处置权;四是让渡资产的权利,即交易权。从广义上看,产权是一个更为广泛的人的各类权利的综合,它不仅包括以上定义中的人对物的权利,还包括人与人的社会关系,即产权包括一个人或者他人受益或受损的权利,它的一个主要功能是帮助一个人形成他与其他人进行交易的合理预期,引导人们实现将外部性较大的激励转为内在化的激励。产权包括公共产权和私人产权。公共产权是由整个社会所拥有的,任何个人都不可能使资源仅供自己使用或支配;私人产权是指资源由私人拥有的,按现有的法律供自己使用、支配的权利。

13. 通过产权界定解决外部性问题的观点是美国经济学者科斯提出的。科斯认为,只要产权是明确界定的,并可以自由交易,且交易成本为零,则无论产权的最初配置状态如何,都可以达到资源的有效配置。这就是著名的科斯定理,也称为科斯第一定理。

14. 在产权明确化的基础上通过市场交易也可以解决外部性问题。但通过政府干预,即明确产权、降低交易成本、促进自由交易等,能更加有效地推动外部性问题的解决。在污染治理上,政府就采取了基于这一原理的可转让许可证制度。在这种制度下,政府首先要确定它认为合适的污染水平,然后出售一定数量的可转让的污染排放许可证,所有的许可证所允许的可排放的污染总数就是政府认为的合适的污染水平。许可证代表了污染的权利,只有购买了许可证的企业才可以排放污染,企业购买许可证的支出就是企业的污染成本。在众多需要污染企业竞购一定限量的许可证的情况下,许可证的价格就会上升,当许可证的价格超过企业治理污染的成本时,企业就会考虑自己治理污染,最终许可证将会被治理污染成本最高的企业购得。这一制度设计通过市场手段确定许可证价格(也就是污染价格),解决了庇古税税率不容易准确估算的问题,既有效控制了污染数量,还把有限的许可证资源配置给了治理污染成本最高的企业,用最低的成本控制污染,实现了资源的有效配置。

15. 科斯定理成立的一个重要前提是:交易费用为零。当交易费用不为零时,权利的初始界定会对经济制度运行的效率产生影响,权利的调整既可能会比其他安排带来更多的产值,亦可能有更高的费用。市场交易费用影响着资源配置的效果,这就是所谓的科斯第二定理,通常可以表述为:当交易费用不为零时,财产权的初始分配将影响最终的资源配置。

16. 市场中的经济物品通常可以根据是否具备以下两个特点对其进行分类:一是竞争性,二是排他性。所谓竞争性,也称竞用性,是指物品的使用者之间存在着竞争,一个人对该物品的使用会影响其他人的使用。所谓排他性,是指可以通过一定的手段阻止一部分人对该物品的使用(如必须付费才能使用)。根据竞争性和排他性的有无与强弱,经济物品通常可以分为四类:第一,同时具有非竞争性与非排他性的公共物品,如国防、预警系统、不拥挤的免费道路等;第二,同时具有竞争性与排他性的私人物品,如衣服、食品、家具等;第三,具有竞争性但不具有排他性的公共资源,如草场、公海、街心花园等;第四,不具有竞争性但具有排他性的俱乐部物品,如不拥挤的收费高速公路、有线电视等。本章主要分析公共物品和公共资源。

17. 公共物品不同于私人物品,因为它具有私人物品所没有的消费的非竞争性和非排他性。公共物品在消费上的非竞争性源于以下两点:第一,公共物品一般具有不可分割的性质;第二,公共物品具有不可分割性,因而每增加一个消费者的边际成本等于零。也就是说,每增加一个消费者不会引起产品成本的任何增加。公共物品的非排他性源于以下两点:第一,纯粹公共物品大多是那种在技术上不易排斥众多受益者的产品;第二,某些公共物品虽然在技术上可以排他,但是排他的成本十分昂贵,以至于在经济上不可行。

18. 由于公共物品具有非竞争性,一旦公共物品被供应了,多一人享用的边际成本为零。消费者从公共物品的消费中得到一定的效用,而其消费的边际成本为零,从效率的角度来看,应该让所有的人都免费享用公共物品,以任何方式阻拦一部分人享用公共物品都会造成效率损失。但任何免费消费的物品通常都不可能由私人部门来提供,因为私人部门会因为无利可图而退出市场。

19. 由于公共物品具有非排他性,一旦有人购买了公共物品,其他人就可以不受影响地享受同一公共物品,因而难免会产生"搭便车"问题。所谓"搭便车"问题,就是指虽然参与了公共物品的消费,但没有支付公共物品的生产成本,完全依赖他人支付公共物品成本的现象。如果大家都想搭别人的便车,期待他人购买公共物品,那结果便是市场上再也没有公共物品了。因此公共物品的非排他性特征给由市场提供的公共物品带来了严重的问题:即使某种公共物品带给人们的利益要大于生产成本,私人部门也不会提供这种产品。一般来说,公共物品覆盖的消费者人数越多,"搭便车"问题就越严重,公共物品由私人部门提供的可能性也就越小。

20. 公共物品的需求曲线分析能够帮助我们进一步理解公共物品的供给问题。为简单起见,假定社会上只有 A、B、C 三个消费者,每个消费者对公共物品的需求曲线是已知的,为 d_A、d_B 和 d_C,公共物品的市场供给曲线为 S,如图 12.4 所示。与私人物品不同的是,公共物品的市场需求曲线不是个人需求曲线的水平相加,而是它们的垂直相加。一方面,因为消费上的非竞争性,每个消费者的消费都是同一个商品总量,所以每个消费者的消费量都与总消费量相等;另一方面,对这个总消费量所支付的全部价格是所有消费者支付的价格的总和。公共物品的均衡数量便是市场供求曲线的交点 E 所表示的数量。

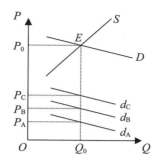

图 12.4　公共物品的最优产量

21. 由于"搭便车"问题的存在,人们一般不会真实地显示对公共物品的需求。因为公共物品的生产成本是按照每个人从公共物品中得到的边际收益分摊的,而公共物品的消费具有非排他性,个人无论付费与否,他都能得到和他人相同数量的公共物品。因此,人们往往不愿显示出自己对公共物品的真实需求以便不承担或少承担公共物品的生产成本。如果任何一个消费者出于私利隐瞒自己对公共物品的真实需求,其对外显示的个人需求曲线就会下移,从而导致垂直相加的公共物品市场需求曲线下移,均衡数量下降,如图 12.5 所示。但如果大量消费者都有出于"搭便车"心理而隐藏真实个人需求的情况,那么市场需求曲线可能低至无法形成市场均衡,从而导致市场无法提供公共物品。

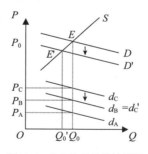

图 12.5　公共物品的供给不足

22. 正因为市场在公共物品的供给上会出现失灵,所以公共物品往往需要由政府来提供。政府首先通过强制征税来获取生产公共物品所需的资金,以解决"搭便车"问题。同时,通过成本—收益分析确定提供哪些公共物品以及提供多少,在此基础上生产出公共物品提供给社会大众免费使用。成本—收益分析是用来评估经济项目或非经济项目的常用方法。它首先估计一个项目所需花费的成本以及它可能带来的收益,然后把两者进行比较,最后根据比较的结果确定该项目是否值得投资。公共物品也可以看成是一个项目,并运用成本—收益分析方法来加以讨论。如果评估的结果是该公共物品的收益大于或至少等于其成本,则它就值得生产,否则便不值得生产。

23. 公共资源是指那些没有明确所有者,人人都可以免费使用的资源,如海洋、湖泊、草场等。公共资源由于产权不清,通常会被过度利用。美国经济学家加勒特·哈丁用著名的寓言"公地悲剧"说明了这个问题。当市场上有一个人使用公共资源时,就减少了其他人对这种资源的享用。由于存在这种负外部性,公共资源往往被过度使用。解决这个问题最简单的方法就是将公共资源的产权进行重新构造,使之明确界定,即将公共资源变为私人物品,如将一些野生动物进行人工饲养后允许其买卖交易。如果公共资源无法界定产权,则必须通过政府干预来解决,如通过政府管制、征收资源使用费等办法来减少公共资源的使用。有许多公共资源,如清洁的空气和水、石油矿藏、大海中的鱼类、许多野生动植物等都面临着与"公地悲剧"一样的问题,即私人决策者过度地使用公共资源。对这些问题,政府通常会通过管制其行为或者实行收费,以减轻过度使用的问题。

24. 不完全信息是指市场的参与双方不具有充分的信息,生产者无法准确预测市场上各种产品需求和要素供给变动的情况,消费者也无法了解市场上所有待售商品的质量和价格情况。这里的信息不完全不仅是指那种绝对意义上的不完全,即由于认识能力的限制,人们不可能知道在任何时候、任何地方发生的或将要发生的任何情况。而且这是指相对意义上的不完全,即市场经济本身不能够生产出足够的信息并有效地配置它们。对于信息不完全带来的许多问题,市场机制本身可以解决其中的一部分,但是在很多情况下,市场的价格机制并不能解决或者至少是不能有效地解决不完全信息问题,从而导致市场失灵。

25. 在实际的生活中,信息不完全最普遍的表现是信息不对称。信息不对称是指在市场交易过程中,一部分参与者拥有的信息比其他人多的情况,即交易双方中的一方掌握的信息多一些,而另一方掌握的信息少一些。信息不对称分为两种:一种是交易双方成交前就存在信息不对称,称为事前不对称;另一种是交易双方成交后出现信息不对称,称为事后不对称。

26. 信息的事前不对称会产生逆向选择,即在交易协议签订前,市场交易的某一方隐瞒自己掌握的信息,或利用对方的不知情来做出有利于自己的选择的这种行为。逆向选择广泛存在于信贷市场、旧货市场、保险市场等各类市场中。

27. 逆向选择会导致资源配置的无效率。图12.6(a)和图12.6(b)分别是高质量车与低质量车的供求情况。在图12.6(a)中，S_H是高质量车的供给曲线，D_H是需求曲线；在图12.6(b)中，S_L和D_L分别是低质量车的供给与需求曲线。S_H高于S_L是因为高质量车的售价要高于低质量车，D_H高于D_L是因为买主愿意为得到一辆高质量车支付更高的价格。在信息对称的情况下，旧车的买卖双方都十分清楚旧车的质量，高质量车和低质量车各自根据其供给与需求达到市场均衡，分别为图12.6(a)中的A点和图12.6(b)中的B点。在非对称信息的情况下，买主不可能清楚车的质量。买主可能猜测他们买的旧车是高质量的可能性为50%，因此在购买时，买主会把所有的车都看作是平均质量的。在图12.6中，对平均质量车的需求用D_M来表示，它低于D_H但高于D_L，我们可以看到，现在有较少的高质量车（250辆）和较多的低质量车（750辆）。当消费者开始明白大多数售出的车（大约3/4）都是低质量车时，他们的需求就会发生转移。如图12.6所示，新的需求曲线可能是D_{LM}，它意味着旧车是中低质量的。需求曲线的进一步向左移动会使车的组合进一步转向低质量。这种情况会持续下去，直到低质量车全部卖完。这时的市场价格太低导致任何高质量车都无法进入市场出售，因此消费者会正确地假定，他们购买的任何车都是低质量的，则需求曲线将是D_L。因而在存在逆向选择的情况下，市场最终成交的数量会低于供求双方想要成交的数量，甚至还会出现"劣品驱逐优品"的现象。

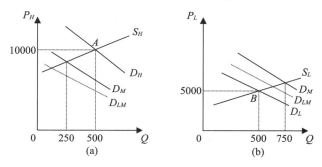

图12.6 旧车市场的均衡

28. 逆向选择问题可以通过赠送产品、展示样品、产品试用、广告宣传、质量保证书、品牌商誉、价格等信号传递的方法予以解决。信号就是通过某一活动或某一决策来证明相关的代理人具有某一能力或特征，或具备某一信息。如果信号是有成本的，而且信号传递行动不能抵消这一成本的话，那么代理人就不会去传递信息。此外，当代理人进行信息公开会使自己的境况变得更好时，他就有兴趣去传递具有特征的信号。

29. 信号传递的方法同样可运用于要素市场。教育就是劳动市场用来区分高生产率劳动者和低生产率劳动者的一个有用信号。所有教育都有成本，教育水平越高,成本也越高。一般来说,低生产率劳动者的教育成本要比高生产率劳动者低。在决定接受多少教育时,人们把教育的成本与收益进行比较。如果收益至少与接受这一教育的成本一样大,就会接受教育,否则就不接受。

30. 信息的事后不对称会产生道德风险,即在交易协议签订后,交易双方中的一方利用多于另一方的信息,有目的地损害另一方的利益并增加自己利益的行为。在保险业中,道德风险问题出现得最多。购买了医疗保险的人会更多地去看医生,让医生多开一些不必要的贵重药品;买了家庭财产盗窃险的人会不愿花钱加固门锁;买了汽车偷盗保险的车主会不再愿意安装先进的防盗装置等。

31. 道德风险同样会导致资源配置的无效率。如图12.7所示,D曲线给出了对汽车每周行驶里程的需求。需求曲线向下倾斜是因为随着行驶成本的提高,有些人会改用其他交通工具。假定一开始的行驶成本包括保险成本,并且保险公司能够准确地衡量行驶的里程数。在这种情况下,没有道德风险问题的驾驶的边际成本由曲线MC_1给出。驾驶员知道行驶得多就会增加他们的保险费,从而提高他们总的行驶成本。因此,有效率的行程位于A点。当保险公司难以检查个人的驾驶习惯,且保险费并不取决于行驶的里程数时,道德风险便出现了,于是驾驶的边际成本下降,边际成本曲线由MC_1变为MC_2,此时,驾驶员的行程由B点表示,超过了从社会来看的最合适的里程数。

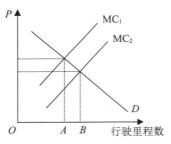

图12.7　道德风险的效应

32. 道德风险可以通过政府干预来解决,例如政府可以实行强制保险使保险市场运转起来。此外,也存在解决道德风险的市场方案,如保险公司可以通过部分保险(即保险公司只对承保财产的部分价值承担风险,其余部分由投保人自己负责)或在保单内加入扣除条款(即保险单内规定保险公司对某一数额的损失不承担赔偿责任的条款)的方法来让投保人承担部分风险,给投保人一些动力去采取防范措施。

33. 当一个人(代理人)为另一个人(委托人)工作,而工作的成果同时取决于他的努力和不由主观意志决定的各种客观因素,且两种因素对委托人来说无法完全区分时,就会产生代理人的道德风险,这便是委托—代理问题。这在本质上就是一个信息不对称的问题,因为代理人的信息明显要多于委托人的信息。由于代理成果取决于代理人的主观努力和其他客观因素,在代理关系中,代理人可能为追求他们自己的目标,有时甚至不惜牺牲委托人的利益。

34. 委托人与代理人之间的信息不对称产生了激励问题。激励问题就是要设计出一个最优合同,诱使代理人在自然状态下选择对委托人最有利的行动,这种行动被称为激励相容。任何有效的激励机制的设计都必须遵循两个原则。第一,代理人参与工作所得到的净收益不低于不工作也能得到的收益,这是参与约束;第二,代理人让委托人最满意的努力水平也是能给他自己带来最大净收益的努力水平,其被称为激励相容约束。

★ 考查重点、难点

本章考查的重点在于以下知识点:第一,市场失灵的概念及其主要表现形式。第二,垄断与低效率。第三,成本递增型垄断和成本递减型垄断各自的含义及公共管制手段。第四,外部性、正外部性、负外部性的概念及其主要表现,社会成本、社会收益的概念,外部性对资源配置的影响,解决外部性问题的方法。第五,产权与科斯定理。第六,公共物品的概念及其分类,非竞争性和非排他性的概念及其原因,公共物品的供给。第七,公共物品的"搭便车"问题。第八,公共资源与公地悲剧问题。第九,不完全信息与信息不对称。第十,逆向选择和道德风险的概念、区别及其简单运用,逆向选择、道德风险与资源配置,解决逆向选择和道德风险的办法。第十一,委托—代理理论的基本内容及其简单运用。

其中,成本递增型和成本递减型垄断的区别及管制,产权与科斯定理,公共物品的非竞争性和非排他性及其导致的公共物品供给不足问题,逆向选择、道德风险与资源配置问题是本章考查的难点。

★ 拓展阅读(若想了解更多文献和素材,可关注微信公众号"鸿观经济")

【经典案例】 美国著名的反托拉斯事件

1890年,美国国会通过了《谢尔曼反托拉斯法》(全称是《抵制非法限制与垄断保护贸易及商业法》)。1890年7月20日,该法在国会通过,成为世界上最早的反垄断法,被称为全球反垄断法之母。

标准石油公司被指控垄断石油市场,其曾控制九成市场,经过长达20多年的诉讼,最终在1911年被裁定有罪,其后公司被分拆为34家公司。

美国烟草公司被指控利用掠夺性价格垄断烟草业,其控制95%的美国市场。1911年,该公司被裁定有罪,其后公司被分拆成16家公司。

国际商业机器公司(简称IBM)被指控垄断市场,这宗诉讼拖延了12年,美国司法部于1982年把案件撤销。

美国电话电报公司(简称AT&T)被指控利用垄断美国本土电话服务的优势,排挤长途电话竞争者。该事件在1982年得到和解,美国电话电报公司同意将本土电话业务分拆成7家子公司。

英特尔于1999年3月和政府当局就一宗反托拉斯诉讼达成和解。其后英特尔在达成庭外和解时承诺与其他公司分享技术,但不承认垄断市场。

微软公司于1998年5月18日遭到美国司法部发起的反托拉斯诉讼。2000年6月,主审法官作出将微软一分为二的判决,2001年6月,美国哥伦比亚特区联邦上诉法院作出裁决,维持有关微软公司从事了违反反垄断法的反竞争商业活动的判决,但驳回了地方法院作出的将微软公司一分为二的判决。尽管微软公司幸运地逃过了一劫,但在世界各地都陷入了长期的反垄断诉讼的漩涡。

瑞士罗氏公司于1999年陷入美国首例维生素市场的反垄断诉讼,持续时间长达五年,最终被告被处以4.62亿欧元的罚款,公司元气大伤后于2002年退出了维生素业务。

【评析】政府往往通过分拆公司、分享市场、罚款等手段实施反垄断,其目的是削弱垄断者的实力,推动市场竞争。

【学者论坛】 我们要反的是什么垄断?

从美国的微软公司到中国电信、邮政、电力等系统的反垄断,垄断问题近年来已经成为中国经济学家和公众普遍关注的焦点问题之一。

垄断成为一种人们普遍关注的经济问题大致是19世纪末20世纪初的事情。美国南北战争后,石油和煤等矿物能源广泛运用于生产,铁路、电力的输送和通信网络的形成在扩大了市场范围的同时,也推进了工业部门生产规模的扩张。由于大规模生产能够获得分工和专业化的好处,并且直接依附于机器的生产活动有利于监督和考核,工厂的管理成本并未随生产规模的扩张而成比例地上升。它意味着机器工业时代生产规模越大,单位产品的平均成本越低。在这样的条件下,大规模企业将以其成本优势在竞争中不断淘汰小规模企业,最后成为垄断者。当时,美国的重化工行业几乎全被一些石油大王、钢铁大王、电报电话大王等所垄断。

一旦垄断者垄断了市场,若潜在的竞争者想要与垄断者竞争,则至少要具备两个条件:一是能够拥有至少不落后于垄断者的技术,从而才能在相同的规模条件下,以比垄断者更低的成本和价格进入市场;二是能够低成本地筹集大规模生产所必需的资金,以获得生产的规模经济。但在整个社会的高层次教育还未普及,科技水平普遍较低,信息、通信手段还相当落后的条件下,个人或企业拥有的科技发明、技术诀窍等很难被其他企业迅速掌握并运用于生产。而在整个金融市场,特别是资本市场还未充分发育的条件下,竞争者很难低成本、大规模地筹措资金。因此,垄断一旦形成,则潜在的竞争者要想进入市场与垄断者竞争是非常困难的。

在市场自发的力量很难打破垄断、垄断者不再面临竞争威胁时,垄断企业往往会限制产量并提高产品价格,这是以损害消费者利益和降低社会福利为代价来谋求高额垄断利润的。正是在这种背景下,从美国1890年的《谢尔曼反托拉斯法》开始,不少国家都相继制定了相关的反垄断法规以限制垄断。或者应该这样说,在一些时期,在市场无力对抗垄断力量的条件下,政府运用行政和法律手段实施反垄断政策,在促进竞争、保护消费者利益方面起到了积极作用。

但是随着社会的发展,基于大规模生产形成的垄断力不断被削弱,甚至趋于消失。第一,知识和技术在竞争中具有越来越重要的意义。而随着整个社会科教水平的提高,信息传输手段的改进,技术检测、化验技术的提高,技术扩散速度越来越快。想要通过封锁技术限制竞争者变得越来越困难。第二,在后工业社会,越来越多的工作不再被动地依附于机器,生产者的主动精神和创造力在生产中越来越重要。相应地,对工人的监督和考核也变得越来越重要,企业管理成本会随企业规模的扩张而相应扩大。再加上消费的多元化、产品的标准化,以及信息、运输业的发展,小规模生产经常也能以低成本的方式进行,大企业正在失去规模优势。第三,经济的发展、游资的增加、资本市场的发育、筹资方式的多样化使得获取大规模资金越来越容易。如果进入某个行业能够带来高额回报,那么即使资金量非常大,也能筹集到足够的资金。资金规模不再成为限制潜在竞争者的重要因素。第四,经济的国际化、全球化使得垄断企业不仅面临着国内潜在竞争者的竞争,还面临着来自国外的竞争。

所有这些条件的变化都使市场自身拥有了更强的反垄断力量。就目前我们所观察到的所有行业,包括电信、电力、铁路等,只要允许进入,且没有政府特许限制,潜在的竞争者就都有进入局部市场甚至整个市场参与竞争的可能。在某个企业依靠低成本在竞争中顺利成为垄断者后,如果试图以降低服务质量、提高产品价格的方式损害消费者利益,或者不思进取、固守落后的技术,就有可能被竞争者踢出市场。反过来说,在没有政府保护或政府设立的准入限制条件下,某个企业能够保持垄断地位只能是因为该企业在低成本、低价格的条件下给社会提供了最好的产品或服务。在这种条件下,如果非要运用政府的力量强制打破垄断,则只会损害消费者利益。面对微软公司,经济学家所持的就是这样一种态度。

【来源】杨晓维. 我们要反的是什么垄断?. 经济学消息报,2001-09-21(4).

【评析】文章从历史的角度,结合形成垄断的条件,分析了何种情况下反垄断需要借助政府力量,以及何种情况下市场自身就具有反垄断能力而无需政府干预,进而阐明了作者对不同类型垄断的态度。

【学者论坛】 私有产权与股份公司

在当代西方经济学家看来,私有产权的界定使它的所有者能够得到专业化生产的利益,却不一定能够使它的所有者获得规模经济的好处。但私有产权具有的可分离性和可转让性使私有产权所有者在法人企业组织形式内的合作成为可能。在这里,私有产权的可分离性是指私有产权的决策权、使用权、收益权可以在自愿的前提下分离。当个人保留私有产权的决策权和收益权,并把私有产权的使用权集中在企业里时,便组成了股份公司,即在公司的形式下进行合作。

但是,这种产权结构会产生两种负的外部效应。第一种负的外部效应是由私有产权的决策权利产生的。如果每个私有产权的所有者都参与公司的决策,那么公司会难以形成有效的决定,因为每个人的决策都可能对别人的私有产权造成损害。而要协调私有产权所有者的决策同样需要花费较高的谈判成本。公司董事会就是为减少这种外部效应而产生的。由股东大会选举产生的董事会进行决策,并由董事会任命总经理从事日常管理工作,实现了把私有产权的决策权利集中在少数管理者的手中。第二种负的外部效应是由私有产权的收益权利产生的。在公司经营失败的时候,如果要求私有产权所有者为公司的债务承担全部责任,那么富有的私有产权所有者将不愿意提供资本。有限责任制就是为减少这种外部效应而产生的。每个私有产权的所有者对公司债务所负的责任以他们提供的资本为限。

【来源】李翀.现代西方经济学原理(第三版).广州:中山大学出版社,1999.

【评析】私有产权解决了产权不明晰的问题,但也会带来两种负外部性问题,股份公司的制度设计有效地解决了这两种负外部性问题,从而降低交易成本,推动经济发展。

【趣味小品】 官船为什么破烂

明朝的刘伯温在他的《郁离子》中讲过一个寓言。官员郄离子从吴地回故乡广东,可以乘坐官船。他到岸边后发现有一千多条船,但不知哪条是官船。送行的人说,这太容易了,只要看哪条船的船篷是旧的,船撸是断的,布帆是破的,就可以找到官船了。他照此话去找,果然找到了。他感叹地说:"唉,现今的风气如此之坏,官府公家的东西竟遭到如此破坏。"

郄离子把官船破归结为人心坏,其实在哪一个时代公有财产的下场不是这样呢?如果让郄离子看到今天国有资产被破坏、浪费、盗窃的现象,不知他会气成什么样。

公有财产的特点是没有具体的所有者,即经济学中的"无主所有"。即使由国家来作为公有财产的所有者,也会由于这种所有者的责权不一致而导致公有财产无人关心。更何况"铁打的衙门流水的官",负责管理公有财产的官员在不断地变动,谁会把爱护公有财产当回事?公有财产只会有人用,而且是过度地用,但没有人会去精心地保护,说来也是人们的私心在作怪。民船有所有者的话,坏了是自己的,当然会有模有样。而官船是公有的,没有所有者,坏了不用你花钱修,那谁会去管?

有私心是人的本性,很难改变,因此要变的是公有财产的产权。我们在经历了许多年的曲折之后终于认识到产权改革是市场经济改革的中心,是一个绕不过去的问题,这里并不是说产权一抓就灵,但产权的确是通向市场经济的起点,没有这个起点,就没有以后的成功。我们为公有财产请来的保护神就是产权制度的明晰,传统的那种公有产权制度当然不行了,那么应该如何实现产权明晰呢?

一个最简单的方法就是把官船卖给私人。瓠里子这样的官员出行不用挑破官船,什么船好坐什么船,只要不突破自己行政级别的报销标准就行。将官船卖给私人,你什么都不用说,官船自然会像私船一样好。当然,如果原来管船的官员受到了私人的贿赂,把船以极低的价格卖给私人,那么公有财产又会受损。所以,公有财产出售的最好方式是拍卖,公开、透明地竞争,由出价最高者获得。

【来源】梁小民.官船为什么破烂.领导文萃,2008(12):86-88.

【评析】公共资源被滥用的重要根源在于产权不明晰。

【趣味小品】 为什么黄牛没有绝种?

在现在的一些非洲国家,由于偷猎者为取得象牙而捕杀大象,使得大象面临着灭绝的威胁。

但并不是所有有商业价值的动物都面临着这种威胁。例如,黄牛是一种有价值的食物来源,但没有一个人担心黄牛将会很快绝种。实际上,对牛肉的大量需求从某种角度来看保证了这种动物能够持续地繁衍。

为什么象牙的商业价值威胁到了大象,而牛肉的商业价值却是黄牛的护身符呢?原因是大象是公共资源,而黄牛是私人物品。大象能够在草原、森林中自由自在地漫步而不属于任何人。每个偷猎者都有尽可能多地猎杀他们所能找到的大象的激励。由于偷猎者人数众多,很少有偷猎者有保存大象种群的激励。与此相比,黄牛生活在私人所有的牧场上。每个牧场主都尽最大的努力来维持自己牧场中的牛群的数量,因为他能从这种努力中得到收益。

政府试图用两种方法解决大象的问题。一些国家,例如肯尼亚、坦桑尼亚和乌干达已经把猎杀大象并出售象牙的行为作为违法行为。但这些法律一直很难得到实施,而大象数量继续在减少。与此相比,另一些国家,例如博茨瓦纳、马拉维、纳米比亚和津巴布韦通过允许人们捕杀大象,但只能捕杀作为自己财产的大象而使大象成为私人物品。地主们现在有保护自己土地上的大象的激励,结果大象数量开始增加了。由于私有制和利润动机在起作用,非洲大象会在某一天也能够像黄牛一样安全地摆脱绝灭的厄运。

【来源】曼昆.经济学原理(第二版上册).梁小民,译.北京:生活·读书·新知三联书店,北京大学出版社,1999.

【评析】公共资源与私人物品的最本质区别是产权问题,明确产权是政府解决公共资源被滥用问题的一个有效途径。

【趣味小品】 郑堂烧画

明朝正德年间,福建福州府城内朱紫坊有个秀才叫郑堂,字汝昂。福州民间流传着不少关于他的故事。

郑堂琴棋书画、诗词歌赋样样皆通。某年,他在繁华的鼓楼渡鸡口开了个字画店,开业几个月来,一直生意兴隆。

某天,有个叫龚智远的人拿来一幅五代名画家顾闳中的传世之作《韩熙载夜宴图》来押当。郑堂初看之下非常高兴,认为此画是真品,便当场付给对方8000两银子。龚智远也答应半个月后愿还15000两银子赎回字画。

谁知,过了赎抵的日期,也不见龚智远来赎画。郑堂心生疑惑,再细看那画,这才发现原来是一幅赝品。郑堂被骗8000两银子的事一夜间传遍了全城的同行。

大家都认为郑堂吃了亏,会在家里生闷气。谁知郑堂竟然在家办起酒席,大宴全城士子名流和字画行家。酒过三巡,郑堂取出假画,向人们赌咒发誓,日后绝不收赝品,然后将龚智远的那幅假画扔入火炉。郑堂烧画的事又一次轰动了全城。

不料第二天,龚智远就上门来取画,还解释说是有事误了期限。郑堂说:"只误了三天,无妨。但需加利息,共计本息15240两银子。"龚智远早已得知烧画一事,便爽快地答应下来。没想到,郑堂却从内室中取出一幅画来,龚智远打开一看,正是自己的那幅假画。无奈之下,只能交付银两。

【来源】此则故事源自微信公众号"潜山论坛"。

【评析】郑堂怒烧假画引出骗子的高明之处就在于巧妙地运用了信息的不对称。

经济学中有一个重要的假设，那就是信息的完全流动和对称，即市场上的每一个参与者对商品的所有信息都了如指掌。但在实际的经济生活中，经济活动参与者的信息经常是不对称的，一般情况下，产品的卖方要比产品的买方更了解产品的质量。信息不对称会扭曲人们的动机并阻碍互惠交易的发生。在这个故事里，起初骗子利用信息优势，用假画骗了郑堂8000两银子，而郑堂为了引出骗子，当众烧掉了另外一幅仿品，他传递给骗子的信息是不完整的。于是，第二场交易便出现了。当骗子来赎画时，郑堂拿出了原画，不但将被骗子骗走的钱拿回，还得到了相应的利息。

【经典案例】 冷遇"透明发票"为哪般？

最近，麦德龙在武汉、杭州等地的商场发现其业绩并不尽如人意，而问题就出在它独特的"透明发票"上。

麦德龙的发票要比国内商业企业的发票大得多，和传真纸一般大小，以便详细记录顾客所购物品的名称、规格、单价、总金额，甚至包括包装类型和箱数。而国内商业企业的发票上通常只记录了项目和金额两项。麦德龙发现，正是由于发票太"透明"了，令其失去了不少顾客，如武汉某中学的一位员工去麦德龙选购了近2万元的商品，当他拿到这种"透明发票"后，随即询问求商场能否开一张总发票，商品类别写办公用品就可以了，因为2万元商品中有4000多元是用于购买私人用品的。被麦德龙拒绝后，该顾客退了货。

这并不是一个特例。值得探究的是，麦德龙的"透明发票"为什么会产生驱逐顾客的效应呢？

麦德龙的顾客主要是各种类型的单位，与个人采购不同的是，单位不会自己来采购，只能委派采购员代理单位执行采购任务。这样，单位与采购员之间，更具体地说，单位的领导与采购员之间形成了一种委托—代理关系。

由于委托人与代理人之间是信息不对称的，追求个人利益最大化的代理人就有了利用信息优势采取机会主义行为的可能。国内商业企业的"模糊发票"有意无意地强化了代理人的信息优势，客观上为代理人采取机会主义行为创造了环境。第一批因机会主义行为收益的代理人又在代理人群体中产生广泛的"示范效应"，于是逐渐地，利用采购权谋私利成了代理人标准化的采购行为。更进一步来说，在国有性质的单位中，作为委托人的单位领导也发现利用这一状况是有利可图的，于是往往通过在采购岗位上安插自己的亲信的方式进行寻租。

但是，麦德龙提供的"透明发票"剥夺了代理人利用采购权谋私利的机会，触犯了其既得利益，代理人拒绝麦德龙是理所当然的结局。按理，单位的采购委托人是应该欢迎"透明发票"的，但是，正如上文所分析的，对国有单位而言，"透明发票"也剥夺了委托人寻租的机会，因此，国有单位的采购代理人完全有理由相信他们拒绝麦德龙的行为会得到委托人的支持。

与国有单位形成鲜明对照的是个体经营户、私营企业和外资企业，这三类客户目前已经成为麦德龙的主要顾客。个体经营户的采购行为不涉及委托—代理关系，他们不在乎发票是否"透明"，只在乎价格是否低廉。私营企业和外资企业的采购过程中也存在着委托—代理关系，但是上海、武汉、杭州等地的情况表明，正是这两类企业的领导（委托人）往往会采取指定采购的办法，要求采购员到其指定的麦德龙采购。值得回味的是：国有单位与非国有单位的采购行为为什么会有如此大的不同？私营企业和外资企业的采购行为又怎么会如此接近？

笔者认为，关键在于委托人的利益与动机。私营企业的采购委托人是企业的产权所有者，产权是他们的利益之所在，因此，他们有很强烈的保护产权的动机，国有商业企业的"模糊发票"为代理人提供了侵蚀委托人产权的机会，而麦德龙的"透明发票"却为委托人提供了强有力的产权保护手段，在私有企业老板眼里，孰优孰劣，一目了然。

但是，外资企业的情况与私营企业又有不同。外资企业的采购委托人没有保护私有产权的动机，但奇怪的是，为什么其也没有国有单位委托人通常会有的寻租的动机呢？笔者认为，原因不在于外资企业的职业经理有更高尚的道德，而在于职业经理保护自身信誉的动机。

对国有单位在采购环节上的寻租现象，我们并非无能为力。让国有单位领导成为产权所有者的改制是一种办法，从职业经理人市场中选聘国有企业领导也是一种办法。如果这两种办法都不可行，那么还可以实施制度约束，例如政府或主管部门规定下属单位只能到开具"透明发票"的商店采购。若能如此，国内商业企业都将废弃"模糊发票"，转而改用"透明发票"，此时整个社会将会大大节约信息交易费用。

【来源】伍争荣．冷遇"透明发票"为哪般？．经济学消息报，2001-

09-14(2).

【评析】文章结合麦德龙超市因为"透明发票"而遭受部分消费者冷遇的案例,分析了普通发票背后的信息不对称问题及其引发的道德风险问题,并结合不同产权类型企业对"透明发票"的不同态度,揭示了其背后的委托—代理问题。

★ 例题详解

例1 简答题:为什么高档品的生产者不愿意在地摊上出售产品?

【提示】本题重在考查逆向选择会导致资源配置的无效率,在最极端的情况下会发生"劣品驱逐优品"的现象。

【解答】第一,地摊市场给消费者的印象是出售低档品的市场,因而消费者只愿意支付低档品的价格。这种价格对于高档品生产者来说是不可接受的,即无利可图或亏本。因此高档品生产者不愿意在地摊市场上出售。第二,即使消费者知道地摊市场上有高档品,但因为产品信息分布的不对称会使消费者面临不利选择,所以消费者同样不愿意对潜在的高档品支付高档品的价格,而只愿意支付它们的平均价格。最终的均衡价格将使高档品生产者无利可图或亏本,因而高档品生产者同样不愿意在地摊市场上出售。

例2 简答题:简述外部性对资源优化配置的影响。

【提示】本题考查外部性使竞争市场配置资源的效率受到损失。外部性分为正外部性和负外部性,因此须从这两个方面进行分析。

【解答】外部性是指经济主体(包括自然人和法人)的活动对他人造成影响而又未将这些影响计入市场交易的成本与价格之中。外部性分为正外部性和负外部性。正外部性又称外部收益,是指某个经济主体的活动使他人或社会获益,而获益者又无需为此支付成本。负外部性又称外部成本,是指某个经济主体的活动使他人或社会受损,而造成外部不经济的人却没有为此承担成本,即该活动的部分成本由其他主体承担了。

在存在正外部性的情况下,假定某个人采取某项行动的私人利益为R_P,该行动所产生的社会利益为R_S。因为存在正外部性,所以私人利益小于社会利益,即$R_P < R_S$。在这种情况下,从社会上其他人所得到的好处中拿出一部分来补偿进行这项活动的私人所受到的损失后还会有剩余,也就是使一些人的境况变好而没有使任何人的境况变坏。这说明在存在正外部性的情况下,私人活动的水平常常低于社会

所要求的水平。

当私人成本 C_P 小于社会成本 C_S，即出现负外部性时，假定 $C_S > R_P > C_P$，则此人一定会进行此项活动，我们也可以得到 $(C_S - C_P) > (R_P - C_P)$，因此社会上其他人所受到的损失要大于此人得到的好处。这从整个社会来看其实是无效率的。因而在存在负外部性的情况下，私人活动的水平常常高于社会所要求的水平。

（注：还可参考内容精要部分利用图示进行说明。）

例 3 证明题：公共物品生产的帕累托最优条件之一是私人物品和公共物品的边际替代率之和等于公共物品与私人物品在生产中的边际转换率。

【提示】考查经济学中最大化问题计算的基本技巧，以及公共物品生产的帕累托最优条件。写出抽象的消费者效用函数是关键。

【解答】我们以两人和两种产品的模型为例进行证明。两个消费者分别表示为 A、B，两种产品分别表示为 X、Y。X 为私人物品的总量，$X = X^A + X^B$，Y 为公共物品的总量。由于公共物品消费中的非排他性，每个人所消费的公共物品数量就等于公共物品总量。于是生产可能性边界的隐函数为：

$$T(X^A + X^B, Y) = 0$$

社会福利函数为：

$$W = W[U^A(X^A, Y), U^B(X^B, Y)]$$

我们要在生产可能性边界的限制下求社会福利的最大化。其拉格朗日函数为：

$$L = W[U^A(X^A, Y), U^B(X^B, Y)] - \lambda T(X^A + X^B, Y)$$

分别对 X^A、X^B、Y 和 λ 求偏导，得到以下四个一阶条件：

$$\partial L/\partial X^A = (\partial W/\partial U^A)(\partial U^A/\partial X^A) - \lambda(\partial T/\partial X) = 0 \tag{12.1}$$

$$\partial L/\partial X^B = (\partial W/\partial U^B)(\partial U^B/\partial X^B) - \lambda(\partial T/\partial X) = 0 \tag{12.2}$$

$$\partial L/\partial Y = (\partial W/\partial U^A)(\partial U^A/\partial Y) + (\partial W/\partial U^B)(\partial U^B/\partial Y) - \lambda(\partial T/\partial Y) = 0 \tag{12.3}$$

$$\partial L/\partial \lambda = -T(X^A + X^B, Y) = 0 \tag{12.4}$$

由式(12.1)和式(12.2)可以得到：

$$\lambda = (\partial W/\partial U^A)(\partial U^A/\partial X^A)/(\partial T/\partial X) = (\partial W/\partial U^B)(\partial U^B/\partial X^B)/(\partial T/\partial X) \tag{12.5}$$

由式(12.3)可以得到：

$$(\partial W/\partial U^A)(\partial U^A/\partial Y)/\lambda + (\partial W/\partial U^B)(\partial U^B/\partial Y)/\lambda = \partial T/\partial Y \tag{12.6}$$

将式(12.5)代入式(12.6)，便可得到：

$$\frac{(\partial W/\partial U^A)(\partial U^A/\partial Y)}{(\partial W/\partial U^A)(\partial U^A/\partial X^A)/(\partial T/\partial X)} + \frac{(\partial W/\partial U^B)(\partial U^B/\partial Y)}{(\partial W/\partial U^B)(\partial U^B/\partial X^B)/(\partial T/\partial X)} = \partial T/\partial Y$$

即有：

$$\frac{\partial U^A/\partial Y}{\partial U^A/\partial X^A} + \frac{\partial U^B/\partial Y}{\partial U^B/\partial X^B} = \frac{\partial T/\partial Y}{\partial T/\partial X} \qquad (12.7)$$

式(12.7)中的左边两项分别是A、B两个消费者所消费的公共物品与私人物品之间的边际替代率,等式右边则表示社会生产公共物品与私人物品两种产品之间的边际转换率。式(12.7)也可简单地表示为：

$$MRS_{XY}^A + MRS_{XY}^B = MRT_{XY}$$

也就是消费公共物品的消费者对于公共物品与私人物品间边际替代率的加总等于公共物品与私人物品在生产中的边际转换率。

这两个消费者和两种产品的模型也可推广至多个消费者与多种产品,其结论是相同的。

例4　计算题:按照消费者对于公共电视服务的偏好将消费者分为三组,他们从公共电视服务中获得的边际收益分别为：

$$MR_1 = A - aT, MR_2 = B - bT, MR_3 = C - cT$$

其中,T是公共电视播放的时间,A、B、C、a、b、c都是常数,假定公共电视服务是纯公共物品,提供该公共物品的边际成本是常数,即每小时M元。试问：

(1)公共电视有效播放时间是多少?

(2)如果由竞争的私人市场提供公共电视服务,那么提供的时间应该是多少?

【提示】考查对公共物品生产问题的理解。当公共物品由政府提供时,社会的边际收益是个人边际收益的垂直加总;当公共物品由私人市场提供时,社会的边际收益是个人边际收益的水平加总。

【解答】

(1)在内容精要部分,我们谈到了私人提供公共物品的低效率,因而要做到公共电视的有效播放,就必须由政府提供。此时,社会的边际收益是个人边际收益的垂直加总,即有：

$$MR = MR_1 + MR_2 + MR_3 = A + B + C - (a + b + c)T$$

又因为当$MR = MC = M$时效用最大,所以有：

$$T = (A + B + C - M)/(a + b + c)$$

(2)若由竞争的私人市场提供公共电视服务,则社会的边际收益是个人边际收益的水平加总,即有：

$$T_1 = (A - MR_1)/a, T_2 = (B - MR_2)/b, T_3 = (C - MR_3)/c$$
$$T = T_1 + T_2 + T_3$$

又因为当 MR = MC = M 时效用最大,所以有:

$$T = A/a + B/b + C/c - (1/a + 1/b + 1/c)M$$

例 5 论述题:举例说明需求显示机制。

【提示】考查公共物品需求的私人偏好显示机制。

【解答】假设在一条黑暗的街道上住有张三、李四、王五、赵六四户居民,他们决定安装路灯。街道管理协会提出了三个方案,这三个方案的成本都相等。

方案 A 是要安装一盏十分明亮的路灯。

方案 B 是要安装两盏稍暗些的路灯。

方案 C 是要安装三盏较暗的路灯。

表 12.1 是三个方案实施后给每户居民带来的真实收益折合成货币值后的状况。它反映了居民的真实偏好,如:张三喜欢方案 A,因为他从该方案中得到的收益为 60 元,而从方案 B、方案 C 中得到的收益只有 50 元和 40 元;李四则喜欢方案 B,因为他从该方案中得到的收益为 70 元,而从方案 A、方案 C 中得到的收益分别为 30 元和 50 元;王五也喜欢方案 B,因为他从该方案中得到的收益为 80 元;而赵六则喜欢方案 C,因为他从 C 方案中得到的收益最大,为 90 元。

表 12.1 居民真实的收益(偏好)情况

单位:元

居民	方案			税收
	A	B	C	
张三	60	50	40	0
李四	30	70	50	5
王五	20	80	25	40
赵六	40	20	90	0
合计	150	220	205	50

街道管理协会决定根据居民的真实收益来选择一个最优的方案。最优的方案是四户居民的收益总额与成本差异最大的那个方案,由于我们这里假定三个方案的成本相同,因此最优的方案实际上是收益总额最大的方案。从表 12.1 中可以看出,使居民收益总额最大的是方案 B。

那么,如何才能让居民说出自己的真实收益呢? 需求显示机制的具体步骤分为以下三步:

第一步,让这四户居民分别上交报告,报告中应写出若三个方案付诸实施,每一个方案能给他带来的收益折合成货币值是多少(即表 12.1 所示)。

第二步,加总各方案中四户居民的收益量,所得到的合计值称为各方案的社会收益。在这里,A、B、C三个方案的社会收益分别为150元、220元、205元。可见B方案的社会收益最大,于是,集体决策的结果是B方案。

第三步,比较某户居民弃权时集体选择结果的变化,并根据该户居民的参与对最终选择结果的影响程度,计算出每户居民所应支付的税收数。具体的计算方法:一是计算出不考虑某户居民的报告时各方案的社会收益,并找出社会收益最大的方案;二是计算加进该户居民的报告时各方案的收益。如果这时最终方案的选择并不因他的加入而发生改变,那么他的税款为零。而如果由于他的加入,最终方案的选择结果发生了变化,那么他就应该缴税。税收的数额为他加入前后所选择的两个方案在不考虑他的报告时所对应的社会收益之差。

例如,如果不考虑张三的报告,即不计算他从各方案中得到的收益额,则其余三户居民从方案A、B、C中得到的收益总额分别为90元、170元和165元,其中方案B的社会收益最大,因此初选方案为B;然后再考虑张三的报告,把他的收益额也计算在内,结果显示A、B、C三个方案的社会收益分别为150元、220元、205元,三个方案中还是方案B的社会收益最大,因此最终选择方案还是B。可见无论是否考虑张三的报告,对方案的最终选择都毫无影响,这样的话,张三就不用缴税。

再看李四。如果忽略李四的报告,不计算他的收益额,则其余三户居民从方案A、B、C中得到的收益总额分别为120元、150元、155元。收益总额最大的方案为C,因此初选方案是C。但是在考虑李四的报告,将他的收益加上去后,A、B、C三个方案的社会收益会变为150元、220元、205元,其中社会收益最大的方案变为B,因而最终方案将选择B。可见是否考虑李四的报告将影响最终方案的选择。因此,李四应该缴税。他缴税的数量为方案C和方案B在不考虑李四的报告时社会收益的差额,即155 − 150 = 5元。

用同样的方法可计算出王五应该缴税40元,而赵六则不用缴税。

为什么以上方法会有效? 为什么那些自私的、追求效用最大化的居民会在该方法下说真话呢? 为了说明这些问题,我们来看一下对王五的分析。从表12.1可以看出,王五最喜欢方案B,然后是方案C,最后是方案A。

在其他三户居民的报告已可以使街道管理协会选择方案B的情况下,王五上交一份真实的报告对他来说是最有利的。因为方案B(王五的第一选择)最终会被选择,而他却不必支付任何税款。如果他撒谎说他从方案A或方案C中得到的收益更大,那他就可能改变街道管理协会对方案B的选择,而他也会因此承担一部分税款。

那么,在其他三户居民使街道管理协会选择方案C的情况下,王五是否还会说真话呢？答案是肯定的。下面将对其进行分析。

令其他三户居民从方案B中得到的收益总额为X_B，从方案C中得到的收益总额为X_C，从表12.1中可以看出：

（1）当$X_C - X_B < 55$时，如果王五说真话，报出自己的真实偏好情况，那么结果会使街道管理协会的选择从方案C变为方案B，王五上缴的税收为$X_C - X_B$。这时他的净收益为方案B给他带来的收益80元减去由此而承担的税收$X_C - X_B$，由于这里的$X_C - X_B < 55$，因此净收益大于25元。假设他上交了不真实的报告，譬如说，他为了避免承担税款，故意低报了方案B的收益，对方案B只报了75元的收益（低于他的真实收益80元），这时，他的报告没有改变街道管理协会原来对方案C的选择，虽然他不必为路灯支付税款，但是他的净收益只有25元（他从方案C中得到的收益25元减去0元的税款），明显小于说真话时的净收益。

（2）当$X_C - X_B > 55$元，如果王五上交了真实的报告，在这时他的报告就不会改变街道管理协会已有的选择，街道管理协会最终的选择还是方案C，这样的话，王五就不用承担路灯的成本，他所得到的净收益为25元（他愿意为方案C支付的25元减去0元成本）。如果王五上交了不真实的报告，即为了使街道管理协会的选择从方案C变为方案B，故意低报了他对方案C的收益，譬如说，对方案C报了20元的收益额（低于他的真实收益额25元），从而改变了街道管理协会原来的选择，使方案B当选。显然，根据我们的规则，这样做的后果是他必须承担数额为$X_C - X_B$的税款。这时他的净收益为他对方案B的收益额80元减去承担的税款，由于这里的税款$X_C - X_B > 55$元，这时他的净收益小于他说真话时的净收益25元。因此，还是说真话的净收益更大。

需要说明的是，以上推理说明了当使用这种需求显示机制时，诚实是理性经济人的最佳选择，它使所有参与选择的个体都有充分的激励来说出他对某一公共物品的真实需求状况。然而，这种需求显示机制也存在着不少问题，例如没有什么能够保证公共物品的成本等于该方案下个人上缴的费用（税款），而政府必须面对这样一个差额，可见这个方法并没有真正达到帕累托最优。

▶▶ 单元习题 ▶ ·······

一、名词解释

1. 市场失灵

2. 外部性

3.外部收益

4.外部成本

5.产权

6.科斯定理

7.公共物品

8.公共资源

9.逆向选择

10.道德风险

二、选择题

1.在负外部性的例子中(　　　)。

　　A.私有市场产量不足　　　　　　　　B.市场价格低于有效价格

　　C.市场价格反映生产的社会成本　　　D.市场价格高于有效价格

2.在正外部性的例子中(　　　)。

　　A.私有市场产量过多　　　　　　　　B.市场价格低于有效价格

　　C.市场价格反映生产的社会成本　　　D.市场价格高于有效价格

3.公共物品的市场需求曲线是消费者个人需求曲线的(　　　)。

　　A.水平相加　　　　　B.垂直相加

　　C.算术平均数　　　　D.加权平均数

4.下列存在"搭便车"问题的产品是(　　　)。

　　A.收费的高速公路　　　　　　　　B.收学费的学校

　　C.路灯　　　　　　　　　　　　　D.私人经营的商店

5.下列哪一个不是高质量的信号?(　　　)

　　A.延长的质量保单　　　　　　　　B.产品保证

　　C.短暂的经营场所　　　　　　　　C.被认可的销售者

三、简答题

1.科斯定理的内容是什么? 如何理解通过规定产权可以解决外部性问题?

2.简述不完全信息和不对称信息。

四、计算题

1.假定某垄断厂商生产的产品的反需求函数为 $P = 600 - 2Q$,成本函数为

$C_p = 3Q^2 - 400Q + 40000$(产量以吨计,价格以元计)。

(1)试求利润最大时的产量、价格和利润。

(2)若每增加一单位产量,由于负外部性(环境污染)会使社会受到损失,从而使社会成本函数为 $C_s = 4.25Q^2 - 400Q + 400000$,则帕累托最优的产量和价格应分别为多少?

(3)若政府决定对每单位产品征收污染税,则税率应为多少才能使企业产量与社会的最优产量相一致?

2.假定一个社区中有 n 个消费者,每一个人关于公共物品 x 和私人物品 y 的效用函数为:

$$U_i = 8\varphi_i x^{\frac{1}{4}} + y_i \quad (i = 1,2,\cdots,n)$$

假定 $P_x = P_y = 1$,求 x 的最优产量以及这一产量的总价格。

五、论述题

试论述保险市场中的逆向选择与道德风险。

参考答案

一、名词解释

详见内容精要部分。

二、选择题

1. B

【提示】在存在外部性的情况下,外部成本与外部收益并不会反映在市场价格中,因此会成为经济无效率的一个来源。在存在负外部性时,市场价格太低,而厂商(相关产业)的产出则太高。在存在正外部性时,市场价格太高,则厂商(相关产业)

的产出则太低。

    2. D

    3. B

    4. C

    5. C

三、简答题

    1. 详见内容精要第12、13、14、15点。

    2.【提示】考查对不完全信息和不对称信息的理解。信息的不完全既指绝对意义上的不完全,又指相对意义上的不完全。信息的不完全性与生活中的不确定性相关,信息的不完全又往往表现为信息的不对称,产生信息不对称的原因是获取信息需要成本。

    【解答】不完全信息是指市场交易的参与双方不具有充分的信息。例如:产品市场上的生产者无法准确预测市场上各种产品需求和要素供给变动的情况,消费者也无法了解所有商品市场上待售商品的质量和价格情况;在劳动力市场上,求职者并不知道所有空缺职位的信息,而雇主也无法了解每一位雇员的才能和潜力。这里的信息不完全不仅是指那种绝对意义上的不完全,即由于认识能力的限制,人们不可能知道在任何时候、任何地方发生的或将要发生的任何情况,同时其也指相对意义上的不完全,即市场经济本身不能生产出足够的信息并有效地配置它们。这是因为,作为一种有价值的资源,信息不同于普通的商品,信息的交换只能靠买卖双方之间并不十分可靠的相互信赖,卖者让买者充分了解信息的用处,而买者则答应在了解信息的用处之后购买它。这样来看,市场的作用在这里受到了很大的限制。信息的不完全性与生活中的不确定性相关,不确定性使经济决策人只能预见自己的行为会有哪几种可能的结果,以及相应的结果发生的可能性,因而不确定性带来了不完全信息。对于信息不完全带来的许多问题,市场机制本身可以解决其中的一部分,但是在很多情况下,市场的价格机制并不能解决或者至少是不能有效地解决不完全信息问题,从而导致市场失灵。

    在实际的生活中,信息的不完全又往往表现为信息的不对称。不对称信息是指市场交易中的一方拥有而另一方不拥有的信息。例如:投保人肯定比保险公司更了解自己的身体状况和发病的可能性;产品的生产者对自己生产的产品的质量和性能的了解也比消费者多;雇员对他们自己的技术和能力的了解也大大超过他们的雇主。信息不对称不仅是指人们常常受限于认知能力,即他们不可能知道在任何时候、任何地方发生的或将要发生的任何情况,而且更重要的是指行为主体为充分了解信息所花费的成本实在太大,现实情况不允许他们去掌握完全的信息。信息不对称问题的集中体现便是逆向选择和道德风险。

四、计算题

1.【提示】本题重在考查对外部性的理解。在存在外部性的情况下,外部成本与外部收益并不反映在市场价格中,因此会成为经济无效率的一个来源。若要达到帕累托最优,则任何经济活动的边际社会收益与边际社会成本必须相等。

【解答】

(1)从厂商需求函数可以求得边际收益函数为:
$$MR = 600 - 4Q$$
从社会成本函数可以求得边际成本函数为:
$$MC_P = 6Q - 400$$
令$MC_P = MR$,即有$6Q - 400 = 600 - 4Q$,

解得$Q = 100, P = 400, \pi = 400 \times 100 - (3 \times 100^2 - 400 \times 100 + 40000) = 10000$。

(2)从该产品的社会成本函数中可知边际社会成本函数为:
$$MSC = 8.5Q - 400$$
令$MSC = MR$,即有$8.5Q - 400 = 600 - 4Q$,

解得$Q = 80, P = 440$。

(3)由(1)和(2)可知,在存在负的外部性时,市场价格太低,而厂商(相关产业)的产出太高。要使企业产量与社会最优产量相一致,则必须使价格从400元提高到440元,因而税率应当为10%。

2.【提示】考查存在公共物品时生产的帕累托最优条件。解题时灵活运用帕累托最优条件即可。

【解答】对每个消费者来说,他对公共物品和私人物品的最优消费量应当满足消费者均衡的必要条件:
$$\frac{MU_x}{MU_y} = \frac{P_x}{P_y}$$

即有 $\dfrac{2\varphi_i\left(x^*\right)^{-\frac{3}{4}}}{1}=\dfrac{1}{1}$,

解得 $\dfrac{2\varphi_i}{\left(x^*\right)^{\frac{3}{4}}}=1$,从而有 $x^*=\left(2\varphi_i\right)^{\frac{4}{3}}$,

又因为该社区中共有 n 个消费者,所以整个社区关于公共物品 x 的最优产量为:

$$x^*=\sum_{i=1}^{n}x^*=\sum_{i=1}^{n}\left(2\varphi_i\right)^{\frac{4}{3}}=\left(2\sum_{i=1}^{n}\varphi_i\right)^{\frac{4}{3}}$$

从每个消费者对公共物品的最优消费量中可求得这一产量的价格。

令这一价格为 P_i,则根据消费者均衡的必要条件:

$$\frac{\mathrm{MU}_x}{\mathrm{MU}_y}=\frac{P_x}{P_y}$$

有:

$$\frac{2\varphi_i\left(x^*\right)^{-\frac{3}{4}}}{1}=\frac{P_i}{1}$$

解得 $P_i=2\varphi_i\left(x^*\right)^{-\frac{3}{4}}$。

五、论述题

【提示】考查逆向选择与道德风险的区别和联系。逆向选择与道德风险都是由信息不对称引起的。逆向选择是事前不对称信息所造成的结果,而道德风险是事后不对称信息所造成的结果。即使逆向选择不存在,道德风险也会依然存在;如果道德风险不存在,逆向选择也并不一定就不存在。逆向选择与道德风险的解决办法是:首先解释保险市场中的逆向选择与道德风险,其次对两者的异同进行分析,最后阐释解决方案。

【答案提要】保险市场的逆向选择与道德风险的相同之处在于两者都是由信息不对称引起的,并会导致不利于保险公司的结果,使保费提高,直至承保无利可图。区别主要在于发生的时点不同,逆向选择是交易双方事先采取的一种非效率的选择行为,而道德风险则是指信息相对充分的一方在交易之后可能发生的行为变化。逆向选择情况下的同一投保人在投保后不涉及行为改变,而道德风险情况下的投保人在投保后的行为会发生变化。即使逆向选择不存在,道德风险也会依然存在。虽然可以通过政府干预或信号显示的办法使得逆向选择不存在,但它不能保证交易发生之后投保人的行为不会改变,因为要削弱或消除道德风险必须有一定的制度设计,否则投保人在投保之后依然会发生所谓的败德行为。如果道德风险不存在,逆向选择也并不一定就不存在。虽然道德风险发生在交易之后,没有道德风险就意味着交易之后的信息对称,这可能是在交易发生之时信息就实现了对称,但是就像前面所提到的,可能是成功的制度发挥了作用,而这并不能阻止逆向选择的发生,因为逆向选择与道德风险的消除机制不同,保险公司本身难以阻止高风险投保人的投保。其解决方案有两个:一是通过政府干预实行强制保险,二是保险公司采取部分保险的办法。

重要术语中英文对照表

英文名称	术语名称
adverse selection	逆向选择
average cost，简称AC	平均成本
average fixed cost，简称AFC	平均固定成本
average product，简称AP	平均产量
average revenue，简称AR	平均收益
average variable cost，简称AVC	平均可变成本
Bertrand model	伯特兰模型
Bertrand paradox	伯特兰悖论
budget line	预算线
Chamberlin model	张伯伦模型
Coase theorem	科斯定理
common property	公共产权
comparative static analysis	比较静态分析
consumer equilibrium	消费者均衡
consumer surplus	消费者剩余
Cournot model	古诺模型
demand curve	需求曲线
demand function	需求函数
derived demand	派生需求
differentiated oligopoly	差别寡头
dominant firm price leadership model	价格领导者模型
duopoly	双头垄断
dynamic analysis	动态分析
economic rent	经济租金
economics of scale	规模经济
endogenous variable	内生变量
Engel curve	恩格尔曲线
equal product curve	等产量线
equal-cost line	等成本线
exogenous variable	外生变量

续表

英文名称	术语名称
explicit cost	显性成本
external benefits	外部收益
external cost	外部成本
externalities	外部性
first mover advantage	先行者优势
first-degree price discrimination	一级价格歧视
fixed cost,简称FC	固定成本
flow variable	流量
free-rider problem	搭便车问题
general equilibrium	一般均衡
Gini coefficient	基尼系数
implicit cost	隐性成本
incentive compatibility constraint	激励相容约束
incentive problem	激励问题
income effect	收入效应
indifference curve	无差异曲线
inferior goods	低档商品
land rent	地租
law of demand	需求规律
law of diminishing marginal returns	边际报酬递减规律
law of supply	供给规律
Lerner Index	勒纳指数
line of perfect equality	绝对平等线
long-run	长期
long-run average cost,简称LAC	长期平均成本
long-run marginal cost,简称LMC	长期边际成本
long-run total cost,简称LTC	长期总成本
Lorenz curve	洛伦兹曲线
marginal cost,简称MC	边际成本
marginal factor cost,简称MFC	边际要素成本
marginal private benefit	边际私人收益
marginal private cost	边际私人成本
marginal product,简称MP	边际产量
marginal rate of substitution,简称MRS	边际替代率

续表

英文名称	术语名称
marginal rate of technical substitution，简称 MRTS	边际技术替代率
marginal revenue product，简称 MRP	边际收益产品
marginal revenue，简称 MR	边际收益
marginal social benefit	边际社会收益
marginal social cost	边际社会成本
marginal utility，简称 MU	边际效用
market clearing	市场出清
market failure	市场失灵
market mechanism	市场机制
market share model	市场份额模型
monopolistic competition	垄断竞争
moral hazard	道德风险
multipoly	多头垄断
non-excludability	非排他性
non-rival	非竞争性
normal goods	正常商品
normative economics	规范经济学
oligopoly	寡头市场
opportunity cost	机会成本
output effect	产出效应
Pareto optimality	帕累托最优
partial equilibrium	局部均衡
participation constraint	参与约束
positive economics	实证经济学
price discrimination	价格歧视
principal-agent problem	委托—代理问题
private property	私人产权
producer surplus	生产者剩余
product differentiation	产品差异
product transformation curve	产品转换曲线
production function	生产函数
production possibility boundary	生产可能性边界
production possibility curve	生产可能性曲线
profit-maximizing effect	利润最大化效应

续表

英文名称	术语名称
public goods	公共物品
public resources	公共资源
pure oligopoly	纯粹寡头
quasi rent	准租金
rent	租金
returns to scale	规模报酬
risk averters	风险规避者
risk lover	风险偏好者
risk neutral	风险中立者
second-degree discrimination	二级价格歧视
short-run	短期
short-run average cost，简称SAC	短期平均成本
short-run marginal cost，简称SMC	短期边际成本
short-run total cost，简称STC	短期总成本
signal	信号
signaling	信号传递
social security	社会保障
Stackelberg model	斯泰克伯格模型
static analysis	静态分析
stock variable	存量
substitution effect	替代效应
Sweezy model	斯威齐模型
third-degree discrimination	三级价格歧视
total cost，简称TC	总成本
total revenue，简称TR	总收益
total utility，简称TU	总效用
treasury bill	短期国库券
value of marginal product，简称VMP	边际产品价值
variable cost，简称VC	可变成本
welfare economics	福利经济学